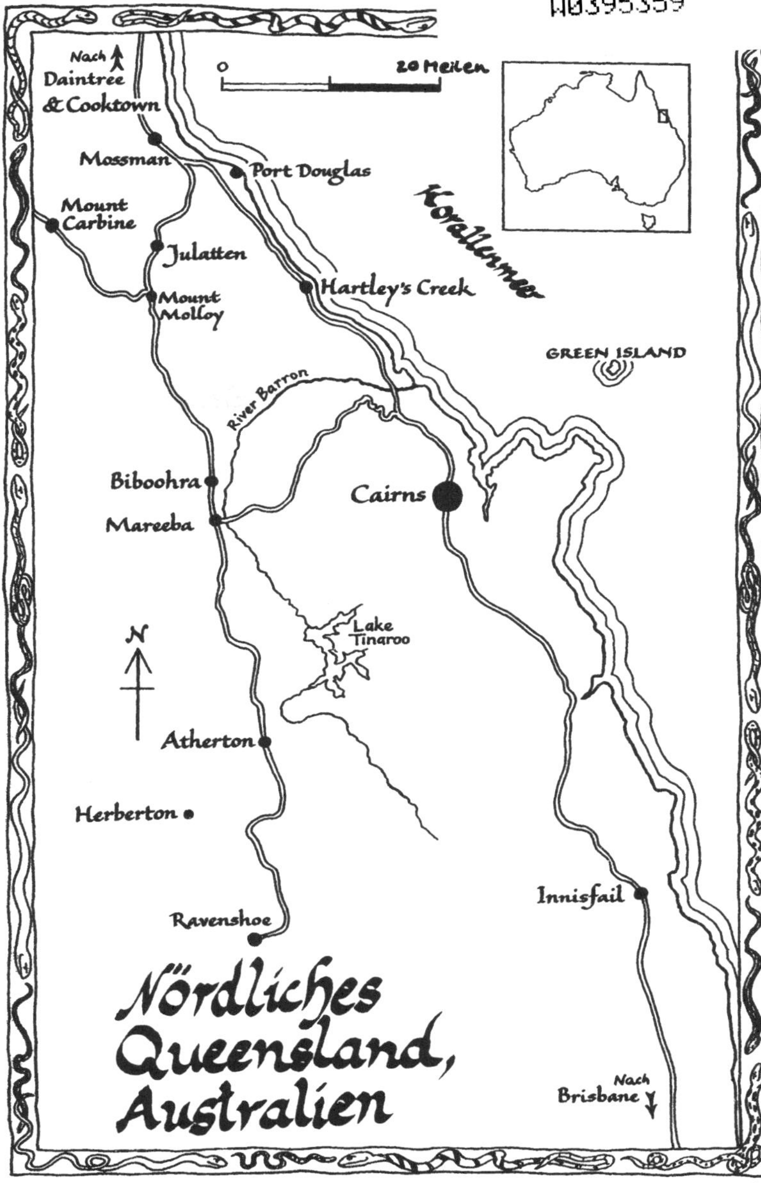
Nach
Daintree
& Cooktown
0
20 Meilen
Mossman
Port Douglas
Korallenmeer
Mount
Carbine
Julatten
Hartley's Creek
Mount
Molloy
GREEN ISLAND
River Barron
Biboohra
Cairns
Mareeba
Lake
Tinaroo
N
Atherton
Herberton
Innisfail
Ravenshoe
Nördliches
Queensland,
Australien
Nach
Brisbane

Unter Schlangen

Jeremy Seal

Unter Schlangen

Bericht eines Besessenen

Aus dem Englischen von Reinhard Kaiser

Eichborn.

Meiner lieben Mum with love

Die Deutsche Bibliothek – CIP-Einheitsaufnahme

Seal, Jeremy:
Unter Schlangen : Bericht eines Besessenen / Jeremy Seal. – Frankfurt am Main : Eichborn, 2000
Einheitssacht.: Snakebite survivor's club <dt.>
ISBN 3-8218-0842-X

Lektorat: Doris Engelke
Umschlag: Christina Hucke
Umschlagfoto: Sundberg/The Image Bank
Satz: Fuldaer Verlagsagentur, Fulda
Druck: Wiener Verlag, Himberg bei Wien
ISBN 3-8218-0842-X
Dieses Werk wurde vermittelt durch die Literaturagentur Thomas Schlück GmbH

Verlagsverzeichnis schickt gern:
Eichborn Verlag AG, Kaiserstraße 66, D-60329 Frankfurt am Main
www.eichborn.de

»Es gibt nicht viele Engländer, die keine Angehörigen in Indien, Australien, Amerika oder Afrika haben und von diesen nicht fortwährend Geschichten über Begegnungen oder Unfälle mit Schlangen hören.«

Catherine Hopley, Snakes. Curiosities and Wonders of Serpent Life (1882).

Inhalt

Danksagung

Für verschiedene, nachhaltige Eindrücke bin ich folgenden Büchern besonders dankbar: Dave Kimbrough, *Taking Up Serpents;* Dennis Covington, *Salvation on Sand Mountain;* Laurence Klauber, *Rattlesnakes;* Paul Masci und Philip Kendall, *The Taipan*; John Gann, *Snakes Alive!*; Jean Vogel, *Indian Serpent Lore*; Minton, *Venomous Reptiles;* Curran und Kauffeld, *Snakes and Their Ways.* Den folgenden Verlagen danke ich für die Erlaubnis, aus Publikationen zu zitieren, an denen sie die Rechte halten: Macmillan Books, *The Maneaters of Tsavo* von J. H. Patterson; Kluwer Academic, *Travels in the Coastlands of British East Africa* von William Walter Augustine Fitzgerald. Ich habe mich bemüht, alle Rechteinhaber von urheberrechtlich geschütztem Material zu erreichen. Sollte ich dabei etwas übersehen haben, bitte ich den Betroffenen gegebenenfalls um eine kurze Nachricht.

Außerdem möchte ich mich bei all denen bedanken, die mir beim Schreiben dieses Buches geholfen haben, indem sie mir die unterschiedlichsten Dinge zuteil werden ließen: Rat, Unterstützung, Auskunft, Sachverstand, Erinnerungen, Anekdoten und Zeit, aber auch Unterkunft und Flugtickets. Andere gaben mir Hinweise auf das Vorkommen von Schlangen in bestimmten Büchern, Sendungen und Artikeln, die mir sonst zweifellos entgangen wären. In Großbritannien: Peter Bramwell, Rahul Brijnath, Mary Coombs, Keith Corbett, Sophie Cottrell, Justin Creedy Smith, William Dalrymple, Jack Dillon, Susie Dunachie, Nick Fothergill, Jeremy Gavron, Robin Gauldie, Tony Gent, Navina Haidar, Heather Hall, John Hatt, Brian Jackman, Nigel Kotani, Fiona Mann, Edward Marriott, Cory McCracken, William McCracken, Richard Newton, Mark O'Shea, Bruce Palling, Ros und David Park, Ed Pugh, Janet Reynard, Veronica Ross, Candida Seal, Joanna Seal, Chris Sitwell, David Smethurst, Paul Sussman, Liz Tudball, Cath Urquhart, David Warrell, Sandy Wells und Wolfgang Wuster. Danken möchte ich auch den hilfsbereiten Mitarbeitern der British Library, der Royal Zoological Society Library, der Royal Society of Medicine Library sowie des Rhodes House und der India Institute Libraries in der Bodleian Library, Oxford.

In den USA: Charles Allen und Kristen Rae, Darlene Collins, Jean Currie Church vom Moorland Springarn Research Center in Washington, Maynard Cox, Dr. David Hardy, Michele Lavery, John Lodge, John Luckie, Dr. Sherman Minton, Tom Rhodes, Carrie Weeks vom Civil Rights Institute, Birmingham, Alabama, und Nanci Young von der Seeley G. Mudd Manuscript Library, Princeton, New Jersey. Mein besonderer Dank gilt Ben und Dorsey Jennings für ihre große Gastfreundschaft in Atlanta sowie Dave Kimbrough, Jimmy Morrow und Carl Porter.

In Australien: Jan Aland, Clive Brady, Bill Brown, Ken Blyth, Ram Chandra, Jeanette Covacevich vom Queensland Museum, Bill Kerr bei Canegrowers, Peter Mirtschin von Venom Supplies, Clive Morton, John Nieuwenheuzen, Prof. Richard Shine, Brian Starkey, Dr. Struan Sutherland, Darryl Teece, Dr. Julian White, David Williams, Aileen Park von der Cairns and District Family History Society, dem Personal der Royal Historical Society of Queensland und der *Cairns Post*. Besonders danken möchte ich Gwen Watson für ihre unschätzbare Hilfe. Dank auch an Virgin und Ansett Australia für Unterstützung bei Flügen.

In Afrika: Jimmy und Sanda Ashe, Mike Bates, David Bristow, Dr. Donald Broadley, Ros Clark Percival, Will Craig, Ian Douglas Hamilton, Mark Easterbrook, Quentin Luke, Barbara Simpson, Jane Taylor, Jacob Undar und Danny Woodley vom Kenya Wildlife Service. Besonders danken möchte ich John Pearman und Des Bowden sowie Stefano Cheli, Liz Peacock und allen Leuten bei Cheli & Peacock Safaris für ihre Hilfe und Gastfreundschaft in Kenia. Dank auch an Nick Van Gruisen von Worldwide Journeys and Expeditions, der mir freundlicherweise die Fluggelegenheit nach Kenia verschaffte.

In Indien: Harry Miller, Atul Kale, Dr. Shantakumari vom

King Institute und Romulus Whitaker von der Madras Crocodile Bank. Der Firma Cox and Kings danke ich für die Unterstützung beim Flug nach Indien.

Außerdem möchte ich den Leuten vom Verlag Picador danken, vor allem Peter Straus, Richard Milner und Rachel Lockhart, außerdem Jane Bradish-Ellames bei Curtis Brown für ihren Rat, ihre Unterstützung und ihre Freundlichkeit.

Schließlich gelten meine Liebe und mein Dank Ash für so ziemlich alles und Anna, deren Ankunft sich während der letzten Monate, in denen ich an diesem Buch schrieb, als die allerbeste Form der Ablenkung erwiesen hat.

Prolog

Ich stand vor dem Eingang und zögerte den Augenblick mit einer nervösen Zigarette hinaus. Einer der Gorillas auf der anderen Seite des Weges erwiderte meinen Blick durch die Gitterstäbe seines Käfigs, und eine Zeitlang beäugten wir einander. Der Affe blickte traurig und unergründlich drein. Der Blick des Menschen war wohl ängstlich und verquält.

Der Gorilla kratzte sich, gähnte und ließ sich dann rückwärts ins Stroh plumpsen. Ich wandte mich dem Gebäude hinter mir zu. Es war im neoklassizistischen Stil erbaut. Ein Schmuckfries säumte die Portale: Leguane, Schnecken, Salamander, Frösche, Alligatoren, Pythons und an der auffälligsten Stelle, über dem Schlußstein, drei Kobras mit Mützen aus schwarzem Teer, der in der Hitze eines verflossenen Londoner Sommers vom Dach getropft war. Eine Gruppe von Schulkindern kam näher. »Oh, nein, Priscilla!« rief ein kleiner Junge. Ihm war eingefallen, was dieses Haus in sich barg. »Das ist das gruselige!«

Jahre vorher, als Kind, hatte ich schon einmal vor demselben Eingang gestanden. Ich weiß noch, wie ich mir ausmalte, drinnen würde mich eine abgrundtiefe Grube voller Schlangen erwarten. Ganze Zöpfe ineinander verflochtener Schlangen würden über den Rand und auf den glänzenden Fußboden quellen, würden sich entwirren und dann zahllos die Gänge entlangwimmeln. Diese Bilder hatten mich zum Stehen gebracht. Auf meinen Handflächen kribbelte der Schweiß, Tränen standen mir in den Augen, und dreißig Jahre später war es kaum anders.

Mit meiner Angst vor Schlangen war ich natürlich nicht allein. Seit im Juni 1849 das erste »Serpentarium« oder »Reptiliarium« der Welt im Londoner Zoo eröffnet wurde – zunächst in einer Art Schweizerhaus, wo zuvor die Raubtiere untergebracht gewesen waren –, sind vor seinem Eingang immer wieder Kinder in Tränen ausgebrochen, und Erwachsene haben aschfahl kehrtgemacht. Beatrice Thompson, die den Zoo gegen Ende des 19. Jahrhunderts oft besuchte, schreibt, sie habe »viele Frauen aus gebildeten Kreisen gekannt, die sich entschieden weigerten, einen Fuß in das Reptilienhaus zu setzen«.

Gewiß, das Bild von der überquellenden Schlangengrube war seither verblaßt, aber an seine Stelle war eine bestimmtere, viel bedrohlichere Vision getreten: eine einzelne Schlange, die mir um die Füße zuckt, ein schnellendes Zickzack, gelb und braun schillernde Rauten, dann der Augenblick der Schärfe, und schon quillt Blut dunkelrot aus den Bißstellen, während die verschwindende Schlange mit ihrem Schwanz noch einmal ins Gras schlägt. Anfangs war die Schlangenbißszene ein regelmäßig wiederkehrender Traum. Dann begann ich sie mir auszumalen, tat dies so oft, daß ich sie förmlich zu erwarten begann. Sie wurde ein Ereignis meiner Zukunft, so als lebte ich in einer von lebenden Landminen erfüllten Welt, als wäre es nur eine Frage der Zeit, bis ich auf eine von ihnen träte. Ich fing an zu glauben, ich würde an einem Schlangenbiß sterben.

Was aber hatte ich dann hier zu suchen, so nah bei dem, was mir Angst einjagte? Die Antwort ergibt sich vielleicht aus einer Penny-Broschüre von 1805 mit dem Titel »Wunderbarer Bericht über die Klapperschlange und andere Schlangen Amerikas«, die mir neulich in einer Bibliothek unterkam und in der ich eindringlich geschildert fand, wie die Schlangen ihre Beute – Vögel, Kaninchen und andere Nager – »durch Betörung« in ihre Macht bringen, so daß die Opfer »sich, wenn auch widerstrebend, langsam auf die klaffenden Kiefer ihrer Verschlinger zubewegen oder ihnen entgegenflattern und ihnen schließlich förmlich in die Mäuler kriechen …« Ich kannte das Gefühl. So wie es vermutlich jeder kennt, der einmal am Eingang eines Reptilienhauses oder eines Schlangenparks gestanden hat und allen Mut zusammennehmen mußte, um trotz des Abscheus vor dem, was ihn drinnen erwartet, die Schwelle schließlich doch zu überschreiten. Ich fühlte mich von Schlangen angezogen, obwohl sie mich abstießen. Die Faszination war so groß wie die Angst; gebannte Ehrfurcht, Betörung waren das Resultat. Schlangen schienen eine Landschaft in ein fremdartiges Licht zu tauchen, ein Licht, wie es am Ende der Welt leuchten mochte; karg, grell, voll knisternder Spannung. Ein Stromstoß durchpulste solche Augenblicke und machte sie zu den unwiderstehlichsten meines Lebens.

Wie zu den Schlangen fühlte ich mich auch zu Menschen hingezogen, die einen Schlangenbiß überlebt hatten, zu jener einzigartigen Clique, jenem Club, dessen Mitglieder von etwas Dunklem, Exotischem, Übernatürlichem berührt worden waren. Sie waren wie Leute, die einen Schiffbruch, einen Blitzschlag oder gar eine Entführung durch Aliens erlebt hatten; sie trugen das Abzeichen eines Andersseins, das uns erbeben ließ, während wir mit zitternden Lippen die faszinierte Frage stellten: *Gebissenwerden, wie ist das?* Darum ging es: Das wollten wir wissen. Wenn wir unsere Neugier gründlich genug prüften, dann, so vermutete ich, würden wir erkennen, daß diese Menschen, diese Überlebenden etwas viel Seltsameres erlebt hatten, als uns je widerfahren würde, und was wir, trotz unseres Geschlotters, eigentlich empfanden, war ein gefährlicher Neid, sogar ein Verlangen nach jener Erfahrung, die sie überlebt hatten.

Das erklärt vielleicht auch, warum ich eines Nachmittags im Frühling 1996 vor dem Reptilienhaus des Londoner Zoos stand und mich sammelte, bevor ich eintrat.

Eins
Das Reptilienhaus

»Ich glaube, allzu lange werden Sie sich
im Reptilienhaus des Zoos nicht aufhalten.«
Enid Blyton, The Zoo Book.

März 1996

Zuletzt ging ich natürlich hinein. Zuletzt war ich auch als Kind hineingegangen, genau wie viele andere vor mir. Was das Reptilienhaus in sich barg, zog uns schließlich hinein. E. G. Boulenger, während der zwanziger Jahre des 20. Jahrhunderts Direktor des Aquariums im Londoner Zoo, sagte über den Eingang zum Reptilienhaus und den Konflikt zwischen Angst und Faszination, der sich dort immer wieder abspielte, hier sei der »einzige psychologisch wirklich unterhaltsame Ort« im Zoo. Schlangenvorführungen, die von dem faszinierten Interesse der Menschen an diesen Wesen zeugten, hatte es in unterschiedlichen Formen schon lange vor der Eröffnung des Reptilienhauses gegeben. Im 17. Jahrhundert entdeckten Schausteller und Impresarios, wie sehr der schaurige Magnetismus der Boa Constrictor und anderer exotischer Arten den Reiz ihrer Wandermenagerien zu steigern vermochte. Jene Exemplare, die die gefahrvolle Seereise von Brasilien, aus dem Fernen Osten oder von den amerikanischen Kolonien nach England überstanden, wurden als todbringende Fabelwesen angekündigt und lockten, wenn sie in Londoner Sälen gezeigt wurden, ein verzücktes Publikum herbei. »Eine schöne lebende Klapperschlange«, so lautete eine Schlagzeile des *General Advertiser* im Januar 1752.

»Dieses exotische Tier ist für alle Wißbegierigen überaus betrachtenswert; seine Augen haben einen Glanz, der selbst hinter dem eines Diamanten nicht zurückbleibt, und seine Haut ist so fein gefleckt und von so überwältigender Schönheit, daß selbst die Kunst des berühmtesten Malers davor verblaßt … Zur Angst besteht kein Anlaß, selbst wenn sie sich im Saale frei bewegen würde: aber damit die Damen in dieser Hinsicht keinerlei Befürchtungen zu hegen brauchen, wird sie in einem Glaskäfig verwahrt. Sie ist sehr rege und die erste überhaupt, die lebend in England gezeigt wird.«

Die ersten Schlangen des Londoner Zoos stammten größtenteils aus der Königlichen Sammlung, die einst im Tower untergebracht war und 1831 von König William der Royal Zoological Society, dem Trägerverein des Zoos, vermacht wurde. In Ermangelung geeigneter Unterkünfte mußten die Tiere, darunter ein indischer Python, eine große Anakonda und mehr als hundert Klapperschlangen, die ersten achtzehn Jahre ihres Zoodaseins in engen Kisten verbringen. Die Eröffnung des Reptilienhauses bot dann zumindest den Überlebenden – anfangs umfaßte die Ausstellung etwa zwanzig Schlangen – mehr Bewegungsspielraum und Astwerk, in dem sie sich zusammenringeln konnten. Die Pythons vertilgten allerdings immer wieder die Stoffdecken, die ihnen im Winter zusätzliche Wärme spenden sollten.

Unter Zylindern und Häubchen drängten die Massen in den Zoo, und im Jahre 1850 verdoppelte sich die Zahl der Besucher auf mehr als 300 000. Die Schlangen waren allerdings nicht der einzige Grund für die allgemeine Begeisterung. Ende Mai 1850 erregte auch die Ankunft des ersten Nilpferds, das seit den Tagen der alten Römer lebendig in Europa zu besichtigen war, gewaltige Neugier. Zu dem Gefolge, das sich im Verlauf seiner langen Reise von Afrika zum Regent's Park um das berühmte Nilpferd angesammelt hatte, gehörten auch zwei ägyptische Schlangenbeschwörer, die sich bereit erklärten, am Tag nach ihrer Ankunft eine Vorstellung im Reptilienhaus zu geben. Ein Naturkundiger namens Broderip war dabei und erinnerte sich später, daß es

»nicht schwierig war, einen Platz in der ersten Reihe zu bekommen, aber die weiter hinten Stehenden drängten die beherzteren Zuschauer auf recht unangenehme Weise nach vorn«. Schlangenvorführungen lockten große Menschenmengen an, aber Sitze in den vorderen Reihen waren stets leicht zu bekommen. Das gleiche Paradoxon wie vor dem Eingang des Reptilienhauses: die unwiderstehliche Lockung und die Angst, die die Schlangen auslösten, führten dazu, daß das Publikum unbedingt *dabei*, aber doch nicht *dicht dran* sein wollte.

Unter den Blicken der Menge befahl der ältere Schlangenbeschwörer seinem Gehilfen, eine ägyptische Kobra aus »einem großen Kasten mit einem Schiebedeckel« zu nehmen. »Die Schlange«, so schrieb Broderip, »richtete sich augenblicklich auf, spreizte ihren Halsschild und drehte sich langsam um die eigene Achse, wobei sie dem Blick des jungen Arabers und jeder Wendung von Kopf, Auge und Körper folgte.« Später näherte der ältere Araber sein Gesicht der aufgerichteten Kobra und reizte sie auf diese Weise. »Plötzlich«, so Broderip, »schoß sie mit offenem Maul auf sein Gesicht zu und schlug die weit aufgerissenen weißlichen Kiefer wütend in die dunkle, hohle Wange des Schlangenbeschwörers …« Daß beide Araber an diesem Tag von Kobras gebissen wurden und dennoch nicht zu Schaden kamen, überzeugte den Naturwissenschaftler in Broderip davon, daß ihre Giftzähne entfernt worden sein mußten. Trotzdem trat er genauso schnell wie die übrigen Zuschauer den Rückzug an, als den Beschwörern eine ihrer Schlangen zeitweilig entwich.

Daß die Ägypter an diesem Tag keinen Schaden nahmen, könnte der Grund für den tragischen Anfall von Größenwahn gewesen sein, den zwei Jahre später John Girling, der Aufseher des Reptilienhauses, erlitt. Am Morgen des 20. Oktober 1852, nachdem er die Abreise eines Freundes nach Australien mit einer gemeinsam durchzechten Nacht gefeiert und dabei, einem Bericht der *Times* zufolge, anderthalb Liter Bier »sowie ein Achtel Gin im Gasthaus an der Shoe-Lane, danach ein weiteres und noch eines gegen acht Uhr morgens« zu sich genommen hatte, fühlte sich Girling unklugerweise bewogen, seine eigenen Fähigkeiten als Schlangenbeschwörer vorzuführen. Wankenden Schritts nahm er eine »Marokko-Schlange« aus ihrem Gehege und drapierte sie einem widerstrebenden Kollegen aus der Kolibri-Abteilung, der zufällig des Weges kam, um den Hals. Nachdem er sie in ihren Käfig zurückgelegt hatte, rief er: »Und jetzt die Kobra!« – griff auch tatsächlich zu und schlang sie sich selbst um den Hals. Die Kobra, deren Giftzähne vollkommen intakt waren, biß Girling prompt in die Nase. Er wurde sofort ins Universitätskrankenhaus an der Gower Street überführt, wo er kurz nach neun, weniger als eine Stunde nach dem Biß, verschied.

Nach Girlings Tod beeilte sich die *Times*, das Publikum über die Sicherheitsvorkehrungen im Reptilienhaus zu beruhigen. »Die Besucher«, so schrieb sie, »können die Schlangen vollkommen ungefährdet durch die dicken Glasscheiben der einzelnen Abteile betrachten, und die Vorkehrungen, die die Society in diesem Teil ihrer Ausstellung getroffen hat, lassen wirklich nichts zu wünschen übrig …«

Vor Schlangenbissen war ich also sicher. Ich stand in einem breiten, in sanftes Licht getauchten Gang, der um eine große, rechteckige Mittelinsel zurück zum Ausgangspunkt führte. Nur aus den verglasten Behältern fiel Licht in den Korridor und versickerte sogleich in den Wänden. Sie sahen aus wie eine lange Reihe von Bildschirmen, auf denen in Flutlicht getauchte Landschaften zu sehen waren; Arrangements aus Stein und Ästen, dazwischen braunes, zwiebacktrockenes Laub, in dem von Bewegung wenig zu sehen war. Ich rang nach Haltung; ich war unter Schlangen.

Kinder liefen zwischen den Schaukästen hin und her, und jeder Blick ließ ihre Erregung wieder aufflammen. Die Erwachsenen bewegten sich flüsternd, wie in einer Bibliothek – nicht ahnend, daß sie von Gehörlosen umgeben waren. Schlangen können nur Bodenvibrationen wahrnehmen, eine Tatsache, die ich mir, wenn auch nur aus Gründen der Selbsterhaltung, schon vor langer Zeit eingeprägt hatte. Daß Schlangen die Sprache der Vibrationen verstanden, bezeichnete schon fast den äußersten Punkt meines herpetologischen Wissens. Aber gerade hieraus hatte ich stets größtmöglichen Nutzen gezogen, sobald ich in eine auch nur im entferntesten bedenkliche Landschaft geriet. Durch mein persönliches Minenfeld, hohes Gras, stapfte ich immer mit schweren Schritten, warnte auf diese Weise jede Schlange vor meinem Kommen und verließ mich im übrigen auf ihre angebliche Bereitschaft zur Flucht. Der irritierte Blick eines Fremden zeigte mir, daß die Nähe der Schlangen nun offenbar auch im Reptilienhaus die gleiche Reaktion bei mir ausgelöst hatte. Ohne es zu bemerken, war ich auch hier den Gang entlang gestampft, wie ein Verrückter, der sich in der Jahreszeit vertan hat und glaubt, er müsse sich den Schnee von den Schuhen trampeln. Ich murmelte eine Entschuldigung und bemühte mich um eine gemäßigte Gangart.

Ich war mit einer bestimmten Absicht ins Reptilienhaus gekommen – wollte mich nicht bloß an eine Umgebung gewöhnen, die mich gleichermaßen lähmte und entsetzte. Ich war auf der Suche nach ganz bestimmten Schlangen. Meine Angst und meine Faszination angesichts dieser Geschöpfe galten, als wollten sie sich noch fester bei mir verankern, seit einigen Jahren vor allem vier Schlangenarten; lauter Schlangen, die die Grenzen der Reptilienkunde hinter sich gelassen hatten und zu Geschöpfen der Fabel und des Aberglaubens geworden waren, symbolträchtige, bedeutungsmächtige, lockende Wesen, gleichzeitig aber auch äußerst giftig; Schlangen, die mich wie Nachtgestalten anzogen, denen ich nicht zu widerstehen vermochte.

Ich fand sie auf der Mittelinsel des Reptilienhauses. Die Schlangen, die dort gezeigt wurden, waren Insassen einer Art von Hochsicherheitstrakt für Kriechtiere, der hermetisch abgeriegelt war, so daß selbst Ausreißer nicht zur Gefahr für das Publikum werden konnten. Dort also wurden die hochgiftigen Arten gehalten. Bis vor kurzem war noch der Geist des melodramatisch eindringlichen, viktorianischen Ausdrucks »Thanatophidia« oder »todbringende Schlangen« in der Aufschrift eines Schildes nachgeklungen, das den Anfang dieser Abteilung des Reptilienhauses markierte: »*The Killers*«.

So gelangte ich denn zur ersten meiner vier Schlangen. Die indische Kobra lag versteckt zwischen Laub, nur ein kurzes Stück ihres Körpers war sichtbar, glatt wie ein neuer Fahrradreifen. Was ich von dem wirklichen Tier sehen konnte, hatte nichts mit der aufgerichteten Gestalt zu tun, die zum Erkennungszeichen dieser Schlange geworden ist und sie zum Symbol absoluter Zielstrebigkeit gemacht hat, die wiederum die Hersteller von Autos und Kameraausrüstungen, von Helikoptern und Bier, Schuhen und Overhead-Projektoren, Golfschlägern und Radios, Surfbrettern und Stroboskopanlagen ebenso wie Millionen frommer Hindus im heutigen Indien dazu veranlaßt hatte, ihre Erzeugnisse oder gar sich selbst ihrer düsteren, ikonenhaften Lockung anzuvertrauen.

Wie die Schautafel neben der Vitrine erklärte, tötet die Schlange, die einst Girling hinwegraffte, in Indien immer noch jährlich zehn- bis zwanzigtausend Menschen. Zu Girlings Zeiten war die indische Kobra die meistgefürchtete Schlange überhaupt, was ihr melodramatische Beinamen wie »schleichender Tod« oder »die Schreckliche« eintrug. Außerdem galt sie als jähzornig. In den siebziger Jahren des 19. Jahrhunderts übermalte man den unteren Teil der Glasscheiben ihrer Terrarien, um zu verhindern, daß die Schlangen nach vorüberspazierenden Menschen stießen und sich dabei selbst verletzten.

Ich ging weiter, denn nachdem die Kobra während des ganzen 19. Jahrhunderts als die gefährlichste aller Schlangen gegolten hatte, konnte in unserem Jahrhundert eine andere Art Anspruch auf diesen Titel erheben. Die afrikanische Schwarze Mamba, so war auf der Tafel neben dem Schaukasten zu lesen, sei »eine der tödlichsten Schlangen der Welt; eine, die 1954 in den Zoo kam, soll vorher angeblich sechs Menschen getötet haben«. Die Mamba vor mir war jedoch offensichtlich nicht in der Stimmung zum Töten. Während ich zusah, begann sie, ihre ein Meter achtzig lange Haut abzustreifen. Sie rieb ihren Kopf so lange an einem Ast, bis ihre alte Haut einen Riß bekam, und wand sich dann mit kleinen, geduldigen, ruckartigen Bewegungen wie aus einem zu engen Schlafsack, den sie langsam von innen nach außen kehrte. Die alte Haut löste sich ab, schleifte noch eine Zeitlang, verdörrt und schuppig, aber vollständig, hinter ihr her, und schon zeigte sich darunter die glänzende, fast durchschimmernde neue Haut.

Die Mamba überraschte mich. Ich hatte erwartet, ich würde über die todbringende Bösartigkeit dieser Schlange meditieren. Statt dessen wurde mir, als sie sich eine halbe Stunde später mit einer letzten heftigen Bewegung ihrer alten Haut entledigte, bewußt, daß ich soeben Zeuge geworden war, wie ein Geschöpf seine zeitlose, urwüchsige Schönheit zurückgewinnt. Erst als ich mich umdrehte, merkte ich, daß sich eine ganze Traube von Menschen um das Terrarium gebildet hatte. Alle waren gebannt von der Wiedergeburt dieser Schwarzen Mamba. Draußen gingen die Lichter an, die Luft schwirrte von Radiowellen, Faxen, Düsenjets, und wir standen hier schweigend und wurden mitten in der Großstadt Zeugen, wie dieses Lebewesen jeden Makel abstreifte und, unserer Sterblichkeit zum Hohn, an einen Neubeginn zurückkehrte, von dem wir nur träumen konnten. Soeben hatte ich das andere Selbst der Schlange zu Gesicht bekommen, neben ihrer mörderischen nun auch ihre magische Kraft.

Weniger bekannt, aber angeblich noch tödlicher war meine dritte Schlange, der australische Taipan, der, wie es die Schautafel ausdrückte, »ein Gift erzeugt, das sechsmal so tödlich ist wie das der Indischen Kobra«. Aus der Zeit, als noch kein Gegengift verfügbar war, ist nur ein Fall bekannt, in dem ein Mensch den Biß eines Taipans überlebte – ein neunzehnjähriger Mann aus Queensland in bester körperlicher Verfassung, bei dem der Biß außerdem durch Schuhwerk, dicke Socken und Hornhaut abgemildert wurde. Die Existenz des Taipans war mir schauerlich bewußt, seit ich das ansonsten eher nüchterne, aber durchgehend farbig bebilderte Hamlyn-Paperback *Snakes of the World*, als Dreizehn- oder Vierzehnjähriger, als meine angsterfüllte Faszination längst ausgeprägt war, gründlich studiert hatte: »Wenn ein Mensch von diesem Monster gebissen wird, besteht wenig Hoffnung auf Genesung, und Tod binnen weniger Minuten ist das wahrscheinlichste Ergebnis.« Die rostroten Taipane waren sehr rührig und flochten aus ihren schlanken, ein Meter fünfzig langen Leibern in den Zweigen ihres Geheges immer neue Abnehmspiele.

Mein Besuch erwies sich als lehrreich. Langsam begriff ich, warum ich an diesen Ort zurückkehrte, der mich seit meiner Kindheit nicht losgelassen hatte. Hier konnte ich mich langsam an die Schlangen gewöhnen, vor denen ich am meisten Angst hatte, konnte sie von der sicheren Seite dicker Glasscheiben betrachten, bevor ich mich an die nächste, sehr viel heiklere Aufgabe machte. Bald würde ich aufbrechen, um diesen Schlangen auf ihrem eigenen Grund und Boden entgegenzutreten, in Indien, Afrika, Australien und im Lebensraum meiner vierten und letzten Schlange, in Amerika. Ich wußte noch nicht recht, was ich in diesen fernen Gegenden eigentlich wollte, außer daß ich die ungeheure, manchmal geradezu lähmende Wirkung besser begreifen würde, die diese Lebewesen auf die Menschheit im allgemeinen und mich im besonderen ausübten. Ob ich diese Reisen wirklich machen wollte oder ob ich gegen meinen Willen dazu getrieben wurde, konnte ich nicht sagen. Darin bestand eben die eigenartige Wirkung der Schlangen.

Schlangen in der Wildnis waren natürlich etwas ganz anderes als diese in Gefangenschaft lebenden Exemplare, und ich fragte mich, ob ich die geplante Reise wirklich durchstehen würde. Doch immer, wenn mich die Angst überkam, konnte ich den Club derer zusammenrufen, die den Biß dieser Giftschlangen überlebt hatten – einen Club, der sich nur in meinem Kopf traf, um mich zu fesseln und zu trösten. Denn wenn der Schlangenbiß meine größte Angst war, dann waren jene, die ihn überlebt hatten, das psychologische Gegenmittel – der lebende Beweis dafür, daß ein Schlangenbiß nicht tödlich sein mußte. Ich dachte an diese Überlebenden so, wie vielleicht Rennfahrer ihr Nervenkostüm festigen – durch die Erinnerung an die wunderbare Errettung mancher Kollegen aus Unfällen bei Höchstgeschwindigkeit, oder wie Taucher unglaubliche Geschichten von Leuten kennen, die Haiattacken überlebt haben; selbst wenn es tatsächlich passierte, war immer noch Hoffnung. Viele Menschen überlebten Schlangenbisse: Dieser Satz ging mir so lange durch den Kopf, bis er zum Mantra, zu der beruhigenden Beteuerung wurde, daß ich meine Begegnung mit Schlangen überleben konnte.

So gelangte ich denn zu meiner vierten Schlange, der amerikanischen, und legte meine Hand auf die Glasscheibe, als wollte ich sie berühren. Da explodierte die Klapperschlange; ihr Körper, ein geringeltes Rautenband, schnellte hinter dem großen Knollenkopf her, wie das Seil einer Harpune. Ihr Maul öffnete sich zu einem rosa Klaffen und traf das Glas genau dort, wo meine linke Hand lag.

Zwei
Amerika I

»Verteidiger: Wer von Ihnen hat Angst vor Schlangen?
(Viele Geschworene heben die Hand.)
Verteidiger: Wer von Ihnen hat keine Angst vor Schlangen?
(Niemand meldet sich.)«

Aus dem Protokoll des Verfahrens
Der Staat gegen Summerford, Februar 1992,
Jackson County Courthouse, Scottsboro, Alabama.

April 1996

An einem Freitagabend im Herbst 1991, während sich die Menschen überall in Alabama zum Abendessen vor die Fernseher setzten oder in der Dämmerung zum letztenmal bis zum nächsten Frühjahr den Rasen vor dem Haus mähten, wurde Darlene Summerford Collins von einer Diamantklapperschlange gebissen. Sie sah nur ein Huschen, das hellrosa Aufblitzen eines klaffenden Mauls, das ihrer sinkenden Hand entgegenfuhr. Die Giftzähne durchstießen die Haut an der Daumenwurzel, nahe dem linken Handgelenk.

Darlene wurde nicht zum erstenmal gebissen. Sie hatte im Laufe der Jahre, weiß Gott, schon genug mit Schlangen hantiert. Trug sogar Fotos von Schlangen in ihrer Handtasche mit sich herum und zeigte sie Freunden; ihre Lieblinge – Kupferköpfe, Mokassinschlangen, die grünliche Waldklapperschlange, die sie so mochte. Und Glenn, ihr Mann, betrieb das Schlangenaufheben mit ein paar Unterbrechungen schon seit zehn Jahren, zuletzt in der kleinen Kirche mit dem windschiefen Türmchen an der Woods Cove Road außerhalb des Ortes. Er ließ sie in sein Haar kriechen, wischte sich mit ihnen den Schweiß aus dem Gesicht, hantierte mit dem Satan wie nur je ein Rechtgläubiger.

Jetzt aber hatte sich ihr Mann mit einem Schießeisen über sie gebeugt, der Pistole, die sie sechs Monate vorher in der Pfandleihe »Scottsboro Pawn« gekauft hatte, und seine Hand drehte ihr grausame, dicke Zöpfe in das rote Haar, während sie auf ihren Daumen und die Blutperle starrte, die dort einen Augenblick lang prangte und ihr dann die Lebenslinien entlang durch den Handteller lief.

»Der Deckel«, zischte Glenn. »Schieb den Deckel wieder auf den Kasten.« Als sie dies tat, klapperte die Schlange zornig mit dem Schwanz. Darlene hatte das trockene Rasseln schon oft gehört, aber noch nie war ihr von diesem Geräusch übel geworden. In dem stickigen Schuppen konnte sie die Schlange riechen, den Gestank ihres Zorns, den Alkohol im Atem ihres Mannes und den Kohlenstaubgeruch von Waffenmetall. Jetzt zerrte Glenn sie zu einem anderen Kasten. Sie konnte deutlich sehen, was darin war: zwei große Klapperschlangen – das feinmaschige Drahtgeflecht des Kastendeckels schien sich im Rautenmuster auf ihrem Rücken fortzusetzen.

»Betest du jetzt?« flüsterte er und lächelte. »Ich wette, jetzt betest du.«

Eine böse Vorahnung verknotete ihr den Magen. Um ihren Daumen spürte sie schon einen bösartigen, brennenden Schmerz, wo das Gift zu wirken begann. Aber wirklich schlimm war etwas anderes: Es kam ihr vor, als ließen ihre Sinne sie im Stich. Sie war sicher, den Fluß zu hören – aber wann war das je vorgekommen? –, und roch von irgendwoher Doughnuts, und alle Konsonanten, die Glenn von sich gab, umkreisten ihren Kopf, ohne erkennbare Reihenfolge und ein paar Oktaven tiefer. Zu manchen Zeiten hatte sie geglaubt, mit jedem Augenblick ihres Lebens ginge es weiter bergab, aber nicht hierhin, nicht in einen Mord durch mehrfachen Klapperschlangenbiß. Nicht durch die Hand ihres Mannes.

Mehr als vier Jahre war das nun her. Als ich vor dem Haus stand, waren Glenn und Darlene längst nicht mehr da, aber etwas von jenem fernen Herbstabend hing noch um das Haus, eine haßerfüllte, giftige Stimmung, die der Zeit getrotzt hatte und mir einen Schauer über den Rücken jagte. Das Haus lag außerhalb von Scottsboro, wo die ordentlichen holzverkleideten Häuser mit den Briefkästen davor aufhörten und das Wirrwarr der kleinen Grundstücke an der Barbee Lane anfing, einem langen Asphaltband mit Knabberkante, das die ländliche Gegend durchschnitt. Kettenhunde dösten zwischen Motorblöcken, Kühlern, verrosteten Auspuffrohren – ausgeweideten Teilen von alten, rosa oder dunkelrot gesprayten Pick-ups. Aus Werkstattradios flatterten Musik- und Reklamefetzen herüber. Ein einsames Pferd stand reglos auf einem Feld, der leichte Wind spielte in seiner Mähne.

Das Haus lag am anderen Ende der Barbee Lane, zwischen den Kiefern-, Hickory- und Buchengehölzen, die zum Tennessee River hinunterführten. Nach Süden warf der Fluß eine große Lassoschleife durch Alabama. Er erreichte, von Tennessee kommend, den Staat im Nordosten und verließ ihn, seinem Namen treu, im Nordwesten wieder in Richtung Tennessee. Über weite Strecken jedoch war er ein formloses Gewässer. Auf seinem Weg zum Mississippi wurde er hinter den Dämmen, die ihn seiner Schlangenwindungen beraubt hatten, von weiten Sumpfgebieten gesäumt. Wie zum Ausgleich für den Verlust an Schönheit war der träge Fluß mit der Zeit für seine Welse bekannt geworden, versteckte Ungeheuer, bis zu hundert Pfund schwer. Angler wußten nie, was sie in der Nähe von Scottsboro aus dem Tennessee heraufziehen würden.

Das Haus an der Barbee Lane lag in ständigem Schatten. Es hatte ein Blechdach, die Wände waren mit rissiger Teerpappe verkleidet, und vorn warnte ein unübersehbares Schild Unbefugte vor dem Betreten des Grundstücks. Ein pappbrauner Hund, und zwar ein großer, bellte wütend und stellte sich mir, als ich zögernd näherkam, in den Weg. Eine Zeitlang starrten wir einander bloß an. Der Blick des Hundes war direkter. Verglichen mit dem derzeitigen Bewohner, ist dieser Hund womöglich noch ein Schmusetier, dachte ich und machte kehrt.

Ich fuhr an dem imposanten Gerichtsgebäude im Zentrum von Scottsboro und an den geschniegelten Anwaltskanzleien vorüber, die von ihm zehrten. Nach dieser kurzen Wohlstandsstrecke kamen dann wieder Ersatzteilhändler, die das Wesentliche im Auge behielten – »Ein neuer Motor? Wir helfen« –, Pfandleihen, denen es auf feinere Unterschiede längst nicht mehr ankam – »Beleihung von Fahrzeugbriefen. Auch Waffen, Schmuck, alles« –, und Läden mit Fundsachen, die ihnen die Flughäfen von New Orleans bis Atlanta partienweise lieferten: Regenschirme, Mäntel, Koffer, Schuhe, Hüte, Taschenbücher, Aspirinpackungen, Walkmans, Laptops, Füllfederhalter, sogar vergessene Fotos von irgendwelchen Lieben daheim im Vorstadtsonnenlicht, an einem Parkplatz in Ohio oder auf dem Balkon einer Wohnanlage in Florida mit Teilaussicht auf den Ozean.

Die Woods Cove Road wand sich nach Westen aus der Stadt, vorbei am Jackson County Hospital, über die Eisenbahngleise, dann durch Maisfelder. Bevor der Interstate Highway sie verschluckte, führte sie nur an ein paar verstreuten Farmen vorüber – und an der alten Kirche. Alt sah sie wirklich aus, die Kirche. Allerdings weniger wie eine Kirche. Betonsockel, auf denen früher die Zapfsäulen montiert waren, standen immer noch vor dem einstigen »Country Store and Gas Station« und lauerten auf unvorsichtige Schienbeine. Eine getünchte Bruchbude mit Flachdach, die Fassade mit armseligen Spanplattenresten verkleidet. Auf einem ärmlichen, selbstgemalten Schild stand: »Pastor Frank. Jeder ist willkommen. Freitagabend, Sonntagabend, 7 Uhr«. Pastor Frank, überlegte ich, war wohl eine Zeitlang Glenns Nachfolger gewesen. Aber nach dem Rostreif auf dem Vorhängeschloß zu urteilen, fand sein Gottesdienst allenfalls unregelmäßig statt.

Ich wischte über die Fensterscheibe. Ein Spinnennetz dahinter teilte die verschwommene Düsternis in lauter Splitter. Auf dem Boden wellte sich altes Linoleum. Ein Stuhl lag auf dem Rücken, wie ein Mann, der die Knie angezogen hat, um sich vor unfrommen Tritten zu schützen. Unter den Platanen hinter der Kirche versank ein Stapel klappriger Kirchenbänke im Schimmel. Die einzelnen Sperrholzschichten klafften auseinander wie die Seiten von zerlesenen Bibeln.

Mehr Mühe hatte man sich mit dem Ausmalen des Namens der Kirche gegeben: »The Church of the Lord Jesus Christ«, in einem blauen Bogen um ein Kreuz. Zu Glenns Zeiten, fiel mir ein, war dies die »Church of Jesus With Signs Following« gewesen, die »Kirche Jesu mit den nachfolgenden Zeichen«. Damals standen an einer Wand im Inneren, mit zittriger Ehrfurcht gepinselt, die Worte: »Markus 16, Vers 15-18«. Die Verse selbst lauteten: »Diese Zeichen aber werden denen folgen, die glauben: In meinem Namen werden sie Dämonen austreiben; sie werden in neuen Sprachen reden, werden Schlangen aufheben, und wenn sie etwas Tödliches trinken, wird es ihnen nicht schaden; Schwachen werden sie die Hände auflegen, und sie werden sich wohl befinden.«[1] In Glenns Kirche wie in anderen, die in den südlichen Appalachen, in diesem Gewirr sich kreuzender Südstaatengrenzen verstreut lagen, hatten sie die Bibel bei jedem ihrer Worte genommen.

Glenn Summerford machte keine halben Sachen. Er sprach in Zungen, trank tödliches Strychnin und Abflußreiniger und verabreichte sich zur höheren Ehre Gottes sogar Stromschläge. Aber das Schlangenaufheben hatte es ihm wirklich angetan. Er praktizierte es mit einer Hingabe, die seine dichtgedrängt sitzende Gemeinde ebenso erschreckte wie inspirierte. Glenn war auf dem schweren Weg zum Herrn gelangt, einen Rattenschwanz von Anzeigen hinter sich herschleifend, wegen illegaler Waschbärjagd und schweren Diebstahls und sogar wegen versuchten Mordes, an seiner Schwiegermutter – mit einer Blumenvase.

Darlene konnte von seiner Gewalttätigkeit, seinen Sauftouren,

[1] Zitiert nach der Elberfelder Bibelübersetzung. Bei Luther heißt der entscheidende Satz: »In meinem Namen werden sie ... Schlangen vertreiben.« In der englischen *King James Version* der Bibel steht: »They shall take up serpents«, und in der lateinischen Vulgata: »serpentes tollent«. Das lateinische Verb *tollere* bedeutet »aufheben«, »emporheben«, »in die Höhe heben«, aber auch: »wegnehmen«, »wegbringen«, »aus dem Wege räumen«, »vernichten«, »vertilgen«. Klar ist, auf der Grundlage der Luther-Übersetzung könnte kaum jemand auf die Idee kommen, Schlangen in die Kirche zu holen, um sie aufzuheben. (Anm. d. Übers.)

seiner Untreue ein Lied singen. Sie war eines von dreizehn Kindern und in der Nähe der Ortschaft Dutton mit Almosen großgezogen worden, am Sand Mountain, dem Hochplateau auf der Ostseite des Tennessee River zwischen Scottsboro und dem Sonnenaufgang. Sie und Glenn waren noch jung, als sie sich kennenlernten. Mitte der siebziger Jahre erlag sie seiner starken, wenn auch diabolischen Ausstrahlung. Er hatte Feuer und Leben in sich. Ihm wiederum waren an ihr vor allem die tollen blauen Augen und das leuchtend braunrote Haar aufgefallen. Aber schon wenige Monate nach der Hochzeit schubste er sie herum, behauptete, sie würde ihn mit jungen Kerlen und sogar mit ihrem eigenen Bruder betrügen, und trank mit einer Hartnäckigkeit, die ihn noch tiefer in den Sumpf der Eifersucht und der Mörderwut trieb.

Dann, eines Tages im Jahre 1982 trat Glenn schwankend aus einer Bar und begegnete, als er sich gerade vornahm, noch mal ganz von vorn anzufangen, einem Freund, der mit seinem Pickup zu einem Gottesdienst jenseits der Grenze, in Kingston, Georgia, unterwegs war. In eine Kirchenbank gezwängt, sah Glenn dort, wie Männer aus neben dem Altar gestapelten Holzkästen Klapperschlangen nahmen und sie unter lautem Singsang weitergaben – mit einer Stärke und einer Zuversicht, wie er selbst sie immer nur aus der Flasche bezogen hatte. Das zornige Rasseln der Schlangen ging in dem kakophonen Geheul unter, den Halleluja-Rufen, der Musik – dumpfe Trommeln, kreischende Gitarren, klirrende Zymbel und das Röhren mikrofonverstärkter Männerstimmen –, aber Glenn sah, wie die Schlangen unter dem Griff der Aufheber erstarrten und dann wieder, wie durch ein Wunder, schlaff wie ein Seil wurden. Selbst während die Männer sie sich um die Schultern legten oder in der Mitte nahmen und nach beiden Seiten herunterhängen ließen, versuchten die Schlangen nicht zu beißen. Ein Mann stopfte sich eine junge Klapperschlange in die Hemdtasche; ihr Schwanz lugte hervor wie ein schlaffes, prächtig gemustertes Ziertüchlein. Später, als alles ein bißchen aus den Fugen geriet – als Frauen umkippten, sich wie bei einem Herzanfall schüttelten oder schluchzend vor dem Altar zusammensackten –, warfen die Männer ihre Klapperschlangen sogar in die Luft, brachten die Glühbirnen zum Schaukeln, vertrieben auf diese Weise alle Schatten und fingen die Tiere im Fallen wieder auf.

Es war zwar nicht die Straße nach Damaskus, sondern nur die nach Cartersville, eine gesichtslose Wegstrecke mit Fastfood-Buden und Billig-Motels neben dem Georgia-Highway Nr. 41, ungefähr vierzig Meilen vor Atlanta, aber Glenn fühlte sich in der kleinen, bretterverkleideten Kirche auf dem Hügel dennoch erlöst. Die Lehre war einfach. Das Wort der Schrift versprach das Seelenheil, wenn man den mit Maschendraht bespannten Deckel eines Holzkastens aufklappte, hineingriff und die sich ringelnden Rosenkränze des leibhaftigen Bösen herausnahm. Der Glaube tat das übrige. Gottvertrauen entwaffnete den Teufel. Den »vollkommenen Sieg« nannten sie es. Am Ende des Gottesdienstes war Glenn bekehrt. Er war bereit, Prediger zu werden und Schlangen aufzuheben.

Bald hatte er siebzehn Schlangen im Schuppen am Ende der Barbee Lane. Ein paar hatten ihm Hilfsprediger besorgt. Andere Leute rieten ihm, er solle in den Wald gehen, sich hinsetzen und beten, der Herr möge ihm die Schlangen schicken. Manche kaufte er für ein paar Dollar den Jungs aus der Gegend ab, die sie im Gestrüpp fingen. Er fand sogar selbst welche, die sich im Frühling zwischen den Kiefern sonnten, und lernte, wie man sie in einer Kiste fängt, ohne daß man selbst gebissen wird. Er nahm sie zu seinen ersten Gottesdiensten in Scottsboro mit, unregelmäßigen Veranstaltungen an wechselnden Orten, kurzfristig anberaumt, in gemieteten Sälen und alten Gebäuden überall in der Stadt. Einmal kam seine Gemeinde sogar über einem Brathähnchenrestaurant zusammen. Die Leute aus dem Ort beschimpften sie als »Freaks«, als »Holy Rollers« und »Jesus Onlys« und warfen ihnen die wenigen Scheiben ein, die ihre Fenster noch hatten. So landeten sie schließlich in der alten Tankstelle an der Woods Cove Road.

Ihre Zusammenkünfte außerhalb des Ortes abzuhalten war ihnen nur recht. Sie waren das Leben an den Rändern gewohnt; Himmel, sie und ihre Leute hatten schon immer so gelebt, in Wohnwagen, von der Sozialhilfe oder als Tagelöhner auf Maisfeldern oder bei Firmen in der Umgebung, bei der Kirchenstuhlfabrik drüben in Rainsville zum Beispiel.

Der Ärger ergab sich dann einfach aus dem Schlangenaufheben. Aber wer regelmäßig im Namen des Herrn den rautengemusterten Tod in die Hand nahm, dem konnten auch die Eier und die Flüche, die während der Gottesdienste geschleudert wurden, nichts anhaben. Zur Zeit ihrer Großeltern hatten die Ungläubigen aufgereizte Bienen in den Kirchen freigelassen. Manchmal waren die Kirchen auch angezündet worden. Ein kurzes Inferno erhellte den Nachthimmel, Ascheflocken tanzten durch die Luft und gingen dann sachte auf fernen Feldern und Schindeldächern nieder.

An drei Abenden der Woche und jedesmal stundenlang übertönte Glenns wachsende Gemeinde mit ihren Gesängen das Hupen der Autos auf der Woods Cove Road oder ignorierte die grinsenden Gesichter an den Fenstern und freute sich, den Herrn endlich an einem Ort zu verehren, den sie ihr eigen nennen konnten. Und Glenn hatte nun eine Aufgabe und eine Gemeinde – eine Gemeinde, die ihm Ansehen verschaffte und regelmäßige Einkünfte. Eine Zeitlang glaubten die, die dem Prediger am nächsten standen, sogar, er habe die Gewalttätigkeit und die Trinkerei für immer hinter sich gelassen.

Ihre Vorfahren stammten größtenteils aus Schottland und Nordirland. Sie waren im 18. Jahrhundert als Siedler in die südlichen Appalachen gekommen, in die gebirgige Grenzregion zwischen West Virginia und den Carolinas, in das südliche Kentucky, das östliche Tennessee, die Berge im Norden von Georgia und Alabama. Sie hatten kaum mehr besessen als die Kleider, die sie am Leib trugen, ein bißchen Vieh, ein paar Werkzeuge und die King-James-Bibel. Ihr einsames Leben stand ganz im Zeichen der Arbeit: das Land roden, Höfe bauen und Kirchen mit Böden aus gestampftem Lehm, Vieh züchten, um Milch und Fleisch, Leder und Schmalz zu haben, Kartoffeln anbauen und Mais. Der Rest war Schlaf und Gebet. Sie blieben unter sich und nannten sich wegen ihrer Strenggläubigkeit »Holiness People«. Sie führten christliche Häuser, lasen aus der Heiligen Schrift und verdammten den Alkohol und den Tabak, die Lüge und die üble Nachrede ebenfalls.

Sie kleideten sich einfach und bescheiden. Aus dem gleichen Geist trugen spätere Generationen bis oben zugeknöpfte Hemden oder Latzhosen. Unter Berufung auf die Korintherbriefe verachteten die Frauen allen Schmuck, trugen ihr Haar lang und ohne aufwendige Frisur, allenfalls zu einem bescheidenen Knoten gewunden. In den fünfziger Jahren des 20. Jahrhunderts trugen sie billige Kleider mit dem einfachen Blumenmuster, das schlaue Futtermittelhersteller auf ihre Säcke druckten.

Im 20. Jahrhundert bekamen die »Holiness People« zunehmend Probleme mit dem American Way of Life. Unerfahren in Geschäfts- und Vertragsangelegenheiten, hatten zu viele von ihnen ihre Grundstücke in den Bergen für ein Butterbrot an Holzfirmen und Großfarmer verkauft und mit dem Boden auch ihre fromme Selbständigkeit verloren. Arbeit gab es nur anderswo, in großen Städten wie Chattanooga, Huntsville, Knoxville, Atlanta und Nashville oder in Orten wie Scottsboro und Fort Payne, Alabama, in Cleveland, Tennessee, oder in Rome, Georgia. Sie arbeiteten in Sägemühlen und im Bergwerk, auf dem Bau und bei der Eisenbahn, in Läden, Fabriken und Restaurants. Sie fuhren Lastwagen. Und sie fühlten sich erniedrigt.

Die moderne Welt hatte sie berührt und mit ihren Scheußlichkeiten sogar in Versuchung geführt. Eine verworfene Gesellschaft versank im Sumpf der Homosexualität und im verlockenden Zierat der Jezebel: nuttiges Make-up, Ohrringe, Armreifen; Bier, Whisky und Zigaretten; das unverzeihliche Geschwätz im Kino, in Radio und Fernsehen; Kaugummi, Limo und Kaffee; und schließlich Rockmusik, Drogen und sogar Ehen zwischen Homosexuellen. Für die Holiness People war das 20. Jahrhundert eine einzige lange Krise. Zu sehen, wie die eigenen Leute von den stinkenden Abwässern des modernen Amerika fortgerissen wurden – das erneuerte ihre spirituelle Kraft und trieb sie in ihre baufälligen Kirchen zurück, wo das richtige Leben wieder etwas Einfaches, Klares wurde, das sich aus der unwandelbaren Heiligen Schrift ergab. Hier hatten schon zu Beginn des Jahrhunderts einige der Ihren in den letzten Sätzen des Markus-Evangeliums den Auftrag entdeckt, Schlangen aufzuheben. Schlangen waren böse; sie verkörperten den Geist des Jahrhunderts. Sie in die Hand nehmen bedeutete den vollkommenen Sieg über den Satan – bedeutete, sich über die Verworfenheit des modernen Amerika zu erheben.

Doch Glenn Summerfords Läuterung erwies sich als kurzlebig. Im Oktober 1991 holte ihn das sündhafte Leben wieder ein, dem er neun Jahre zuvor in Kingston abgeschworen hatte, und es wurde schlimmer als je zuvor. Nach einigen schlimmen Bissen im Sommer – vor allem von einer exotischen Mojave-Klapperschlange aus Arizona, die jemand von einem Händler mitgebracht hatte – war der Prediger untergegangen, eine Spur von Wodkaflaschen, zerdrückten Zigaretten-Schachteln, miesen Videos, deren Leihgebühr nicht bezahlt war, etlichen Seitensprüngen und zuvielen Prügeleien in der Öffentlichkeit hinter sich herziehend. Nach dem Biß einer östlichen Waldklapperschlange sah er ein paar Tage lang alles gelb. Zuviel Alkohol und zuviel Strychnin, zuviel Mißtrauen und zuviel Klapperschlangengift im Blut hatten ihn schließlich durchdrehen lassen und ihn so weit gebracht, daß er eines Freitagabends seinen Wagen so versteckt parkte, daß niemand sie daheim vermutete; dann hatte er die Haustür abgeschlossen und seine Frau mit gezogenem Revolver in den Schuppen gezerrt, wo er die Schlangen hielt.

Ich nahm mir ein Motelzimmer außerhalb der Stadt, kurz vor dem Interstate Highway. In dem Zimmer hing der Geruch von Zigaretten und Pizza. Ich zog das Telefonbuch hervor und fand zwischen »Chiropraktiker« und »Cigar, Cigarette and Tobacco Dealers« einundfünfzig Einträge örtlicher Kirchen von einer irritierenden konfessionellen Bandbreite: Adventisten, African Methodist Episcopal Church, Assemblies of God, Baptisten, Church of Christ, Church of God, Episkopale, Interkonfessionelle, Katholiken, die Kirche Jesu Christi der Heiligen der letzten Tage, Lutheraner, Methodisten, Vereinigte Methodisten, Nazarener, Pfingstler, Presbyterianer und Zeugen Jehovas, aber unter Holiness stand nichts. Pastor Frank, Glenn Summerford und seinesgleichen lebten in einer Welt, die im Telefonbuch nicht vorkam.

Das Telefon klingelte.

»Wie geht's?« fragte mich eine Stimme. Männlich.

»Wen wollen Sie?« fragte ich zurück, glaubte, jemand habe sich verwählt.

»Dich«, entgegnete er. Ich lachte. »Brauchst du vielleicht eine anständige Massage heute abend?« fragte er. Ich legte auf und machte mich auf die Suche nach einem Lokal, wo ich etwas zu essen bekam.

In »Geno's Pizzeria« drüben bei den Lichtern am Stadtrand fühlte ich mich vor unverlangten Massagen einigermaßen sicher. Aber sonderlich gesprächig ging es dort nicht zu. Hochtoupierte Blondinen bedienten große Männer, die unter Baseballmützen mit Landmaschinenreklame auf Fernsehbildschirme starrten. Gelegentlich wischten sich diese Männer mit dem Handrücken den Bierschaum vom Schnurrbart. Ich vertiefte mich in den *Scottsboro Daily Sentinel.* »Liebe Abby«, schrieb eine Leserin auf der Ratgeberseite. »Mein Mann und ich können uns nicht einigen, was das Datum auf den Milchschachteln bedeutet. Er sagt, es wäre das Datum, bis zu dem die Milch verkauft sein muß, und ich sage, es ist das Datum, bis zu dem man sie trinken kann. Würdest Du bitte Deine Experten fragen und uns die Antwort mitteilen.«

Der Mann, der in diesem Augenblick zur Tür hereinkam – schwere Stiefel, schwarzer Bart, Halstuch, khakifarbene kugelsichere Weste –, gehörte offenbar zu der Sorte, denen das Datum auf Milchschachteln ziemlich egal war und die statt dessen dort, wo die Milch herkam, unter den Herden, ziemliches Unheil anrichten konnten. Vor seinem Erscheinen war mir der zweite Artikel in der Zeitung, der meine Aufmerksamkeit erregt hatte – »Große öffentliche Versteigerung! Vollständige Liquidierung einer Produktionsanlage für Raketentreibstoff« –, äußerst unglaubwürdig erschienen. Jetzt war klar, wo die Nachfrage herkam. Als der Mann eine Tüte auf die Theke stellte, glaubte ich, er würde im nächsten Augenblick knurren: *Kipp die Kasse da rein, du Schlampe. Und mach vorwärts, sonst knallt's*. Daß er der Kellnerin in überaus höflichem Ton mitteilte, sie habe ihm vorhin »Thousand-Island«-Dressing gegeben, verblüffte mich.

»Ich hatte aber Italienisches bestellt, Miss«, fügte er hinzu. »Macht es Ihnen was aus, mir das umzutauschen?«

Bei Milch und Salatsoßen, überlegte ich mir auf der Fahrt zurück zum Motel, sind die Einwohner von Scottsboro also ein bißchen heikel. Für mich paßte das nicht zu Leuten, die sich beim Schlangenaufheben regelmäßig aus freien Stücken beißen ließen, dann nicht ins Krankenhaus gingen, sondern lieber unter Qualen starben – schätzungsweise einer von hundert, seit dem Beginn dieses Jahrhunderts, als man, ohne auf irgendeine Tradition zurückzugreifen, aber voll glühender Begeisterung mit dem Schlangenaufheben begann, anfangs in den ländlichen Kirchen um Chattanooga, Tennessee, ungefähr fünfzig Meilen nördlich von hier. Während die Frühjahrsmücken vor meinen Scheinwerfern tanzten, malte ich mir aus, wie die jüngste Tote, Melissa Brown aus Middlesboro im Süden von Kentucky, vor nur sieben Monaten, im August 1995, von den älteren Generationen durch Schlangenbiß Getöteter aus der Appalachenregion in einem Jenseits begrüßt worden war, an das sie alle mit jener unbekümmerten, selbstverständlichen Überzeugtheit glaubten, die man normalerweise Vorstellungen wie der, daß die Erde rund sei, vorbehält.

In der kleinen Kirche außerhalb von Middlesboro war Melissa Brown gebissen worden, unterhalb des Ellbogens, von einer ein Meter zwanzig langen Waldklapperschlange, einer von rund fünfzig Schlangen, mit denen an jenem Sonntag während des Morgengottesdienstes hantiert wurde. Fünfzehn Minuten nach dem Biß konnte sie ihre Beine nicht mehr bewegen. Bis Dienstagmorgen hatte sie schon fast achtundvierzig Stunden in der Wohnung des Predigers Jamie Coots in Bella Gardens gelegen, wo Punkin, ihr Mann, sie ohne Erfolg bedrängte, sie solle an ihre fünf Kinder zwischen sechzehn Monaten und neun Jahren denken und zulassen, daß man sie ins Krankenhaus bringen. »Sie litt sehr«, sagte Jamie Coots, und am Nachmittag verlor sie dann das Bewußtsein. Als man um 15 Uhr 38 schließlich doch einen Krankenwagen rief, gab Melissa Brown keinerlei Lebenszeichen mehr von sich, und bei der Ankunft im Appalachian Regional Hospital von Middlesboro wurde ihr Tod festgestellt.

Wohin auch immer Melissa sich an diesem Dienstagnachmittag begeben hat, nie waren ihr Zweifel gekommen, was sie dort finden würde: unaussprechliche Freude in den Armen des Herrn und all die Schlangentoten, deren Beispiel sie gefolgt war. Leute, die sie von den Kirchenfesten und den *homecomings* kannte, die die »Holiness«-Leute von überall aus den südlichen Appalachen anlockten, Tage des Gebets, des Gesangs und des Spießbratens in Kirchen und im sommerlichen Grün, unter einfachen Zeltplanen auf Feldern und Anhöhen. Da war Bruce Hale, der nur sechs Monate vor ihr in der New River Free Holiness Church außerhalb von Lenox im Süden von Georgia an zwei Bissen einer Klapperschlange gestorben war. Da waren Jimmy Ray Williams, der 1991 in Tennessee starb, und sein Vater, Jimmy Ray senior, der achtzehn Jahre vorher im gleichen County wie sein Sohn gestorben war, allerdings nachdem er Strychnin getrunken hatte. Da waren der gut aussehende Prediger Charles Prince, der mit Klapperschlangen unter dem Bett großgeworden war (Tennessee, 1985), Mack Wolford (West Virginia, 1983) und John Holbrook (West Virginia, 1982). Da waren Claude Amos (Kentucky, 1980) und die drei, die 1978 starben.

Und davor diejenigen, die Melissa nur vom Hörensagen oder durch deren Söhne und Töchter kannte; der fröhliche Lee Valentine (Alabama, 1955) und drei Wochen vor ihm der Begründer des Schlangenaufhebens selbst, George Went Hensley. Von Hensely hieß es, er habe Schlangen in die Arme genommen, »wie ein Junge Anmachholz sammelt«, er habe die Sterbenden heilen und trockenen Fußes den Tennessee River überqueren können. Er fiel schließlich bei Altha in Nordflorida einer östlichen Diamantklapperschlange zum Opfer, nachdem er rund vierhundert Bisse überlebt hatte, die ihn »gesprenkelt hatten wie ein Perlhuhn«. Da waren die vier, die 1946 innerhalb von sechs Wochen und nur wenige Meilen voneinander entfernt bei Cleveland, Tennessee gestorben waren – Joe Jackson am 13. Juli, Henry Skelton am 17. August, Walter Henry am 25. August und Hobert Wilson am 2. September. Da waren die drei, die im September 1945 verschieden waren – Anna Kirk in Virginia, Lewis Ford in Tennessee und George Coker in Kentucky, und außerdem Johnny Hensely, Maudie Lankford und Jesse Coker 1944. Im August 1940 waren dort auch Martha Napier und Jim Cochran gestorben. Melissa war nun von Gläubigen umgeben. Sie war zu Hause.

*

»Mach den Deckel auf«, sagte Glenn, als sie vor dem zweiten Kasten standen. »Mach ihn auf, sag ich.« Darlenes linke Hand zitterte von dem Biß inzwischen so stark, daß sie es behutsam mit der rechten Hand tat. Ein Zucken ging durch den Kasten; die Schlangen zogen sich zusammen.

»Ich sag dir was«, zischte Glenn und bohrte ihr den Lauf seiner Pistole ins Genick. »Du hebst jetzt diese Schlange da auf« – er zeigte auf die größere. »Und wenn sie dich nicht beißt, sagt der Herr, ich soll dich leben lassen.« Aber Darlene wußte, mit dem Herrn hatte das nichts zu tun. Wo der Herr auch sein mochte, hier war er nicht. Sie schmeckte Galle. Ihr Beitritt zum Appalachischen Club der Klapperschlangentoten stand unmittelbar bevor.

Die Sache war nur die – sie wollte nicht beitreten.

Drei
Australien I

»Wenn man in diesem Land von einer Schlange gebissen wird, folgt darauf sofortiger Tod. Der Biß einer der tödlichsten und am weitesten verbreiteten Schlangen ist so schlimm, daß die gebissene Person nur erschauert und auf der Stelle tot umfällt.«

Aus einem Brief des in Australien stationierten Wachoffiziers William Coke an seine Familie in England, 1827.

Oktober 1996

In den letzten Septembertagen des Jahres 1801 wurde ein Gentleman, allerdings ein äußerst aufsässiger und streitsüchtiger, im Hafen von Cork an Bord der *Atlas* gebracht. Sir Henry Browne Hayes war ein berüchtigter irischer Witzbold und Dandy – und außerdem seit kurzem durch eigene Unbesonnenheit auch Sträfling. Die *Atlas*, ein Frachtschiff, sollte beim ersten günstigen Wind nach New South Wales auslaufen.

Zu Beginn des Monats, als das Todesurteil gegen Browne Hayes in Verschickung nach der damals dreizehn Jahre alten Strafkolonie umgewandelt worden war, hätte man einen glücksritterlichen Seufzer der Erleichterung von ihm erwarten sollen. Statt dessen hatte sich der Verschonte zu Tode erschrocken, allerdings nicht, weil ihm die üblichen Schrecken des Sträflingslebens übermäßig Kummer gemacht hätten. Zwangsarbeit, Auspeitschen, der scheußliche Fraß, das Heimweh, der australische Humor und selbst die schrecklichen Feste, die sie da unten angeblich feierten – zu alldem hätte er sagen können: Was soll's! Der ungestüme Brown Hayes hätte die ganze Episode als Abenteuer hinstellen können, wie es zu seinem wendungsreichen Leben paßte, wären da nicht die Berichte gewesen, denen zufolge es in jener Gegend von dem nur so wimmelte, wovor er mehr Angst hatte als vor allem anderen. Schlangen.

Als die *Atlas* Cork in Richtung Rio und der Antipoden verließ, hatte Browne Hayes sich und sein beträchtliches Vermögen dem käuflichen Kapitän James Brooks längst anempfohlen. Captain Brooks wandte seine Aufmerksamkeit von den achttausend Litern Rum, die er geladen hatte und mit großem Profit in Sydney zu verkaufen gedachte, zeitweilig ab und lenkte sie auf Browne Hayes' relative Bequemlichkeit, um so die eigene Tasche noch weiter zu füllen. Den anderen Gefangenen erging es weniger gut. Während der neunmonatigen Reise verlor die *Atlas* fünfundsechzig Sträflinge, mehr als ein Drittel von denen, die an Bord gegangen waren, durch Krankheit und Entbehrung. Während der Überfahrt waren die Gefangenen die meiste Zeit unter Deck in einem mephitischen Dunst aus Krankheit und Exkrementen angekettet. Ein empörter Reformer erhitzte sich damals über:

»das schlechte, schmutzige Lager der Sträflinge, von denen manche ihren Körper nicht mal zur Hälfte bedecken können; der nahrhafte Teil ihrer Kost wird ihnen durch das Abschöpfen des Fetts von ihrer Suppe entzogen; die unzulängliche Kleidung in der größten Kälte … die vollständigen, schmerzhaften Hodenbrüche, die ihnen bis auf die Knie hängen … die asthmatischen und aufgedunsenen Subjekte mit ihren eiternden Beinen …«

Eine bequeme Kabine und das beste Essen, das zu haben war, halfen Browne Hayes über die Strapazen der langen Seereise hinweg, doch weniger gut bekam ihm vielleicht der Mangel an Zerstreuung. Ein Hodenbruch oder ein eiterndes Bein hätte ihn womöglich ein wenig von dem Gedanken an das, was vor ihm lag, abgelenkt.

Schaurige Berichte über die Schlangen, die es in Australien gab, hatten Europa schon seit den ersten Tagen der Besiedelung dieses Kontinents erreicht und gaben den Briefen in die Heimat noch bis weit ins 19. Jahrhundert ein dramatisches Kolorit. Als Alexander Marjoribanks, ein vornehmer Reisender, 1840 nach Sydney kam, tat er, was Touristen tun – er besuchte die nahegelegene Botany Bay, wo die erste Flotte von Sträflingsschiffen 1788 gelandet war. Er schrieb:

»Als ich zu dieser Bucht gelangte, suchte ich vergebens nach der großen Blumenvielfalt, der sie ihren Namen verdankt. In Wirklichkeit sah ich mehr Schlangen als Blumen und hätte sie genauso gut Schlangenbucht nennen können. Was die Schlangen angeht, so möchte ich noch erwähnen, daß der Biß der meisten in diesem Land fast augenblicklich zum Tode führt.«

Im Jahre 1861 schrieb Horace Wheelwright in seinem Buch *Bush Wanderings of a Naturalist*:

»Was der Buschmann im australischen Busch am meisten zu fürchten hat, sind die Schlangen. Ich glaube nicht, daß es irgendwo auf der Welt eine Gegend gibt, die im Sommer stärker von diesen Reptilien verseucht ist. Wo er geht und steht – in der Tiefe des Waldes, im dichten Heidekraut, an Sümpfen und auf der Ebene, an Bachläufen und Wasserlöchern ... nirgendwo ist er sicher ... jederzeit kann er auf eine todbringende Schlange treten, die sich auf seinem Pfad zusammengerollt hat ... ihn mit ihrem Basiliskenblick betrachtet, jederzeit bereit zum tödlichen Stoß.«

1910 veröffentlichte Reverend John Flynn, der in Australien später die Flying Doctors gründete, eine Broschüre mit dem Titel *The Bushman's Companion: a Handful of Hints for Outbackers*. Der ausführliche Abschnitt »Was tun im Fall von Schlangenbissen?« empfiehlt dem Erste Hilfe Leistenden: »den Bereich um den Biß mit dem Messer aufstechen«, »ums liebe Leben saugen«, »mit Kaliumpermanganat einreiben«, »nicht zulassen, daß der Patient einschläft«, und »schwarzen Kaffee verabreichen – sehr stark«. Allerdings scheint Flynn seinen medizinischen Ratschlägen selbst nicht sonderlich getraut zu haben, denn seine Broschüre besteht zum größten Teil aus Kirchenliedern, Passagen aus der Heiligen

Schrift, Grundregeln für das Abfassen von Testamenten und schließlich der Liturgie des Totengottesdienstes.

Während die *Atlas* nach einem Zwischenstopp in Kapstadt über den Indischen Ozean schipperte, hatte Browne Hayes reichlich Zeit, über die unbesonnenen Handlungen nachzudenken, die ihn in diese schreckliche Lage gebracht hatten – über die »sonderbare Heiratsspekulation«, wie es in einem viele Jahre später vor der »Historical and Archaeological Society« von Cork gehaltenen Vortrag hieß, »die Browne Hayes schließlich im Jahre 1801 die Freifahrt nach New South Wales und ständigen Aufenthalt daselbst eintrug«.

Sir Henry hatte sich offenbar in eine gewisse Mary Pike, eine junge Quäkerin, verknallt, als er eines Abends im Juli 1797 deren Vater besuchte. Mary soll sowohl schön als auch geistreich gewesen sein; jedenfalls war sie mit Sicherheit 20 000 Pfund wert. Alles dies, ihre Person, ihr Aussehen, ihr Reichtum, hatte es den jungen Stutzern aus der guten Gesellschaft von Cork schon lange angetan. Es bestrickte auch Sir Henry und verleitete ihn zum Leichtsinn. Er beschloß, Miss Pike zu entführen.

Am späten Abend des 22. Juli wurde Mary von einem Dienstmädchen mit einer dringenden Nachricht aus dem Bett geholt: Ein Bote habe soeben gemeldet, Marys Mutter sei im Hause einer Verwandten erkrankt und wollte ihre Tochter sehen. Hastig wurde ein Wagen angespannt, Mary fuhr los, wurde aber wenig später an der Straße nach Glanmire von fünf maskierten Bewaffneten angehalten. Während ihr Kutscher in die Nacht entfloh, um im nahegelegenen Wirtshaus Alarm zu schlagen, bugsierten die Männer sie in einen anderen Wagen, dessen Lenker kein anderer war als der listenreiche Sir Henry.

Der Ritter eilte nach Hause, wo schon ein Priester bereit stand, den Bund der Ehe zu besiegeln. Doch Mary weigerte sich. Sir Henry, dem schier das Herz brach, verkündete tapfer, er werde sich tot schießen, wenn sie sich weiter weigerte. Dieses tat sie, er jenes nicht.

Über den so erreichten toten Punkt kam man die ganze Nacht nicht hinaus – auch deshalb nicht, weil die Obrigkeit nie auftauchte, um den Vorgängen, die längst zur Farce herabgesunken waren, ein Ende zu machen. Zwar hatten Amtspersonen in den frühen Morgenstunden die Einfahrt zum Haus von Browne Hayes untersucht – Nachbarn hatten seltsame Umtriebe gemeldet –, waren jedoch bald wieder verschwunden, weil sie keine frischen Hufspuren finden konnten, die zum Haus führten. Sir Henry, so stellte sich später heraus, hatte seine Pferde verkehrt herum beschlagen lassen.

Am nächsten Tag ließ er Miss Pike unversehrt frei. Ihm war bald klar geworden, daß sein Ruf als Amateurschauspieler sie ebensowenig beeindruckte wie die Histörchen über sein Markenzeichen als Dandy – den berühmten Seidenbaldachin, den er vor seinem Zelt aufspannte, wenn er mit der Landwehr der Grafschaft Cork ins Manöver zog. Miss Pikes Reaktion überraschte ihn zwar ebenso wie ihre mangelnde Begeisterung über die Entführung – sie hätte, so fand er, zumindest das Unterfangen als solches aufregend finden können –, aber er war Realist genug, einzusehen, daß seine Brautwerbung gescheitert war. Also gab er auf und wandte sich zur Flucht.

Liest man die Beschreibung, mit der Marys Familie wenig später 500 Guineen für die Ergreifung des Entführers auslobte – »ziemlich frische Gesichtsfarbe, leicht pockennarbig und braunes Haar, mit bemerkenswertem Schnurrbart« –, dann versteht man, warum die wohlsituierte, junge irische Schönheit Browne Hayes abwies. Dennoch wird auch sie die Chuzpe bewundert haben, mit der er sich, als er die Verfolgungsjagd nach drei Jahren leid war, einem alten Faktotum seiner Familie, einem Mr. Coghlan, freiwillig stellte, weil ihm daran lag, daß die Belohnung im Hause Brown Hayes blieb (wenngleich mancher unbarmherzig vermutet hat, die Zahlung an Coghlan sei kein Geschenk gewesen, sondern habe eher ausstehende Schulden beglichen).

Sir Henry begann sein Leben in New South Wales im Gefängnis von Sydney. Aber bei seiner Entlassung bekam er den Status eines »Sonderhäftlings« und war nun »ohne förmliches Dokument auf freiem Fuß«. Im August 1803 zahlte er 100 Pfund für ein Grundstück von hundert Acres am Südufer von Port Jackson, dem späteren Hafen von Sydney, in einer teilweise landwirtschaftlich genutzten Gegend oberhalb einer hufeisenförmigen Bucht. Vom Sandstrand blickte man auf schwarze Felsen, an denen die Gischt hochsprühte, dahinter lag das Nordufer der Bucht. Er nannte sein neues Zuhause Vaucluse.

Die Landschaft war zauberhaft, keine Frage, aber Irland war es nicht. In dem Bestreben, zwischen dem fremdartigen Geschlinge des australischen Buschs ein wenig heimatliche Atmosphäre zu erzeugen, schickte Sir Henry aufwendige Einkaufslisten an Freunde und Förderer in Irland. Unter der Überschrift »Blumen- und Samenliste« begann eine von ihnen mit »acht Maß Frühbohnen«, »ein halbes Pfund kräuseliger Spinat«, »zwei Maß Stechginster für Hecken«, »lauchblättriger Bocksbart« und endete mit der rührenden Bitte um Übersendung von »Schnecken« und »Igeln«. Und dies bei einem Mann, der ein Todesurteil und zahllose Schlägereien überlebt hatte und nachmals Schiffbrüche zu seiner persönlichen Spezialität machen sollte.

Bald indessen zeigte sich, daß Sir Henrys Sträflingskollegen nicht den gebotenen Respekt vor seinen Besitzungen besaßen, so sehr er diese auch verschönerte. In der *Sydney Gazette* erschienen empörte Anzeigen mit seinem Namen: »BELOHNUNG VON ZEHN GUINEEN: in Anbetracht dessen, daß in letzter Zeit mehrere äußerst zierliche Keulenbäume und Banksien auf dem Gelände der VAUCLUSE gefällt wurden ... vermutlich zum Bootsbau, da nur die gekrümmten Teile entwendet wurden ...«; und »ZEHN GUINEEN BELOHNUNG« für Hinweise auf denjenigen, »der letzten Dienstag- oder Mittwochabend in meinem Garten in Vaucluse eine größere Menge Wassermelonen geraubt hat und am Donnerstag, nachdem das Feuer auf ihn eröffnet worden war, Beutel und Knüttel zurückließ«.

In Vaucluse hatte man allerdings auch mit Eindringlingen zu kämpfen, die weit unangenehmer waren als diebische Strafgefangene. »Wo ich wohne«, erklärte Sir Henry eines Abends im Jahre 1804 einem Bekannten, einem Major bei der Armee, »wimmelt es buchstäblich von giftigen Schlangen; es gibt schwarze Schlangen, braune Schlangen, graue Schlangen, gelbe Schlangen, Diamantschlangen und Rautenschlangen ...«

Die Zeitungen waren nicht sehr ermutigend. Ebenfalls im Jahre 1804 brachte die *Gazette* die typische Geschichte von dem »braven Knaben«, den eine große schwarze Schlange in den linken Arm gebissen hatte, während er am Hawkesbury River nördlich von Sydney die Herde seines Vaters hütete. »Bald überkamen ihn Übelkeit und Ermattung. Der arme kleine Kerl lief nach Hause, und die Herzen seiner bekümmerten Eltern erstarrten vor Schrecken, als sie mit ansehen mußten, wie er wenig später verschied.«

Vielleicht hätte Sir Henry an den Ratschlägen Gefallen gefunden, auf die ich fast zweihundert Jahre später in einer Diskussionsgruppe im Internet stieß. Auf meinem Computerbildschirm berichtete eine gewisse Juanita, sie sehe in ihrem Garten in Seattle jeden Tag vier oder fünf Schlangen und sei darüber keineswegs erfreut. Mehrfach wurde ihr geraten, sich eine »dunkelrote Riesenschlange aus Pappe zu besorgen und sie herumliegen zu lassen, bis dieser Anblick oder das Berühren bei dir keine Reaktion mehr auslöst« oder »dir ein Bild von einer Schlange auf die Kühlschranktür zu kleben«. »Gib deinen Schlangen nette Namen«, schrieb ein anderer einfühlsamer Ratgeber, »zum Beispiel Fred oder Suzy. Wenn du eine siehst, sag Hallo zu ihr, bevor du dich zurückziehst.« Weitere Vorschläge lauteten: »Sieh dich mal gründlich in einer Tierhandlung um«; »such dir einen Schlangenbesitzer, der bereit ist, dich mit einer Schlange bekannt zu machen«; »geh in den Zoo, und sieh dir die verschiedenen Arten an«; und schließlich: »Du solltest mal einen guten Psychologen aufsuchen.« Ohne Therapie nämlich, so hieß es weiter, werde Juanita bald nicht mehr imstande sein, »an Gebüschen vorüberzugehen, die das Objekt der Angst beherbergen könnten«; sie werde »keine Zeitung oder Zeitschrift mehr ungeprüft lesen können«, »die Nähe von Dingen nicht mehr ertragen, die dem Objekt der Angst entfernt ähnlich sähen (ob Regenwurm oder Seil)«, und schließlich werde sie auch nicht mehr imstande sein, »einer Arbeit nachzugehen oder ein geselliges Leben zu führen«.

Nun waren Juanitas Schlangen natürlich nicht mal giftig. Und ins Haus wollten sie auch nicht – wie die von Sir Henry. Der schrieb weiter:

»Solange sie sich auf den Rasen und den Garten beschränkten, machte es mir nichts aus. Schlimm genug, daß sie dort waren, aber mit Vorsicht konnte ich ihnen aus dem Weg gehen. Neuerdings jedoch kommen die Biester auch ins Haus. Wir haben schon welche auf der Veranda und in jedem Zimmer getötet, auch in der Küche. Gestern abend fand ich eine, einsachtzig lang und schwarz wie Kohle, zusammengerollt auf meiner weißen Tagesdecke, und eine zweite von gleichen Ausmaßen unter dem Bett.«

Sir Henry gestand seinem Freund, er habe elf Tage lang Todesqualen ausgestanden. In Ermangelung eines guten Psychologen bat er um himmlischen Beistand. »Ich habe vom Morgengrauen bis in die Abenddämmerung fast ohne Unterlaß zum heiligen Patrick, meinem Schutzpatron, gebetet. Aber er scheint mich und meine Gebete nicht zu erhören – als wäre ich ein Strauchdieb oder Straßenräuber.«

Im Laufe des Jahres ließ sich der heilige Patrick dann anscheinend doch erweichen. Jedenfalls kam Sir Henry eine Lösung in den Sinn, die, dessen war er sicher, auf eine göttliche Eingebung zurückging. Sogleich wurden verschiedene Briefe nach Irland auf den Weg gebracht. In einem von ihnen wurde ein Beauftragter gebeten, 500 Fässer mit bestem irischen Torf an die Docks von Cork zu liefern. Ein zweiter war an alle Schiffskapitäne gerichtet, die auf dem Weg nach New South Wales auch Cork anliefen, und erklärte, die Fässer mit dem Torf seien eine Sendung von höchster Wichtigkeit, da die Kolonialbehörden sie für dringende botanische Experimente benötigten. Die Kapitäne wurden angewiesen, die Fässer unverzüglich an Bord zu nehmen; Platz für sie, so schlug der Brief vor, lasse sich am leichtesten schaffen, indem man eine entsprechende Menge Ballast aus der Bilge des Schiffes entfernte. In Vaucluse hoben unterdessen Sträflinge gegen Bezahlung einen Graben um das Haus von Sir Henry aus, ein Meter achtzig breit und sechzig Zentimeter tief.

In Gedanken legen wir gern Gräben an, um Schlangen fernzuhalten. Aber Sir Henry, der damit rechnete, daß eine Erde, von der der himmlische St. Patrick die Schlangen gänzlich verbannt hatte, die australischen zumindest fernhalten würde, tat auch den nächsten Schritt und ließ einen solchen Graben um sein Anwesen ziehen. Er folgte damit, wenn auch auf seine typisch großspurige Art, einer uralten Tradition. Im mittelalterlichen Europa glaubte man, Nattern könnten nicht in Kreidekreise eindringen. Im alten Ägypten und in Indien trug man schlangenförmige Armreifen als schützendes Amulett. Bis vor kurzem wurden im afrikanischen Busch regelmäßig Hanfseile um die Zelte gelegt, in dem Glauben, Schlangen kämen über sie nicht hinweg. Und im amerikanischen Westen war es Brauch, daß sich die Cowboys einen solchen magischen Kreis aus ihren Lassos legten, wenn sie sich in der Prärie schlafen legten. Die Cowboys behaupteten zwar steif und fest, das Pferdehaar, aus dem die Lassos gemacht sind, halte die Schlangen durch seine Rauhheit fern. Aber insgeheim räumten die meisten von ihnen ein, daß dies nicht stimmte; Schlangen reiben sich nämlich gern an rauhen Oberflächen. Aber diese hartgesottenen Praktiker wollten wohl einfach nicht zugeben, was die Lassos zur Nachtzeit für sie wurden: eine Art von Amulett, ein Aberglaube, die Rückkehr zu alten Glaubensvorstellungen.

Seit alters her ist die Welt mit solchen magischen Kreisen gesprenkelt worden. Manche von ihnen, etwa der schwache Abdruck eines Lassos im Staub, hielten sich nur, bis der nächste Wind aufkam, oder wurden schon durch die Vibration davongaloppierender Hufe wieder verwischt. Anderen, magischen Armbändern in Schlangenform, vor Jahrtausenden aus Metall getrieben, scheint es bestimmt, den Menschen zu überdauern.

Als 1928 am Vaucluse House in Sydney Gruben für neue Fundamente gegraben wurden, um eine absackende Veranda zu stützen, entdeckten die Arbeiter eine Schicht schokoladenbrauner Erde, die sich durch den hellen, sandigen Lehmboden zog; es war Browne Hayes' magischer Kreis, hundert Jahre zuvor von einem Trupp Sträflinge angelegt, die nicht soviel Glück gehabt hatten wie Sir Henry. Auf dessen Anweisung versammelten sie sich am Morgen des St.-Patrick-Tages beim Vaucluse House, um das kürzlich aus Irland eingetroffene Erdreich in den Graben zu schaufeln. Eine vornehme Gesellschaft war in Booten angereist, um der Veranstaltung beizuwohnen, und konnte nun verfolgen, wie Sir Henry immer wieder Lieder zum Lobe des heiligen Patrick anstimmte. Am Nachmittag, als der Graben gefüllt war, bat ein Sträfling, der Sir Henrys Angst vor Schlangen teilte, den Rest der zauberkräftigen Erde für seine eigenen Zwecke mitnehmen zu dürfen. »Nimm sie«, entgegnete Sir Henry, »doch lieber hätte ich sie dir in Gold aufgewogen.« Am Abend feierten der Hausherr und seine Freunde die neu errungene Sicherheit vor den Schlangen mit einem Dinner im Freien – unter einem schattigen Segel, das sie eigens zu diesem Zweck von einem im Hafen liegenden Zweimaster ausgeliehen hatten.

Heute, so muß man sagen, zeigen sich in der Umgebung von Vaucluse allerdings doch gelegentlich Schlangen. Vielleicht hat ja die Magie im Laufe der Jahre an Kraft verloren – aber die Kreisform, zu deren wandlungsvoller und windungsreicher Geschichte Brown Hayes' Graben einen unverwechselbaren Beitrag leistet, zeugt davon, wie es mit der Haltung der Menschen zu den Schlangen bestellt ist. Wir sind geneigt, in ihnen keine gewöhnlichen Geschöpfe aus Fleisch und Blut zu sehen, sondern Geisterwesen, Besucher aus einer anderen Welt mit irritierenden Plänen für die Menschheit.

Geschlossene Türen – das war uns eigentlich schon immer klar – halten Schlangen nicht fern. Wozu wir greifen, um andere Bedrohungen abzuwehren – Fallen und Vorhängeschlösser, Mauern,

Waffen, Giftköder –, das alles bleibt, wie man weiß, Schlangen gegenüber fast wirkungslos. Die sonst üblichen physischen Hindernisse erscheinen unzulänglich, eindimensional, sogar einfältig. Deshalb greifen wir zu Talisman oder Fetisch. Und der magische Kreis ist nur ein Zaubermittel unter vielen, mit dem wir unser Abwehrarsenal aufgestockt haben.

In der Antike war es lange Zeit Brauch, Schlangen mit Knoblauch zu vertreiben. Noch zu Beginn des 20. Jahrhunderts pflegte man im afrikanischen Busch bei Einbruch der Nacht die Zeltschnüre damit zu bestreichen, als gelte es, Vampire fernzuhalten. Ich finde, Vampire, die die Menschheit in Gestalt von Fledermäusen heimsuchen, könnten ebenso überzeugend als Schlangen auftreten; jedenfalls haben diese beiden Bewohner der Zwischenwelt mehr gemeinsam als Knoblauch und spitze Zähne. Auch von Vampiren glaubte man, es falle ihnen schwer, in Kreise einzudringen. Wie die Vampire, die beim Anblick eines Kruzifixes zurückweichen, galten auch die Schlangen lange Zeit als der leibhaftige Teufel. Nur ein Pflock, durchs Herz getrieben, soll einen Vampir wirklich töten; im ländlichen England war es Brauch, Vipern dadurch ins Jenseits zu befördern, daß man sie an einen Baum nagelte, bis sie bei Einbruch der Dämmerung tot waren. Die Lamia, der weibliche Dämon der griechisch-römischen Mythologie, die als Vorläuferin des schauerromantischen Vampirs gilt, nimmt sogar Schlangengestalt an – »ein gordisches Huschen von blendender Farb«, heißt es in Keats einschlägigem Gedicht. Womit wir bei den Wörtern Vampir und Viper selbst wären, deren Klangähnlichkeit uns nicht aus dem Kopf gehen will, auch wenn sie ihrer Etymologie nach völlig verschieden sind.

Auch ich wollte nach Australien reisen und war dankbar für Sir Henrys Beispiel. Seine Notlage war für mich ein gewisser Trost. Seine Angst ließ mich die meine besser einschätzen; er bot mir eine emotionale Stütze. Mir wurde klar, warum ich Leute seines Schlages in letzter Zeit zu meinem Spezialgebiet gemacht hatte.

Wie der betrunkene John Girling, wie Darlene und Juanita war er nur eine von vielen zeitgenössischen oder historischen Gestalten, die ich inzwischen gesammelt hatte, weil sie unter Schlangen hatten leiden müssen. Ich erkannte, weshalb ich all die Stunden in Bibliotheken, Archiven, am Telefon verbracht hatte: Es ging dabei weniger um Recherche als um die Rekrutierung von Trost spendenden Begleitern für die vor mir liegenden Reisen. Ich hatte Schlangengeschädigte angeheuert und als Reisegefährten in meine Dienste gepreßt. Sie sollten mir in den kommenden Monaten Beistand leisten, sollten mich daran erinnerten, wieviel schlimmer es kommen *konnte*. Ihrer aller Funktion bestand darin, für immer schlimmer dran zu sein – von Schlangen geängstigter, von Schlangen bedrohter, von Schlangen gebissener zu sein als ich selbst.

Browne Hayes tat mir noch einen weiteren Gefallen; seine Geschichte brachte mich auf die Idee, selbst ein Amulett mitzunehmen. Gewiß, 1996 war nicht 1801, Heathrow war nicht Cork, und die Boeing 747 war nicht die *Atlas*. Der Kapitän machte während des Fluges obendrein freundliche Durchsagen und verfolgte offenbar keine schwarzhändlerischen Rum-Interessen, die das Wohlbefinden seiner Passagiere hätten beeinträchtigen können. Aber auch wenn sich manches verändert hatte – eine Konstante blieb: die Angst vor Schlangen.

Irischer Torf war natürlich ein bißchen unhandlich. Ich besann mich statt dessen auf das alte Vertrauen der Engländer in das Holz der Esche. Schlangen, so glaubten sie, hielten sich davon fern. Um mir ein Gefühl von Sicherheit zu verschaffen, wollte ich ein Stück Eschenholz mitnehmen. Am Nachmittag vor dem Flug steckte ich mein Taschenmesser ein und wanderte zu der Anhöhe gegenüber dem Haus in Gloucestershire, wo ich wohne. Neben der Straße am Fuß des Hügels wuchsen junge Eschen. Von einem Zweig schnitt ich mir ein kurzes, leichtes Stück ab, ungefähr so groß wie eine Pistolenkugel. Ich hatte es, noch saftgrün, in der Tasche, als ich mich auf den Weg zum Flughafen machte.

Vier
Afrika I

Februar 1997

Fast hundert Jahre, nachdem die *Atlas* Sir Henry Browne Hayes nach Australien geschafft hatte, brachte ein anderes Schiff einen sehr viel willigeren Passagier namens Henry Tarlton von Australien nach Afrika. Und noch mal fast hundert Jahre später, in der von Teetassengeklingel erfüllten Hotellounge in einem schottischen Städtchen, wo er sich nach einem langen Leben in Ostafrika niedergelassen hatte, erinnerte sich Tarltons Enkel daran, wie sein Großvater nach der Ankunft beschlossen hatte, auf den Zug nach Nairobi nicht zu warten.

»Mombasa, Anfang 1898«, begann Pete Bramwell. Er zog an seiner Pfeife und studierte dabei durch dicke Brillengläser eine eingeschweißte Speisekarte. Augen, die einst scheues Großwild in den Weiten der Savanne erspäht hatten, wanderten jetzt, um Klarheit bemüht, zwischen Burgern und getoasteten Sandwiches umher.

»Auf den Zug nach Nairobi zu warten, war nicht drin«, erklärte mir Pete. »Da hätte er sich die Beine in den Bauch gestanden, monate-, vielleicht jahrelang.« Im Jahre 1898 war nämlich die praktische Einführung von Stevensons großartiger Erfindung in diesem Teil der Welt noch längst nicht abgeschlossen. Die Gleise verlegenden indischen Kulis, die sich langsam landeinwärts hackten, waren noch zweihundert Meilen von dem Ort entfernt, den sie Nairobi nannten. Damals war die künftige Hauptstadt des Protektorats eine bunte Ansammlung von Hütten, in denen Missionare, Farmerpioniere und Landvermesser der Eisenbahn Obdach fanden.

Großbritanniens großartige Bahnlinie zum Viktoria-See im Landesinneren, mit der die wacklige Stellung des Empire in Uganda gefestigt, zugleich aber auch der noch vorhandene Sklavenhandel unterbunden und das Innere des späteren Kenia zugänglich gemacht werden sollte, war bei Meile 131 am Ufer des Tsavo steckengeblieben. Der Bau der steinernen Brückenpfeiler in dem weichen Flußbett stellte das Können der Ingenieure auf eine harte Probe. Züge von der Küste, die die Baustelle mit Nachschub versorgten, zermalmten auf den Gleisen Unmengen von Raupen zu einer glitschigen Schmiere, bis die Räder nur noch durchdrehten. Egal, wie dick man die hölzernen Schwellen mit Kreosot bestrich, die Termiten fraßen sie trotzdem. Im März wurde der Unterbau durch die von Süden nach Norden wandernde Regenzeit weggespült. Fuhrwerke blieben im Schlamm stecken. Löwen fingen an, die Arbeitskräfte zu verspeisen.

So beginnt Pete Bramwells kenianische Familiengeschichte. Neunundneunzig Jahre vor unserer Begegnung verläßt sein Großvater mütterlicherseits einen Dampfer aus Australien und hört die Geschichten, die überall in den Clubs, den Konsulaten und den Hotels von Mombasa herumerzählt werden; Aufruhr in Uganda, menschenfressende Ungeheuer am Tsavo, sinkende Preise für fruchtbares Farmland nördlich von Nairobi und Verspätungen bei der Eisenbahn.

»Nach allem, was man weiß«, sagte Pete und reinigte energisch seine Pfeife, »war Großvater im Warten nicht besonders gut.« Schon Henry Tarltons Großeltern hatten zu den europäischen Frühankömmlingen in Australien gehört. Er hatte den Drang des Siedlers im Blut und wollte an der letzten Grenze des Empire, im weiten, unberührten Inneren Ostafrikas, unbedingt seine Spuren hinterlassen. Daß sich die Eisenbahn verspätete, hat er wahrscheinlich sogar mit Erleichterung vernommen. Zum einen hielt das die Konkurrenz in Grenzen; er hatte die weite Reise nicht gemacht, um sich schließlich an einem unwürdigen Gezerre um Land zu beteiligen. Und zum anderen: Welcher Pionier, der diesen Namen verdient, war denn je mit diesem neumodischen Dingsbums an einer jungfräulichen Grenze angekommen? Warum den Respekt des Landes, dem er sich verschrieben hatte, nicht dadurch erwerben, daß er *hinging*, so wie es die Siedler immer getan hatten?

Also begann Henry Tarlton, eine Karawane für den Treck ins Landesinnere zusammenzustellen. Er sollte einer der letzten sein, der sich darauf einließ, aber indem er so und nicht anders nach Westen zog, in das Land, das er sich selbst verheißen hatte, blieb er dem Fortschritt noch einmal eine Nasenlänge voraus. Er nahm den tiefgefurchten Weg der Sklavenjäger, Landvermesser und Missionare, der nach der Eröffnung der Bahnstrecke zu Beginn des neuen Jahrhunderts unter dem alles verschlingenden, alles überwuchernden Buschwerk bald verschwunden sein würde.

Tarlton kaufte Wagen und Maultier- und Ochsengespanne. Er heuerte Hirten und Träger an. Er überwachte das Verstauen: Schrankkoffer, Besteck und Geschirr, Pflüge und Hacken, alte Paraffintonnen, in denen Wasser transportiert wurde, seine Seife und sein Rasierspiegel, Kerzen, Streichhölzer und Tabak, Konserven und Reis in Säcken, Sodasiphons, Schachteln mit Samen, Buschmesser und Brecheisen, Lattenkisten mit gackernden Hühnern, das Zelt mit Türklappe, Moskitonetze, Matratzen und Laken, die 7,6-Millimeter-Büchse samt Munition und medizinische Vorräte, wie Verbandszeug, Rizinusöl, Jod, Epsomer Bittersalz, Schwedenteer als Wundsalbe und Chinin gegen Malaria. Außerdem ein paar Erinnerungen und Andenken an Australien und die Dinge, die die Eingeborenen, nach allem, was man an Tips zu hören bekam, bei Tauschgeschäften oder, falls es einmal eng wurde, zur Beschwichtigung akzeptieren würden: Perlen, Stoffe und Rollen des begehrten Drahts, aus dem sie Armreife herstellten.

Tarlton verließ Mombasa Ende Mai. Die verfügbaren Karten waren sehr ungenau, und das wenige, was sie verzeichneten – »wasserlose Wüste«, »Tümpel«, gelegentlich eine »heiße Quelle« oder eine »endlose Ebene« –, wirkte nicht ermutigend. Das Wetter allerdings war ganz gut. Die Wolken hatten ihre großen, grauen Wammen abgelegt, und der Regen ließ nach. Die Backofenhitze hatte sich gelegt, aber sie würde, so hoffte Tarlton, den Weg, den sie nehmen wollten, doch trocknen. In Kilindini, dem Basislager der Eisenbahn am Rand von Mombasa, wurden von Leichtern neun Meter lange Schienen und achtzehn Meter lange Brückenträger an Land gebracht. Kulis stapften mit Kisten voller Schrauben und Laschen für die Gleisverbindungen ans Ufer. Als die Karawane an den von Ungeziefer verseuchten Hütten und Zelten, an Lazaretten, Werkstätten und Lagerschuppen vorbeizog, erklangen Rufe. Wohin sie denn wollten? Und warum? Wartet ein Jahr, dann habt ihr es bequemer. Zwar könnten der *sahib* und sein Trupp Nairobi vielleicht noch vor der Eisenbahn erreichen, aber ebensogut könnte es geschehen, daß sie Nairobi nie erreichten. Ob sie denn nichts von den Banditen gehört hätten? Von den Fiebern – Schwarzwasserfieber, Schlafkrankheit, Malaria? Von den Schlangen? Den Löwen am Tsavo?

Weiter im Inneren wurden sie mit den gleichen Fragen begrüßt. Die europäischen Landvermesser und Aufseher, die im Schatten ihrer Sonnenschirme Gefälle berechneten, stellten sie. Man las sie in den neugierigen Blicken der Arbeitertrupps, die zwischen Baobabs und Dornenbäumen einen Streifen Land freischlugen und tiefrote Durchstiche in die Berge gruben; auch in den Mienen der Kulis mit ihren Turbanen, die das Bett für die Schwellen und die Gleise sorgfältig vorbereiteten und sogar in der Haltung der schweißglänzenden Männer, die Gleisstücke, heiß wie Brandeisen, geschultert hatten, nun innehielten und zusahen, wie der Treck vorüberzog.

Es waren lauter sinnvolle Fragen, das machten die ekelerregenden Anblicke und Gerüche entlang des Weges Tarlton immer wieder deutlich: die von Fliegenlarven wimmelnden, aufgedunsenen Kadaver von Eseln und Ochsen, Opfer der Dehydrierung und der Schlafkrankheit; die Geier, die sich gemächlich auf dem Aas niederließen, das den Weg der Eisenbahn ins Innere des Kontinents flankierte; der Gestank der ruhrkranken Arbeiter; die Malariakranken in den Lazarettzelten neben der Strecke und die ersten Anzeichen von Schlafkrankheit bei den eigenen Tieren.

Sie arbeiteten sich zu den Schlierenhorizonten der flachen Taru-Wüste vor. Die Dornen der Euphorbien und Aloen hakten sich in ihrer Kleidung und den Stirnlocken der Packtiere fest. Am Ufer des Tsavo hatte sich ein großes Baulager breitgemacht. Es roch nach Schweiß und Gewürzen, nach halbgetrockneten Tierhäuten und brutzelndem Fleisch, nach Kerosin und Scheiße, aber vor allem roch es nach Angst. Abends stieg ihr Gestank in dicken, widerlichen Schwaden aus den Zelten auf, die die Arbeiter mit dicken *bomas*, Barrikaden aus »Wait-a-bit«, dem angeblich undurchdringlichen Dornenstrauch, umgeben hatten, und wehte den beiden Löwen in die bebenden Nüstern, die auf den Geschmack an Menschen gekommen waren und sich nun lautlos erhoben. Im Laufe dieses Jahres sollten die Löwen am Tsavo, ohne sich jemals von Wait-a-bit-Barrikaden aufhalten zu lassen, mindestens achtundzwanzig Inder und ungezählte Afrikaner in den Tod reißen.

Tarltons Karawane frischte am Tsavo ihre Vorräte auf, reparierte die Wagen und ließ die Packtiere ausruhen. Sie blieben so lange, daß sie auch selbst das dumpfe Knurren der Löwen um das Lager zu hören bekamen und wie die Kulis die angstvolle Stille mit ihrem Gesang vertrieben. Von denen, die noch lebten, ließen sie sich die Schreie schildern, die die Nacht in Scheiben schnitten, und wie am Morgen die Furchen, die die Fersen der fortgezerrten Opfer im Boden hinterließen, den Weg zu ihren grausigen Überresten wiesen. Wie sie einmal den Kopf eines Mannes und mehrere seiner Finger gefunden hatten und daß an einem dieser Finger noch ein Silberring steckte. Und wie man mit typisch kolonialer Tatkraft Ring und Ringfinger und seine sonstige Habe seiner Witwe nach Indien übersandte.

Nachtwachen wurden aufgestellt, die mit alten Blechdosen Krach schlugen. Feuer wurden angezündet und beleuchteten Plakate, die dem, der die Mordbestien tötete, 100 Pfund Belohnung in Aussicht stellten. »Die Leitung der Uganda-Bahn«, so war auf dem Plakat zu lesen, sei »durch die Raubzüge menschenfressender Löwen mehrfach inkommodiert …« Offiziere auf Urlaub und Leute, die sich einen Namen machen wollten, tranken die Nächte durch oder pirschten den Geräuschen im Dunkeln nach, während die Kulis, die sich Schußwaffen nicht leisten konnten oder sie aus Gründen der Disziplin nicht in die Hand bekamen, in ihren Zelten Zuflucht suchten oder sich für die Nacht in einem der nahen Bäume festbanden. Die Einheimischen hatten ihre *bomas* vor allem errichtet, um sich vor Sklavenjägern zu schützen, die sie schon seit Hunderten von Jahren verschleppten. Doch nun befestigten selbst sie ihre Abwehrstellungen gegen diese neueste Gefahr noch zusätzlich. Kenia wird Tarlton nicht wie das Gelobte Land vorgekommen sein, sondern wie eine von Angst gelähmte Welt aus lauter Barrikaden, in der eine bösartige Natur Amok lief.

Am Tsavo war Tarltons Trupp auch auf die Schlangen gestoßen, ein Gleiten auf dem Weg oder zwischen den Wagenrädern, wenn sie ihr Lager aufschlugen. Sie kannten die Namen der Schlangen nicht, sahen nur, daß sie in dieser Gegend hauptsächlich in Ziegelrot und Olivgrün vorkamen und meistens ein Meter achtzig lang waren. Sie wußten auch, sofern Tarltons Kenntnis australischer Schlangen hierzulande überhaupt etwas taugte, daß es gute Gründe gab, sich vor ihnen in acht zu nehmen. Um sie fernzuhalten, legten sie abends die üblichen Hanfseile um ihre Zelte.

Schlangen bekam man am Tsavo andauernd zu sehen. Die Laternen, die die Arbeiter nachts bei sich hatten, sollten sie nicht nur vor den Löwenschatten zwischen den Zelten, sondern auch vor den Schlangen zu ihren Füßen warnen. Der Chefingenieur im Lager am Tsavo war J. H. Patterson. Dieser Patterson, der im Laufe des Jahres 1898 die menschenfressenden Löwen töten und so mit einem Satz von einer geschichtlichen zu einer legendären Gestalt werden sollte, kannte sich auch mit Schlangen aus. Als sein Diener eines Abends im Zelt des Sahib eine Schlange entdeckte – der Hanfseiltrick funktionierte offenbar nicht immer –, da tat Patterson »den Griff nach der Schrotflinte«.

»Ich lief zu dem Zelt, wo ich im Licht der Laterne eine große rote Schlange, etwa zwei Meter lang, erblickte, die neben dem Feldbett lag und mir entgegensah. Ich feuerte sofort und trennte sie mit dem Schuß in zwei Teile; der Schwanzteil blieb, wo er war, aber die Kopfhälfte ringelte sich rasch davon und verschwand im Dunkel des Zeltes. An Hand der Blutspur konnten wir ihr jedoch nachstöbern und fanden sie, immer noch wehrhaft, unter dem Zeltboden.«

Nachdem sie erledigt war, hob Rawson, ein Freund Pattersons, sie auf

»und brachte sie ans Licht. Dann trat er mit einem Fuß auf ihren Hinterkopf und sperrte mit einem Stock ihre Kiefer auf, da sahen wir, wie plötzlich zwei vollkommen klare Giftstrahle aus ihren Zähnen spritzten. Ein indischer *babu* (Sekretär), der zufällig in der Nähe stand, bekam alles ab, und der arme Mann geriet so in Panik, daß er sich binnen weniger Sekunden alle Kleider vom Leib riß. Wir amüsierten uns sehr darüber, denn wir wußten natürlich, daß das Gift zwar sehr stark war, daß es aber keinen Schaden anrichten konnte, solange es nicht durch einen Schnitt oder eine offene Wunde unter die Haut drang.«

Oder wenn es – was Patterson, nach seinem Bericht zu urteilen, offenbar nicht wußte – in die Augen gelangte. Patterson hatte es nämlich mit einer roten Speikobra zu tun. Hätte das Gift der getöteten Schlange den Schreiber dort getroffen, wäre dies, wie Pete Bramwell aus eigener Erfahrung schildert, so schmerzhaft gewesen, als hätte man ihm die Säure einer Autobatterie in die Augen geschüttet.

Der Biß einer solchen Schlange kostete den Kuli Amam Din im Dezember 1898 am Tsavo das Leben. Zum Schutz vor den Löwen hatte es sich der gewitzte Mann zur Gewohnheit gemacht, nachts in einen der tragbaren Wasserbehälter aus Stahl zu kriechen. Die Öffnungen des Behälters waren so klein, daß Löwen mit ihren großen Pfoten daraufschlagen konnten. Eines Abends jedoch war der Wasserbehälter des unglücklichen Amam Din schon von einer Speikobra besetzt. Vermutlich fuhr dem Ärmsten der Schreck so sehr in die Glieder, daß er keinerlei ärztlichen Beistand suchte und folglich, als man ihn am nächsten Morgen entdeckte, schon mehrere Stunden tot war. Die Totenstarre hatte eingesetzt, und es gab keine Methode, den Leichnam auf respektvolle Weise aus dem Tank zu befreien. So beschloß Patterson, daß der Wassertank, der Amam Din das Leben hatte erhalten sollen, nun sein Sarg werden würde. Er ließ den Tank zum Ufer des Tsavo hinuntertragen, wo er feierlich den Fluten übergeben wurde. Der Tank jedoch wollte nicht sinken, und Patterson mußte ihn erst mit vier Schüssen aus seiner 7,6-Millimeter-Büchse durchlöchern, ehe der Leichnam Amam Dins seiner letzten Ruhe entgegenblubberte.

Außergewöhnlich war dieses Finale nicht zuletzt deshalb, weil diese provisorischen Obsequien große Ähnlichkeit mit dem aufwiesen, was der Inder in der eigenen Heimat hätte erwarten können. Während die spirituelle Reinigung durch Verbrennung – im Idealfall am Ufer des Ganges in der heiligen Stadt Varanasi – von den Hindus als Begräbnisritus meist bevorzugt wird, werden manche Tote lieber auf dem Wasser stromabwärts geschickt: kleine Kinder, schwangere Frauen, *sadhus* oder Weise, Leute, die an den Pocken gestorben sind, Opfer von Schlangenbissen. Die Schlangentoten werden in Kreuzform auf ein einfaches Floß gebunden und dann dem heiligen Fluß überlassen, der das Gift abwäscht und sie gereinigt in das nächste Leben trägt. Vielleicht wären diese merkwürdigen Ähnlichkeiten für Amam Din ein Trost gewesen, auch wenn er in einem Stahltank in einem unheiligen Fluß und fern der Heimat, durchlöchert von den posthumen Gewehrkugeln seines Sahibs, versank und als Krokodilfutter endete.

Durch eine lange Abfolge von Sonnenaufgängen zog Tarltons

Karawane auf einen zwischen Schirmakazien verschwimmenden Horizont zu. Die Männer waren froh über die Zuflucht, die ihnen die Schottische Missionsstation in Kibwezi bot, und über den Anblick des Kilimandscharo, dessen Eismütze im Westen funkelte, werden sie gestaunt haben. Anfang Juli jedoch erlag ihr letzter Ochse der Schlafkrankheit. Die Maultiere übernahmen die zusätzliche Last. Obwohl die Ruhr immer mehr um sich griff, mußten alle weitergehen. Als sie Mitte Juli die Siedlung Machakos erreichten, keimte in ihnen die Zuversicht, daß sie es schaffen würden. An der Furt des Athi waren es noch zwei Tagesmärsche bis Nairobi. Und schließlich erreichte die erschöpfte Karawane die Ansammlung von Hütten und Zelten neben einem Sumpf, über dem in der Abendluft die Moskitos tanzten. Es gab ein paar Läden, ein Telegrafenbüro, eine Maultierstation und ein Grundstücksbüro. Hier pachtete Henry Tarlton 20 000 Acres Land weit draußen bei Thika für 50 Cents pro Acre. Er nannte seine Farm Ndururumu, nach dem Damm, den er dort bauen wollte. Pete Bramwells Vorfahren hatten in Afrika Fuß gefaßt.

Juni 1996

Irgendwo dämmerte der Morgen herauf. Vielleicht waren wir gerade über dem Sudan oder über Somalia oder über dem Nordwesten von Kenia. Aus dem Fenster des Flugzeugs, einer dröhnenden Metallhülse, die uns durch den hohen Himmel nach Süden beförderte, sah ich, wie die ersten Rosenfinger des Lichts über die hochgelegenen Teile des Erdbodens unter mir strichen, während sich die bleistiftgrauen Schatten in die Einschnitte und Senken drängten. Dieser Landschaft waren die Zeichen ihrer eigenen Anfänge tief eingeschrieben; die Fluß- und Bachbetten, in denen während der Regenzeit das Wasser in die Täler rauschte, und der Wind, der gewundene Falten in die porösen, ausgetrockneten Steilhänge der Halbwüste geschnitten hatte. Zwölftausend

Höhenmeter verwischten die wenigen Spuren, die der Mensch auf diesem Boden hinterlassen hatte, und die Erde wirkte so leer, wie sie den ersten Menschen erschienen sein muß, deren Überreste man entlang des großen Ostafrikanischen Grabens gefunden hat, den ich als schwarze, schattige Verwerfung am äußersten Rand meines Gesichtsfeldes zu erkennen glaubte.

Aus einer Perspektive hoch über der Erde, die sie nie hatten einnehmen können, verstand ich, warum die Menschen früherer Zeiten glaubten, die große Schlange, das Urwesen, habe mit ihren siebentausend Windungen die Betten der Flüsse gegraben und so die Welt zum Leben erweckt. Überall sahen sie diese Schlange am Werk – in der Bewegung der Flußläufe, im Wallen der Regenwolken, in den Wogen des Meeres, im Wind, der durch Baumwipfel fuhr, und im Taumeltanz des Tornados. Wenn ein Beben den Boden erzittern ließ, dann, so glaubten sie, verlagerte die Schlange ihre Atlaslast, die Erde, von einer Windung auf die andere, und bei einer Mondfinsternis verschlang sie den Mond wie ein Ei.

Um mich herum fingen Passagiere an, sich in ihrem Durcheinander aus Kopfhörern, Zeitschriften und Laptops zu rekeln, und schoben sich die Zorro-Schlafmasken auf die Stirn. Turbulenzen brachten unseren Anflug auf Nairobi durcheinander, rüttelten uns in den Sitzen, als hätten wir alle gleichzeitig einen Schluckauf bekommen. Vor der Landung putzte ich mir die Zähne und nahm trotz mancher Bedenken, sie könnten mir die Halluzinationen bescheren, über die schon mancher Benutzer geklagt hatte, meine Lariam-Pille gegen Malaria. Vielleicht kamen mir deshalb, als sich uns der Erdboden entgegenhob, die kurzen, von ein paar abdrehenden Zebras aufgewirbelten Staubschwaden so dunkelrot vor. Die sonnenbeschienenen Dornenplateaus der Akazien waren *bomas*, die über der braunen Steppe schwebten wie fliegende Untertassen, aus denen, während wir darüber hinwegdröhnten, gelbe und grüne Vögel stoben. Der Asphaltstreifen der Landebahn war der kurze Augenblick des Menschen in den zeitlosen Weiten Afrikas. Und mir kam die Idee, daß Lariam und Schwarze Mambas womöglich eine ziemlich ungute Kombination sein könnten.

Zum Glück hatte der mühsame Vorgang der Einreise nach Kenia – das Schlangestehen, die Routinefragen, das langsame Ruckeln des Gepäckbandes – den Effekt, daß auch meine unstete Phantasie zur Ruhe kam. Vor dem Flughafengebäude geriet ich in ein Gedränge von Minibussen, die darauf warteten, die angekommenen Europäer in die Nationalparks zu verfrachten. Taxifahrer und kleine Geschäftemacher zogen ihre Kreise, wie Schakale und Geier um ein geschlagenes Wild, und warteten ab, was für sie übrigbleiben würde, wenn die größeren Geschäftemacher ihren Anteil an Pauschaltouristen eingesammelt hatten.

Ein Taxifahrer kam auf mich zu. »Amboseli-Tour?« fragte er. »Drei Tage Tsavo-Mombasa? Samburu, Big FIVE Tour, *no problem.*«

»Zum Schlangenpark?« fragte ich.

»Schlangenpark«, wiederholte der Taxifahrer ohne Begeisterung. Er hatte auf eine längere Tour gehofft. »Warum wollen Sie denn da hin?«

»Die Schlangen ansehen«, erwiderte ich lahm.

»Buuuwwwruuua«, sagte er, und ein Beben tanzte ihm über die Schultern. »KEINE ZEIT für Schlangen.« Er willigte aber trotzdem ein.

Er sei ein Giriama, sagte er mir, und er hatte den arabischen Adlerkopf dieses an der Küste von Kenia wohnenden Volkes. Seine Sprechweise war seltsam fahrig, aber sein Blick wirkte freundlich. Er hatte die reizende Angewohnheit, sich mir, wenn er mich anredete, frontal zuzuwenden, während sein Taxi wie führerlos weiterrollte. Ihn vor drohenden Zusammenstößen zu warnen, fiel schon bald in meinen Verantwortungsbereich.

Wir sprachen über das Wetter (die Regenzeit ging zu Ende), über Fußball (England hatte während meines Fluges in der Europameisterschaft gegen Deutschland verloren und war ausgeschieden) und über die Mangos der Gegend (»JA, die besten Mangos der WELT«). Nach dieser ausführlichen Einleitung wollte ich von ihm etwas über Schlangen wissen. Es folgte eine lange Stille, in der ich die Beschämung des Giriama spüren konnte. Er war so sehr damit beschäftigt, ein Städter zu werden, sich die richtige Gangart und die nötige Eleganz für die Straßen der Großstadt anzueignen, daß seine dörfliche Vergangenheit für ihn nur noch eine schrullige Peinlichkeit war. Aber ich ließ nicht locker.

»Okay, okay«, lachte er, wendete sich mir zu und hob kapitulierend beide Hände. Was auf gerader Strecke kein Problem gewesen wäre. Ich griff mit einer Hand über seine Schulter nach dem Steuer und lenkte uns um eine Kurve. Der Giriama schenkte mir ein dankbares Nicken.

»Als ich klein war, glaubten wir, die Schlangen kämen uns holen«, sagte er, krümmte dazu Zeige- und Mittelfinger seiner freien Hand und zeigte die schnappenden Giftzähne, während wir uns durch den morgendlichen Verkehr auf der Moi Avenue wanden.

»Schlangen konnten einfach so auftauchen«, fuhr er fort und ließ eine Faust zur flachen Hand aufplatzen. »Sie konnten aus dem Nichts kommen und einen so beißen, daß man es gar NICHT merkte, bis man TOT war.«

Aus Henry Tarltons Siedlung am Sumpf, wo man angeblich mit Elefantenstoßzähnen in eine Bank hatte gehen können, um sie dem eigenen Konto gutschreiben zu lassen, war in weniger als einem Jahrhundert eine unansehnliche, aber geschäftige Großstadt geworden – Hütten, europäische Stadtrandsiedlungen, Regierungsgebäude, Hilfsorganisationen und Pressebüros, Märkte und Safari-Veranstalter, Curry-Restaurants und Hotels, Moscheen und Kathedralen und der eine magersüchtige Wolkenkratzer, der wie eine Trophäe aus der Ebene aufragte. Auf den Bürgersteigen hockten Obstverkäufer neben säuberlich geschichteten Mangopyramiden. Junge Männer boten aus Holz geschnitzte Tiere feil und Perlenarmbänder, die sie sich dekorativ um Arme und Hände geschlungen hatten, mit denen sie ihre Bauchläden hielten. Ein Supermarkt versprach »Happy Shopping with Coca-Cola«. Eine Reklametafel pries die Vorzüge von »Haliborange Fish Oil«: In der morgendlichen Hitze wurde mir schon bei dem Gedanken daran anders.

»Manche Leute glaubten sogar, Schlangen wären ihre Verwandten«, sagte der Taxifahrer und begann sich für das Thema nun doch zu erwärmen, »die von den Toten zurückgekommen sind.« Schlangen waren also nicht nur Sendboten der Rache; sie konnten auch, ganz im Gegenteil, zur Familie gehören. Mir fiel eine denkwürdige Episode aus dem Jahr 1882 ein, die der Schriftsteller und Anthropologe W. C. Willoughby geschildert hat. Als Willoughby in die Nähe von Mpwapwa im heutigen Tanzania kam, ein paar hundert Kilometer südlich von Nairobi, führten ihn seine sansibarischen Träger zum Grab von »Dr. Mullens, dem früheren Auslandssekretär unserer Londoner Missionsgesellschaft«. Beim Näherkommen sahen sie eine große Schlange, die sich auf den zur Abwehr von Hyänen, Wildschweinen und anderen Wühltieren über dem Grab aufgehäuften Steinbrocken sonnte. »Da ist er!« flüsterten die Sansibaris ehrfürchtig. Sie meinten den Doktor.

In vielen Kulturen gelten Schlangen seit alters her als Verkörperung der Seelen verstorbener Ahnen. Ein gewisser Mr. Henry, der um 1760 durch die Indianergebiete Nordamerikas reiste, versuchte einmal, eine Klapperschlange zu töten, die sich in das Lager der Ojibwa verirrt hatte. Erschrocken fielen ihm die Indianer in den Arm, nannten die Klapperschlange »Großvater«, bliesen ihr beschwichtigenden Rauch entgegen, baten sie, ihre Familien zu beschützen, und fragten sich sogar, ob die Schlange vielleicht den örtlichen Betreiber des britischen Handelspostens dazu bewegen könne, ihr Kanu wieder mit Rum zu beladen.

Es gibt eine anthropologische Theorie, die die weite Verbreitung dieser Anschauung verblüffend einfach mit dem drastischsten Aspekt des Verwesungsprozesses erklärt. Die Maden, so lautet die Theorie, die in tropischen Gegenden aus Leichen hervorkriechen, ähneln jungen Schlangen – zumindest kann man sich gut vorstellen, daß unsere Vorfahren dies so sahen. Also lebten in ihnen die Seelen der Verstorbenen weiter. Für Willoughbys sansibarische Träger war klar: Der verstorbene Dr. Mullens hatte einfach das Übliche getan und war als Schlange zurückgekommen. Und zwar, wie es seinem Rang entsprach, als eine große – immerhin war Mullens Auslandssekretär der Londoner Missionsgesellschaft gewesen.

Man glaubte sogar, auffällige Verstümmelungen und andere Kennzeichen aus ihrer Zeit als Mensch würden an der wiedergeborenen Schlange wiederkehren.

»Wenn eine solche Schlange eine Narbe hat, wenn ihr ein Auge fehlt oder wenn sie lahm ist ..., dann war ein in jüngster Zeit entschlafener Bewohner des *kraals* ähnlich gezeichnet«, schrieb der unerschrockene Reverend Henry Callaway, der sich in den sechziger Jahren des 19. Jahrhunderts im Feld aufhielt und die Glaubensvorstellungen afrikanischer Stämme erforschte.

Ich hätte den Taxifahrer fragen können, wie man die eigenen gutwilligen Ahnen eigentlich von jenen unangenehmen Schlangen unterscheidet, die hinter einem her sind, aber schon Reverend Callaway hatte sich zu diesem Punkt vollkommen klar geäußert: »Göttliche Schlangen kommen ins Haus und bleiben ruhig zusammengerollt liegen«, schrieb er. Sie kümmern sich um ihre Familien und warnen sie anscheinend auch vor Gefahren, indem sie sich auf den Rücken legen, während gewöhnliche Schlangen, »wenn sie in eine Hütte kriechen, ängstlich hin- und herblicken ... und ohne Vorwarnung getötet werden können«. Das waren nützliche Klarstellungen; denn wer zufällig die eigene wiedergeborene Großmutter tötete, mußte ein aufwendiges Sühneopfer darbringen – zwei Schafe, hieß es, seien das mindeste.

»Es ist also so«, bohrte ich weiter und wollte mir einen Reim auf diese anscheinenden Widersprüche machen, »daß manche Schlangen einen schützen, während andere einem schaden wollen?« Aber der Taxifahrer war es leid.

»So viele Fragen«, tadelte er mich sanft und hielt vor dem Schlangenpark. »Hören Sie. Schlangen KÖNNEN vieles sein. Nicht bloß Tiere, nicht bloß Geister, NICHT bloß Verwandte. Schlangen haben MACHT. Ich mag sie nicht.«

Ich nickte nachdenklich und reichte ihm ein paar Geldscheine. »Warten Sie auf mich?« fragte ich.

Er machte ein gequältes Gesicht. »Nicht hier«, sagte er entschuldigend. »Mir gefällt es hier nicht.« Ich zuckte mit den Achseln, und er fuhr davon, suchte nach ungefährlicheren Fahrgästen. Sein verbeultes blaues Taxi ruckelte im breiten Strom des morgendlichen Verkehrs davon. Auch als Erwachsener und trotz der desillusionierenden Wirkung des Großstadtlebens war mein Taxifahrer ein Kind geblieben, das an die Macht der Schlangen glaubte.

»Es ist verboten, die Schlangengrube zu betreten«, lautete ein Schild am Weg zum Schlangenpark – eine überflüssige Vorschrift, wie mir schien. Der Schlangenpark war ein niedriges Betongebäude, in dem man, wäre man ihm auf einem Parkplatz in der englischen Provinz begegnet, die städtische Toilette vermutet hätte. Eben verschwand ein Krokodilschwanz aus lauter Kindern in blauen Kitteln im Eingang. Drinnen verflog die Disziplin dann rasch. Die Kinder kreischten jedesmal, wenn sie ein neues Terrarium entdeckten und schließlich die Hauptsache – die tiefe Schlangengrube aus Beton, die sogar ein paar Sträucher und Bäume aufwies. Davor ein Schild mit der barschen Warnung: »Unbefugte werden vergiftet«. Mitten in der Grube stand ein Wärter und hob unter dem erschrockenen Geschrei der Kinder harmlose Sandboas in die Höhe.

»Wer will eine halten?« fragte er, aber die Kinder fuhren zurück, als schlüge ihnen Feuer entgegen.

In den Terrarien waren pfeilköpfige, zu braunen und gelben Spiralen gerollte Puffottern zu sehen, schwer und schläfrig; eine prächtig mit rosa und braunen Rechtecken gemusterte Gabunviper; schwarze Kobras, die wie Rauchschwaden hinter der Scheibe tänzelten; und eine winzige Baumnatter, die sich wie ein Wurm um die gefleckten Zweige geringelt hatte, denen sie so sehr ähnelte. Ich dachte an Callaway und den Taxifahrer und fragte mich einen Moment lang, ob ich es hier mit den Ahnen des modernen Kenia zu tun hatte. Doch da keine der Schlangen auf dem Rücken lag, ergaben sich aus Callaways Ausführungen keine Anhaltspunkte. Einige Schlangen lagen ruhig zusammengerollt, aber doch nicht unbedingt auf eine überzeugend ahnenhafte Weise. Mir fiel auch Callaways Hinweis ein, daß sich in der Schlangenart der Status des jeweiligen Menschen spiegele; einfache Stammesangehörige kamen als Ringelnattern oder Sandboas zurück. Konnte ich im modernen Kontext in jener trägen, aber reizbaren, übergewichtigen Puffotter mit ihrer beeindruckenden, wenn auch bösartigen Ausstrahlung den Geist eines tyrannischen, kürzlich verstorbenen Bankfilialleiters aus der City entdecken? Oder in der Baumnatter den eines schüchternen, aber schönen Kindes vom Lande? Oder waren das alles doch bloß Schlangen? In der Hitze begannen meine Gedanken zu kreisen.

Mir fiel ein Gehege in der hinteren Ecke auf, vor dem sich eine große Gruppe von Kindern drängte. Wie gebannt starrten sie auf die Schlangen, die in der Hitze aktiv geworden waren. Lang und windungsreich schienen sie durch das Astwerk in ihrem Gehege zu fließen, oder sie schoben sich wie kleine Wellen, die einen Strand hinauflaufen, über den Boden. Manche waren mehr als zwei Meter lang. Auf der Oberseite waren ihre Körper olivbraun. Das Perlweiß der Unterseite reichte bis an die Seiten des Kopfes und ließ ihre tiefschwarzen Augen hypnotisch hervortreten. Aber mich faszinierten vor allem die Köpfe; auf die fließende Bewegung des langen Körpers folgte der verblüffende Eindruck von Eckigkeit eines Kopfes, der sich wie ein Sarg verjüngte, ein feingliedriger Knochenbau, neben dem die knolligen Kiefer der Vipern und Ottern grobschlächtig und brutal wirkten.

»*Dendroaspis polylepis*«, stand auf dem Schild neben dem Gehege. »Neurotoxisches Nervengift. Gilt als die tödlichste Schlange

Afrikas.« Wir standen vor den Schwarzen Mambas. Oder vor wiedergeborenen Stammeshäuptlingen, wie Reverend Callaway ehrfürchtig behauptet hatte. Die Schwarze Mamba hatte auch Schlangenparkdirektoren, Sammler und Herpetologen, lauter Leute, die sich für gewöhnlich eher über Abnormalitäten im Schuppenkleid von Schlangen und über Detailfragen ihrer Haltung zu ereifern pflegen, zu ganz untypischen Anfällen von Begeisterung hingerissen – als hätte der fabelhafte Ruf der Schwarzen Mamba ihr geholfen, die ernüchternden Vorstöße der Herpetologie des 20. Jahrhunderts zu überstehen. In den Erinnerungen der Schlangenforscher Afrikas versteckt, finden sich rhetorische Aufblühungen, die die Schwarze Mamba plötzlich als den »Attila unter den Schlangen« bezeichnen. »Der diabolische Einfallsreichtum der Natur«, so schrieb F. W. Fitzsimons, der einstige Leiter des Schlangenparks im südafrikanischen Durban, »erreicht in dieser Schlange den höchsten Gipfel der Vollkommenheit.« Fitzsimons beschreibt diese Schlangen in Ausdrücken, die sonst nur menschenfressenden Löwen vorbehalten sind: »Eine alte Schwarze Mamba, die zum Menschenjäger und Viehmörder geworden ist ..., verliert ihre natürliche Angst vor unserer Gattung, wird aggressiv ... und ist mehr zu fürchten als der Teufel selbst.« Der südafrikanische Naturforscher Eugene Marais ging noch weiter. »Ich hatte schon erlebt, wie gefährlich ein verwundeter Löwe sein kann«, schrieb er, »aber mit einer Mamba ließ sich das nicht vergleichen.« Marais behauptete auch, eine drei Meter lange Mamba könne seinem Opfer eine Teetasse Gift verpassen, während Fitzsimons verkündete, schon zwei Tropfen ihres Giftes seien »für den kräftigsten Mann tödlich«.

Etwas an diesen Schlangen hatte auch die Kinder in Nairobi still gemacht. Doch ein Junge in orange Socken voller Dreckspritzer fand seinen Sinn für Humor schließlich wieder und drückte einem Freund zwei gekrümmte Finger in den Arm. Das spielerische Herabstoßen des Armes löste einen schrillen Schrei des Opfers aus, und seine Klassenkameraden stoben auseinander, während der Lehrer mit den Armen vergeblich Ordnung herbeizuwedeln versuchte.

Für die ländliche Bevölkerung in den Gebieten südlich der Sahara bedeutete der Biß der Schwarzen Mamba sofortigen Tod. In Botswana heißt sie bei manchen Stämmen die »Zwei-Schritte-Schlange«, und in manchen Gebieten Südafrikas nennt man sie »Schatten des Todes«. Man weiß von kräftigen jungen Männern, die an ihrem Biß binnen weniger Minuten gestorben sind. Aber wovor sie Angst hatten, war nicht der Tod – den konnten sie hinnehmen. Von einem Löwen zerfleischt, von einem Büffel aufgespießt oder von einem Krokodil davongeschleppt zu werden, war gewiß keine angenehme, aber immerhin eine plausible, durchschaubare Todesart. Wenn der Körper zerfetzt, zerbrochen oder einfach verschlungen wurde, stellte sich die Frage nicht, wie das Opfer zu Tode gekommen war. Wirklich Angst machte ihnen dagegen das Unbekannte. Der Mechanismus der Vergiftung (wenn die Schlange zubeißt, wird dem Opfer durch Kanäle in den Fangzähnen Gift eingespritzt oder aus Furchen an der Außenseite der Zähne in die Wunde gedrückt) mag dem wissenschaftlich denkenden Menschen ziemlich einfach erscheinen – vielen Afrikanern bleibt der quälende Vorgang, der auf einen Schlangenbiß folgt, jedoch rätselhaft. Die spektakulärste Eigenschaft der Schlangen – ihre Fähigkeit, durch eine scheinbar harmlose Wunde plötzlichen Tod zu verursachen – hat die Urangst des Menschen vor diesen Geschöpfen geprägt. Zu Henry Tarltons Zeiten fiel den Siedlern in Kenia immer wieder auf, welche Verehrung die Einheimischen der heilenden Kraft von Injektionsspritzen entgegenbrachten. Aber vielleicht ist das gar nicht verwunderlich: Die Afrikaner sahen in der subkutanen Injektion einen umgekehrten Schlangenbiß, eine Art intravenöser, magischer Rettung. Als besäße der *mzungu*, der weiße Mann, Antworten auf jene Geheimnisse, seine eigene Form von *dawa* oder magischer Medizin.

»Kommen die auch hier in der Gegend vor?« fragte ich den Parkwärter, als er am Gehege der Schwarzen Mambas vorüberkam.

»Nicht in Nairobi«, erwiderte er. »Wir liegen hier zu hoch. Die besten Gegenden sind Tsavo und Voi und unten an der Küste. Die mögen die Hitze. Aber sie machen was her, wie? Von so einer will man lieber nicht gebissen werden.«

Ich wollte wissen, ob er irgendwelche Opfer der Schwarzen Mamba kennt.

»Naja«, meinte er, »es gibt nicht allzu viele, die das überleben. Aber da war ein Typ, ein Schlangenmann unten in Kilifi an der Küste. Hieß Barnsley. Oder so ähnlich. Der hat einen furchtbaren Biß von einer Schwarzen Mamba abbekommen. Und er hat überlebt.«

Februar 1997

Als ich Pete zum erstenmal im schottischen Banchory sah, hatte er sich ein stilles Eckchen in der Hotellounge gesucht und saß in der hellen Frühjahrssonne über einen Haufen alter Fotos gebeugt. Wie ich ihn erkennen könnte, hatte er mir am Telefon mit einer Aufrichtigkeit erklärte, die fast schon einer Bitte um Nachsicht gleichkam: ziemlich alt, grauhaarig, dünn, hatte er gesagt. Diese Beschreibung führte mich direkt zu dem Mann mit der großen Nase und dem zerfurchten, von dünnem, glattem Haar eingerahmten Gesicht. Er saß allein.

»Diese schottischen Winter«, hatte er am Telefon gesagt. »Bis Oktober kriege ich die Kälte nicht aus den Knochen, und dann kommt schon der nächste.«

Im Laufe der Jahre hatte Pete Bramwell mehr Buschunfälle und mehr Schlangenbisse abbekommen, als ihm guttaten. In den achtziger Jahren war er sogar mal auf einem Zebrastreifen in Mombasa von einem Landrover angefahren worden, der ausgerechnet dem Gesundheitsdienst gehörte. Pete schüttelte den Kopf, erstaunt über den Lauf der Geschichte. Was ihn in den späten achtziger Jahren nach Großbritannien gebracht hatte, hatte seinen Großvater, Henry Tarlton, von Australien nach Afrika geführt, und es hatte wiederum den Großvater dieses Mannes von Großbritannien nach Australien gebracht; die »koloniale Erfahrung« und ein Familienabenteuer, ein Kreis, der sich zuletzt in einem Hotel in Banchory schloß.

Schon zu Beginn unseres Briefwechsels hatte Pete eine Sehnsucht nach dem Leben offenbart, das Alter und Schlangenbiß ihm geraubt hatten und das die Geographie ihm schließlich vollends entrückt hatte. Er hinterließ mir Botschaften, die er mit dem Wort »over« schloß, als spräche er über ein knisterndes Funkgerät aus dem Busch mit mir und nicht über die Telefonleitung mit meinem Anrufbeantworter. Andauernd erkannte er in den Fernsehberichten über die afrikanische Wildnis Plätze wieder, an denen er gepicknickt oder kampiert hatte; Naabi Hill, die Olduvai-Schlucht, den Ruvana-Fluß. Selbst im eleganten Banchory, in Kincardineshire, trug Pete eine Jacke, die so alt und abgerissen aussah, als stammte sie aus jenen fernen Zeiten. Vielleicht trug er sie, um für den Tag gerüstet zu sein, an dem sein geliebter afrikanischer Busch plötzlich die High Street von Banchory heraufgewuchert käme, vorbei am Supermarkt, an der Bank, am Strickwarenladen, bis vor die Fenster des Burnet Arms Hotel, um ihn, der dort seinen Kaffee trank und rauchte, noch einmal zu verschlucken.

Unter den Fotos – Großvater Henry, Gründungsmitglied der »Gentleman Riders' Association of East Africa«, in Jockeykluft, Angehörige und Freunde in sepiabraunen Posen unter Akazien – stach eines von Pete besonders hervor. Er hielt es mir hin, als wollte er die Vergangenheit zurückholen, in der er darauf abgebildet war: zwanzigjährig, in Siegerpose auf einem umgestürzten Elefanten mit prächtigen Stoßzähnen hockend, seinen ersten Neunzigpfündern, erlegt in der Nähe von Taveta an der Grenze Kenias zum damaligen Tanganjika. Er hält ein Gewehr, trägt lange, schmutzige Shorts und strahlt unter einem blonden Lockenschopf, als gehörte ihm die Welt. Das war in den späten vierziger

Jahren als Petes Leben daraus bestand, Wildpferde für Käufer in Belgisch-Kongo zuzureiten, im Lake Chala zu schwimmen (nachdem man Dynamit hineingeworfen und die Krokodile vertrieben hatte) und zusammen mit seinem Onkel Alan, der wenig später Chef des Kenya Medical Corps (Abteilung Schlangen) werden sollte, Kobras und Puffottern zu sammeln.

Er kam 1929 als Kind von Henry Tarltons einziger Tochter, Olive, auf einer Weizenfarm im kenianischen Hochland von Laikipia zur Welt, ein paar Monate, bevor das Domizil der Familie mitten in der Nacht von einem Erdbeben erschüttert wurde. Sein Vater, so berichtet die Familienlegende, habe ihn noch gerade aus seinem Bettchen reißen können, bevor es in den klaffenden Spalt rutschte, der das Zimmer teilte. Als Kind sah Pete viele Schlangen. In den Schulferien begleitete er seinen Onkel oft ins Landesinnere nach Embu, um dort welche für die Serumproduktion zu fangen. Aber erst 1945 wäre er zum erstenmal beinahe gebissen worden.

An Silvester waren die Bramwells zu Besuch in Malawa, auf einer Farm, die Freunden der Familie gehörte und an einem Fluß voller Tilapia-Fische und Forellen lag, der in den Naivasha-See mündete. In den Stunden, bevor Großmutter Ullyat aus ihrer alten 7,6-Millimeter-Büchse drei Schüsse abfeuern würde – den ersten eine Minute vor Mitternacht, den zweiten Punkt zwölf und den letzten eine Minute nachher (»um das alte Jahr heraus- und das neue hereinzuschießen« – wie Pete erläuterte), spielten Angehörige, Freunde und die Soldaten, die als Rekonvaleszenten auf der Farm einquartiert waren, »Kick the tin«. Dieses Fangspiel führte Onkel Allan, gejagt von seinem Neffen, auf die mondbeschienene Pferdekoppel. Pete verfolgte ihn bis hinter einen *leleschwa*-Busch, wo er zu seiner großen Überraschung mit einem gewaltigen Stoß empfangen wurde, der ihn zu Boden warf. Wütend über den plötzlichen Stimmungsumschwung bei seinem Onkel, rappelte er sich hoch und sah plötzlich, daß sich eine große Puffotter in Onkel Alans Unterarm verbissen hatte. Der

Onkel hatte ihn aus gutem Grund umgestoßen. Onkel Alan riß die Schlange, die ihm ihre Fangzähne tief ins Fleisch geschlagen hatte, los und schlug sie mit dem Kopf gegen einen Stein. Als sie das Haus erreichten, hatte sich die Nachricht von dem Unfall schon verbreitet, und die verstörten Gäste umringten Onkel Alan.

Sie betteten ihn auf ein Sofa. Aus Angst vor einer allergischen Reaktion wollte er kein Schlangenserum benutzen – jenes Serum, das aus dem Gift der Schlangen hergestellt worden war, die er selbst jahrelang gesammelt hatte. Statt dessen ließ er sich ein Messer geben, um die Wunde auszuschneiden. Seine Zähne klapperten, als er sie mit einem langen Schnitt öffnete. Pete saß neben ihm. Irgendwo im Haus hörte er Musik. Später erinnerte er sich, wie unpassend ihm die Musik damals erschienen war. Alle Farbe war aus dem Gesicht des Onkels gewichen. Der Arm war geschwollen und sah so straff aus, daß man versucht war, darauf zu schlagen wie auf eine Trommel. Ein schmales Rinnsal, meist farblos, aber gelegentlich mit braunen Beimischungen, die Pete für Blut hielt, sickerte aus der Wunde, und der Schweiß, der über Onkel Alans Stirn perlte, machte bald die Kissen klamm.

Sein Onkel litt sehr; der Biß der Puffotter ist schauderhaft, wie Pete zwanzig Jahre später selbst feststellen sollte. Die Schwellung kann so stark sein, daß sich der Druck nur durch einen Schnitt bis auf den Knochen lindern läßt. Onkel Alan war bewußtlos geworden. Er regte sich, als auf der Veranda geschossen wurde. Beim dritten Krachen lächelte er sogar. Da ahnte Pete, daß sein Onkel wieder gesund werden könnte.

»Er kam durch«, sagte Pete, während er mit einem Streichholz seine Pfeife ausbaggerte. »Er heiratete Maria. Sie kam aus Südafrika und hatte zusammen mit ihrem Vater die Goldtransporte in Kimberley begleitet. Sie waren als bewaffnete Wächter gegen Banditen eingestellt. Maria wurde später eine ausgezeichnete Flamencotänzerin …«

Juni 1996

Ich hatte eine Fahrkarte für den Nachtzug nach Mombasa. Ein Hotelzimmer hatte ich nicht. So verbrachte ich den Nachmittag in der Macmillan Library von Nairobi, einem Ort intensiven Studiums, wo noch mancherlei an die Kolonialzeit erinnert, nicht zuletzt ein Porträt von Königin Elizabeth, ein mottenzerfressener Löwenfellteppich und ein paar bequeme Sessel.

Zwischen meinen Nickerchen las ich die Hinweisschilder: »Entliehene Bücher«, lautete eines, »sind vor Regen, Kleinkindern und sonstigen Unbilden zu schützen.« – »Ansteckende Krankheiten«, war ein anderes überschrieben: »Bücher dürfen nicht entliehen oder, falls entliehen, nicht zurückgegeben werden, bis die Ansteckungsgefahr vorüber ist.« Ich blätterte die Zeitungen durch. Kenias meistgesuchter Verbrecher war in Nakuru, einer Stadt im Nordwesten, niedergeschossen worden. Im Nordosten war es zu Kämpfen zwischen ethnischen Somalis und Samburu-Hirten gekommen, und ein Kleinflugzeug mit einem Zweiundsiebzigjährigen am Steuer hatte sein Ziel nicht erreicht, sondern war vermutlich über den dichten Bambuswäldern der Aberdares abgestürzt. Es gab eine kenianische Fußballmannschaft, die sich Black Mamba nannte, und zufällig stieß ich darauf, daß auch die hiesige Fahrradmarke Black Mamba hieß, vielleicht wegen des legendären Tempos dieser Schlange.

Am Bahnhof fand ich meinen Namen zwischen verschiedenen Oakleys und Fields, Kellys und De Jongs auf der großen lackierten Holztafel mit der Überschrift »Sitzplatz- und Bettenverteilung«. Von meinem Dinner-Gutschein in Schach gehalten – »Um Gedränge auf den Gängen zu vermeiden, sollten die Passagiere in ihren Abteilen bleiben, bis sie mündlich oder durch den Gong aufgerufen werden« –, starrte ich gehorsam aus meinem Abteilfenster, während der Zug Nairobi langsam verließ. Das Licht verflachte zu dämmriger Blässe, während wir in die Ebene des Athi hinausfuhren.

Der Gong kam, und in mehreren Schichten labten wir uns an den kulinarischen Folgen kolonialer Zeiten – Spargelcremesuppe, Rumpsteak mit Zwiebeln, Pudding mit Ananasbiscuit und Eiercremesoße. Später, als ich in meiner Koje lag, glaubte ich, im Rhythmus der Gleise jede einzelne Stahlschwelle unter den Rädern zu hören. So viel Mühsal steckte in ihnen, daß auch ich davon noch müde wurde und in einen traumdurchwobenen, sonderbaren Schlaf glitt, in dem mir ständig Schlangen begegneten, bosartige, geschmeidige Biester, die übrigens auch sprechen konnten und mir versicherten, sie seien verschiedene Großtanten von mir, ein Urgroßvater, dem ich nie begegnet war, eine Schwester, von der ich anscheinend nichts wußte, und sie wünschten mir alles Gute.

In Kima fuhr ich aus dem Schlaf hoch. Mir fiel ein, daß hier im Jahre 1901 ein Eisenbahninspektor namens Ryall von einem Löwen aus seiner Rangierlok gezerrt worden war. Ich vergewisserte mich, daß mein Kabinengenosse, der schüchterne indische Junge in der unteren Koje, leichter erreichbar war, und sank zurück in den Schlaf. Früh morgens, als das plötzlich hohl klingende und um eine Oktave höhere Rattern der Räder auf der Tsavo-Brücke mich weckte, dachte ich kurz an Patterson und seine viele tausend Kulis und an einen galvanisierten, von Kugeln durchlöcherten Wassertank.

Zu diesem Zeitpunkt wußte ich noch nichts von Henry Tarlton, der sich an Pattersons Fersen geheftet und ihn dann überholt hatte und Jahre vor der Eisenbahn dieses Mannes in Nairobi angekommen war. Ich wußte auch nicht, daß sein Enkel eines Abends im Dezember 1963, zehn Tage vor der Unabhängigkeit, ebendiesen Zug nach Mombasa bestiegen hatte – mit einem Plan im Kopf. Pete Bramwell wollte einen Schlangenpark eröffnen.

Fünf
Amerika II

April 1996

Die Gäste hörten die Empfangsdame kommen. Türenschlagen, energische Schritte und ein Stimme, aufdringlich wie eine Polizeisirene, markierten ihren Weg durch das Motel. Schon als sie noch weit weg war, ließ sie uns von unseren Muffins aufblicken. Und als sie dann in den Frühstücksbereich platzte, kullerten Laute aus ihrem verkniffenen, rotglänzenden Mund, und rote Flecken wanderten über ihre Wangen. Anscheinend war der Dame vom Empfang seit Wochen nichts so Aufregendes mehr widerfahren.

»Da kommt ein Wetter auf uns zu«, krähte sie.

Das Motel-Leben in Scottsboro konnte ziemlich langweilig werden. Das hatte ich inzwischen begriffen, aber doch nicht so langweilig, daß ein einfacher Wetterumschwung beim Personal ein quasi-sexuelles Nesselfieber auslöste.

»Na ja, ein bißchen Regen«, sagte ich.

»Regen?« kreischte sie mit sich überschlagender Stimme. »Regen? Eben haben sie für Jackson County eine Tornado-Warnung durchgegeben.«

»Für Marshall und Madison ebenfalls!« sagte einer, der gerade hereingekommen war.

»Und für Dekalb County.«

Da blickte ich auf – und sah, daß der Himmel plötzlich die gleiche Farbe hatte wie der Kaffee, den ich mir gerade eingoß. Man hätte die Glaskanne hochhalten können – sie wäre vor der wirbelnden, übernatürlich von hinten beleuchteten Düsternis, die hier als Landschaft durchgehen sollte, nicht mehr zu sehen gewesen. Bäume und Autos waren nur noch Schemen, halb entwickelte Bilder im Zwielicht. Autofahrer, die wußten, wie man sich bei Tornado-Warnungen zu verhalten hat, verließen den Interstate

Highway und verstopften in ihrer Eile die Ausfahrten. Sie stellten ihre Lastwagen, ihre Pick-ups, ihre Limousinen auf dem Parkplatz vor dem Motel ab, tätschelten ihnen im Weggehen noch einmal die Kühlerhaube, falls sie sie nicht wiedersehen würden, und stürmten dann ins Foyer. Mit hochgezogenen Schultern kamen sie herein, als hätte die nahende Gefahr aus ihrer morgendlichen Einkaufstour oder ihrer Verabredung für zehn Uhr eine tödliche Mission im Zwielicht gemacht, auf die sich nur Helden einließen.

»Bei solchem Wetter fahren Sie also nicht?« fragte ich einen kleinen Mann, dessen Pick-up eben auf protestierenden Reifen vom Interstate Highway abgebogen war.

»Bestimmt nicht!« erwiderte er, wischte sich imaginären Schweiß von der Stirn und sah mich an, als wollte er sagen: Wo kommen Sie denn her? »Außer, Sie sind scharf auf eine kostenlose Flugstunde.«

Sein Lachen klang wie Gah! Gah!, was zu dieser frühen Stunde besonders irritierend wirkte.

»Sie sind hier mitten auf der Tornado-Straße, vor allem in dieser Jahreszeit. Da kommt die kalte Luft aus den Bergen ins Tennessee-Tal, und vom Golf von Mexiko zieht es warm herauf. Und wenn die aufeinanderstoßen«, er leerte den Styroporbecher in seiner Hand, »kann das haarig werden. Gah! Gah!«

Er quetschte den Becher, und der gab mit einem kurzen Plopp klein bei. Dann schlug der Donner zu, daß die Wände wackelten, ein Geräusch, als würde man eine schwere Leiche ohne große Umstände eine Treppe herunterschleifen. Blitze überzogen den Himmel mit Krampfadern.

»Lassen Sie sich eines gesagt sein«, meinte der Kleine. »Wenn ein Tornado kommt, dann bleiben Sie weg von den Fenstern.«

Der Regen kündigte sich nicht mit Tropfen an. Er kam schlagartig, eine Flut, die auf den verlassenen Interstate Highway niederging und den Bäcker traf, der das Motel gerade beliefern wollte. Die Baseballkappe flog ihm vom Kopf, schoß hoch in den Luftstrom, und sein glattes Haar zauste ihr hinterher, wie bei einem Rockstar in der Windmaschine. Dann überfiel ihn ein Donnerschlag, der mit einem Windstoß gemeinsame Sache machte. Das Tablett rutschte ihm aus der Hand, und die Brote landeten in dem Teich, der sich inzwischen auf dem Parkplatz gebildet hatte. Wie eine Flotte, die vom Sturm auseinandergetrieben wird, glitten die Kastenbrote vor dem Wind dahin und liefen an der Schräge vor dem Eingang des Motels auf Grund.

»Nasse Sandwiches!« frohlockte die Empfangschefin.

»Wau! Jetzt aber volle Pulle!« forderte ein Trucker die Schleusen des Himmels heraus.

»Hab zu Hause sechzig Hühner«, sagte ein anderer Mann und sah auf seine Uhr. »Die ertrinken, wenn ich nicht bald komme.«

»Wir ertrinken auch alle, wenn das so weitergeht«, sagte der Pick-up-Besitzer. »Habt ihr Spielkarten da, Schätzchen?« fragte er die Dame vom Empfang. »Wenn wir schon absaufen, können wir genausogut eine Runde Stud-Poker mit Fünfen dabei spielen. Gah! Gah!«

Der Donner rollte über die Hügel, und Regenböen klatschten gegen die Scheiben. Zwischendurch war das Rascheln von Karten, die gemischt werden, und der Wetterbericht im Radio, das Knistern von Zeitungen und das Trommeln untätiger Füße zu hören. Auf der Kaffeetheke lagen, fein säuberlich zum Trocknen aufgereiht, lauter nasse Brote.

»Das war ein Tornado?« fragte ich.

»Noch nicht, Schätzchen«, antwortete die Dame vom Empfang. »Das war bloß ein Windstoß.« Der Pick-up-Besitzer sah von den Karten auf, blinzelte mir zu und breitete die Arme aus, wie ein Flugzeug, das in eine Kurve geht.

»Und wohin wollen Sie?« fragte die Dame vom Empfang.

Nach Kingston, Georgia, erklärte ich ihr. Wenn das Unwetter je wieder nachlassen würde. Ich wollte in einen Gottesdienst.

*

Im Oktober 1991 spielte Glenn dann wirklich verrückt. Beschuldigte Darlene andauernd, sie würde mit anderen Predigern, Gemeindemitgliedern, irgendwelchen Leuten, die ihm gerade einfielen, herummachen. Er trank zuviel, war ständig in Schlägereien verwickelt, gab Geld, das er nicht hatte, in Lokalen aus, die er besser nicht betreten hätte. Kam spät von Gott weiß woher nach Hause, voller blauer Flecken und getrockneter Spucke.

Am Dienstagabend hätte sie erkennen müssen, daß etwas nicht stimmte. Da war Glenn nämlich fürsorglich. Eigentlich nicht seine Art, diese Fürsorglichkeit. Vor allem nicht, nachdem er vorher pausenlos mit ihr gestritten hatte. Sie hatte ein paar Schlaftabletten geschluckt – wollte einfach ein bißchen Ruhe vor seinem Maulen und Herumfluchen. Da hatte Glenn sie plötzlich gepackt, auf das Sofa gedrückt und ihr die Finger in den Hals gesteckt, bis die vier Sominex wieder herauskamen.

»So was darfst du aber nicht machen, Schatz«, sagte er zu ihr. Viel später verstand sie, daß er in Wirklichkeit gar nicht sie gemeint hatte, sondern ihren Sohn, den kleinen Marty. Für ihn waren diese Worte bestimmt gewesen. Glenn arbeitete schon an einer Art Verteidigungsstrategie, falls er mal eine brauchen würde. Beweisen, daß Darlene selbstmordgefährdet war. Dafür sorgen, daß Marty es bezeugen konnte. Denn Marty sah, wie Glenn sie die Tabletten erbrechen ließ, dafür sorgte er. Marty hörte auch, wie sein Dad sanfter als sonst mit ihr sprach, und dann hörte er ihn sagen, seine Ma habe gerade versucht, sich umzubringen. Dabei hatte Darlene doch bloß – aber es hatte keinen Zweck, zu erklären, was sie gewollt hatte.

Am Mittwoch schlug er sie. Sie merkte sofort, daß er Streit suchte, als er am Nachmittag bei Gene Sherbert anrief, einem Geistlichen aus dem Ort. Ständig redete er über diesen Gene.

»Gene«, sagte er. »Hast du was mit meiner Frau?« Er hörte aufmerksam zu.

»Gene, ich glaube, du hast was mit ihr. Ich will einfach die Wahrheit wissen.« Wieder lauschte er, ziemlich lange diesmal.

Dann nickte er, legte den Hörer auf und wandte sich seiner Frau zu. Er sprach leise.

»Gene hat mir gerade gesagt, ihr habt was miteinander.«

Aber Gene hatte ihm überhaupt nichts gesagt, das wußte Darlene. Gene war gar nicht am Apparat gewesen. Typisch Glenn, solche Telefonanrufe zu erfinden – und nicht mal besonders überzeugend. Aber das hinderte ihn nicht, sie bei ihrem roten Haar zu packen und furchtbar zu verprügeln. Sie hatte ihn betrogen, oder etwa nicht?

Am Freitag gerieten die Dinge am Ende der Barbee Lane dann wirklich außer Kontrolle. Den ganzen Morgen hatten Wutausbrüche die Tauben in den nahen Bäumen aufgescheucht. Selbst die Hunde weiter unten an der Straße, wo die Chambliss wohnten, spitzten bei dem fernen Gepolter die Ohren. Ein Widerwort zuviel, und Glenn stürmte fluchend aus dem Zimmer, er werde Darlene das Hirn wegblasen. Darlene wußte, daß die Schrotflinte im Haus war, und hatte keine Lust, abzuwarten, ob ihr Mann es ernst meinte. Sie lief davon, den Hang hinter dem Haus hinauf. Sie kannte sich mit Schrotflinten nicht aus, also lief sie immer weiter, bis sie meinte, sie wäre außer Reichweite, zumindest außer Reichweite eines Betrunkenen. Keuchend drehte sie sich um und sah Marty – wie er zwischen den Eltern stand und mit Pfeil und Bogen auf seinen Vater zielte, ihre letzte Verteidigungslinie. Dieser Anblick schien Glenn zu beschämen. Oder ihm wurde klar, daß eine Schrotflinte bei der Verteidigung, die er im Sinne hatte, nicht helfen würde. Er ließ die Waffe sinken und verschwand im Haus. Später versuchte er sogar eine Entschuldigung. Es kam zu einer Art Versöhnung. Trotzdem war es wohl besser, wenn Marty nicht alles mitbekam. Darlene bat ihre Schwägerin, ihn über das Wochenende zu nehmen.

Nachmittags setzten sie Marty dort ab. Sie besuchten auch andere Verwandte. Fuhren ein bißchen in Gegend herum. Tranken dabei Wodka und Orangensaft aus der Flasche. Und dann sagte Glenn zu Darlene, er würde sie umbringen. Nicht zum erstenmal

– Glenn hatte seiner Frau im Laufe der Jahre schon mit furchtbaren Sachen gedroht –, aber die Art, wie er es diesmal sagte, war anders als sonst. Er war seltsam ruhig, was das Umbringen betraf, teilte ihr seine Pläne mit, als ginge es um irgendwelche Verbesserungen im Garten.

»Ich kenne da eine alte Grube in einem Berg, in der Nähe von Woodville«, sagte er. Da würde er sie hineinwerfen und dann allen erzählen, sie sei mit jemandem abgehauen. Und er wüßte jede Menge Kerle, mit denen sie jederzeit abhauen würde. Nicht bloß Gene Sherbert. Die Polizei würde ihm das abnehmen.

»Noch ne bessere Idee«, sagte er plötzlich, als sie Richtung Larkinsville unterwegs waren. Offenbar hatte er über weitere Möglichkeiten nachgedacht. Er werde sie von der Flußbrücke werfen. Sie würde im Morast verschwinden. Außer den fetten Welsen würde niemand sie finden. Bis auf die Knochen würden die sie abfressen, wenn sie verwest war. Er sah nach den Bäumen in ihrer kupferfarbenen Blätterpracht, die am Straßenrand vorüberglitten, und nickte. »Jup, die Idee ist besser.« Auch das war anders als sonst – noch nie hatte er sich bei seinen Drohungen Gedanken darüber gemacht, wie er nach ihrer Ermordung seine Spuren am besten verwischen konnte. Daß er sie hatte umbringen wollen, war nicht neu; jetzt überlegte er, wie er damit durchkommen konnte.

Darlene war nicht in der Lage, wirklich Angst zu empfinden. Der Wodka hatte sie im Griff. Sie kapitulierte vor ihm. Für Unruhe war sie zu müde. Sie war schon durcheinander genug. Das Bedrohliche seiner Pläne empfand sie kaum, nur die Bösartigkeit seiner Worte. Es tat ihr immer noch weh, auch nach all den Jahren. Stille Tränen glitten ihr an den Lidern entlang und liefen die Wangen hinunter. Sie sah zu Glenn hinüber. Große, graue Halbmonde waren unter jedem seiner blutunterlaufenen Augen aufgegangen. Hinter seinem Lenkrad hockend, starrte er in die Dämmerung hinaus. Im Scheinwerferlicht der entgegenkommenden Wagen wurden die Augen in dem angestrahlten Gesicht, diesem

Gesicht, das man nicht vergessen konnte, für kurze Zeit zu schmalen Schlitzen. Eifersucht und Sorgen, Alkohol und Gift hatten es gezeichnet und gesprenkelt. Die Zähne waren in miserablem Zustand, aber mit diesem Gesicht sah er immer noch nach etwas aus.

Glenn kaufte ein paar Burger und fuhr zurück zur Barbee Lane. Als sie sich dem Haus näherten, fiel Darlene auf, daß dies nicht der Weg zur Brücke war. Also würde sie nicht springen, jedenfalls nicht an diesem Abend. Da bog Glenn in den Wald ab. Die Räder knirschten über heruntergefallenen, morschen Ästen. Vom Fluß stieg Herbstnebel auf.

»So kommt keiner auf die Idee, daß wir zu Hause sind«, sagte er und steckte die Pistole ein, die zwischen den Vordersitzen gelegen hatte. Er wollte, daß seine Frau erkannte, wie schlau sein Plan war. Dabei vergaß er anscheinend, daß sie auch sein Opfer war. Aber zur Panik war Darlene seltsam unfähig. Als sie durch das erste Herbstlaub auf das Haus zugingen, paßte sie ihre Schritte sogar den seinen an.

»Ich will heute abend nicht gestört werden«, vertraute er ihr an, als er die Vordertür von außen mit einem Vorhängeschloß sicherte – zum erstenmal, soweit sie sich erinnern konnte – und dann hinten herum ins Haus ging. Darlene folgte ihm, wie sie es immer getan hatte. Schließlich wohnte sie hier.

Schweigend aßen sie die Hamburger. Er fing an, als sie damit fertig waren. Aber es waren nicht die üblichen Beschimpfungen; mit denen wäre Darlene fertig geworden, an die war sie gewöhnt. Statt dessen wollte ihr Glenn anscheinend etwas erklären. Es lief fast auf eine Entschuldigung hinaus. Er saß da und versuchte, sein Handeln zu rechtfertigen, wie er es sonst nie tat.

»Ich will mit dir nicht mehr leben, aber ich will auch nicht, daß jemand anderes dich bekommt«, erklärte er und wischte sich mit dem Handrücken über den Mund. »Du mußt sterben, verstehst du, weil ich nicht wieder heiraten kann, wenn wir uns scheiden lassen. Weil ich Geistlicher bin, für mich wäre das Ehebruch.«

Das war es also. Glenn wollte weg. Wahrscheinlich wartete irgendwo ein Mädchen auf ihn. Aber er war mit Darlene verheiratet. Und er war Geistlicher, da konnte er sich nicht einfach scheiden lassen und wieder heiraten. Er hatte genug von ihr, klar, und nicht genug von dem neuen Mädchen. Die eine loswerden und die andere bekommen konnte er nur, wenn er Darlene umbrachte. An das fundamentalere Gebot – daß Geistliche ihre Frauen nicht umbringen sollen – hatte er anscheinend nicht gedacht.

Glenn stand auf, rülpste und griff nach der Pistole. Mit der freien Hand packte er plötzlich Darlenes Haar und zerrte sie nach draußen. Am Himmel blitzten gerade die ersten Sterne auf. Sie glaubte, er wolle sie mit der Waffe erledigen, und ihr bliebe nur noch Zeit, die Augen zu schließen. Als sie sie wieder öffnete, hantierte Glenn an der Schuppentür herum, und als sich die Tür öffnete und der muffige Geruch aus dem Inneren hervordrang, wurde Darlene klar, daß er sie mit den Schlangen erledigen wollte.

Die Schlangen waren Glenn plötzlich eingefallen. Flußbrücken und Löcher im Berg waren nicht schlecht, aber wo die Bullen heutzutage überall Leichen fanden, das war schon unglaublich. Sichere Plätze, wie früher, gab es nicht mehr. Aber den Schlangen, denen traute er zu, daß sie taten, was er von ihnen wollte. Mit ihnen fühlte er sich verbunden. Schließlich hatten sie ihn zum Herrn zurückgeführt, oder etwa nicht? Außerdem hob Darlene seit Jahren Schlangen auf, das wußte jeder. Der Teil seines Gehirns, der an einer glaubhaften Geschichte bastelte, erkannte: Sich beißen lassen, das war genau die Dummheit, die zu Darlene paßte. Und mit Schlangen hatten sie es doch immer gemacht, oder etwa nicht; selbst Glenn hatte von Kleopatra gehört, dem berühmtesten Selbstmord überhaupt. Außerdem hatte Darlene reichlich getrunken und war nicht in der Verfassung, mit Schlangen zu hantieren. Darlene würde an diesem Abend gebissen werden.

Als er sie in den Schuppen und zu einem der Kästen zerrte, hörte Darlene, wie drinnen etwas erstarrte. Die Schlangen hatten die Erschütterungen ihrer Schritte gespürt.

»Du nimmst den Deckel ab«, flüsterte Glenn. »Ich will da nicht überall Fingerabdrücke von mir haben.« Selbst in diesem Augenblick konnte es sich Glenn nicht verkneifen, mit seinem tollen Plan zu prahlen. Und sonderbarerweise erkannte Darlene, daß er für seine Verhältnisse tatsächlich ziemlich schlau war. Mit schrecklicher Klarheit, aber viel zu spät, begriff sie, daß die einzige Person, der er sich anvertrauen konnte, auch diejenige war, die ihn nicht würde belasten können. Weil er sie nämlich wirklich umbringen würde. Er hielt sie im Nacken und drückte ihren Kopf zu dem offenen Kasten hinunter.

»Du hast die Wahl«, sagte er, jetzt in einem gemeinen Ton. »Entweder du nimmst sie, oder sie springt dir ins Gesicht.«

Da hatte Darlene mit der linken Hand nach der Klapperschlange gegriffen.

*

Nachmittags kam eine Durchsage im Radio: Die Tornadowarnung sei aufgehoben, aber die Wetterlage im Tennessee Valley werde weiterhin überwacht.

Das Motel leerte sich so schnell, wie es sich gefüllt hatte.

»Sieht aus, als wären wir nochmal davongekommen«, sagte die Dame vom Empfang, während die Laster, nichts wie naßglänzendes Chrom, wieder auf den Interstate Highway Richtung Chattanooga und Huntsville rumpelten. Ihre Erleichterung wirkte nicht sehr überzeugend; daß keiner dieser Trucks zwischen den Hochspannungsmasten oder in der Wohnwagensiedlung gelandet war und der Tornado weder die Bewohner noch ihre Habseligkeiten über eine Landschaft aus frisch zerfetzten Fassadenverkleidungen verstreut hatte, enttäuschte sie offenkundig tief.

Als ich das Motel verließ, schien die Sonne. Die durchweichte Erde dampfte, und karminrote Kardinalvögel hüpften neben der Straße herum und suchten nach herumirrenden oder ertrunkenen Insekten. Außerhalb von Scottsboro überquerte ich den Fluß auf der hohen Hängebrücke, deren große Pfeiler einen rostigen Halbkreis von eisernem Maßwerk in den Himmel hielten. Die Straße führte durch Buchenwälder den Sand Mountain hinauf. Braune Sturzbäche, Fluten voller Schlamm und Zweigen, ergossen sich über die Straße ins Tal. Durch Stromschnellen arbeitete sich mein Wagen auf die Hochebene, wo die Straße zwischen schokoladenbraunen Feldern dahinlief. Das größte Gebäude in Rainsville war die Kirchenstuhlfabrik. In Fort Payne forderte das Schild vor dem Burger King: »Essen Sie hier – sonst verhungern wir beide.« Ich ließ es drauf ankommen und fuhr weiter.

Ein Dickicht von Reklametafeln für Feuerwerkskörper, Resultat irgendeiner bizarren bundesstaatlichen Verordnung, kündigte Georgia an, dazwischen trieben rosa Kirschblüten. Wohlhabende Baptistenkirchen mit neoklassischen Portalen ergingen sich in gefälliger Autofahrermetaphorik. »Laß den Herrn dein Lenker sein – nicht dein Ersatzrad.«

Dann führte die Straße durch tiefen Wald; in einer schläfrigen Mulde lag Kingston. Die nahe Autobahn hatte dem Ort das Leben geraubt, hatte leere Zimmer hinter hübschen Backsteinfassaden zurückgelassen, Pappdeckel, wo mal Glas in den Fenstern gewesen war, und auch der Güterzug, der hier früher gehalten hatte, fuhr jetzt bloß noch durch. Die Geschäfte hatten seit langem geschlossen oder waren an die Fernstraße im nahen Cartersville gezogen. Verfall machte sich breit, Rostzungen leckten an den holzverkleideten Fassaden der Bungalows herunter, und die Lattenzäune um die Gärten sackten und kippten. Sogar die Plastikflamingos waren umgefallen, oder Kinder hatten sie mit ihren Rädern umgefahren.

Nur die Kirche Unseres Herrn Jesus Christus, außerhalb des Ortes auf einer grünen Kuppe gelegen, sah gepflegt aus – sogar auffällig gepflegt. Die Gemeinde versammelte sich zum Abendgottesdienst. Im Keller der Kirche hatten die Frauen ein »Pig Roast« serviert, dazu Bohnen, Salat, Cola in Flaschen. Die meisten Männer hatten ihre Mahlzeit beendet und standen, ins Gespräch vertieft, zwischen ihren abgestellten Pick-ups. Sie trugen Freizeithosen und Hemden, aber kaum einer trug einen Schlips; der Kragenknopf war offen und ließ ein weißes Unterhemd-»V« erkennen. Die Manschetten waren gebügelt. Die Schuhe glänzten. Das Haar war kurz geschnitten und ordentlich gekämmt. Sie kleideten sich mit einer geschniegelten Ehrbarkeit, die für Schicklichkeit, Einfachheit und Bescheidenheit stand und sie in eine andere Zeit entrückte.

Die meisten Frauen gingen nicht zu den Männern hinüber. Als sie mit dem Aufräumen fertig waren und nach draußen traten, blinzelten sie in das Abendlicht, verscheuchten die Mücken mit der Hand und gesellten sich zu den anderen Frauen und den Kindern. Sie trugen lange, einfache Röcke, ihr Haar war glatt und ungeschnitten, und Make-up benutzten sie nicht. Hagere Gestalten, wie ihre Männer. Fahle Haut spannte sich über kräftigen Unterkiefern und ließ an Unglück, Armut und schleichende Krankheit denken. Viele hatten schlechte Zähne. Unschuldig und streng sahen sie aus, wie Gestalten auf körnigen Fotografien – historisch.

Die Männer trugen die Kästen – flache Kästen, groß wie Aktentaschen. Aber so gebaut, daß man sie flach vor sich hertrug. Mit praktischen Griffen an den Deckeln, wie bei Werkzeugkästen. Trotz der billigen Sperrholz- oder Kiefernholzreste, aus denen sie gebaut waren, konnte man das fast Ehrfurchtsvolle der Ausführung deutlich erkennen. Die Kästen waren lackiert und mit Kreuzen aus Ziernägeln beschlagen. Auf einigen waren die Worte »Lord Jesus« mit Schablonen in schwarzer Farbe aufgemalt. Mit Gaze bespannte Rechtecke waren wie Fenster in die Deckel geschnitten. An schweren Schließbändern hingen Vorhängeschlösser. *Ganz ruhig*, sagte ich mir, sehr wohl ahnend, was sie enthielten.

Ich fragte mich gerade, wo das ausgehende 20. Jahrhundert geblieben war, da kam ein schlaksiger Mann mit Brille auf mich zu. Bruder Bryce stammte aus North Carolina und wollte mich an seiner Lebensgeschichte teilhaben lassen. Erst kürzlich habe er zu Gott gefunden. Vorher, so räumte er ein, habe er »viel Sündhaftes« getan.

»Ich habe zuviel getrunken«, erzählte er mir. »Zuviel Drogen genommen und noch mehr verkauft. Ich war in der Hölle. Teufel auch, ich habe sogar Leute zur Hölle geschickt. Dann wachte ich eines Nachts auf, und da war eine Stimme, die mich zurückrief. Ich glaube, ich war so weit, wie man nur gehen konnte, und nun war es Zeit, mit Gott klar zu kommen. Aber die richtige Kirche finden, das dauerte seine Zeit. Hab's mit den Baptisten versucht, mit den Pfingstlern, mit allen. Aber ich brauchte etwas, das tiefer geht als das, was die meisten Kirchen zu bieten haben. Halleluja, und so fand ich mit Gottes Hilfe hierher, zu den Schlangenaufhebern.«

Wenn ich Bryce richtig verstanden hatte, dann hatte er mir soeben erklärt, daß er Drogen genommen, mit Drogen gehandelt, Leute umgebracht und dann Gott gefunden hatte. Dabei hatten wir uns erst vor ein paar Minuten kennengelernt. Seine Beichte brachte mich auf den Gedanken, daß die Religion im »Bibel-Gürtel« des amerikanischen Südens vor allem dazu da war, die verkommenen, unfrommen Ränder dieser moralischen Landschaft im Zaum zu halten. Der Süden glaubte an den Herrn, weil er ihn dringend brauchte. Mir war schon aufgefallen, wie viele Kirchen es im Süden gab. Jetzt verstand ich, es gab sie aus dem gleichen Grund, weshalb es hier so viele Gefängnisse gab.

Im Grunde war Bryce' Geschichte die vom Verlorenen Sohn. Bevor für ihn alles aus dem Ruder lief, war auch Glenn Summerford auf diesem Weg zu Gott gekommen. Und selbst der Begründer des Schlangenaufhebens, George Hensley, war mit Schnapsschmugglerbanden in Tennessee herumgezogen, bis ihm in einer Vision der Herr begegnete. Viele, die sich zu den Holiness People hingezogen fühlten, gaben selbst zu, daß sie der Erlösung von ihren Sünden dringend bedurften. Sie lebten in einer durch und durch gefährlichen Welt. Diese Jungs waren über die spirituellen Sünden weit hinaus. Sie hatten auch die meisten Strafgesetze gebrochen. Schlägereien und Drogenhandel waren eher ihr Stil. Sie waren so tief unten, wie man nur sein konnte.

Klarkommen mit dem Herrn nach einem Leben voller Verbrechen, das war ein wesentliches Kennzeichnen der Holiness-Frömmigkeit im 20. Jahrhundert; es war das, was die Schlangenaufheber auf den Weg zum rechten Glauben und zur Erlösung brachte. Es war eine Geschichte, so fiel mir jetzt auf, die ich kannte: die Geschichte des heiligen Paulus. Der hatte sich bei der Verfolgung der Urchristen tief erniedrigt und war erlöst worden. Für viele Holiness-Männer, bei denen es an Vorstrafen aus einer weniger frommen Vergangenheit nicht mangelte, war der heilige Paulus die biblische Rettungsleine, die selbst ihnen noch das Seelenheil versprach. In den Holiness-Kirchen hegte man eine besondere Sympathie für den heiligen Paulus. Er war dort gewesen, wo auch sie gewesen waren. Sie kannten sein Leben, wie die Heilige Schrift es offenbart. Vor allem kannten sie die Szene aus der Apostelgeschichte 28, Vers 5-6, wo der heilige Paulus nach einem Schiffbruch von einer unter einem Reisighaufen verborgenen Otter gebissen wird:

»Er aber schlenkerte das Tier ins Feuer, und ihm widerfuhr nichts Übles. Sie aber warteten, daß er anschwellen würde oder plötzlich tot niederfallen. Da sie aber lange warteten und sahen, daß ihm nichts Schlimmes widerfuhr, wurden sie andren Sinnes und sprachen, er wäre ein Gott.«

Das Schlangenaufheben erlaubte eine sofortige Einschätzung der eigenen spirituellen Lage: Wenn nichts passierte, so bestätigte dies, daß sie wahrhaft Gläubige waren, wie der heilige Paulus. Das dreimal wöchentlich stattfindende Wunder bezeugte ihre Erlösung von der Sündenschuld. Der Herr war in der Schlange, die nicht zubiß. Er war aber auch in dem Biß, der nicht tötete, gleichgültig ob der heilige Paulus oder Junior McCormick ihn überlebte. Junior, ein kleiner, rundlicher Mann, den ein letzter weißer Flaum von der Glatze trennte, hatte im Laufe seines Lebens Tausende von Schlangen aufgehoben und war erst letzte Woche wieder bei einem Gottesdienst von einer Mokassinschlange gebissen worden.

In seinen *Letters from an American Farmer* (1782) schildert der Siedler und Reisende Hector St. John De Crevecoeur eindrucksvoll die Symptome des Bisses einer Mokassinschlange, die man auch »Lotsenschlange« nannte, weil sie meist ein paar Tage vor der Klapperschlange aus der Winterstarre erwachte. »Der arme Kerl schwoll augenblicklich auf höchst schaurige Weise an«, so schrieb Crevecoeur.

»Eine Vielzahl von Flecken unterschiedlicher Tönung erschienen und verschwanden an verschiedenen Stellen seines Körpers; in seinem Blick sammelten sich Wahnsinn und Wut; er richtete ihn mit überaus rachsüchtigem Ausdruck auf alle Anwesenden; er streckte die Zunge heraus, wie es die Schlangen tun; er zischte mit unvorstellbarer Kraft durch die Zähne und erregte den Schrecken aller Zuschauer ... bis nach Verlauf zweier Stunden der Tod den armen Kerl von seinen Kämpfen und die Zuschauer von ihren Ängsten erlöste.«

Junior war es offenbar besser ergangen. Ein dickes Schorfmedaillon prangte an der Wurzel seines Zeigefingers. Als er mir den Biß draußen vor der Kirche zeigte, sammelten sich die anderen Männer ehrerbietig um ihn, als hätte Gott ihn angerührt.

»Der Herr hat uns befohlen, Schlangen aufzuheben«, sagte Junior lächelnd. »Er hat nicht gesagt, daß man dabei nicht auch mal gebissen wird.« Es klang wie eine abgedroschene Floskel, wie sie ein Überlebender aufgrund seines besonderen Status von sich geben durfte. Ich fragte ihn, was für ein Gefühl das sei, Schlangen aufzuheben.

Junior schwieg einen Moment. »Unbeschreibliche Freude«, verkündete er schließlich. »Den Tod in den Händen zu halten ...«

Die Mitglieder der Band kamen mit Gitarren, Schlagzeug, Verstärkern und Keyboard und bauten drinnen auf. Billy Summerford, ein Sohn von Glenn aus einer früheren Ehe, war da. Ebenso Gene Sherbert und Punkin Brown, dessen Frau Melissa im Jahr zuvor in Kentucky gestorben war. Nach und nach nahmen die Leute ihre Schlangenkästen und folgten Brother Carl, dem Geistlichen, in die Kirche. Es war ein quadratischer Raum mit Wänden aus gestrichenem Schlackenstein und Leuchtstoffröhren an der Decke, von denen eine streng funktionale Einfachheit ausging. Schmückendes Beiwerk gab es kaum, bloß die verzierten Deckenventilatoren aus falschem Messing und ein byzantinisch anmutendes Bogenfenster – ansonsten hätte man meinen können, hier würden Autos repariert.

Die Musiker hatten sich auf Stühlen an der Rückwand hinter einem niedrigen Holzgeländer niedergelassen und zupften träge auf ihren Gitarren herum. Zwischen ihnen und den Bankreihen stand ein einfacher blonder Holzaltar, neben dem die Männer ihre Schlangenkästen ordentlich stapelten. Während die Menge hereinströmte, stand Brother Carl auf den Altar gestützt und gab Wörter von sich wie ein dressierter Goldfisch. »Lobet den Herren«, sagte er mit in sich gekehrter, rauher Stimme. Ein feuriger Prediger schien dieser kleine, fast kahlköpfige Brother Carl nicht zu sein. Er trug einen braunen Anzug, hatte tiefliegende, friedfertig dreinblickende Augen und ein wachsbleiches Gesicht. Er war nach einem langen Fernfahrerleben zum Herrn gekommen. Die ursprünglich weiß gestrichene, holzverkleidete Kirche war kürzlich in Stein neu errichtet worden. Brother Carl war mächtig stolz auf sie.

Die meisten Versammelten bildeten einen lockeren Halbkreis um den Altar. Vom strengen Raster der Kirchenbänke hielten sie sich fern. Holiness – ein Ruf, der von Herzen kam, eine emotionale Reaktion auf die frostigere Liturgie der Presbyterianer, hatte mit Kirchenbänken wenig im Sinn. In Kirchenbänken saßen Seelen, die nichts weiter wollten, als sich in den Herrn versenken. Ich war Außenseiter und obendrein Engländer, also nahm ich in einer von ihnen Platz und fühlte mich unwohl dabei. Ein lockerer Trommelwirbel ließ das Gemurmel verstummen.

»So«, sagte Brother Carl und prüfte noch einmal seine Manschettenknöpfe. »Und nun ein bißchen Musik.«

Da brach Kakophonie los, und der stille Abend draußen entfloh vor dem drinnen entfesselten Tumult. Das Gebäude erbebte unter den Rhythmen von Gospel und Bluegrass, Boogie Woogie und Rockabilly. Frömmigkeit oder Ritus gab es in dieser Musik nicht; statt dessen herrschten Leidenschaft, Liebe und hemmungsloser Ausdruck. Auf die Versammelten hatte sie eine unmittelbare Wirkung. Ihrer Natur nach waren diese Leute gewiß keine extrovertierten Zeitgenossen, aber binnen weniger Sekunden klatschten sie im Rhythmus von Schlagzeug und Gitarre, der über den Parkplatz bis in den Wald und auf den Highway drang. Frauen und Kinder griffen nach Tamburinen und Becken. Die Männer wippten im Takt mit dem Fuß und begannen sich zu wiegen. Aus der Musik bezogen sie Zuversicht und streiften die Schüchternheit ab, mit der sie sich außerhalb der Kirche gegen die böse Welt wappneten.

Von meiner Bank aus sah ich zu, wie sie vom Haus des Herrn sangen (»Komm besser rein, ins Haus des Herrn«), vom Glorienschein im Maulbeerbaum und vom Sieg über den Satan (»Der Herr antwortet noch immer auf ein Gebet«). Einer der Männer griff nach einem Mikrofon und schrie etwas hinein, wobei das Aderngeflecht um seinen Hals anschwoll. Die Stimmung stieg unaufhaltsam. Alle tanzten jetzt, aber ohne rhythmische Anmut. Die Bewegungen hatten etwas Manisches, Marionettenhaftes. Die Augen waren zusammengekniffen oder starrten ins Leere. Hände hoben sich in einer Geste der Ergebung und flatterten himmelwärts. Ein paar Leute, die nicht mehr sicher auf den Beinen waren, wurden von Freunden gestützt. Innerhalb weniger Minuten hatten sich diese verschlossenen Typen in entfesselte Zelebranten verwandelt. Bedingungslos überließen sie sich dem

Geist, der über sie kam. Ehrfürchtig sah ich diesem Treiben zu und hielt mich an der Bank vor mir fest.

Plötzlich schien ein bestimmter, nicht mehr zu bremsender Schwung erreicht, und einer der Männer näherte sich den Kästen.

»Du mußt wissen, ob der Herr es von dir will«, erklärte mir Carl Porter später an diesem Abend. »Bevor du nach den Schlangen greifst, mußt du auf eine Anweisung von Gott warten. Entweder du bekommst sie direkt, dann sagt dir Gott, wann der richtige Augenblick gekommen ist, oder du bekommst die Salbung. Das ist eine Art frommer Trance, in der du zu allem bereit bist.«

Der Mann richtete sich hinter dem Altar auf, eine große Klapperschlange fest in der rechten Hand, während eine entgeisterte Hingabe seine Züge fast sprengte. Ich schnappte nach Luft, und mein Herz begann zu rasen: Ich war unter Schlangen. Der Mann hielt die Schlange um die Mitte gefaßt und ließ ihren Kopf in der anderen ausgestreckten flachen Hand ruhen. Die Schlange züngelte, schien aber ziemlich friedlich. Eine Zeitlang stand der Mann reglos da. Er beobachtete die Schlange, während andere Männer zusahen, sangen und mit ihrem Frohlocken den Teufel überwanden. Dann riß die Musik sie alle mit sich fort, und freudig fingen sie an, die Kästen zu plündern und die Schlangen wie Beutestücke herumzureichen. Sie legten sie sich um die Schultern oder hielten sie in den Händen und flochten sie zu Zöpfen. Ein Mann hüpfte auf einem Bein herum und schlenkerte mit ganzen Sträußen von Schlangen, die er in beiden Händen hielt. Ein anderer Mann stand etwas abseits. Er hielt drei Klapperschlangen in einer Hand und ließ die andere Hand an ihnen herabgleiten, strich sie glatt, wie Krawatten im Krawattenhalter seines Kleiderschranks. Einige Männer standen dicht beieinander, wie umwoben von Klapper- und Mokassinschlangen. Ein Mann warf eine Schlange in die Luft und fing sie wieder auf. Ein anderer drapierte sich eine kleine Klapperschlange auf dem Kopf. Als sie ins Rutschen geriet, fing er sie vor seinem Gesicht auf und gab sie in wartende Hände weiter. Einer hielt in jeder Hand eine Schlange, hüpfte durch die Kirche und schrie immerzu: »Lobet Ihn!« Ein bleicher junger Mann mit Bürstenschnitt, einer der wenigen Krawattenträger, stand reglos da, die rechte Hand hoch über den Kopf gereckt, wie die Freiheitsstatue. Aber seine Faust war um eine Handvoll Schlangen geschlossen, er hatte die Augen zugekniffen und eine Mokassinschlange in seine Brusttasche gestopft, und auch aus seinen Hosentaschen quollen mehrere Schlangen. Eine verrückt gewordene Freiheitsstatue, die sich schließlich noch die Schuhe abstreifte und auf eine Klapperschlange trat, die ein anderer Mann ihr vor die Füße legte.

Nun fingen die Frauen mit dem Aufheben an. Eine stand ganz still. Sie hatte ihr Gesicht mit einer Klapperschlange umrahmt, hielt sich Kopf und Schwanz so hinter die Ohren, daß die Schlange wie ein schönes Stirnband wirkte. Eine andere war in Trance verfallen, ging mit ausgestreckten Armen auf den Altar zu und sprach in Zungen.

»Maschala mikoja toala mischala«, plapperte sie. »Schalama, schala!« Sie war außer Atem und den Tränen nah. Eine Frau nahm sie bei den Händen, streichelte ihr sanft den Kopf, als wollte sie sie trösten: Schon gut, ist ja gut. Am anderen Ende meiner Bank wechselte eine Frau hingebungsvoll einem Baby die Windeln. Gott sei Dank, dachte ich, endlich etwas Normales – als sähe man in den Kirchen, die ich kannte, jeden Tag, wie Mütter schmutzige Windeln wechselten.

Schließlich stieg die Stimmung in einem erneuten Crescendo bis zu einem Gipfel, über den es einfach nicht mehr hinausging. Eine Art hingerissener Erschöpfung hatte sich über die Versammlung gelegt. Die Musik wurde langsamer, der Tumult verebbte, und die Leute kehrten aus der Verzückung, in die sie geraten waren, zurück. Die Schlangen wurden in ihre Kästen zurückgelegt. In der Stille konnte man wieder die tröstlichen Geräusche des Abends hören: vorüberfahrende Autos, eine krächzende Krähe und Wind in den Eichen.

Später standen Leute unvermittelt auf und sprachen. Sie nannten es: Zeugnis ablegen. Sie sprachen über ihren Glauben und auch über jene, die ihrer Gebete bedurften. Manche sprachen nur kurz. Einem Mann genügte offenbar schon die Mitteilung, daß der Herr ihm gerade gestern abend einen sicheren Heimweg durch den Nebel gezeigt habe.

»Gott ist mit uns, egal, ob wir gerade nach Hause fahren, den Abwasch machen oder Schlangen aufheben«, sagte er abschließend. »Ich möchte, daß ihr heute abend für mich betet.« Becken und Tamburine bekundeten scheppernde, rasselnde Zustimmung. Andere erhoben sich und sprachen länger.

»Manche Leute sagen mir, ich würde ein seltsames Leben führen«, begann der junge Mann mit Bürstenschnitt und Schlips, »bloß weil ich manchmal finde, ich sollte auf Schlangen treten oder auch mal auf einen Skorpion, Halleluja, und auf den Teufel, den Feind der Menschen.« Und was, so fragte der Trotz in seiner Stimme, ist daran so seltsam?

»Und wenn die Leute fragen«, fuhr er fort, »wie ich Schlangen aufheben kann, erzähl ich ihnen von dem jungen Adler in seinem Nest, Halleluja, der noch nicht weiß, was er mal tun wird. Er weiß erstmal nur, Mama kann fliegen. Manchmal führt sie ihn an die Kante, und dann bringt sie ihn wieder in Sicherheit, aber vielleicht beim ersten Mal, vielleicht beim zweiten Mal, vielleicht beim dritten Mal, irgendwann kommt der Moment, wo er denkt, ich habe hier so einen und hier noch einen«, dabei flatterte der Mann erst mit dem einen, dann mit dem anderen Arm, »und wißt ihr was? Er fliegt!«

Besonders herzlich wurde Junior McCormick begrüßt, der letzte Bißüberlebende der Gemeinde, der ebenfalls über das Fliegen reden wollte. Seine Angehörigen hatten Junior gedrängt, keine Schlangen mehr aufzuheben, weil er noch einmal Schaden nehmen könnte.

»Weil ich noch einmal Schaden nehmen könnte«, sprach Junior seinen Angehörigen ergeben nach. »Also, man kann auch zu

Hause bleiben, und dann segelt einem ein Flugzeug durchs Dach.« Eine F-14 hatte genau dies ein paar Tage zuvor in einer Vorstadtsiedlung von Nashville getan und fünf Menschen getötet.

»Aber wißt ihr was?« fuhr Junior fort. »Es spielt keine Rolle, ob es Mama gefällt, ob es Papa gefällt, ob es euren Kindern gefällt, ihr befolgt Gottes Wort, darum geht es. Amen. Lobet den Herrn. Denn ihr wißt ja, wie es in der Bibel heißt: Himmel und Erde werden vergehen, und eines Tages wird er uns aus diesem Leben abberufen, und dann kommt es auf so ein paar blöde, kleine Bisse auch nicht an. Amen.« Als er sich wieder setzen wollte, fiel ihm noch etwas ein. »Die Leute, die hier rumtanzen«, erklärte er und deutete auf niemand Bestimmten, »die haben was Besonderes, und das ist aus keiner Whiskyflasche nicht gekommen.«

Brother Carl schlug vor zu beten. In einer letzten kollektiven Zuckung warfen sich die Gemeindemitglieder auf den Boden, bearbeiteten ihn mit den Fäusten und stießen ein schrilles Winseln aus, das die Kirche mit den Geräuschen eines Motocrossrennens erfüllte. Dann war der Gottesdienst zu Ende, und die Menge schob sich langsam und gesittet zur Kirche hinaus, als wäre während der letzten Stunden nichts gewesen.

»Die Leute sagen alles mögliche über uns«, meinte Brother Carl nachdenklich, als wir unter dem aufgehenden Mond draußen standen und zusahen, wie sich die Versammlung auflöste. Auch nach Holiness-Maßstäben war dieser Gottesdienst etwas Besonderes gewesen; Brother Carl hatte Verständnis dafür, daß sich ein Außenstehender wunderte. »Aber wir befolgen nur Gottes Wort«, sagte er. »Ich versteh's auch nicht ganz, aber wir haben keine Wahl, wir müssen tun, was in der Bibel steht. Und wenn das heißt, Schlangen aufheben, na, dann bin jedenfalls nicht ich es, der IHM das verweigert.«

»Aber was ist, wenn Leute gebissen und krank werden? Was bedeutet das?«

»Wir sagen dazu: dem Herrn vorauseilen. Man muß auf den Herrn hören. Vielleicht hat man es mit dem Aufheben versucht, bevor man wirklich so weit war. Vielleicht war der eigene Glaube nicht vollkommen. Aber deswegen ist man kein schlechter Mensch oder so.«

Ich sagte, ich fände es bedrückend, daß die Aufheber manchmal an Schlangenbissen starben. Daß Angehörige und Freunde sie sterben ließen.

»Na ja, manchmal gibt es Sachen, die wir nicht verstehen«, meinte Carl. »Vielleicht ist die Zeit des Leidenden gekommen, vielleicht hat der Herr ihn abberufen. Ich halte mich an das, was die Leute wollen. Wenn jemand, der gebissen wurde, ins Krankenhaus will, fahre ich ihn sofort hin. Aber wenn jemand auf den Herrn vertrauen will, bin ich nicht der, der zwischen die beiden einen Doktor stellt.«

Ich fragte Brother Carl, wie er über Schlangen denke.

»In ihnen ist ein böser Geist«, erwiderte er, »ein vom Teufel erfüllter Geist. Wenn mir die Salbung zuteil geworden ist, können mir die Schlangen nichts anhaben. Ich bin vor ihnen sicher. Aber wenn ich allein bin, habe ich wirklich Angst vor diesen Biestern.« Mit »allein« meinte er offenbar den Zustand außerhalb der »Heiligkeit«, allein, ohne den Herrn. Dann lauerten die Schlangen überall, die leibhaftige Sünde.

Die Worte von Brother Carl erinnerten mich daran, wie feindselig das Christentum immer vor allem den Schlangen begegnet war. Mit Ausnahme der Taube haben Tiere in der Bibel nur kleine Auftritte. Die grelle Ausnahme bildet die Schlange, der die unvorteilhafteste Rolle von allen zugewiesen wurde. Daß die Schlange durch ihre Tücke den Menschen seiner Unsterblichkeit beraubt haben soll, läßt auf eine außerordentlich tiefe Abneigung gegen dieses Geschöpf schließen, die in der Neuzeit offenbar noch weitergewuchert ist. Vielleicht bilden Sünde und Schlange tatsächlich ein vollkommenes Paar, einen unwiderstehlichen Anthropomorphismus.

Während die Mehrheit der Christen die List der Schlange eher im übertragenen Sinne begriff, zeichneten sich Brother Carl und seine Schlangenaufheber dadurch aus, daß sie die reale Schlange dämonisierten. Für sie waren lebende Schlangen eine Verkörperung des Teufels. Das erinnerte mich an einen Missionar namens Elijah Bingham, der um 1960 in Nigeria gearbeitet und eine Broschüre mit dem Titel »Schlangengeschichten aus Afrika« herausgebracht hatte, in der er allerlei oft ziemlich verdrehte Parallelen zwischen dem Wesen der Schlangen und der Sünde zog. Jede Schlange, der er begegnete, regte den von seiner Idee geradezu besessenen Bingham zu neuen seelsorgerischen Plattitüden an. »Abends, vor allem zu Beginn der Regenzeit«, schrieb er, »wären wir oft beinah auf kleine Schlangen vor uns auf dem Weg getreten …, und solche kleinen Schlangen finden sich jeden Tag auf deinem und meinem Weg, bereit, zuzubeißen – und manche Bisse können tödlich sein (zumindest für unseren christlichen Lebenswandel).«

Für Bingham waren Schlangen die Sendboten »Satans, der großen Schlange«, die »uns beißen und das Gift der Sünde einspritzen sollen«. Auch der Anblick eines Schlangenbeschwörers, der einer Schlange die Giftzähne entfernte, regte ihn zu christlichen Gleichnissen an: »Wie sehr gleicht er doch unserem Herrn Jesus Christus, dachte ich. Der hat für alle Rechtgläubigen den Stachel des Todes weggenommen.« Und wenn den Schlangen bald darauf neue Giftzähne wuchsen, so hatte wiederum der Teufel die Hand im Spiel: »Wenn wir, du und ich, nicht wachsam sind und beten, kann es leicht geschehen, daß unsere Sünden neue Wurzeln schlagen.« Die Lösung, auf die Bingham hinauswollte, war natürlich das Licht oder die »Erleuchtung«. »Wir hatten eine Fackel oder Laterne bei uns«, so schloß er triumphierend, »und blendeten die Schlange mit dem Licht, bis einer sie getötet hatte.«

Der Parkplatz hatte sich geleert. Die letzten Scheinwerfer hatten sich in die Dunkelheit geschraubt.

»Es ist ziemlich warm heute abend«, sagte Brother Carl. »Passen Sie auf die Schlangen auf; die mögen die Wärme, die sich im Asphalt hält.« Er drückte mir die Hand und ging zur Kirche zurück, um abzuschließen. Ich wäre gut ohne seine letzte Bemerkung ausgekommen. Ich glaubte nicht daran, daß Schlangen mit dem Teufel im Bunde stehen, aber Angst hatte ich trotzdem vor ihnen, und zwar so große, daß ich fest überzeugt war: Wenn es hier in der Nähe irgendwo eine Schlange gab, dann würde ich auch auf sie treten! Also zog ich die Taschenlampe heraus, die ich in Schlangengegenden immer bei mir hatte, knipste sie an und schlurfte im Schutz ihres Lichtstrahls meines Weges. Alle paar Schritte blieb ich stehen, leuchtete mit der Taschenlampe die Umgebung rings um mich ab und erzeugte auf diese Weise für kurze Zeit ein symbolträchtiges Muster: eine lange Kette aus lauter bald wieder verlöschenden Lichtkreisen. Diese Kreise hatten etwas Tröstliches. Für mich waren sie wie ein Schutzzauber, der über den kurzen Augenblick des Lichts hinaus wirksam blieb. So tappte ich, ohne daß es zu Zwischenfällen kam, über Brother Carls Parkplatz, fuhr in die Nacht hinaus und dachte mit Staunen an das, was ich an diesem Abend erlebt hatte.

Den »vollkommenen Sieg« nannten es die Schlangenaufheber. Aber der gelang nicht immer. Manchmal gab es auch böse Niederlagen. Punkin Brown wußte es; erst letzten Herbst hatte er seine Frau Melissa zu Grabe getragen. Was konnten sie angesichts solcher Todesfälle anderes tun als auf die göttliche Vorsehung vertrauen? Dazu bedurfte es eines ungeheuer starken Glaubens. Zur Rechtfertigung des Schlangenaufhebens hatte Junior McCormick gesagt, daß ein Flugzeug, wie es auf die fünf Leute in Nashville gefallen war, jederzeit über jedem von uns aus dem Himmel fallen konnte. Aber unter einer F-14 begraben werden war Pech. Wem so etwas widerfuhr, der hatte das Unheil nicht herausgefordert. Schlangen aufheben war etwas anderes. Schlangen bissen die Leute. Nicht immer, aber Beißen war das, was Schlangen taten.

Im Radio wurde berichtet, wie an diesem Tag in Mobile, Alabama, ein kleiner Junge ums Leben gekommen war. Er hatte Russisches Roulette gespielt.

»Ich habe gehört, es seien früher, bei der ersten Besiedelung Georgias, solche von zwei, zweieinhalb und selbst drei Metern Länge gesehen worden.« So schrieb der anonyme Verfasser der Broschüre »Wunderbarer Bericht über die Klapperschlange und andere Schlangen Amerikas« im Jahre 1805. Auf einem Pfad in Georgia, berichtete er, habe er plötzlich innehalten müssen, »angesichts einer häßlichen Schlange, der furchtbaren Klapperschlange, die sich kaum zwanzig Zentimeter neben dem schmalen Pfad zu einem hohen Knäuel geringelt hatte, einem kreisrunden Haufen, der mir bis zu halber Kniehöhe reichte«. Er beschrieb die typischen »verkniffenen Lippen« der Klapperschlange, die »tödlichen Zähne«, »die glutroten Augen« und wie »die drohend sich regende gespaltene Zunge von der Farbe der heißesten Flamme beständig mit Tod und Verderben droht und doch nie zuschlägt, solange sie ihres Ziels nicht sicher ist«.

Die frühen Siedler aus dem schlangenarmen England waren von der Klapperschlange beeindruckt. Manche behaupteten sogar, sie könne fliegen; andere meinten, sie könne durch ihren bloßen Atem vergiften. Auf seinen Reisen durch das Amerika des späten 18. Jahrhunderts hörte der französische Dichter und Memoirenschreiber Chateaubriand von einer Schlange im Süden, »die die Atmosphäre in ihrer Umgebung vergiftet. Sie zersetzt die Luft derart, daß sie, unvorsichtigerweise eingeatmet, zu völliger Ermattung führt. Der Betroffene verfällt zusehends, die Lunge nimmt Schaden, und innerhalb von vier Monaten stirbt er an Auszehrung.« Im Jahre 1714 berichtete Sir Thomas Walduck der Royal Society von einer ähnlichen Wirkung. In der Nähe von Klapperschlangen, so Walduck, »fürchten sich Waldbewohner so sehr, als wäre ein Gespenst in ihrer Nähe, als entzündete der Atem der Schlange die Luft, und noch ehe sie sie hören oder sehen können, werden sie von Niedergeschlagenheit befallen«.

Auch wenn einigen Siedlern die verdorbene Luft Kummer machte, so fürchteten doch die meisten den Biß der Schlangen. In einer Schrift aus dem Jahre 1634 über die »Annehmlichkeiten und Unannehmlichkeiten« Neuenglands wurde ein gewisser Dr. Higgeson im Abschnitt über die Unannehmlichkeiten sehr ausführlich: »Es gibt da nun aber Schlangen, die Klapperschlangen genannt werden und Klappern an ihren Schwänzen tragen und deren Biß so tödlich ist, daß man binnen einer Viertelstunde daran stirbt ...« – »Sicher ist«, so der anonyme Broschürenschreiber aus dem Jahre 1805, »daß sie mit einem Stich oder Kratzer eines ihrer Giftzähne nicht nur das größte Tier Amerikas, und zwar in wenigen Minuten, umbringen kann, sondern auch bewirkt, daß der ganze Körper in Zersetzung übergeht.«

De Crevecoeur, der ein ganzes Kapitel seiner äußerst erfolgreichen *Briefe* den Schlangen (und seltsamerweise dem Kolibri) widmete, berichtete von einem holländischen Farmer, der von einer Klapperschlange gebissen wurde, als er »zum Mähen ging«. Am Abend »zog der Farmer seine Schuhe aus, ging zu Bett und wurde bald von einem seltsamen Schmerz im Magen befallen; er schwoll an und starb, bevor man nach einem Arzt hatte schicken können«. Ein paar Tage später zog der Sohn die Schuhe seines Vaters an, erkrankte ebenfalls und starb. Nach einiger Zeit »zog ein Nachbar, der sie gekauft hatte, jene Schuhe an, und ihm widerfuhr das gleiche wie den beiden anderen«. Da erst stellte ein aufmerksamer Arzt fest, daß die Giftzähne des Bisses noch immer in einem der Schuhe steckten, und beendete auf diese Weise eine Serie von Todesfällen, die sich anderenfalls so lange fortgesetzt hätte, wie die Schuhe benutzt worden wären. Zu dieser Geschichte gibt es, wie Kommentatoren anmerkten, eine populäre moderne Version, in der etliche texanische Automechaniker bei dem Versuch, einen löchrigen Reifen zu wechseln, ohne ersichtlichen Grund ihr Leben lassen ...

Nicht weniger schillernd waren offenbar die Symptome einer Vergiftung durch den Biß einer Klapperschlange. Thomas Lechford schilderte 1642, wie das Opfer »blaue, weiße und grüne Flecken bekam«. Angesichts all dieser Berichte wird verständlieh, warum die Waldklapperschlange – die in den Wäldern der Appalachen so verbreitet ist wie die Diamantklapperschlange in den Ebenen des Südens – auf den Namen *Crotalus horridus* oder »schreckliche Klapperschlange« getauft wurde und damit, was die Hysterie der Systematiker des Tierreiches angeht, auf einer Ebene mit dem *Ursus horribilis* steht, jener anderen Geißel der amerikanischen Wildnis, dem Grizzly.

Manche lehnten solche Berichte über Schlangen als blühenden Blödsinn ab. Schon 1654, als anderswo die Existenz von Drachen, Greiffen und Seepferden noch völlig unstrittig war, schrieb der bedächtige Thomas Morton in einer Abhandlung über Neuengland: »Voller Einfalt sind all jene, die Schauergeschichten von furchtbaren oder schrecklichen Schlangen erzählen, die es in jenem Land geben soll.« Selbst de Crevecoeur räumte ein, Klapperschlangen könnten »äußerst träge und, solange man sie nicht anrührt, vollkommen ungefährlich sein«.

Aber anscheinend hat das, was unausgesprochen hinter den Worten »solange man sie nicht anrührt« stand – daß nämlich die Klapperschlange erforderlichenfalls zur Selbstverteidigung außerordentlich gut gerüstet ist –, jenen Vorkämpfern der amerikanischen Freiheit gut gefallen, die Sinn für Symbolik besaßen und über die exzessiven Steuerforderungen der Engländer wenig entzückt waren. Zwischen der Klapperschlange und den Amerikanern von 1770 schien es mancherlei Gemeinsamkeiten zu geben.

Die Klapperschlange, so schrieb das *Pennsylvania Journal* im Dezember 1775,

»darf man wohl als ein Symbol der Wachsamkeit ansehen. Nie greift sie als erste an, und wenn sie sich auf einen Kampf eingelassen hat, gibt sie sich niemals geschlagen. Sie ist daher ein Symbol des Edelmuts und der wahren Tapferkeit … Sie schlägt keine Wunden, ehe sie nicht großmütig ihren Feind auf sich aufmerksam gemacht und davor gewarnt hat, sie mit Füßen zu treten.«

Wenige Pennsylvanier werden diesen Artikel als einen Beitrag zur Naturgeschichte mißverstanden haben. In Wahrheit artikulierte das *Journal* hier in kaum verhüllter Form die Entschlossenheit der Amerikaner im Krieg mit England. Denn die Klapperschlange, die die Stimmung der Amerikaner auf das vollkommenste symbolisierte – zähe Entschlossenheit, sich zu verteidigen, und zwar mit aller Kraft –, war überraschend zum Maskottchen der eben flügge werdenden Nation geworden.

»Die Flagge der amerikanischen Flotte«, so berichtete der erschrockene *London Chronicle* am 27. Juli 1776, »zeigt eine Schlange mit dreizehn Klappern … in drohender Angriffshaltung mit dem Motto ›Tritt mich nicht‹.« Eine solche Flagge war dem Kongreß im Februar 1776 überreicht worden. Sie wurde zur Linken des Präsidentensessels aufgestellt und flatterte im gleichen Jahr bei Trenton, New Jersey, wo George Washington die Briten schlug.

Lange bevor die »Stars and Stripes« aufkamen, verkörperte die Klapperschlange den Geist des freiheitsliebenden Amerika – trotzig, furchtlos und abwehrbereit. 1996 hatte sich Amerika jedoch weiterentwickelt, und auch sein Selbstbild hatte sich gewandelt. Amerika hatte sich von der Klapperschlange losgesagt. Sie war in Ungnade gefallen, war bösartig geworden und gehörte jetzt dem Satan.

Sechs
Australien II

Oktober 1996

Was mich, während in den träumerischen Stunden des frühen Morgens mein Anschlußflug von Sydney nach Norden startete, an eine Episode erinnerte, die mich seit langem beschäftigte: In die Stadt, die eben zwischen Frühlingsgewölk unter mir verschwand, hatten die Briten im Dezember 1846 ein Schiff entsandt, das auf den Namen »Klapperschlange« getauft war, die *HMS Rattlesnake.*

Woher dieser Name? Die meisten Schiffe, vor allem die britischen, bekamen Namen wie *Victory*, *Resolution* oder *Endeavour*, Namen, die dem Empire zu Ehre und Ruhm gereichten. Ebensogut hätte man dieses Schiff *Battle of Hastings* oder *Bannockburn* (nach dem Ort, wo die Schotten einst die Engländer schlugen) oder in neuester Zeit *Mad Cow* oder *Warm Beer* oder nach irgend etwas anderem benennen können, das Großbritannien zur Schande gereichte. War hier, so fragte ich mich, irgendein Witzbold aus der Fünften Kolonne am Werk gewesen, der im Ausschuß für Schiffsnamen der Royal Navy Einfluß besaß? Der dort seelenruhig den Namen *Rattlesnake* vorgeschlagen hatte, um nachher insgeheim zu frohlocken, daß von nun an eine seetüchtige Reklametafel an die Schmach erinnerte, die die Amerikaner siebzig Jahre zuvor den Briten bereitet hatten? Die *Rattlesnake* mit ihren achtundzwanzig Geschützen, die an einem stürmischen Wintertag von Southampton durch den Solent dem offenen Meer zusteuerte, erinnerte die Welt daran, wie sich die selbstbewußten Amerikaner unter dem Symbol der Klapperschlange versammelt hatten, um ihre Freiheit zu gewinnen und die Briten ihrer wichtigsten Kolonie in Übersee zu berauben. War die Entsendung der *Rattlesnake* nach Australien – mit all den Erinnerungen, die sie weckte: an wichtigtuerische britische Generäle mit gepuderten Perücken, die von wackeren, aufrechten, von der Rechtmäßigkeit ihres Anliegens überzeugten Bauern in die Flucht geschlagen wurden – wirklich die klügste Art, Flagge zu zeigen?

Vielleicht war Australien im Jahre 1846 zur Unabhängigkeit noch nicht bereit, aber die Kolonie wuchs rasch heran. Außerdem mangelte es nicht an nationalistischen Regungen, und niemand hätte die tiefe Ironie in dem Namen *Rattlesnake* besser zu würdigen gewußt als William Charles Wentworth. Wentworth, dessen Mutter einst wegen Diebstahls aus England deportiert und dessen Vater wegen Straßenraubs angeklagt worden war, hatte damals die Kampagne gegen den verhaßten englischen Gouverneur von New South Wales, Ralph Darling, angeführt. Wentworth entwarf auch die erste Verfassung von New South Wales, prägte den Wahlspruch »Australia First« und gründete die Zeitung *The Australian*. Beharrlich verfocht er das Ideal des selbständigen, aufrechten Australiers und attackierte das Klischee des unverbesserlichen, für immer an seine kriminelle Herkunft geketteten Drückebergers und Taschendiebs.

Wentworth hatte die Nachfolge von Sir Henry Browne Hayes in Vaucluse House angetreten und verwandelte das, wie eine Zeitung schrieb, »behagliche Landhaus« jenes fahrenden Ritters, der längst begnadigt war und in sein geliebtes, schlangenfreies Irland hatte zurückkehren dürfen, in ein stattliches Plantagenhaus. Nach sechs Monaten auf See erblickten die landhungrigen 190 Offiziere und Seeleute der *Rattlesnake* »ein prächtiges, unvergleichliches Uferanwesen, das herrliche Aussicht auf die Landzungen und die verschiedenen Buchten und Einmündungen des wahrhaft romantischen Hafens bietet, an dem es liegt« – so hatte eine Zeitungsanzeige Vaucluse beschrieben, als es zum Verkauf stand. In den gleichen Gärten hatte Wentworth 1831 anläßlich der Abreise des verhaßten Darling nach England ein opulentes Fest gefeiert. Viertausend Gäste hatten an jenem Abend einem eindrucksvollen Feuerwerk beigewohnt, das, während Darlings Schiff am Horizont verschwand, hoch am Himmel die Botschaft NIEDER MIT DEM TYRANNEN umknatterte. Als die *Rattlesnake* am 16. Juli 1847 vor Sydney eintraf, hätte sich Australiens erster Nationalist gewiß ein amüsiertes Glucksen gestattet, und vielleicht hätte er auch jenes Tages gedacht, an dem Australien sich dereinst von Britannien losketten und die eigene Flagge zeigen würde. Allerdings sicherlich keine, auf der eine Schlange zu sehen war.

Die frühen Australier haben den Unabhängigkeitskampf der Amerikaner vermutlich als Vorbild für alle jungen Nationen angesehen. Aber die Reptilienfreundlichkeit, die eine Klapperschlange auf die amerikanische Flagge befördert hatte, dürfte den wenigsten von ihnen verständlich gewesen sein. Während nämlich die amerikanischen Schlangen im großen und ganzen nur in der freien Natur als Gefahr galten – »durch Schlangenbiß am meisten gefährdet sind jene, die in Carolina das Land vermessen«, schrieb der Verfasser einer Broschüre aus dem 18. Jahrhundert –, waren die australischen Schlangen derart zahlreich, daß stets von »Gewimmel« und »Ungeziefer« die Rede war. Außerdem tauchten sie ständig, wie schon Browne Hayes hatte feststellen müssen, im Inneren der Häuser auf und waren viel giftiger als alles, was einem in Amerika begegnen konnte.

In australischen Tagebüchern dieser frühen Zeit wimmelt es von Begegnungen mit Schlangen. Am 9. August 1849 schilderte Henrietta Heathorn, wohnhaft in Sydney, einen solchen Zwischenfall. An diesem Tag ging sie mit ihrer Freundin Alice Radford und ihrer Halbschwester Oriana in den Busch.

»Wir waren noch nicht weit gegangen, da schrie Alice: ›Eine Schlange!‹ und hielt sich an Ory fest, die sofort auf die andere Seite sprang. Ich sah mich nach einem Stock um und erschlug das Tier, wobei ich zwei oder drei morsche Äste über ihm zerbrach. Die Schlange war bleigrau und ungefähr einen Meter lang, eine tödliche … Ich war sehr tapfer und kam mir wie eine kleine Heldin vor.«

Zu dieser Zeit hatte Henrietta den Mann schon kennengelernt, den sie später heiraten sollte, einen jungen Offizier von dem britischen Forschungsschiff *Rattlesnake*. Thomas Huxley war der zweite Schiffsarzt, aber später sollte er für seine Arbeiten zur Evolutionstheorie internationalen Ruhm erlangen. An Bord faßte er ein intensives Interesse an den Forschungen des offiziellen Naturkundlers John MacGillivray. Zumindest diesen beiden Männern muß der Name *Rattlesnake* ganz und gar sinnvoll erschienen sein, stand er doch in schönstem Einklang mit ihren naturwissenschaftlichen und zoologischen Interessen.

MacGillivrays und Huxleys Begeisterung für die einzigartige Fauna und Flora des neuen Kontinents entsprach einer damals sich entwickelnden größeren Aufgeschlossenheit gegenüber Australien. Zwar nahm die *Rattlesnake* auf ihrem Weg zu den Antipoden – über Südafrika und durch den Indischen Ozean – die gleiche Route wie die Häftlingstransporte, aber sie war in einem vollkommen anderen Geiste unterwegs. Zwar wurden noch weitere zwanzig Jahre lang Häftlinge nach Australien verfrachtet, aber die Größe der Transporte nahm ab, und in den vierziger Jahren des 19. Jahrhunderts wuchs die Kolonie über ihre ursprüngliche, wenig beneidenswerte Funktion als Deponie für alle, die in Britannien unerwünscht waren, schnell hinaus. Immer mehr »freie Auswanderer« machten sich, angelockt von niedrigen Grundstückspreisen und neuen Möglichkeiten, auf den Weg nach Sydney und zu den ebenfalls rasch wachsenden Siedlungen von Melbourne und Adelaide. Man erinnere sich daran, daß John Girling, der unglückliche Reptilienbetreuer des Londoner Zoos, mit einem Freund dessen Abreise nach Australien gefeiert hatte, bevor es an einem Morgen des Jahres 1852 zu jener tödlichen Begegnung mit einer Kobra kam.

Die Admiralität hatte Owen Stanley, den Kapitän der *Rattlesnake*, angewiesen, auf dem Weg nach Australien am Kap der Guten Hoffnung frisches Wasser aufzunehmen und der Kolonie 50 000 Pfund zu übergeben, außerdem auch auf Mauritius Station zu machen, um »den Schatz dort anzulanden« (1500 Pfund). Aber das Schiff war mehr als ein Bote des Empire. Man hatte der Besatzung auch eine Anzahl von Chronometern anvertraut, die sie während der ersten Etappe nach Madeira auf ihre Genauigkeit erproben sollte. Nach der Ankunft in Australien sollten sie die kaum bekannte Ostküste des Kontinents kartieren, die trotz der zahlreichen Riffe schließlich zur neuen Route von und zu den Antipoden werden sollte – durch die Torres-Straße und über Indien. Kapitän Stanley hatte den Auftrag, die innere Passage zwischen der Küste von Queensland und dem Großen Barrier-Riff zu erforschen. Er sollte Erkundungstrupps an Land schicken, nach Plätzen für mögliche neue Häfen Ausschau halten und feststellen, »welches die beste Zufahrt ist, die diese Riffs bieten, und davon einen Lageplan anfertigen, so daß die Sicherheit aller Fahrzeuge gewährleistet wird«.

Als die *Rattlesnake* Sydney im April 1848 zu einer zehnmonatigen Erkundung der Küste von Queensland verließ, war Thomas Huxley längst hoffnungslos verliebt und verbrachte viel Zeit damit, Henrietta Heathorn Briefe zu schreiben. MacGillivray indessen litt nicht unter solchen Ablenkungen. Die *Rattlesnake* segelte nach Norden in eine Welt, so unerforscht, wie Botany Bay sechzig Jahre vorher gewesen war, als die Schiffe der First Fleet zum erstenmal jene dunklen, abweisenden Untiefen erkundet hatten. Nördlich von Moreton Bay, dem späteren Brisbane, wo zwanzig Jahre lang ein besonders unmenschliches Straflager bestanden hatte, war die Küste fast vollkommen unerforscht. MacGillivray erblickte »Schmetterlinge von nie gesehener Größe und Pracht, die Flügel dunkelviolettrot, mit breiten ultramarinblauen Rändern«. Er trug zahlreiche Fundstücke zusammen, Tauben mit Fasanenschwänzen, Kolibris und Trappen, Stachelrochen und Krabben. Wie Kinder in einem Paradies vor dem Sündenfall häuften die Matrosen an den Stränden Kaurimuscheln, Kegelschnecken und Teufelsklauenschnecken an, und MacGillivray war von alledem vollkommen verzaubert.

Er bemerkte auch die Schlangen. »Den Schlangen«, so schrieb er in sein Tagebuch, »muß man sorgfältig aus dem Weg gehen. Eines Tages tötete ich von zweierlei Arten je ein Exemplar – eine schlanke, sehr rege grüne Peitschenschlange, ein Meter zwanzig lang, die andere war die Braunschlange aus New South Wales, wo ihr Biß als tödlich angesehen wird.«

Am 26. Juli 1848 ankerte die *Rattlesnake* vor der Trinity Bay, ungefähr 1500 Meilen nördlich von Sydney. Die Gruppe, die noch vor Tagesanbruch an Land ging, fand »einen breiten Bach, der durch niedrige Mangrovensümpfe floß und dessen Windungen das Auge zwei oder drei Meilen weit folgen konnte«.

Auch ich konnte dies – und zwar aus der Luft, als sich das Flugzeug über dem Korallenmeer in die Kurve legte, zwischen den dicken Tropenwolken rumpelnd und ruckelnd wie ein Tänzer, der auf einer überfüllten Tanzfläche immer wieder angerempelt wird. Der Flug von Sydney, der dem Kurs der *Rattlesnake* nach Norden folgte, war über dem gleichen Flüßchen, das Owen Stanley hundertfünfzig Jahre zuvor als »nutzlos« eingestuft hatte, fast zu Ende. Wie eine dicke, graue Schlange wand es sich südlich einer Stadt, die schon durch ihre Größe den Pessimismus von Kapitän Stanley Lügen strafte, in die Trinity Bay. Als sich das Flugzeug dem Flughafen von Cairns näherte, waren wir so tief, daß wir Kolonnen von Autos in der Sonne blitzen sahen, die die Promenade entlangkäferten, den Mastenwald im Yachthafen, die Hotels, die Einkaufszentren und die ausufernden Vororte, die sich in den Busch knabberten, der die Stadt auf der Landseite einschloß.

Aus der Luft prangte die Landschaft um Cairns in kräftigen Farben. Das blaue Meer bildete einen willkommenen Kontrast zum Dunkelgrün des Buschs und dem trüben Braun der Mangrovensümpfe. Auf dem Erdboden jedoch raubte das grelle Sonnenlicht der Landschaft ihre Schattierungen. Die Hitze, die feucht und tropisch heranwogte, machte die Kleidung schwer, und im Nu wuchs mir am Haaransatz ein Stirnband aus Schweißperlen.

Ich fuhr in die Stadt, ein Netz aus Einkaufszentren und Ladenpassagen, Autovermietungen, Reisebüros, Motels, Bars. Im Schaufenster eines Souvenirladens erblickte ich ein gelbes Verkehrsschild, ein Krokodil mit aufgerissenem Maul in einem Dreieck, darunter die Worte »Ich liebe Touristen«. Ich fragte mich, ob dieses Schild nur einer Bierlaune entsprungen war oder ob es eine gewisse Gleichgültigkeit, vielleicht sogar Geringschätzung gegenüber den Touristen bekundete, die immer zahlreicher hierherströmten. In FNQ, wie die populäre Abkürzung für »Far North Queensland« lautete, kann man am Barrier Riff schnorcheln und tauchen oder auf 600 Meilen unbefestigter Straße den nördlichsten Punkt Australiens, das Cape York, ansteuern. Man kann Tagestouren in den Daintree, einen der ältesten Wälder der Erde, unternehmen oder mit der Eisenbahn nach Kuranda in den Bergen über der Stadt fahren, man kann sich auch eine Wildwasserfahrt auf dem Tully River oder eine Fahrt mit dem Heißluftballon, Buschwanderungen oder gar Bungee-Jumping vornehmen. Kein Zweifel, die Touristen liebten FNQ, aber anscheinend erwiderten die Einheimischen diese Liebe nicht unbedingt und schickten lieber ihre Krokos vor, wenn auch nur im übertragenen Sinne.

In Sachen Tourismus war Cairns wirklich gut; unklar blieb, ob es auch gut sein wollte. Schließlich war es immer ein Ort an der Grenze gewesen, wo hart gearbeitet wurde. Hatten sie die Mangroven hier wirklich weggehackt, damit am Ende die Einheimischen irgendwelchen betuchten Fremden ihre Pizza servieren konnten? Aus dem, was ich im Radio hörte, wurde jedenfalls eines deutlich: Der Tourismus hatte die Grenzermanieren der Bevölkerung bisher in keiner Weise geläutert. In der Nachmittagssendung wurden Leute, die Fremden bei den Konzerten in der Stadt »das Hemd vollgekotzt hatten«, eingeladen, beim Sender anzurufen und ihre schrillsten Reminiszenzen preiszugeben. Schon die Zahl der begeisterten Anrufer ließ es mir ratsam erscheinen, die Live-Musik-Szene in Cairns zu meiden.

Wenn man sich mit der Geschichte von Cairns beschäftigt, bekommt man allerdings unweigerlich den Eindruck, daß sich die Leuten hier seit der Gründung der Stadt in den siebziger Jahren des 19. Jahrhunderts offenbar auch gegenseitig regelmäßig vollgekotzt hatten. Ein Hauch von altem Erbrochenem, Alkohol, Schießpulver und billigem Rouge durchweht die Annalen des Ortes, von dem aus die Goldgruben im Inneren am Hodgkinson River erschlossen wurden. Spielsalons, Groghäuser und Bordelle schossen wie Pilze aus dem Boden. Die Zeitung im zweihundert Kilometer weiter nördlich gelegenen, vergleichsweise gesitteten Cooktown spottete, Cairns werden niemals mehr sein »als ein Kaff zwischen Trinity Bay und Hodgkinson, und deshalb ... werden die Verehrer des Bacchus auf Jahre hinaus die einzigen Bewohner dieses Vorpostens des Todes, des neuen Hafens, sein«.

In seiner Frühzeit war Cairns jedenfalls kein Ort, wo man sein Boot unbewacht am Strand liegenlassen konnte. Oft fanden Bootsbesitzer ihre Fahrzeuge bei der Rückkehr zersplittert und durchsiebt infolge der ebenso fahrigen wie hartnäckigen Schießübungen irgendwelcher Trunkenbolde, die ein Boot nicht mehr von einem Krokodil zu unterscheiden vermocht hatten. Harmlose Bürger, die unter den Gaslaternen an der Uferpromenade spazierengingen, liefen Gefahr, von Schiffen überfahren zu werden – weil betrunkene Seeleute die neumodischen Illuminationen immer mal wieder mit den Lampen der Hafeneinfahrt verwechselten und ihre Fahrzeuge unter lautem Knirschen und Krachen an Land setzten.

Wie nicht anders zu erwarten, machten kaputte Boote und zerrüttete Nerven Cairns bald zu einem Anziehungspunkt für Rechtsanwälte. Als erster witterte C. Edwin Smith im Jahre 1876 neue Geschäfte im Norden und sicherte sich sogleich die beste Lage in der Stadt, lange bevor andere Dienstleister, die anderswo vermutlich als wichtiger gegolten hätten, hier auftauchten – Frisöre zum Beispiel oder Apotheker. Smith und seine Kollegen konnten sich vor Klienten bald nicht mehr retten, vor allem im

April 1886, als die Feiern zum Beginn des Baus der Eisenbahn nach Herberton im Landesinneren eine für Cairns typische Wendung nahmen. Es ging schon wenig verheißungsvoll los, als der Bauunternehmer mit der repräsentativen Schubkarre und dem Spaten für den ersten Spatenstich nicht auftauchte und dem wartenden Premierminister von Queensland auf diese Weise die Schau vermieste. Danach kam es dann knüppeldick. Das Festbankett für zweihundertfünfzig geladene Gäste ging zwar noch glatt über die Bühne, aber das Faßbier und der gebratene Ochse, die für die Allgemeinheit bestimmt waren, sorgten bald für erhebliche Unruhe. Als das Fassungsvermögen des örtlichen Kittchens erschöpft war, sah sich die Behörde gezwungen, weitere Besoffene zur Ausnüchterung in einem alten Kahn auf dem Flüßchen unterzubringen, der unter dem Andrang jedoch bald zu kentern drohte. »Die Szenen, die sich gestern in der Abbott Street abspielten«, so erklärte der Polizeirichter des Ortes am Tag nach den Feierlichkeiten wütend, »hätten selbst einem Kannibalenkral auf Neu-Guinea oder einem Korrobori der hiesigen Schwarzen zur Schande gereicht.«

Ich parkte in der Nähe der Abbott Street, bei einer schattigen *shopping mall* mit Läden und Cafés, aus denen Muzak und dumpfe Essensdüfte in die bleischwere Nachmittagsluft sickerten. Das Gesicht eines stürzenden Trunkenbolds, der vielleicht noch aus dem April 1886 übrig geblieben war, hatte sich soeben in ein Blumenbeet vor einem Café mit Namen »The Swagman – Der Trödler« geprägt. Behutsam wurde der Mann in einen Krankenwagen mit ergeben kreisendem Blaulicht gehoben. Zwischen vollgekotzten Gladiolen starrte mich der Abdruck seines schnapsblinden Gesichts aus der weichen Erde an.

Ich saß unter einem Sonnenschirm und las die *Cairns Post.* »Penisschock durch Barrier Riff« lautete die überraschende Schlagzeile. »Internet-Nutzer, die Informationen über das Great Barrier Riff suchen«, hieß es in dem Artikel, »stoßen auf Listen von Firmen an der Gold Coast, darunter eine Klinik, die Penisvergrößerungen anbietet. Wer als Suchwort ›Great Barrier Riff‹ eingibt, bekommt also nicht unbedingt das, was er erhofft hat.«

Aber hier war schließlich Cairns. Was erwarteten die Netz-Surfer von einer Stadt mit so viel Grenzerfahrung? Ein Schild im Schaufenster einer Drogerie, in der ich einen Film kaufen wollte, machte deutlich, wo es hier langging. »Kodakfilme im Doppelpack«, stand da, »und einen Happen gratis. (Wählen Sie unter unseren Verkäuferinnen).« Ich sah mir die Verkäuferinnen an und beschloß zu verzichten. Auf der Theke lag ein Päckchen, adressiert an »Catherine, Catering, Kidstone Gold Mine«. Auch Catherine beneidete ich nicht um ihren Job.

Mit ihren Vorwürfen wegen der in Cairns herrschenden Zügellosigkeit mochte die Zeitung von Cooktown ja recht gehabt haben, aber ihre Behauptung, die neue Siedlung werde es nie zu etwas bringen, wirkte schon bald nur noch selbstgefällig. Ende der achtziger Jahre des 19. Jahrhunderts kletterten die Grundstückspreise in Cairns dramatisch. In einer typischen Transaktion erzielte ein fünf Acres großes Grundstück einen Rekordpreis, bevor der Käufer erkannte, daß sein Besitz bei Flut vom Korallenmeer überspült wurde. (Hinweis von C. Edwin Smith.) Güter wurden in gewaltigen Mengen angelandet und ausgeladen, bis eines Tages der Pier des Ortes unter einer Kohlelieferung zusammenbrach. Für den Pier selbst war das zwar keine gute Nachricht, aber allemal ein sicheres Zeichen für eine prosperierende Stadt.

Bald begann auch der unaufhaltsame Aufstieg des Tourismus. Das nahe gelegene Green Island, dessen Restaurants und Aquarien heute regelmäßig von Schnellbooten angesteuert werden, wurde schon nach 1880 zu einem beliebten Ausflugsziel für Jäger und Angler. Das Gepäck für ein Wochenende auf der Insel bestand damals, so heißt es, aus Martini-Henry-Büchsen, zwanzig Stangen Dynamit zum Fischen, sechzehn Krügen Whisky und einer Flasche Brandy, falls jemand von einer Schlange gebissen wurde.

Schlangen waren eine ständige Gefahr. Ein Mediziner namens

Johnstone, der mehr als zwanzig Jahre in FNQ gelebt hatte, wurde 1890 von der *Australasian Medical Gazette* mit den Worten zitiert, er habe »zwölf Personen gesehen, die von braunen Schlangen gebissen worden waren, und nachher an ihren Begräbnissen teilgenommen« – und bei sieben Bissen der Todesotter habe es vier Tote gegeben. In der Lokalpresse wurden Schlangenbisse nur beiläufig erwähnt; offenbar waren sie zu alltäglich. Der Tod des elfjährigen Robert Crabbe infolge eines Schlangenbisses am 13. Oktober 1920 wurde in der *Cairns Post* zwischen den Kurzmeldungen »Lebensmittelpreise«, »Die Schotten von Gordonvale« und »Mannschaft der *Geranium* gastlich empfangen« untergebracht. (Offenbar war die *Rattlesnake* nicht das einzige Schiff mit einem albernen Namen.) »Der Junge«, so lautete die Meldung, »durchquerte mit seinem Bruder am Dienstagabend gegen sieben Uhr ein Stück Buschland, als er plötzlich auf etwas trat, das ihn biß, und die Jungen sahen etwas davonkriechen ...« Genau eine Woche später starb der achtjährige Donald Means in der Umgebung von Cairns ebenfalls an einem Schlangenbiß. »Dr. Clarke tat alles Erdenkliche, um das Gift zu bekämpfen, aber der tödliche Stoff war schon zu weit vorgedrungen, als der Junge zu ihm gebracht wurde«, berichtete die *Post*. »Ein zweiter Fall von Schlangenbiß«, so fuhr der Bericht fort, »ereignete sich in dieser Gegend am Mittwoch, als ein Mädchen, die elfjährige Doris Aldridge aus Kamma, von einem Reptil angegriffen wurde.« »Weiterer Fall von Schlangenbiß« berichtete die *Post* am 15. November desselben Jahres: »Ein neunjähriger Junge namens Jackson, der mit seinen Angehörigen in Aloomba lebt, wurde von einer grünen Schlange in die linke Ferse gebissen.«

Solche frühen australischen Berichte über Schlangenbisse sind zahlreich, aber fast alle bleiben merkwürdig vage. Obwohl Schlangenbisse regelmäßig vorkamen, sprachen Ärzte, Opfer und Journalisten immer nur von »Reptilien«, von »grünen Schlangen«, »schwarzen Schlangen«, »bleigrauen Schlangen« und »braunen Schlangen« – mit einem unverkennbaren Mangel an Gewißheit hinsichtlich der jeweiligen Spezies. Überraschend war das nicht. Die auffälligen Merkmale, die Schlangen anderswo leicht unterscheidbar machen – die Klapper der nach ihr benannten amerikanischen Schlange, der »Hut« oder Halsschild mit der Brillenzeichnung bei der indischen Kobra oder das Zickzackmuster der meisten Vipern –, fehlen bei den australischen Schlangen völlig. Keine australische Schlange bäumt sich auf wie die Schwarze Mamba. Keine australische Schlange spukt wie die afrikanische Speikobra. Und keine australische Schlange hat etwas, das sich mit dem prachtvollen »Trash«-Flickenmuster einer afrikanischen Gabunviper vergleichen ließe.

Dem gewöhnlichen Australier bleibt zur Bestimmung von Schlangen also nur die Farbe, und das spiegelt sich in den Namen der australischen Schlangen deutlich wider. Am weitesten verbreitet ist die »Braunschlange«, sie ist braun. Die »Rotbäuchige Schwarzschlange« ist schwarz und hat einen roten Bauch. Gerard Kreffts Buch *The Snakes of Australia* erschien 1869 in Sydney. In den Namen, die Krefft darin aufführt – »Orangebäuchige Braunschlange«, »Grauschlange«, »Purpurfleckenschlange«, »Braunbandschlange«, »Fahlkopfschlange«, »Schwarznackenschlange«, »Schwarzweißschlange« –, glaubt man noch das hektische Gestammel der Siedler von ehedem zu hören, die Freunden oder Ärzten atemlos die Schlange beschreiben, die ihnen soeben begegnet ist – oder einen Biß versetzt hat.

Gelegentlich jedoch sind auch australischen Schlangen exotischere Namen zuteil geworden. Der Name der »Königsbraunen« (*king brown*) geht anscheinend auf die südostasiatische Königskobra zurück, um nicht zu sagen, er ist geklaut. Das erhabene »König« nimmt allerdings in Verbindung mit dem prosaischen »Braun« eine etwas andere Färbung an. »Tigerschlange« klingt ein bißchen abenteuerlicher, aber sie verdankt ihren Namen nicht etwa ihrer Wildheit, sondern den gelben Streifen, die sie kennzeichnen. Und selbst die Todesotter mit ihrem dramatisch klingenden Namen war urspünglich unter dem Namen »Taubotter«

bekannt. Eine harmlos klingende Bezeichnung – aber da alle Schlangen taub sind, ungefähr so informativ, als würde man eine bestimmte Känguruhart »Hopser« nennen. Die Namensänderung brachte nachträglich zwar etwas mehr Pep in die australische Schlangenwelt, aber die Bezeichnung gerade dieser Schlange mit diesem Namen blieb trotzdem falsch: Die Todesotter gehört nämlich nicht zur Familie der Ottern oder Vipern.

Die besten Schlangennamen muß man also anderswo suchen; den gebieterischen Buschmeister oder die tückische, zudringliche Lanzenschlange in Lateinamerika, die geradezu mystische Schwarze Mamba oder die vollkommen zutreffend benannte, bösartig anschwellende Puffotter in Afrika, den Krait mit seinem unheimlich klingenden Namen in Indien, den bedrohlichen »Sidewinder«, die Gehörnte Klapperschlange oder die düster poetische Mokassinschlange in Nordamerika. *Eine* Ausnahme gibt es jedoch in Australien, und das ist der von vielen für die gefährlichste Schlange der Welt gehaltene Taipan.

Für diese in Queensland beheimatete Schlange, die größer, schneller und überhaupt beeindruckender ist als alles, was die Antipoden sonst auf diesem Gebiet hervorgebracht haben, war eine typisch australische Benennung wie »Rotbraunschlange« einfach nicht zugkräftig genug. Der Name »Taipan« wird gelegentlich auf die Wikmunkum-Aborigines am fernen Cape York oder die malayischen Zuckerrohrarbeiter in Queensland zurückgeführt, in deren Heimat dieses Wort »Meister« oder »Chef« bedeutet. Aber wie dem auch sei – der Name hat einen düster exotischen Klang, bei dem andere australische Schlangen nicht mithalten können, so wie im Laufe der Jahre auch zahlreiche Australier auf der Strecke blieben, die mit diesem Geschöpf in Berührung kamen.

Erst nach dem Zweiten Weltkrieg, als die Bevölkerung an der Küste von Queensland langsam zunahm, schob sich der Taipan in das kollektive Bewußtsein Australiens. Während der späten vierziger und frühen fünfziger Jahre kam es in dieser Gegend zu einer ganzen Reihe von Todesfällen durch Schlangenbisse. Dabei fiel immer wieder auf, daß die Opfer auf die verfügbaren Sorten von Schlangenserum, die angeblich gegen das Gift aller in Australien vorkommenden Schlangen wirksam waren, nicht angesprochen hatten.

Die tödlichen Bisse hatten sich weit südlich von dem, wie man glaubte, eng umgrenzten Verbreitungsgebiet des Taipan zugetragen, der weitgehend unbesiedelten Region am Cape York im äußersten Norden von Queensland. Schließlich stellte man jedoch fest, daß die Todesfälle tatsächlich durch Taipane verursacht worden waren. Demnach gab es sie auch in Cairns und sogar noch weiter südlich, bis Brisbane. Plötzlich wurde eine bis dahin fast unbekannte Schlange mit einem exotischen Namen in ganz Queensland zum Gesprächsthema Nummer Eins. Mit einem Schlag begriff Australien den Schrecken dieser fremdartigen Schlange in seiner Mitte. Ohne Serum überlebte man einen Taipanbiß nicht. Und es gab kein Serum. Über Braunschlangen konnte man Witze reißen und über Tigerschlangen Lieder machen – aber Taipane, das war etwas anderes.

»Schlangenwarnung wegen Wetterumschwung« lautete am nächsten Tag eine Überschrift in der Zeitung. »Nachdem bei dem wärmeren und trockeneren Wetter der letzten Tage immer häufiger Schlangen gesichtet wurden, wird die Bevölkerung jetzt zu besonderer Vorsicht aufgerufen. Versuchen Sie nicht, Schlangen einzufangen. Achten Sie auf ihre Kinder. Halten Sie den Rasen um das Haus kurz. Entfernen Sie Abfallhaufen aus Ihrem Garten. Wenn Sie eine Schlange im Haus finden, isolieren Sie sie in einem Zimmer, und rufen Sie eine Fachkraft, um sie zu entfernen.«

Eine solche Fachkraft war David Williams. Wenn irgendwo in Cairns eine Schlange gesichtet wurde, dann war David der richtige Mann. Schon als Kind hatte er sich für Schlangen interessiert. Und seit sich ihm zum erstenmal eine Gelegenheit dazu geboten hatte, arbeitete dieser erklärte »Schlangennarr« für Schlangenparks im Süden, war zur Zeit an einem Projekt zur Serumgewinnung in

Papua-Neuguinea beteiligt und hatte mal zwei Wochen lang zwölf Stunden am Tag mit zwei Braunschlangen und drei Taipanen in einem Glaskäfig in der Spitze des Sydney Tower zugebracht – bei einer Spendenaktion für die Royal Flying Doctors.

»Vor den Käfig stand eine Glotze«, sagte David. »So habe ich bei den Soaps den Anschluß nicht verloren.«

David sah tatsächlich wie jemand aus, der eher mit einem Bier und Erdnüssen vor dem Fernseher als in einer Schlangengrube hockt. Wir hatten uns in einer schicken Coffee Bar am Jachthafen getroffen und sahen zu, wie eine mit honigfarbenen Mädchen in Bikinis geschmückte Flottille von Yachten und Katamaranen in Richtung Riff steuerte. Man spürte förmlich, wie sich diese Coffee Bar mit allem, was sie enthielt, gegen unser Eintreten sträubte. David paßte in diese Umgebung genauso gut oder vielmehr genauso schlecht wie ich. Er war übergewichtig und so schick gekleidet wie ein Justizangestellter an einem seiner seltenen freien Tage. In diesem modischen Ambiente wirkte er fast anarchisch. Er trug eine Brille und sprach durch die Nase. Auf seiner Haut lag die sonnenferne Blässe eines Mannes, der sein Leben in künstlichem Licht verbringt.

Bis vor kurzem, so erzählte er, habe er in einem Lagerhaus in Cairns eine große Sammlung von Schlangen und anderen Reptilien gehalten. Aber dann war ihm die Naturschutzbehörde aufs Dach gestiegen und hatte ihm vorgehalten, er würde sich nicht ausreichend um die Tiere kümmern. Deshalb hatte Williams seine Sammlung in einen Lastwagen gepackt und hatte sie nach Ravenshoe gebracht, ungefähr eine Stunde landeinwärts, wo Brian Starkey sie in den leeren Räumen des früheren Tierladens von Ravenshoe unterbrachte. Brian, ein Freund und Kollege aus alten Zeiten, hatte sein Leben ebenfalls den Schlangen gewidmet.

»In dieser Minute«, überlegte David und grinste bei der Vorstellung, »gibt es in dem Tierladen von Ravenshoe wahrscheinlich mehr Taipane als irgendwo sonst auf der Welt. Wenn das die braven Leute dort wüßten!«

Ich fragte David, wieso der Taipan die australische Phantasie in eine fast panische Erregung versetzt hatte.

»Richtig los ging das, als diese Sache mit Kevin Budden passierte, damals 1950«, erklärte er. »Trinken Sie Ihren Cappucino aus, dann mache ich mit Ihnen die Budden-Tour.«

Wir gingen zu seinem Wagen und fuhren an der Esplanade entlang. Es war Ebbe. Grüne Mangrovenschößlinge ragten aus dem Modder hervor. Weiter draußen markierte ein Mastendickicht den Hafen.

»Hier links das Cairns Base Hospital«, sagte David. »Die haben wahrscheinlich mehr Taipanbisse zu sehen bekommen als irgend jemand sonst auf der Welt.« Er bog nach links in die Sheridan Street ab, die aus der Stadt führte.

»Kevin war ein junger Schlangenmann aus Sydney. Im Juli 1950 war er nach Cairns gekommen, auf der Suche nach Taipanen. Damals waren alle namhaften Schlangenforscher hinter Taipanen her, und Cairns war wohl der Ort, wo man sie am ehesten finden konnte. Taipane fangen, das bedeutete, erstmals einen Vorrat von ihrem Gift beschaffen, mit dem sich dann ein Serum entwickeln ließ. Bis dahin hatte noch keiner einen lebend gefangen. Der Preis war ein Platz in der Geschichte der Herpetologie.«

Am Morgen des 27. Juli 1950 wanderte Kevin auf der Suche nach Taipanen stadtauswärts. »Irgendwo hier bog er links ab und überquerte die Gleise«, sagte David, bog links ab und überquerte die Gleise. »Damals gab es hier noch viel Schilf und ungerodeten Busch, also auch viele Taipane. Er muß hier entlang gegangen sein, ließ den Botanischen Garten links liegen und die Öltanks rechts und bog dann rechts in die Friend Street ein.« Auch David ließ die Öltanks rechts liegen und bog dann rechts in die Friend Street ein. Kleine Vorstadthäuser säumten die Straße auf beiden Seiten.

»Auf dem ganzen Weg«, fuhr David fort, »trat Kevin immer wieder mit dem Fuß in Abfallhaufen, hoffte auf Anzeichen von Schlangen, drehte verrostete Eisenteile, Balken und Äste um. Erst auf der Friend Street, bei dem Haus da vorn links, hatte er Glück.

Er fand eine Schlange, ein Meter achtzig lang, in einem Steinhaufen hinter dem Haus, packte sie hinter dem Kopf und zog sie raus.«

Kevin war sich ziemlich sicher, daß er einen Taipan gefangen hatte; das Dumme war nur, daß er ihn nicht richtig zu fassen bekommen hatte. Er ahnte, daß er die Schlange allein nicht sicher in einen Sack bekommen würde, und ging deshalb zur Hauptstraße zurück. So kam es, daß ein Lieferwagenfahrer, der gerade des Weges kam, plötzlich einen Mann im Auto sitzen hatte, der etwas gepackt hielt, das er Australiens gefährlichste Schlange nannte. »Fahren Sie mich zu Doktor Stephens«, sagte der Mann mit der Schlange. »Der kann sie bestimmen.« Dr. Stephens, ein Schlangenfachmann, hatte genug tote Schlangen gesehen und konnte bestätigen, daß Kevins Schlange tatsächlich ein Taipan war. Als sie dann versuchten, die Schlange in einen Sack zu bugsieren, versagte Kevins verunglückter Griff vollends, und der Taipan biß ihm zweimal in die linke Hand. Um elf Uhr morgens kam Kevin ins Base Hospital von Cairns, wo eine Adernpresse gesetzt wurde. Eine Stunde später wurde sie wieder abgenommen. Man verabreichte ihm Tigerschlangenserum. Anfangs glaubte man, Kevin habe nur einen leichten Biß abbekommen; Krämpfe und Zuckungen oder andere auffällige Symptome traten nicht auf.

Gegen drei Uhr jedoch klagte Kevin, er könne nicht mehr klar sehen. Bald erbrach er sich, bekam Kopfschmerzen, und sein Puls stieg auf 120. Um sieben Uhr konnte er kaum noch die Zunge bewegen. Das Schlucken fiel ihm sehr schwer. Er konnte nicht mehr sprechen und kommunizierte statt dessen mit Bleistift und Papier. Man gab ihm noch mehr Schlangenserum. Um acht war Kevins Gesicht gelähmt, und er rang nach Luft. Man gab ihm eine dritte Dosis Serum und begann mit künstlicher Beatmung. In der Nacht schlief er, aber am nächsten Morgen gegen neun Uhr war sein Puls beunruhigend schwach. Um die Mittagszeit atmete er kaum noch. Er starb nachmittags um halb zwei.

Über Buddens Tod wurde im ganzen Land berichtet. Auch in der *Cairns Post* mußte diese Story nicht mit Berichten über den gastlichen Empfang von Matrosen irgendwelcher späteren *Geraniums* um Platz konkurrieren. Bis 1950 waren Todesfälle durch Schlangenbisse ziemlich selten geworden und schon deshalb eine Sensation. Doch diese Geschichte war besonders faszinierend, weil das Opfer, ehe es sich ins Krankenhaus begab, tatsächlich den ersten lebenden Taipan gefangen hatte. Sein Tod würde also, nach der bekannten heroischen Formel, nicht umsonst gewesen sein. Noch nach dem Biß hatte Budden darauf bestanden, daß sein Taipan an die Commonwealth Serum Laboratories beim National Museum in Melbourne geschickt würde, wo man dann endlich mit der Herstellung eines Taipan-Serums anfangen konnte.

Der Taipan reiste in einer vernagelten Kiste mit der Aufschrift GEFÄHRLICHES REPTIL – NICHT ÖFFNEN nach Süden. Im Frachtraum eines TAA-Flugzeugs flog er nach Brisbane und noch am gleichen Abend mit einem Anschlußflug weiter nach Melbourne. Am Montag bekam der in Melbourne lebende Schlangenmann David Fleay einen Anruf, ob er bereit sei, den Budden-Taipan zu melken. Fleay überlegte sich die Sache gründlich und willigte erst am nächsten Morgen ein. An diesem Tag kämpfte er sich dann durch das Gedränge der Reporter und Fotografen im Museum. Das Melken des Taipans hatte inzwischen eine dramatische Bedeutung bekommen. Man sah jetzt darin die triumphale posthume Rechtfertigung für Buddens Handeln, den krönenden Abschluß der Geschichte.

Fleay beschrieb Buddens Taipan so: »Ein Meter fünfundneunzig lang, in denkbar bester Verfassung, mit orangerot glitzernden Augen und weißer, den Mund betonender Oberlippe.« Er und sein Team preßten das dickflüssige Gift aus den Fangzähnen durch eine Gummimembran in eine Schale. Dabei gewannen sie so viel Gift, daß sie mit der Forschungsarbeit beginnen konnten. Nachher meinten die Mitarbeiter des Teams, sie hätten es »mit der wildesten, zähesten, hartnäckigsten Schlange zu tun gehabt«, die ihnen in ihrem erfahrungsreichen Berufsleben bisher untergekommen sei.

Damit hätte die Geschichte zu Ende sein können, aber der Taipan hatte die Leute von Cairns in seinen Bann geschlagen und quartierte sich für längere Zeit auf der Titelseite der *Post* ein. Am 31. Juli 1950 erklärte der Schlangenfänger John Cann öffentlich, er brauche Geld für die Taipanjagd.

»Seit nunmehr vierzig Jahren fange ich Schlangen«, wird Cann in der *Post* zitiert, »aber sie beißen mich immer noch. Vierhundertmal bin ich von allen möglichen australischen Schlangen gebissen worden – nur noch nicht vom Taipan.«

Am 3. August wurde berichtet, das Gift, das in Melbourne »durch zweimaliges ›Melken‹ gewonnen wurde, reicht aus, um 150 Menschen zu töten«. »Tödlicher Rekord des Taipan« lautete die Schlagzeile am 4. August: »Australiens schlimmste Schlange. Bissig wie ein Hund«. Der Artikel behauptete, die Sterblichkeitsrate bei Taipanbissen liege bei 99,9 Prozent. Er berichtete auch von dem einsamen Siedler im äußersten Norden von Arnhem Land, den man tot auf seiner Pritsche gefunden hatte. Er war offensichtlich, behauptete der Artikel, »innerhalb weniger Minuten nach dem Biß gestorben«. Anscheinend war dieser Siedler, während er am Tisch saß, in den Zeh gebissen worden. »Er hatte versucht, sich das Bein mit einem Stoffetzen abzubinden. Als er jedoch die Wirkung des Giftes spürte, hatte er mit Holzkohle eine Art Testament auf den Tisch geschrieben. Es lautete: ›Gebissen von einer Königsbraunen‹.«

Taipane und Königsbraune sind nicht leicht zu unterscheiden. Der dramatische Tod des einsamen Siedlers, der wie ein Repertoirestück aus den Apokryphen der Reptilienkunde klingt, war stets der Königsbraunen zugeschrieben worden – bis eine noch schlimmere Schlangenart in Erscheinung trat und die Königsbraune verdrängte. Vor allem die Schnelligkeit, mit der in dieser Geschichte der Tod des Siedlers eingetreten war, schien nun darauf hinzudeuten, daß der Übeltäter tatsächlich ein Taipan war. Daß Budden mehr als vierundzwanzig Stunden mit dem Tod gerungen hatte, wurde dabei geflissentlich übersehen; der Taipan gehörte einfach in eine andere Liga als die Königsbraune.

Plötzlich sahen die Leute in Cairns überall Taipane. Am 4. August wurde gemeldet, im Gras neben der Aplin Street sei ein Taipan »von einem unbekannten Motorradfahrer« getötet worden. Drei Tage später konnte man lesen, im Vorort Freshwater seien drei Taipane erlegt worden. Und am 10. August hieß es, ein zweiter lebender Taipan sei von städtischen Arbeitern in einem Abzugskanal bei der zu Cairns gehörenden Gemeinde Stratford gefangen worden. Einer der Arbeiter, Mr. Freeman, erklärte der *Post*, er habe »in der Vergangenheit jede Menge Schlangen getötet, und jetzt bin ich mir sicher, daß ein paar von denen Taipane waren. Wir nannten sie immer Königsbraune«. Ein anderer Arbeiter namens Conolly, der beim Fangen der Schlange geholfen hatte, fügte munter hinzu: »Wir banden den Sack mit einem Strick zu. Es war nichts dabei.« An der Zufahrt zu der Senke stellten die Arbeiter ein Schild auf: »Taipan Gully«.

Taipane sehen war eines – einen zweiten lebend fangen war etwas ganz anderes. »Taipan soll nach Melbourne« posaunte die *Post* in ihrer nächsten Ausgabe. »Transport per Flugzeug. Ist immer noch sehr lebhaft.« Der Fang eines zweiten Taipan gab der Story neuen Schwung – und eröffnete alle möglichen Fortpflanzungsaussichten. Schon war davon die Rede, die beiden Taipane in Melbourne zusammenzubringen. »Die Erforschung des Giftes würde erleichtert«, schrieb die *Post*, »wenn die Schlangen in Gefangenschaft gezüchtet werden könnten.« »Taipan trinkt Wasser«, berichtete das Blatt am 14. August. »Nimmt keine feste Nahrung zu sich. Öffentliche Vorführung geplant.« »Während der Taipan Nr. 1 im Museum in Melbourne täglich eine Schale Wasser trinkt, werden im Zoo Vorbereitungen für die öffentliche Vorführung von Taipan Nr. 2 Ende dieser Woche getroffen.« Solche Erwartungen wurden jedoch von der Schlagzeile des 17. August grausam niedergeknüppelt: »Zweiter Taipan tot im Sack« – eine ziemlich grobfühlige Formulierung. In dem Artikel hieß es: »Dutzende von Besuchern im Zoo von Melbourne waren heute enttäuscht, da schon ein Bereich zur Vorführung der Schlange eingerichtet war.«

Ein paar Monate später, als sich der Winter über Melbourne senkte, ging auch Kevin Buddens Taipan ein.

David Williams wendete und fuhr mich zum nahegelegenen städtischen Friedhof. »Erstklassiges Habitat für Taipane«, sagte er, während wir uns auf den Weg zu Kevin Buddens Grab machten, und deutete auf die Gebüsche, die den Friedhof säumten. Einen Augenblick lang blieb er respektvoll vor dem Grab seines Schlangenkollegen stehen, schüttelte mir dann die Hand und wanderte davon. Ich ging in die Hocke, um die Tafel zu lesen, die ein Freund und Schlangensammlerkollege von Budden liebevoll aufgestellt hatte. »DULCE ET DECORUM EST PRO SCIENTIA MORI; er gab sein Leben für die Menschen von Queensland; er soll uns unvergessen bleiben«, stand dort, und dann folgte ein poetisches Epitaph, das auf grammatische Feinheiten wenig Rücksicht nahm: »Auf gab er die Welt, vergiftet ward sein reiches, rotes, junges Blut, auf gab er die Jahre, die die Menschen Alter nennen und jene, die noch hätten folgen können ... Daß einem Ehre gebührt ist besser als daß einem Ehre zuteil wird.« Unter den Kriegstoten der Reptilienkunde war Budden einer der ganz Großen. Sie würden ihn nicht vergessen.

Die Sonne ging unter. Eine schwitzende Orangenscheibe zerträufelte in den tief hängenden Wolken über den Eukalyptusbäumen. Ich machte mich auf den Rückweg in die Stadt, durch den großen Friedhof mit den niedrigen, rostigen Eisengeländern, die die prachtvollen Familiengräber katholischer Einwanderer aus Italien und Irland einfaßten. *Erstklassiges Habitat für Taipane*, hatte Williams gesagt, also stampfte ich bei jedem Schritt auf, um sie zu verscheuchen. Dennoch spürte ich sie überall um mich herum. Es war Oktober, also ihr Frühling, die Jahreszeit, in der sie angeblich am aggressivsten waren. Jedesmal wenn ich mich umsah, erwartete ich irgendwie, von den Gräbern in der Nähe würden rostbraune Schlangen auf mich zuschießen. Nicht umsonst, dachte ich, gab es in Cairns einen Taipan-Autoverleih, ein Thai-Pan-Restaurant und eine Fußballmannschaft, die sich Cobras nannte. Und welcher Film war im Ace Cinema in Freshwater, einem Vorort von Cairns, gelaufen, als Kevin Budden starb? *The Snake Pit – Die Schlangengrube,* mit Olivia de Havilland in der Hauptrolle! Es war in jeder Hinsicht ein ziemlich schlangenhafter Ort. Während ich rascher in die Dämmerung hineinschritt, ertrank das Geräusch des Straßenverkehrs im anschwellenden Chor der Insekten. Und als die Sonne verschwand, sickerten die Farben des Abends – Brauntöne, Blei- und Erzgrau – zurück in den Boden.

Da geschah es. Ein furchtbares Zischen von irgendwo außerhalb meines Gesichtsfeldes ließ mir das Blut in den Adern gefrieren. Ich stellte mir vor, wie sich die wütende Schlange hinter mir schon aufgerichtet hatte, um sich auf mich zu stürzen, das Gewicht ihres ganzen Körpers darauf konzentriert, mir die Fangzähne tief in die Haut zu schlagen. Ich rannte los. Erst als ich das Friedhofstor und die Hauptstraße erreicht hatte, wurde ich langsamer. Erst dort begriff ich mit großer Verspätung, was ich aus dem Augenwinkel gesehen hatte. Ich hatte eine Seemöwe aufgeschreckt. Mit hoch erhobenen Flügeln und aufgerissenem Schnabel hatte sie sich mir zugewendet, um ihr Nest zwischen den Grabsteinen zu verteidigen. Von der sicheren Straße sah ich zurück nach dem Friedhof. Ich schwitzte am ganzen Leib, mein Puls raste, und wilder Schrecken starrte mir aus den Augen. Aus den Autos warfen mir Leute irritierte, mißtrauische Blicke zu. Manche kurbelten sogar das Fenster hoch. Also warf ich – um einen letzten Rest Würde bemüht und meiner völlig unsportlichen Bekleidung zum Trotz – einen prüfenden Blick auf meine Uhr, als wollte ich meine Zeit kontrollieren, und trabte dann in einem Tempo die Straße entlang, das, wie ich hoffte, zu einem lässigen Jogger paßte.

Sieben
Afrika II

Der Mann, der eine Schlange streicheln kann, kann alles.
Karen Blixen, Out of Africa.

Juni 1996

Der Zug näherte sich Mombasa im Morgengrauen. Barfüßige Kinder erhoben sich wie Wolken von Fliegen in der Zwielichtlandschaft, rannten schreiend und mit großen Augen neben den Wagen her und rutschten, wo der nächtliche Regen die schwarze Erde glitschig gemacht hatte, immer wieder aus. Der Rauch, der in dicken Schwaden von den Holzfeuern in den Dörfern aufstieg, roch feucht und pflanzlich. In Mariakani scheuchte der Bahnhofsvorsteher Hühner von den Gleisen und stand bei unserer Durchfahrt stramm. Er trug einen Tropenhelm und hielt eine zusammengerollte grüne Flagge an den Oberschenkel gepreßt. Seine weiße Uniform mit hohem Kragen war tadellos gestärkt. Nur der schwarze Fleck von einem Kugelschreiber an der Brusttasche paßte nicht ins Bild.

Ich bekam den ersten Bus, der die Küste entlang nach Norden fuhr. Im morgendlichen Nieselregen sah ich vorstädtische Reklametafeln, die in riesigen Lettern »Betonfertigbauteile« anpriesen, dann Sisalplantagen und Feldwege, die zwischen Cashewbäumen verschwanden, während der Ozean immer eine von Gestrüpp überwucherte Anhöhe entfernt und also unsichtbar blieb. Ich wollte nach Watamu, einem Ausflugsort, wo es einen Schlangenpark gab – das wußte ich. Aber in Kilifi, wo uns eine imponierend moderne Brücke über eine türkisfarbene Bucht trug, fiel mir ein, daß der Aufseher im Schlangenpark von Nairobi einen Mann erwähnt hatte, der hier den Biß einer Schwarzen Mamba überlebt hatte.

William Fitzgerald zufolge, der als einer der ersten die Küste Kenias erforscht hatte, war das Gebiet um Kilifi »für seine vielen giftigen Schlangen bekannt«. In Kilifi war sein Camp von hohem Gras umgeben gewesen. »Es war«, so berichtete er, »ziemlich riskant, herumzulaufen.« Die British East Africa Company hatte ihn 1891 mit dem Auftrag entsandt, ihre ersten Plantagen – vor allem Baumwolle, Jute und Tabak – zu überprüfen und über die weitere landwirtschaftliche Nutzung der Region zu berichten.

Ein Foto, das sich erhalten hat, zeigt Fitzgerald mit Monokel, Schnauzbart und ramponiertem Filzhut; er hat etwas von einem Dandy an sich. Aber er trägt auch die zünftige Khakikluft und Ledergamaschen, hält ein Repetiergewehr in der Hand und sitzt auf einer Bank, über die eine eindrucksvolle Pythonhaut gebreitet ist, zweifellos selbst erjagt. Das Foto ist kunstvoll gerahmt, und zu Fitzgeralds Füßen liegen ein paar Wasserflaschen, die unterstreichen, wie genügsam dieser respekteinflößende Mann des Empires, dieser abenteuernde Agrargutachter leben konnte.

Dennoch war Fitzgerald gegen Widrigkeiten nicht unempfindlich, vor allem nicht, wenn sie von Schlangen ausgingen. Bei einigen derartigen Erlebnissen an der kenianischen Küste hatte er, wie er selbst es ausdrückte, »einen furchtbaren Bammel«. Den Weihnachtstag 1891 verbrachte er in einem Lager am Galana River im Bezirk von Malindi, nördlich von Kilifi:

»Dieses Zwischenlager war wegen todbringender Schlangen ein furchtbarer Platz ... Am Morgen, kurz nachdem ich aufgestanden war, sah ich eine unter die Matten meines Zeltes kriechen, und als ich die Matten aufhob, fand ich unter dem Kopfende meines Bettes ein Loch. Wenig später fand mein Diener eine zweite zusammengerollt zwischen meinen Stiefeln; sie entkam, bevor er sie töten konnte. Am Nachmittag, als ich lesend, eine Tasse Tee neben mir auf dem Tisch, im Vorratsschuppen saß, wo es kühler war als in meinem Zelt, hörte ich plötzlich meinen Löffel klirren und erblickte, als ich erschrocken aufsah, über der Teetasse den häßlichen flachen Kopf einer großen grünen ›Mamba‹, die sich um meinen Stuhl und den Tisch geringelt hatte. Unwillkürlich fuhr ich hoch, worauf sich die Schlange mir mit einem Zischen zuwendete; stocksteif blieb ich stehen; dann glitt sie zu meiner großen Erleichterung auf den Boden zurück und kroch davon. Ich schäme mich nicht zu sagen, daß ich in diesem Augenblick … einigermaßen entnervt war. Eine halbe Stunde später vernahm ich ein Rascheln zu meinen Füßen, und als ich auf den Boden blickte, sah ich eine braune Schlange mit gelben Flecken zwischen meinen Beinen hindurchkriechen …«

Auf dem Marktplatz von Kilifi hielten wir an. Einheimische hockten zwischen säuberlich aufgeschichteten Mangopyramiden, dicken Bananenbüscheln, Körben voller Eier und Bergen von Mangrovenholzkohle. Ich entfloh dem Getümmel und kam zu einem nahen Haushaltswarenladen, dessen Behauptung, er sei die »Hauptvortretung für Crown-Lacke«, von Respektabilität zeugte – mein Gepäck konnte ich hier wohl sicher unterstellen. Und den Ladeninhaber konnte ich obendrein nach Schlangen fragen.

»Nein«, antwortete er und hatte meine allgemeine Frage offenbar als verschrobene Erkundigung nach etwa am Lager befindlichen Tieren mißverstanden. »Aber wir haben Gartenwerkzeug.«

»Ich meinte doch nur«, fuhr ich fort, »was wissen Sie über Schlangen.«

»Ein Schlangenpark war früher da unten am Fluß«, erklärte der Händler und schraubte einen Arm über die Theke. »Aber der ist jetzt leider zu.«

Ich ging in die Richtung der Brücke, eine Straße voller Schlaglöcher hinunter, vorbei an Hütten mit Wellblech- und Palmblattdächern, an Holzlagern und Mangobäumen, in denen Affen hockten. Ein Mann auf einem Fahrrad der Marke Black Mamba überholte mich langsam – sein Tempo hatte mit dem einer Schwarzen Mamba wenig gemein. Er trat viel wilder in die Pedale, als es bei seiner moderaten Geschwindigkeit hätte notwendig sein sollen. Offenbar war der einzige noch funktionierende Gang ein niedriger.

Als ich die Brücke erreichte, war die Sonne durchgekommen. Ich sah den Fluß hinunter zum Ozean, wo sich die Wellen türmten und überschlugen. Nach der anderen Seite war die stille Lagune von hohen, mit Bäumen bewachsenen Klippen umschlossen, zwischen denen die Strandhäuser und Jachtclubs der wohlhabenden Europäer lagen. Ein junger Mann mit leuchtenden Augen und frisch gestärktem Hemd kam auf mich zu.

»Ich heiße Jacob«, erklärte er mir. »Ich habe ein Diplom in Betriebswirtschaft. Ich spreche Englisch, Deutsch und Spanisch. Ich bin Fremdenführer.« Aber wie Kilifi selbst fand auch Jacob mit seinen vielen Talenten kaum noch Beschäftigung, seit im Jahre 1991 die Brücke eröffnet worden war. Jacob beschrieb mir, wie beliebt die Fahrt mit der Fähre an dieser Küste früher gewesen war. Sie hatte den Touristen das Gefühl vermittelt, sie seien wirkliche Reisende, und war wie eine Verheißung der Abenteuer am anderen Ufer gewesen. Außerdem saßen die Touristen dann wegen des Staus erst mal in Kilifi fest und hatten nichts Besseres zu tun, als sich die Südseite der Stadt zeigen zu lassen.

»Jetzt fahren sie einfach durch. Für Kilifi bieten sie keine geschäftlichen Möglichkeiten mehr«, meinte Jacob, auch er ein Opfer des Fortschritts. »Und Sie, warum sind Sie in der Stadt?«

Ich sagte, ich suchte nach einem Mann, der den Biß einer Schwarzen Mamba überlebt hatte.

»Ah«, erwiderte Jacob mit höflichem, tolerantem Gleichmut. »*Bwana Nyoka*. Der Schlangenmann. Es gab so einen Mann. Kommen Sie mit.«

Er führte mich von der südlichen Brückenauffahrt herunter und über einen Pfad zum Ufer der Lagune, nach Mnarani, einem Ort plötzlicher Stille unter den dunklen Grüntönen eines Baldachins aus lauter Waldflicken. Mnarani war von der Verlassenheit schwer getroffen worden. Wir standen auf der einstigen Küstenstraße von Mombasa nach Malindi, wo sich der Verkehr wegen der Fähre regelmäßig stundenlang gestaut hatte. Dann wurde die Brücke gebaut, und damit waren die Fähren und alle möglichen damit zusammenhängenden Geschäfte erledigt. Die neue Straße zum Fuß der Brücke zweigte ein paar hundert Meter weiter oberhalb ab. Mnarani wurde umgangen und war zu einem bedeutungslosen, von den Überresten seiner einstigen Betriebsamkeit verspotteten Hinterhof von Kilifi geworden. Türen klappten an Straßenkneipen, in denen nur noch der Wind verkehrte. Im Gras neben der Straße, die zu der alten Anlegestelle führte, weidete eine nicht angebundene Ziege, die längst aufgehört hatte, sich nach dem Verkehr und seinen Gefahren umzusehen. Und die in den Asphalt getretenen Kronenverschlüsse der Limonadenflaschen blinkten nicht mehr wie früher, sondern waren längst stumpf und rostig geworden.

»Hier war der Schlangenpark des Bwanas«, sagte Jacob. Wir standen unterhalb der alten arabischen Ruinen von Mnarani, den Resten einer Moschee, Haufen behauener Steine in einer schattigen Blätterhöhle. Jacob zeigte auf ein kleines Grundstück hinter einem Stacheldrahtzaun, der zu einem brüchigen Filigran verrostet war. Dort baute nun jemand namens Khan – das gemalte Schild an dem winzigen Schuppen verriet es – Bananen an. Vom Schlangenpark war nichts geblieben; keine leeren Schaukästen, und nirgendwo lagen Schilder herum, auf denen – samt der lateinischen Namen in Klammern – verzeichnet gewesen wäre, was sie früher enthalten hatten; die Puffotter (*Bitis arietans*), die Schwarze Mamba (*Dendroaspis polylepsis*) oder die Speikobra (*Naja nigricollis*).

Ich fragte Jacob, ob er sich noch an den europäischen Schlangenmann erinnern könne.

»Ich habe nie gewußt, wie er eigentlich heißt«, sagte er. »Wir nannten ihn immer nur Bwana Nyoka, der Mann, der den Biß einer *tsasapala*, einer Schwarzen Mamba, überlebt hat. Aber das ist lange her. Ich war noch ein Kind. Natürlich hatten wir Angst vor ihm.«

Ich wollte wissen, warum.

»Schlangenmänner haben Macht über Schlangen. Macht über Schlangen ist eine starke Macht. Wie die Macht unserer Mchowis.«

»Eurer was?«

»Unserer Mchowis. Medizinmänner. Die die Schlangen schicken, damit sie die Leute erledigen.«

»Leute *erledigen*?«

»Jawohl. Wissen Sie, wenn jemand was Böses getan hat, vielleicht ein illegales Geschäft, dann bittet die Gemeinde den Mchowi des Ortes, er soll eine Schlange besorgen.«

»Um diesen Jemand zu erledigen?«

Jacob nickte.

»Kennen Sie die Mchowis hier in der Gegend?«

»Sie bleiben gern unter sich. Aber ich könnte mich erkundigen.«

»Jacob«, sagte ich und plante schon eine Rückkehr nach Kilifi. »Sie suchen doch Arbeit ...«

Jacob nahm meinen Auftrag dankbar an und verschwand, um ihn sogleich in Angriff zu nehmen. Ich ging hinunter zu der alten Anlegestelle, wo jetzt ein paar kleine Fischerboote vertäut lagen. In einem saß ein Mann, der hingegeben an seinem dicken Zeh herumzupfte. Als ich ihn fragte, ob er mich über den Fluß bringen würde, sah er mich irritiert an und fragte sich wohl, ob dieser verrückte *mzungu* die gebührenfreie Brücke hinter sich womöglich nicht bemerkt hatte. Rasch winkte er mich heran. Um sich seine Fuhre zu sichern, stand er auf und plusterte sich, nahm gewissermaßen selbst Brückenform an, um die wirkliche Brücke zu verdecken. Kleine Wellen kräuselten das Wasser, während er mich über den Fluß ruderte. Das anfangs verlegene Lächeln auf dem Gesicht des Fischers verbreiterte sich zusehends; dann konnte er kaum noch an sich halten. Schließlich brach er in ein Schnauben und Prusten aus, hatte wohl das Gefühl, er sei mir eine Erklärung schuldig, und deutete in die Richtung des Meeres.

»Brücke! Brücke!« schrie er und schlug sich auf die Knie, hätte dabei fast ein Ruder verloren. Wie hatte ich sie nur übersehen können?

»Ich weiß schon, die Brücke!« murmelte ich verärgert. »Reine Nostalgie«, fügte ich hinzu. Aber es hatte keinen Zweck, ihm etwas zu erklären. Mit einem letzten Ruderschlag schob der Fischer das Boot in das seichte Wasser am anderen Ufer, ließ sich, nachdem er seinen Auftrag erfüllt hatte, rückwärts ins Boot plumpsen und kreischte vor Lachen.

Februar 1997

»Ein Mann namens Khan«, murmelte Pete im Burnet Arms von Banchory, paffte an seiner Pfeife und blickte in seine Kaffeetasse. »Baut Bananen an, wie?« Er kicherte. »Als ich das Grundstück kaufte, Anfang 64, stand ein altes Teehaus drauf.«

Damals hatte er gerade fünf Jahre bei der Naturschutzbehörde von Tanganjika hinter sich und war auf der Suche nach etwas Neuem. Im Dezember 1963 kam er mit der Idee an die Küste, seinen Schlangenpark zu eröffnen. Überall entlang der Straße von Mombasa hatte er gesehen, wie die Leute zur Feier der Unabhängigkeit Lianen aus schwarzem, rotem und grünem Fahnentuch zwischen ihren Fenstern ausspannten, während Arbeiter der Regierung Podeste für die Ansprachen ihrer politischen Führer errichteten.

Aber im Haus seiner Freundin Jan in Takaungu, einem Dorf südlich von Kilifi, am nächsten Fluß gelegen, hatte Pete bald weniger an die Unabhängigkeit und dafür mehr an die Autoschlangen gedacht, die er bei seinen Ausflügen nach Kilifi am Fährübergang immer wieder erlebt hatte. Er witterte dort etwas, das Jacob eine »geschäftliche Möglichkeit« genannt hätte.

»In meinen Augen«, sagte Pete, blickte auf und deutete mit dem Mundstück seiner Pfeife auf den Spielautomaten, »war das ein Publikum, dem gar keine andere Wahl blieb – Einheimische und Touristen warteten nur darauf, daß sie etwas geboten bekamen.«

An der Anlegestelle der Fähre nach Kilifi wollte Pete seinen Schlangenpark aufbauen.

Im Februar 1964 war das Land gekauft, und die Bauarbeiten hatten begonnen. Dabei ließ sich Pete von der Erinnerung an die Klassenräume anregen, in denen er in Naivasha gesessen hatte; ein mit Makuti-Palmblättern gedecktes Dach über einer Holzkonstruktion aus Steineiben, mit Wänden aus längs halbierten, innen und außen senkrecht angenagelten Sisalstangen. Den isolierenden Lehm, mit dem die Wände im hochgelegenen Naivasha gefüllt wurden, ließ Pete weg; in Kilifi war jeder Luftzug ein Segen. Binnen weniger Wochen war ein Gebäude von sechs mal sechs Metern mit verschiedenen Anbauten fertiggestellt. Hier sollten die Schlangen gezeigt werden. Außerdem wurde ein kleines Büro für den Aufseher gebaut, mit einem Türrahmen aus Mangrovenstämmen und einer Tür aus Wellblech. Bei Ladenbesitzern in Mombasa organisierte sich Pete hölzerne Brandy- und Whiskykisten. Aus ihnen baute er die Schaukästen, die er an der Vorderseite mit einer Glasscheibe versah. Außerdem – darauf war er besonders stolz – konnte man in der Mitte eine Trennwand einschieben, so daß er die beiden Hälften nacheinander säubern konnte, ohne die Schlange umständlich herausnehmen zu müssen. Den Boden deckte er mit einer Schicht Schiefer ab, den er am Strand gesammelt hatte, und verteilte darauf getrocknete Mangoblätter.

Die Kinder von Kilifi, angelockt von dem geschäftigen Treiben am alten Teehaus, entdeckten die Neuigkeit als erste. Ganze Horden schnatternder Kinder stürmten in den Tagen, bevor Pete seinen Laden eröffnete, zum Tor hinaus, um die Freunde zu alarmieren: Kilifi würde einen Schlangenpark bekommen. In der Gegend lebende Ausländer, die wegen ihres veränderten Status im neuerdings unabhängigen Kenia verunsichert waren, hielten mit gutgemeinten Ratschlägen nicht hinterm Berg.

»Bildung, Bildung, Bildung«, sagte Nurubau, der indische Ladenbesitzer, zu Pete. »Sorgen Sie einfach dafür, daß viele afrikanische Schulkinder zu Besuch kommen. Niemand wird ihnen etwas tun, wenn es pädagogisch wertvoll ist.«

Anfang Juni war der Schlangenpark fast fertig, und Pete hatte alle erdenklichen Ratschläge zu hören bekommen. Ein paar Schlangen mehr wären allerdings auch nicht schlecht gewesen. Einige hatte er selbst gesammelt, aber ein paar spektakuläre Exemplare waren für einen überzeugenden Auftritt seines Unternehmens noch dringend erforderlich. Er fuhr mit dem Zug nach Nairobi, wo ihm sein Onkel Alan zwei Pythons, zwei Kobras, eine Sandrasselotter und eine Pfeilotter überließ. »Und dann brauchst du noch Mambas«, meinte Onkel Alan. »Ein Schlangenpark ohne Mambas, das geht nicht. Aber die findest du in der Gegend von Kilifi leicht.«

Der »Kilifi Shack«, wie Pete seinen Schlangenpark nannte, eröffnete am 21. Juni 1964. Es gab kein großes Tamtam, bloß den Mann am Eingang, der ein paar Shilling kassierte, und einige Schlangen, die man bestaunen konnte. Pete fuhr nach Mombasa, zu Höflichkeitsbesuchen bei Reiseveranstaltern wie Rhino Safaris, Pollmans und UTC. Für deren Kunden, so versuchte er ihnen klarzumachen, würde der neue Schlangenpark beim Warten auf die Fähre eine interessante Abwechslung sein.

Der Kilifi Shack florierte – lockte an besseren Tagen zweihundert Besucher an. Die Reiseveranstalter erwiesen sich als hilfreich; auch den Reiseführern im nahegelegenen Mnarani Club machte Pete große Freude, indem er ihnen zu Ehren zwei Pythons Jimmy und Suzy nannte. Die ersten Schwarzen Mambas, die Pete Ende 1964 in der Nähe von Kilifi fing, faszinierten anscheinend vor allem die deutschen Touristen. Auch in Taukungu hatte Pete viel zu tun, baute dort Gehege, in denen er Schlangen züchtete und außerdem Kaninchen und Ratten, die er an sie verfütterte. Pete hantierte viel mit Schlangen, aber zum erstenmal gebissen wurde er erst im nächsten Jahr, Ende 1965.

»Ich dachte, sie sei harmlos – eine ziemlich kleine Schlange, ein sogenannter Kapwolf«, erklärte er. »Aber als sie mich dann in die Hand biß, wurde mir klar, daß sie zu den Maulwurfsvipern gehörte.«

Die Maulwurfsviper ist keine unbedingt lebensgefährliche Schlange, und mehr als einen kurzen Stich hatte Pete nicht gepürt, aber es war sein erster Biß, und er wollte auf dem schnellsten Weg ins nächste Krankenhaus. Er setzte sich ins Auto und fuhr hinunter zur Fähre, vorbei an den Holzbuden, in denen Zigaretten und Fanta, Tee, Zeitungen und Muschelsouvenirs verkauft wurden, bis zur Spitze der Autoschlange. Wütende Fahrer hupten hinter ihm her. Er erreichte die Landestelle, als die Fähre gerade anlegte, aber der Kapitän hatte das Überholmanöver des Schlangenmanns gesehen und winkte ihn mit einer lässigen Handbewegung weg. Da schob Pete einen Arm aus dem Wagenfenster, schlug mit der Faust auf das Wagendach, um den Kapitän auf sich aufmerksam zu machen und stach sich dann mit gekrümmtem Zeige- und Mittelfinger der anderen Hand in den Arm.

Der Kapitän hatte begriffen. Sofort winkte er Pete an Bord, und bald war die Fähre wieder unterwegs, die Schrauben pflügten durch das Wasser, und die Schiffssirene übertönte das wütende Hupen derer, die zurückgeblieben waren. Der Kapitän nahm volle Kraft voraus; ein Schlangenbißopfer hatte er nicht jeden Tag an Bord.

Juni 1996

»Watamu, Watamu, Watamu«, rief der Fahrer des *matatu*, des Minibusses von »Double Happiness«. Er hatte die Europäer unter seiner Kundschaft entdeckt. »Schöner Strand. Hübsches Dorf. Herrliche Hotels; das Hemingway's und das Ocean Sports – manche sagen auch Open Shorts. Und wir haben einen Schlangenpark.«

Die Passagiere durchfuhr ein kollektiver Schauer ob seiner Darbietung.

»Habe ich da ein Oooh Nooo! gehört«, witzelte er. »Laydiiies, Laydiiies!«

Mich setzte er als letzten ab, hinter dem Ort Watamu und der Perlenkette der Strandhotels, neben einem Schild mit der Aufschrift »Parzelle 28; Simpson«. Ich schulterte meinen Rucksack und marschierte die paar hundert Meter einen Sandweg hinunter auf das Rauschen des Meeres zu. Eine Ansammlung niedriger, weißgetünchter Häuser, in keinem erkennbaren Stil gebaut, aber von Hibiskus, Bougainvilleen und rosafarbenen englischen Rosen umrankt, kam hinter der letzten Wegbiegung in Sicht. Auf der Veranda saß eine ältere Europäerin, in ein *kikoi*-Tuch gehüllt, die Kopfhörer eines Walkmans über den Ohren.

Barbara Simpson nahm sie ab und lächelte.

»Sie sind bestimmt der Kerl wegen der Schlangen. Jetzt haben Sie Jimmy Ashe verpaßt, unseren Schlangenmann. Ist gerade weg. Und hat dabei fast den armen Bumble überfahren.« Bumble, ein Kurzhaardackel, zitterte noch vor lauter Erschütterung unter dem Sessel seiner Herrin.

Barbara hatte ausgebleichtes blondes Haar, hellbraune Augen und ein ziemlich häßliches Gesicht, das ihr aber in ihrem Alter fast gut stand. Sie hatte den größten Teil ihres Lebens in Kenia verbracht, seit sie mit ihren Angehörigen 1923 in Mombasa an Land gegangen war.

»Ich war damals acht«, erzählte sie mir später. »Wir kamen aus Indien. Und irgendwo bei den Seychellen haben zwei Jungs in meinem Alter meine Puppe Dulcie über Bord geworfen.« Fast fünfundsiebzig Jahre später war die Empörung in ihrer Stimme immer noch deutlich hörbar. »Eine freundliche Frau sah mich heulen und hat mir tatsächlich eine neue Dulcie gemacht. Weiß der Himmel, wo sie auf diesem Dampfer mitten im Indischen Ozean das Material dafür gefunden hat. Aber ich werde ihr das nie vergessen.«

Auf der Parzelle 28 lebte Barbara seit den fünfziger Jahren und hatte miterlebt, wie aus der kenianischen Küstenwildnis mit der Zeit ein betriebsamer Urlaubsort geworden war. Hotels und Läden entstanden. Europäische Touristen kamen immer häufiger. Auf den Spuren von Ernest Hemingway kamen Hochseeangler aus Zimbabwe und Uganda. Afrikaner, die Arbeit suchten, kamen aus dem Landesinneren. Sie errichteten Andenkenbuden und kleine Pflanzungen, *shambas*, in den Parzellen auf der Landseite der Straße, die sonst niemand wollte, wo nun Hühner im Staub pickten und kleine Maisfelder vor sich hin kümmerten. Aus ihren Lehm- und Makutihütten sahen sie auf den Asphalt, der sie von den teuren Hotels mit ihrem unverbauten Meerblick trennte.

Von Barbaras Veranda führte ein sandiger Weg zum Strand hinunter. Jenseits der Keulenbäume dehnte sich ein Korallenmeer, in dem ein kleines Dingi an seinem Liegeplatz schaukelte. Watamus berühmtes Korallenriff lag gleich vor der Küste. Morgens brachte Ferdinand, der für Barbara arbeitete, Gäste zum Schnorcheln hinüber.

»Um die Kunden kümmert sich Ferdinand«, sagte Barbara, als sie mir die Aufgaben ihres Personals erläuterte. »Dann sind da noch die Jonathans. Jonathan B. ist Chauffeur und kümmert sich um Pflanzen und Tiere; Jonathan C. Kompost und Schreinerei; und Jonathan K., Küche und Buchhaltung.«

Ob mir denn Jonathan B. bei den Schlangen weiterhelfen könnte, fragte ich.

»Oh, er ist Afrikaner«, sagte Barbara. »Die verabscheuen diese Viecher. Halten Sie sich an Jimmy. Seine Sammlung ist Wahnsinn. Pardon, ich wollte sagen: großartig. Ich hatte ein paar Studenten aus Manchester hier, die Mangrovenschutz studieren wollten. Anscheinend habe ich ein paar von ihren Ausdrücken übernommen. Aber mit ihrer Musik kann ich, ehrlich gesagt, nicht viel anfangen.« Sie deutete auf den Walkman. Auf der Cassettenhülle, die auf dem Tisch lag, stand »Wahnsinnstechno«.

Am Nachmittag, während Barbara schlief und ungewohnte

Rhythmen durch ihren Kopf pulsierten, brachte mich Jonathan B. in Barbaras kleinem weißen Pick-up zu Jimmy Ashe. Wir kamen an Hotels und pastellfarbenen afrikanischen Kirchen vorbei. Die *dukas* an der Straße, die Holzbuden, die Rasiercreme und Zigaretten verkauften, lockten mit weiß beschriebenen Reklametafeln, auf denen »Tesco« stand und »Marks & Spencer, Filiale Watamu«.

Auf der Nordseite von Watamu erhoben sich auf ummauerten Grundstücken halbfertige Villen im Hazienda- oder Toskana-Stil, lauter rosa Glockentürmchen und Loggias, Terrakottadächer und gemusterte Fliesen und allerlei an Antonio Gaudi erinnerndes Drum und Dran vor einem Hintergrund aus Ozean und Palmen. Vor jedem Grundstück, auch vor denen mit unfertigen Häusern, prangte ein Briefkasten, der so säuberlich europäisch war wie der Name, der darauf stand.

Jimmy Ashes Schlangenpark lag mitten in dieser Vorstadtidylle und schien sich um die Veränderungen in seiner Umgebung nicht zu scheren. Jonathan B. setzte mich vor dem Eingang ab. Ich ging die Zufahrt entlang, die durch einen Blättertunnel in eine kühle Schattenwelt führte. Dort drang die Sonne nur in kleinen Tupfern durch den dichten Baldachin. Hier waren die Pflanzen anscheinend noch nie beschnitten worden. Keine heulende Motorsäge hatte je die Nachmittagsstille zerfetzt. Jimmy wohnte tief im Wald. Und eines Tages, das spürte man, würde dieser Wald ihn und sein Haus völlig überwuchern.

Die Schlangen waren in enteneiblauen, verglasten Schaukästen untergebracht, die am Ende des Weges rechts und links auf Regalen und Böcken standen. Sie machten das Näherkommen zur Nervenprobe. Jimmy saß auf seiner Veranda. Wie Barbara Simpson war auch er nur in ein verschossenes *kikoi*-Tuch gehüllt. Er war kahl, mit grauem Patriarchenbart und stechenden Augen. Ein eindrucksvolles Gesicht, das früher mal ausgesprochen gutaussehend gewesen sein mußte. Er erinnerte mich an den alten Hemingway, der vor dieser Küste einst Speerfische gejagt hatte und nach dem dann später ein Hotel benannt worden war.

Jimmy klopfte auf einen Stuhl zum Zeichen, daß ich mich setzen sollte. Er erholte sich gerade von einer Operation, ein von Krebs befallener Lungenflügel war entfernt worden. Er war kurzatmig, und den größten Teil der Arbeit im Schlangenpark – die Touristen herumführen, das Gift der Mambas melken, die Terrarien in Schuß halten – erledigten nun andere. Aber vor allem seinem Kopf, so erzählte er mir, sei die Operation nicht gut bekommen. Neuerdings entfielen ihm Namen, Daten flögen davon, Sätze verdröselten in deprimiertem Gestammel.

Aber seine Schlangen kannte er. In seinem Schlangenpark gab es so ziemlich jede in Kenia vorkommende Art und außerdem eine Melkherde von ungefähr sechzig Grünen Mambas, mit der er die Serumproduzenten belieferte. Die Grünen schienen die Küste zu lieben; hier wimmelte es von ihnen. Die Schwarzen weniger; die würden erst zahlreicher, wenn man sich weiter ins Innere des Landes vorwage. Aber vor den Schwarzen könne man sich gar nicht genug in acht nehmen.

»Oben in Nairobi hatten wir eine Menge Schwarze ausgestellt«, erzählte mir Jimmy. Er war früher eine Zeitlang Verwalter des Schlangenparks von Nairobi gewesen. »In das Gehege mit den Kobras, siebzehn Tiere, bin ich immer reingegangen, mit Besen und Schlauch zum Ausmisten. Viereinhalb Meter im Quadrat. Aber auch bei nur halb so vielen Schwarzen Mambas wäre ich nie auf die Idee gekommen. Habe mal zehn Schwarze in die USA verschickt«, fügte er hinzu, »und innerhalb von einer Woche hatte eine von ihnen den Wärter umgebracht.«

Jimmy erinnerte sich gern an seine Zeit in Nairobi. Der Schlangenpark hatte viele berühmte Besucher angelockt. Da war zum Beispiel, da war dieser …

»Sie wissen schon«, brach er ab. Aber ich wußte nicht, und er schlug sich enttäuscht an den Kopf. »Dieser Flieger«, sagte er. »Sie kennen ihn!«

»Richard Branson?« schlug ich vor. »Douglas Bader? Freddy Laker …?«

»LINDBERGH!« dröhnte Jimmy und schlug sich aufs Knie. »Den habe ich kennengelernt.« Einen Augenblick lang starrte er ins Leere. »Und den Aga Khan. Und diesen Popsänger. Beatle, glaube ich.«

»Paul McCartney?«

»Genau der«, sagte Jimmy. »Zuerst dachte ich, er sei ein Soldat aus Aden auf Urlaub.« Er zuckte mit den Schultern. »Selbst Beatles scheinen Schlangen faszinierend zu finden. Und deshalb gibt es hier an der Küste überall Schlangenparks; der von Easterbrook in Malindi, dann der in, hm, hm, Bamburi, nördlich von Mombasa, dann die von den Afrikanern und dieser Typ, dieser Typ ... ach, jetzt ist es weg ... dieser Typ in Kilifi, den mal eine Schwarze Mamba angefallen hat. War schlimm für ihn, tagelang im Krankenhaus, aber irgendwie hat er überlebt. War auch ein verdammt guter Schlangenmann. Sicher tot inzwischen. Oder nicht? Jedenfalls nicht mehr hier. Bartley? Hieß er Bartley?«

Jimmy Ashe konnte sich auf den Namen von Pete Bramwell nicht besinnen, aber mit der Zeit begriff ich, wie ähnlich sich die beiden waren. Die europäischen Schlangenmänner in Ostafrika hatten viele Gemeinsamkeiten, nicht zuletzt die Vorliebe für eine Barttracht von viktorianischem Zuschnitt. Beide, Jimmy Ashe und Pete Bramwell, hatten in Nationalparks gearbeitet. Beide verschmähten kulinarische Raffinesse, mieden Gemüse um jeden Preis, und offenkundig wollten sie durch ihren Aufzug auch niemanden beeindrucken. Wenn sie es darauf anlegten, konnten sie sogar ziemlich abgerissen daherkommen. Sie waren Einzelgänger, und oft schien ihnen die Gesellschaft von Schlangen angenehmer als die von Menschen – trotz der Bisse, die sie davongetragen hatten. Sie waren »Colonials« im alten Stil, oft jähzornig, reaktionär, exzentrisch, aber ihre Zuneigung zu Afrika hatte etwas Visionäres, und ihre Hingabe an die Schlangen war absolut.

Sie waren vom gleichen Schlag, und darin wieder ähnelten sie dem Prototyp des weißen Schlangenmannes in Ostafrika, einem selbsternannten Engländer griechischer Herkunft, der dreißig

Jahre vor ihnen und 600 Meilen weiter südlich, im damaligen Tanganjika, dem heutigen Tansania, sein Leben den Schlangen gewidmet hatte. Der legendäre C. J. P. Ionides besaß eine Puffotter namens Popkiss und aß Gabunviper zu Weihnachten. Regelmäßig sah man ihn mit einer Taucherbrille durch den afrikanischen Busch stapfen. Daß es hierfür gute Gründe gab – die Brille schützte ihn vor den Speikobras, denen er nachstellte –, änderte nichts an der Merkwürdigkeit seines Aufzugs.

Diese Männer waren zweifellos Exzentriker, aber vor allem zeichneten sie sich durch ihre ganz und gar praktische Art aus. Mehr als alles andere machte es ihnen Vergnügen, sich um die Bedürfnisse ihrer Schlangen zu kümmern – sie zum Fressen und zum Brüten in der Gefangenschaft zu ermuntern, sie mit Pyrethrumpulver gegen die Geißel des Schlangendaseins, die Milben, zu behandeln, sie einzufangen und zu transportieren, ohne ihnen wehzutun, sie gut zu melken, Kästen und Terrarien für sie einzurichten und sich Verbesserungen für ihre Fangzangen und Schlangenhaken auszudenken. Viel von ihrem Wissen beruhte auf eigener Erfahrung. Sie betrachteten sich als Reptilienärzte, Züchter und Schlangenkundler. Und auf diesem bescheidenen Feld glänzten sie. Die Fortschritte, die sie bei der Schlangenhaltung erzielt hatten, betrachteten sie als die größte Leistung ihres Lebens.

Für die abergläubischen Giriama an der kenianischen Küste hingegen waren die weißen Schlangenmänner etwas ganz anderes – keine Schlangenkundler im Anorak, sondern Leute, die über besondere Kräfte verfügten. Sie begegneten ihnen mit Achtung und sogar mit Furcht, denn mit Schlangen hantierten nur wenige Auserwählte. Die anderen gingen den Schlangen aus dem Weg. Sie fürchteten sich vor dem, was die Schlangen anrichten konnten. Manchmal stellten sie Opfergaben auf – eine Schale Milch vielleicht –, um vorüberkriechende Schlangen zu besänftigen oder Vorfahren, die als Schlangen wiedergeboren waren, zu tränken. Schlangen zu töten galt allgemein als ein Leichtsinn, der sich leicht rächen konnte. Die Köpfe der wenigen Schlangen, die dennoch getötet wurden, waren als Zutat für *dawas* oder Zaubertränke sehr begehrt. Solche Geheimmittel sollten oft Schaden anrichten, und viele Afrikaner vergruben Schlangenköpfe tief in der Erde, damit sie nicht in die Hände Unheil stiftender Mchowis gerieten, während andere ohne Skrupel einen Gewinn aus ihnen schlugen, indem sie die Köpfe an die Mchowis verkauften. William Fitzgerald, der ständig Schlangen tötete und oft ihre Häute präparieren ließ, wunderte sich darüber, daß häufig der Kopf fehlte, wenn ihm die Haut überreicht wurde.

Selbst für jene Afrikaner, die mit Schlangen umgingen, die Mchowis und andere Eingeweihte, war diese Erfahrung traumatisch. William Fitzgerald berichtet, ein Mann aus seiner Gruppe, ein afrikanischer Schlangenmann namens Ambari, habe »am ganzen Leib gezittert und sich, wenn er konnte, vorher mit einem Toddy aus Palmwein betrunken«, wenn er mit Schlangen hantierte.

Dagegen schien die Macht der weißen Schlangenmänner über die Tiere grenzenlos. Überall an der kenianischen Küste ließen sie sich nieder und machten mit professioneller Gelassenheit aus den Schlangen ein Geschäft. Sie ließen verlauten, man solle ihnen Bescheid sagen, wenn eine Schlange gesichtet worden sei, damit sie sie fangen und mit nach Hause nehmen könnten, und boten sogar ein paar Shilling Belohnung für Hinweise, die zu einem Fang führten. Anscheinend mochten sie die Schlangen wirklich. Und das galt nicht bloß für die Schlangenmänner; auch viele andere Weiße erwiesen sich als interessierte Amateuere. Als Fitzgeralds Palmwein trinkender Ambari eines Tages auftauchte und »eine Puffotter an einem Stück Schnur hinter sich herzog«, zeigte sich die typisch europäische Haltung wieder einmal darin, daß Fitzgerald trotz des »furchtbaren Bammels«, den er bei früheren Begegnungen gehabt hatte, die Schlange von Ambari übernahm, sie in eine Kiste packte und an das Reptilienhaus des Londoner Zoos schickte. Wissenschaftliche Neugier, so schien es, schlug den Aberglauben in die Flucht.

Aus der gleichen Geisteshaltung studierten europäische Schlangenmänner die Schuppenmuster und Beißwerkzeuge ihrer Schlangen, ermittelten ihr Gewicht und widmeten ihnen Aufsätze in obskuren herpetologischen Zeitschriften. Und sie maßen ihr Tempo. Jimmy Ashe und Ionides hatten einmal das Tempo einer Schwarzen Mamba gestoppt. Über die Geschwindigkeit der schnellsten Schlange der Welt waren lange Zeit viele Übertreibungen in Umlauf, und zahlreiche Reptilienforscher verfolgten mit großem Ehrgeiz das Ziel, ihre Höchstgeschwindigkeit endlich wissenschaftlich einwandfrei zu bestimmen.

»Wir hatten sie satt«, sagte Jimmy, »all die Geschichten von Mambas, die Pferde einholen und deren Reiter, irgendwelche Buren, zu Fall bringen. Und offen gestanden, hatten wir uns auch gegenseitig satt, der alte Iodine und ich; er mochte es, wenn man ihn Iodine nannte, hm, ich meine: Ionides. Jedenfalls behauptete ich, fünfzehn Meilen in der Stunde, vielleicht mehr; er meinte, weniger als zehn. Was nun? Um eine Schlägerei zu vermeiden, schlug Iodine vor, wir könnten sie doch mal auf Trab bringen. Ich hatte ein paar im Haus, in Säcken, wissen Sie.«

Das war 1959, damals lebte Jimmy am Athi River, ungefähr dreißig Meilen südöstlich von Nairobi. Nach ein paar Whiskys war der Nachmittag ziemlich lebhaft geworden. Und als sich das Gespräch der Geschwindigkeit der Schwarzen Mamba zuwendete, wurde Jimmys Gast geradezu giftig. Zusammengenommen hatten die beiden wohl ein paar tausend Mambas gefangen. Jedenfalls hatte jeder so viele Mambas gefangen und so viel Whisky getrunken, daß er glaubte, er könne sich über die Meinung des anderen lustig machen. Mit einem Marker, wie man ihn auf Tennisplätzen zum Linienziehen verwendet, zeichneten die streitsüchtigen Experten zwei konzentrische Kreise auf Jimmys Rasen, einen mit einem Radius von siebeneinhalb Metern, den anderen mit einem Radius von fünfzehn Metern, und plazierten in der Mitte einen Sack mit einer Mamba. Jimmy suchte Schlangenhaken, Stifte und Papier zusammen, nahm aus dem Wäscheschrank im Haus zwei weiße Kopfkissenbezüge und trieb sogar zwei Stoppuhren auf, um dem Experiment Glaubwürdigkeit zu verschaffen.

Als alles bereit war, löste Jimmy die Schnur an dem Schlangensack und trat zurück. Pfeilschnell glitt die freigelassene Mamba voran. Um sie auf Höchstgeschwindigkeit zu bringen, jagten Ashe und Ionides hinter ihr her und schwenkten dabei die Kopfkissenbezüge mit der ganzen Kraft zurückbleibender Soldatenbräute, die ihre Liebsten in den Krieg ziehen sehen. Als die Mamba den inneren Kreis erreichte, starteten die Männer ihre Uhren, und als sie den zweiten Kreis überquerte, stoppten sie sie wieder – stoppten mit einem Schlangenhaken auch die Mamba und bugsierten sie in ihren Sack zurück.

Im Interesse der Genauigkeit wurde nun eine zweite Schlange in Gang gesetzt, während die erste ausruhen durfte. Jede der beiden Schlangen wurde an diesem Nachmittag dreimal gestoppt. Dann gossen sich die Männer Whisky nach und fingen an zu rechnen. Unabhängig voneinander kamen sie auf eine Geschwindigkeit zwischen sieben und acht Meilen in der Stunde. Ionides hatte also recht gehabt.

Es war eine denkwürdige Leistung – aber keineswegs der erste Versuch, das wirkliche Tempo dieser legendären Schlange zu ermitteln. Richard Meinertzhagen diente zu Beginn des 20. Jahrhunderts als Soldat in Kenia und war nicht nur wegen seiner brutalen Unterdrückung der Eingeborenen berüchtigt, sondern auch wegen seiner Behauptungen zur Herkunft einiger Stücke in seiner umfangreichen Sammlung ausgestopfter Vögel, die sich nach seinem Tod als lügenhaft erwiesen. Meinertzhagens bemerkenswertes Kenia-Tagebuch verzeichnet sehr genau, wieviele Tiere er regelmäßig vom Fenster des Zuges nach Nairobi beobachtete. Und nach den Zahlen zu urteilen, die er nennt – 1207 Zebras, 3715 Weißschwanzgnus –, handelt es sich dabei nicht etwa um Schätzungen; er hat offenbar wirklich mitgezählt. Im Interesse der anderen Mitreisenden kann man nur hoffen, daß dies leise geschah.

Insofern überrascht es nicht, daß die Ermittlung der wirklichen Geschwindigkeit der Schwarzen Mamba für Meinertzhagen, den naturkundliche wie statistische Fragen gleichermaßen fesselten, einen großen Reiz besaß. Die Gelegenheit dazu bot sich ihm eines Nachmittags im April 1906, als er mit seiner Patrouille in der nördlichen Serengeti unterwegs war und vor ihm eine große Schwarze Mamba in Sicht kam. Meinertzhagen hatte kein Gerät dabei, um die Schlange zunächst einmal ruhig zu stellen. Ein Start aus dem Stand kam also nicht in Frage. Anfangs scheint das Problem auch eher darin bestanden zu haben, daß die Schlange keinerlei Anstalten machte, sich überhaupt zu bewegen. Unbeeindruckt hob sie den Kopf und wandte sich den Männern zu. Da sie nicht aus eigenem Entschluß fliehen wollte, so überlegte Meinertzhagen, mußte er sie dazu bringen, jemanden zu verfolgen – zum Beispiel einen seiner *askaris* –, und dabei seine Messung vornehmen. (Es stellt sich hier die Frage, ob er schon sicher war, daß sein Mann auf jeden Fall schneller sein konnte als die Mamba; unter Meinertzhagen Dienst zu tun, war jedenfalls kein Vergnügen.)

Seine Leute bewarfen die Schlange mit Erdklumpen, und schließlich ging sie tatsächlich auf einen unglücklichen Askari los, der, wie ihm befohlen worden war, in gerader Linie über die Ebene davonlief. Der triumphierende Meinertzhagen maß das furchterregende Tempo der Schlange, bis der verfolgte Askari nach genau dreiundvierzig Metern oder siebenundvierzig Yards, wie Meinertzhagen später feststellte, stolperte und fiel. Im Interesse höherer Genauigkeit hätte Meinertzhagen die Mamba lieber über eine längere Strecke gemessen, erkannte aber nun doch, wenn auch widerstrebend, daß sie dringend erschossen werden mußte, wenn der Askari mit dem Leben davonkommen sollte. Wie Ashe und Ionides ein halbes Jahrhundert später, bestimmte auch Meinertzhagen die Höchstgeschwindigkeit der Schwarzen Mamba mit sieben Meilen in der Stunde.

Während der afrikanische Aberglaube in den Mambas immer

Geister gesehen hatte, betrachtete die europäische Wissenschaft sie als Objekte ihrer herpetologischen, neurologischen und toxikologischen Studien. Höchst bemerkenswert sind in diesem Zusammenhang die Arbeiten eines gewissen Dr. F. Eigenberger, der sich aus Interesse an der Wirkung von Giften im Laufe der zwanziger Jahre des 20. Jahrhunderts immer wieder selbst Schlangengifte injizierte – Stift und Papier stets bereit. Nachdem er die Wirkung von Klapperschlangengift am eigenen Leib schon erfahren hatte (»schmerzhafte Schwellung … örtlich Symptome von sehr starker Schmerzhaftigkeit«), wollte sich Eigenberger auch das Gift einer westafrikanischen Grünen Mamba (*Dendroaspis viridis*) injizieren, das nicht ganz so stark ist wie das der *Dendroaspis polylepis*, aber doch tödlich.

Eigenberger nahm einen einzigen Tropfen des Gifts der Grünen Mamba, verdünnte ihn in Kochsalzlösung um das Zehnfache und injizierte sich eine winzige Menge dieser Lösung. Seine ausführlichen Notizen über dieses Experiment, die später im *Bulletin of the Antivenin Institute of America* erschienen, sind eine faszinierende Lektüre; »ein Brennen … leichtes örtliches Jucken … eine entzündliche Schwellung … eine deutliche Überreizung aller sensorischen Nerven«. »Die Vibrationen und der Motorlärm meines Autos«, so schrieb er, »waren so laut und störend, daß ich glaubte, alle vier Reifen seien platt, und anhielt, um nachzusehen, bevor ich den wahren Grund begriff.« Man fragt sich natürlich, warum Eigenberger, kurz nachdem er sich tödliches Schlangengift gespritzt hat, mit seinem Auto spazierenfährt, aber auch sonst gibt einem das Verhalten dieses Mannes ja manches Rätsel auf. Er schilderte »ein leichtes Gefühl von Vergiftung, mit einem gewissen Schwächegefühl«, dann fühlte er sich »schwach und todeselend« und empfand »ein taubes Gefühl um die Lippen, das Kinn, die Zungenspitze, das sich rasch über das ganze Gesicht und den Hals hinab ausbreitete«. Die Augen fingen an zu schmerzen. Er bekam Ohrensausen. Finger und Zehen wurden taub. Schmerzen füllten seinen Brustkorb. Reden und Schlucken fielen ihm schwer. Das Atmen verursachte zusehends Schmerzen. Der Unterarm und die Hand des Arms, in den er das Gift injiziert hatte, waren stark geschwollen. Zwei Stunden nach der Injektion wurde die Taubheit am ganzen Körper zu allgemeinem Schmerz. »Dies erwies sich als die merkwürdigste und interessanteste Wirkung«, schrieb Eigenberger. »Fünf oder sechs Stunden später schmerzte der ganze Körper bei jeder Berührung überall sehr stark.« Während der Nacht litt er unter Grippesymptomen, befand sich aber am nächsten Morgen auf dem Wege der Besserung.

Trotz all seiner Leiden bedauerte ich die Mambas eigentlich mehr als Eigenberger. Für sie kam mit dem Auftauchen der Europäer ein grausames Erwachen, während sie es vorher so leicht gehabt hatten. Wenn Afrikaner sahen, wie sie sich auf Gräbern sonnten, dann begrüßten sie vielleicht mit einer knappen Geste längst verstorbene Ahnen und hielten sich ansonsten aus Furcht und Ehrerbietung fern. Schwarze Mambas brauchten sich nur kurz aufzurichten und ihren Halsschild ein wenig zu spreizen, und schon suchten Afrikaner das Weite. Orte, an denen Schwarze Mambas gesichtet worden waren, wurden für Menschen auf Jahre hinaus zur Sperrzone.

Dann kam der weiße Schlangenmann und mit ihm kamen die Säcke, die Schlangenhaken, die Neugier, die lukrativen Verträge mit Serumfabrikanten. Und plötzlich mußte die Mamba feststellen, daß ihr von einem auf den anderen Tag ihre vielerprobte Gespensterhaftigkeit abhanden gekommen war. Statt ihr aus dem Weg zu gehen, waren diese Männer geradezu hinter ihr her, boten den Leuten Geld für Informationen über ihren Verbleib an, fingen sie ein, nahmen ihr das Gift ab und setzten sie im Namen der Wissenschaft allen möglichen Demütigungen aus. Was waren die respektvollen Bemerkungen, die ihr diese Männer in ihren Memoiren widmeten, verglichen mit dem ruhigen Leben, dessen sie sich bei den ehrfürchtigen Afrikanern erfreut hatten? Für die Schwarze Mamba war das Auftauchen der *colonials* ein schwerer Schlag.

Die Dunkelheit hatte sich über Jimmys Wald gesenkt, und er bestand darauf, mich wieder bei Barbara abzusetzen.

»Bis vor kurzem«, erzählte er, »hätten Sie nach Einbruch der Dunkelheit auf dieser Straße keinen Afrikaner gesehen – aus Angst vor den *schaitani* oder Geistern. Der Tourismus und der Asphalt haben das inzwischen ein bißchen verändert. Trotzdem gibt es hier immer noch viel Aberglauben.« Jimmy lächelte vor sich hin. Ihm war etwas eingefallen.

»Vor ein paar Jahren«, erzählte er, »versuchte man hier im Bezirk etwas gegen die Mchowis zu unternehmen. Fortschritt der Vernunft und so weiter, Sie wissen schon. Jeder Mchowi mußte sich eine Genehmigung besorgen. Zu mir sagten sie, ich bräuchte auch eine. Ich erklärte ihnen, ich sei kein Medizinmann. Die Beamten sahen mich an. ›Aber selbstverständlich sind Sie ein Mchowi, Bwana Nyoka. Sie hantieren mit Schlangen oder etwa nicht?‹«

Jimmy hielt dort, wo der Weg zu Barbaras Haus abzweigte.

»Macht es Ihnen was aus, das letzte Stück zu Fuß zu gehen?« fragte er. »Am Ende überfahre ich diesen Bumble nochmal.«

Er wendete auf der Straße, die Scheinwerfer leuchteten tief in den Busch, dann war er weg, und das Rasseln seines Motors versickerte zwischen den Geräuschen der Nacht. Ich dachte an das letzte Mal, als ich bei Nacht durch Schlangengelände gegangen war – vor Carl Porters Kirche in Georgia. Doch plötzlich fiel mir ein entscheidender Unterschied auf. Ich hatte meine Taschenlampe nicht dabei. Und der Mond schien auch nicht. Ich fluchte über meine Dummheit und dachte an die Strecke, immerhin etliche hundert Meter, die mich von Barbaras Haus trennte. Ich stand im Dunkeln und kam mir vor wie ein Idiot, während ich an den vor mir liegenden Weg dachte. Auch kam mir das Geschwafel von Elijah Bingham in den Sinn, und es war, als wollte er sich über meine Notlage lustig machen: »Abends, vor allem zu Beginn der Regenzeit, wären wir oft beinah auf kleine Schlangen vor uns auf dem Weg getreten …, und solche kleinen Schlangen finden sich jeden Tag auf deinem und meinem Weg, bereit, zuzubeißen –

und manche Bisse können tödlich sein ... Wir hatten eine Fackel oder Laterne bei uns und blendeten die Schlange mit dem Licht, bis einer sie getötet hatte.«

Aber hier war kein Licht, von meinem Streichholz abgesehen, das der Wind bald ausblies. Ich zündete mir eine Zigarette an und hielt sie vor mich über den Boden. Das Glimmen reichte nicht mal aus, meine zitternde Hand zu beleuchten, geschweige denn den vor mir liegenden Weg. In meiner Verzweiflung riß ich ein paar Seiten aus meinem Notizbuch, drehte sie zu einem Zopf und setzte ihn in Brand. Eine lodernde Fackel wurde nicht daraus.

Schließlich fand ich mich mit dem Unvermeidlichen ab, nahm noch einen tiefen Zug von meiner Zigarette und tappte vorwärts, in die Dunkelheit. Ich trat vorsichtig auf, aber dann fiel mir ein, daß Puffottern bekannt dafür waren, daß sie nicht aus dem Weg gingen, deshalb trat ich fester auf – in dem Bemühen, alles kampfunfähig zu machen, worauf ich womöglich treten würde. Wie ein Infanterist zog ich meines Weges, mit stampfenden Schritten, während die Geräusche der Nacht – die Vögel, die Affen, die Insekten und die ferne Brandung – sich mit ihrer sanften Melodie über mich lustig machten.

Meine fiebernde Phantasie ging mit mir durch. Ich erinnerte mich, daß es bei den Luo im Westen Kenias Brauch war, lebende Mambas bei ihrem Schwanz an Bäume neben dem Weg zu binden, den das Opfer, auf das man es abgesehen hatte, wahrscheinlich nehmen würde. Aus Wut über ihre Gefangenschaft griffen diese Mambas alles an, was in ihre Reichweite kam. Für die Luo war das offenbar eine vorzügliche Methode, sich frisches Fleisch zu verschaffen, denn ein Mambabiß brachte selbst einen ausgewachsenen Büffel zur Strecke, ohne sein Fleisch zu verderben. Es war aber auch eine ausgezeichnete Methode, Rache zu nehmen, ohne daß man selbst Hand anlegen mußte. Ich überlegte, ob es in Barbaras Haushalt irgendwelche Luos gab. Woran erkannte man sie? Hatte ich mich etwa ungewollt abfällig über Jonathan K.'s

Kochkünste oder Jonathan C.'s handwerkliches Geschick geäußert – irgendeine gemurmelte und nun zutiefst bedauerte Bemerkung über Abfall in der Dachrinne vielleicht? – oder über Jonathan B.'s Fahrkünste? Ich hatte doch nicht etwa über Jonathan B.'s Überholmanöver gelacht, als er mich zu Jimmy brachte, oder?

Ich kam mir einsam vor, wie in dichtem Nebel auf einer Felsenklippe, und erwartete mit jedem Schritt das Schlimmste. Aber nichts zuckte um meine Knöchel, kein plötzlicher Angriff, nur die Lichter von Barbaras Haus schimmerten schließlich durch die Bäume. Ich machte immer größere Schritte, dem Licht entgegen. Dann traf es schließlich den Weg, zuerst schwach, dann stärker, bis ich schließlich alles vor mir erkennen konnte und das Blattwerk nach beiden Seiten zurückzuweichen schien. Ich hatte es geschafft. Barbara saß noch immer auf der Veranda und rätselte über dem Techno-Band aus Manchester. Hätte die Musik sie nicht abgelenkt – sie hätte einen Mann erblickt, der sich mit geballten Fäusten und stierem Blick auf die Lichtpfütze um ihre Veranda zubewegte und dann mit lautem »Ja, ja, ja!!« triumphierend die Stufen hinauftänzelte – ins Sichere.

Acht
Amerika III

... die White Fang Society, eine Ehre, die Leuten vorbehalten bleibt, die von einer Klapperschlange gebissen werden und weiterleben, um davon zu erzählen.

New York Times, 16. April 1966

Januar 1996

Aber kehren wir noch einmal an den Anfang, zu meiner ersten amerikanischen Begegnung mit Schlangen zurück; ein Mietwagen, der an einem Wintermorgen vom Flughafen Atlanta auf den Interstate Highway 75 nach Süden einbiegt. Urlaubsverkehr in Richtung Florida gleitet durch die letzten waldigen Ausläufer der Appalachen. Buicks und Chevrolets aus Indiana und Ohio schieben sich vorbei, in den Heckfenstern Collagen aus Sonnenschirmen, Decken, Golfschlägern und plattgedrückten Kindernasen.

Aber was mir, weil ich auf solche Dinge nämlich achtete, an diesem Morgen auch auffiel, war die Tatsache, daß mehrere Wagenfenster ein paar Zentimeter heruntergekurbelt waren. Sonnenhungrige Leute aus dem Norden, dachte ich, die sich einbilden, der erste belebende Hauch des milden Südens vom subtropischen Rand des nördlichen Amerika habe sie bereits erreicht; eine phantastische Duftwolke aus Meersalz, Pfirsich, Muskatellertrauben und Immergrünen Virginia-Eichen mit ihrem Flechtengewölle aus Spanischem Moos. Diese Träumer! Ich roch nichts außer Nebel, Nässe und Gummi. Andererseits – es war wirklich milder, als es hätte sein können. Und ich hatte gute Gründe, es mir kalt zu wünschen.

In den Schriften des bekannten Herpetologen Laurence Klauber, der viele Jahre seines Lebens dem Studium der Klapperschlange gewidmet hatte, war ich kürzlich auf die beiläufige Bemerkung gestoßen, daß »die Gefahr, die von Klapperschlangen ausgeht, bei kaltem Wetter abnimmt oder sogar vollkommen aufhört«.

Klauber, der hinzufügt, diese Information sei gewiß »für Jäger und Angler von praktischem Interesse«, konnte nicht ahnen, daß auch ein Schlangen-Softie, dem die Aussicht auf Begegnungen mit Schlangen wenig Freude machte, sie mit dem allergrößten Vergnügen zur Kenntnis nehmen würde. Wochenlang hatte ich mich mit der häßlichen Wahrheit herumgeschlagen, daß die einzigen Schlangen, denen ich mich je aktiv genähert hatte, solche auf Fernsehbildschirmen waren. Damals war ich noch nicht einmal bis zum Reptilienhaus des Londoner Zoos vorgedrungen. Mich stählen, indem ich sie aufsuchte, hatte sich bisher nicht als erfolgreiche Strategie erwiesen. Dann las ich Klaubers wunderbaren Satz, und die Welt wurde mir zum Spielball! Gerard Kreffts Buch *The Snakes of Australia* aus dem Jahre 1869 bot weitere Ermutigung. Darin wurde beschrieben, wie kleine Jungs nördlich von Sydney Steine auslegten, um in den Wintermonaten giftige Schlangen anzulocken: »Schlangenjagen ist hier seit Jahren ein Zeitvertreib der Schuljungen«, schrieb Krefft, als ginge es um die Freuden des Schmetterlingssammelns. Mit Schlangen war bei Kälte nichts los? Also Januar, dachte ich und machte mir eine Notiz in mein Tagebuch – mit solcher Begeisterung, daß mir die Spitze des Bleistifts abbrach.

Deshalb waren die offenen Fenster der Buicks und Chevys so beunruhigend. Bei diesem ersten Schlangenausflug hatte ich gerade auf die Kälte gesetzt, um nicht hysterisch zu werden. Kälte verhieß eine kontrollierte Preisgabe an die Schlangen, und genau diese Art von Preisgabe hatte ich im Sinne. Die Urlauber sollten in Tampa und Miami von mir aus alle Wärme finden, die sie suchten, solange die hohen Temperaturen nicht bis in den Süden von Georgia vordrangen, wohin ich unterwegs war. Ich kam gut ohne Wärme aus. Mir ging es nicht um das, woraus für viele der Süden bestand: große Gläser mit Limonade an heißen Abenden, sirrende

Moskitos, surrende Deckenventilatoren und Käfer, die an Fliegentüren prallen. Mir ging es um Klapperschlangen, denen es so kalt war, daß sie mir nichts anhaben konnten.

Die Landschaft von Georgia wurde jetzt flacher, öffnete sich zum Golf von Mexiko. Wald und Sojabohnenfelder grenzten an den Interstate Highway und erstreckten sich in eine Ferne, so weißrosa wie ein Rindergaumen. Am Horizont sah man hier und da ein winterliches Gehölz, wo spindeldürre Bäume sich zusammentaten und eine hohe Insel in die Landschaft klecksten. Ich suchte im Autoradio die Lokalsender und belebte die Landschaft mit dem Gewäsch, den Versprechungen, den Ratschlägen kleinstädtischer Opportunisten und Demagogen. Bei Macon wurde in einem Werbespot gefragt: »Gibt es ein Katzenfutter, das den Harntrakt der Katze gesundhält?« Und dann die hübsche Versicherung: *Uns können Sie vertrauen, wir wissen, welches Katzenklo Katzenbesitzern Kummer macht.* Im »Radio-Flohmarkt« eines Senders boten Anrufer junge Rottweiler, Eichenholz für den Kamin, kleine Ballen Erdnußheu und einen »Einundsiebziger Volkswagen (zum Ausschlachten)« an. – »Ich habe viele Kleidungsstücke«, teilte ein schüchterner Mann den Hörern mit, »wenn jemand interessiert ist«. Als ein interessierter Anrufer nach der Größe der angebotenen Sachen fragte, holten sie den schüchternen Mann wieder auf Sendung. »Warten Sie'n Moment«, sagte er zum Moderator. Und dann hörte man ihn im Hintergrund eine Treppe hinaufrufen: »Jean! Welche Größe *hatte* Papa noch mal?«

»Das Wort des Herrn wird verdreht«, ereiferte sich ein Provinzprediger. »Da gibt es Prediger, die haben nichts gegen homosexuelle Ehen. Da gibt es Mädchen, die kommen in knappen Shorts in die Kirche und haben vor dem Haus des Herrn nicht mehr Respekt als der Mann im Mond – und dabei gibt es gar keinen Mann im Mond. Und draußen in Hawaii«, dröhnte er, als sei damit der Gipfel der Verworfenheit erreicht, »da tun sie den ganzen Tag nichts anderes als *Surfen*!« Kaum waren die Orte vorüber, denen sie galten, da zerbröckelten die Botschaften auch schon wieder, nur Bruchstücke kamen noch über den Äther – der Name eines Mädchens, ein unwahrscheinlicher Dollarbetrag, ein Hinweis auf den Korintherbrief oder den Strand von Waikiki oder einen Erdnußgroßhändler, und auch die verrauschten bald.

Amerika verkaufte Gott, harntraktfreundliches Katzenfutter, die Kleider verstorbener Väter und manches mehr. Vor jeder Ausfahrt wuchsen Dickichte von Reklametafeln aus dem Boden und verhießen Fast Food, Betten für den kleinen Geldbeutel und billiges Benzin, Factory Outlets, Möbelmärkte, Naturschutzparks und Museen. Mir fiel etwas ins Auge, das sich als »Famous Southern Burlesque« empfahl. Es klang einigermaßen gesittet. Worum es sich wirklich handelte, wurde mit dem Herannahen der Attraktion immer deutlicher. »Gewagte Blößen« hieß es auf der Tafel an der vorletzten Ausfahrt. Und zuletzt dann, wie um alle noch vorhandenen Mißverständnisse wegzusprengen: »Wir sind splitternackt!« – über der riesigen rosa Silhouette eines Cowgirls mit eindrucksvollen Nippeln und nichts am Leib außer einem Stetson.

Ich verließ den Highway erst weit hinter den Nippeln und steuerte in den Südwesten von Georgia. Abgeknickte Maisstengel und weiße Baumwollflocken auf abgeernteten Feldern, die aussahen wie verlassenes Kampfgebiet. Sirupbraune Tümpel unterhalb von roten Holzscheunen. Krähen auf Telefondrähten, die lange Schatten warfen. Nach den irdischen Versuchungen des Interstate Highway ballten sich auf den Nebenstraßen die Erlösungsangebote. »Versuch's mit unserem Seelenheil – kostenlos«, verkündete das Schild vor einer Baptistenkirche. »Jesus hat den Preis gezahlt.« Von vielen Schildern an den holzverkleideten Häusern und ländlichen Geschäften – »rüf rems« oder »ked Be« – waren so viele schwarze Plastikbuchstaben abgefallen, daß sie auf den ersten Blick keinen Sinn mehr ergaben. Mit der Zeit jedoch wurde ich beim Entziffern immer besser und erkannte zumindest im Nachhinein, was sie bedeuteten: »Geprüfte Bremsen« und »Baked Beans«.

Am Nachmittag hielt ich an einer einsamen Zapfsäule, um zu tanken. Weit und breit kein Mensch. Ein Pferd sah von der anderen Straßenseite interessiert zu mir herüber. Ein Luftzug, an sich schon ein Ereignis, erhob sich aus dem Nirgendwo und ließ ein unsichtbares Mobile klingeln. Das Pferd spitzte die Ohren. Das einsame Mädchen im Laden stützte sich auf die Ellbogen und forschte am Himmel nach dem Wetter.

»Für das *petrol*«, sagte ich und schob einen Zehn-Dollar-Schein zwischen den hochgetürmten Lucky-Strike-Schachteln, die das Mädchen einrahmten, hindurch. »Verzeihung«, fügte ich lächelnd hinzu, »ich wollte sagen, für das *gas* – Benzin.«

»Ihren Akzent find ich toll«, sagte das Mädchen und kramte in der Ladenkasse nach Münzen, wie ein Affe dem anderen die Flöhe abliest. Das laute Ticken der Uhr im Hinterzimmer schleppte sich nur langsam dem Feierabend dieses Mädchens entgegen. Sie hatte einen hübschen Bubikopf. Ein gelber Schmetterlingsclip hatte sich auf ihrer Stirn niedergelassen und hielt ihr das Haar von den unbestreitbar niedlichen Augen fern. Verdammt, dachte ich, ein Stern aus einem Scott-Fitzgerald-Roman, der in dieser Faulkner-Gegend vom Himmel gefallen ist.

»Danke«, sagte ich lässig. Jemand hatte mir erzählt, daß man als Engländer in den Südstaaten so was zu hören bekam.

»Macht mich echt an, ihr Akzent«, sagte das Mädchen. *Mooomentmal.* Sie ließ die Münzen einzeln in meine ausgestreckte Hand fallen. Lauter klare Worte. Ich verstand jetzt noch besser, warum »Famous Southern Burlesque« nicht hatte mithalten können gegen »Wir sind splitternackt!«

»Aber ich bin echt verheiratet«, stotterte ich, weil es mir höflich schien, sie mit einem Hinweis auf die Umstände statt auf meine Sympathien abzuwehren. Was folgte, während ich rückwärts aus dem Laden ging, waren unzusammenhängendes Gestammel, beschwichtigende Gesten, halb erhobene Hände. Aus einem vorüberfahrenden Auto hätte man mich für jemanden halten können, der im nächsten Augenblick eine Ladung Schrot in den Bauch bekommt. Erst als ich bei meinem Wagen war, mich noch mal umdrehte und sah, wie sie in die Ferne starrte, wurde mir klar, daß es nicht persönlich gemeint gewesen war. So reden sie hier mit allen Jungs, sagte ich mir. Wetten?

»Ich bin unterwegs nach Climax!« rief am nächsten Morgen ein lächelnder John Calhoun. Er war ein kleiner Mann in hohen Stiefeln, mit einem ziemlich zerbeulten schwarzen Pick-Up und einer Country-Band zwischen den Stimmbändern. Wenn er den Mund aufmachte, kam ein Schwirren und Zupfen und Näseln daraus hervor, ein Auf und Ab, das nicht nach Sätzen, sondern nach Songtexten klang. Und nun lud er mich ein, mitzufahren, mit nach Climax.

Wir hatten uns gerade in Whigham kennengelernt, einem Städtchen mit ein paar hundert Seelen in vergammelten Holzhäusern, die locker um eine einzelne Verkehrsampel herumstanden. Whigham war ein paar Meilen vom Highway entfernt, mehrere Getreidespeicher, ein Eisenwarenladen und eine Kirche der Vereinigten Methodisten, eine Tankstelle und ein General Store, wo es Hot Dogs und Kaffee gab. Whigham lag eine Stunde westlich von dem Mädchen, das den englischen Akzent so toll fand, ein paar Meilen nördlich der Grenze nach Florida und östlich von Climax, wo man sich an die Hauptstraße stellen und auf das Gekicher der Leute in den vorüberfahrenden Autos warten konnte.

»Daß die am Ortseingang kein Schild aufstellen ›Gleich haben Sie Climax erreicht‹!« sagte Calhoun und errichtete das Schild mit einer schwungvollen Bewegung der rechten Hand statt dessen in seiner Phantasie. »Wäre doch ein guter Witz! Aber diese Leute sind sich für so was zu schade, wissen nicht, was gut ist. Das einzige, was sie da haben, ist – *Swarn Tarm*!«

»Swine Time«, das wurde mir langsam klar, war der Zuchtschweinetag der Gemeinde Climax am Samstag nach Thanksgiving, aber Calhoun hielt offenbar nicht viel davon.

»Na, mal sehen!« fügte er hinzu. »Ein paar ordentliche Klapperschlangen gibt es da auch.« Ein Freund von Calhoun hatte im Ort eine Autowerkstatt. Außerdem besaß dieser Freund auch ein Stück Land in der Gegend von Climax, und dahin waren wir unterwegs.

»Zweihundertfünfzig Acres«, sagte er. »Habe die letzten acht Jahre immer dort gejagt. Bin nie enttäuscht worden.«

Calhoun war Zimmermann. Baute Holzkirchen, ein ziemlich einträgliches Geschäft.

»Hier in der Gegend«, erklärte er mir zufrieden, »werden immer Kirchen gebraucht.« Heute allerdings würde die jüngste Kirche sich gedulden müssen. Calhoun hatte nämlich freigenommen, um Östliche Diamantklapperschlangen, Amerikas größte Klapperschlangenart, zu jagen, und zwar in einem Gebiet, das als eine der besten Schlangengegenden im Südosten der USA galt.

»Ich will Ihnen was sagen«, verkündete Calhoun, während wir zwischen den von Kiefernschonungen und Grasland gesäumten Feldern dahinfuhren. »Ne bessere Klapperschlangengegend als diese werden Sie so schnell nicht finden.« Die Felder, erklärte er mir, lockten die Ratten an, die den Schlangen als Nahrung dienten. Und die sandigen Kiefernwälder daneben waren voller Höhlen von Gopherschildkröten, in die sich die Klapperschlangen gern verkrochen.

»Das ist, als hätten Sie Ihr Schlafzimmer gleich neben der Küche«, erklärte Calhoun. Er bog von der Straße ab, lenkte den Pick-up zwischen den Pfosten eines Tores durch und hielt auf einem dicken Kiefernadelnteppich. Es hatte in der Nacht gefroren; das war für mich eine gute Nachricht. Aber wo die Sonne hinschien, stieg schon Dampf auf. Das war eher beunruhigend.

»Schöne Stiefel«, sagte Calhoun, als ich aus seinem Pick-up stieg. Schön waren sie wirklich. Und aus dem dicksten Leder, das ich hatte finden können.

Es war der Tag vor dem alljährlichen Klapperschlangen-Round-up in Whigham – einem Ereignis, wie es bestimmt an hundert Orten in den Vereinigten Staaten stattfindet, im Osten vor allem in Georgia und Alabama und im Westen vor allem in Oklahoma, Texas und New Mexico. Die Jagd auf Klapperschlangen mit anschließendem Round-up ist ein fester Bestandteil des Landlebens in den USA. In Iowa waren die Amerikaner schon seit 1849 hinter den Klapperschlangen her. Inzwischen ist das Round-up zu einer festen Einrichtung geworden, vergleichbar mit ähnlichen Ritualen in der ganzen Welt: mit dem Schweineschlachten in Spanien (der Matanza) oder dem Schafeschlachten in der islamischen Welt, und auch beim Round-up wurde in gewissem Sinne »geerntet« (Schlangenhäute, Fleisch und sogar Gallenblasen für die Männer in Fernost, die ihre Männlichkeit ein bißchen in Schwung bringen wollten); vergleichbar auch mit dem Stierkampf in Spanien und der Löwenjagd bei den Massai, denn es ging auch darum, Mut und Geschicklichkeit unter Beweis zu stellen, jedenfalls wollten einen die Teilnehmer das glauben machen; und schließlich glich das Round-up auch der britischen Fuchsjagd, denn es galt ebenfalls als Dienst an der Gemeinschaft, weil es das Land von unerwünschten Tieren befreite.

Wie bei den meisten Round-ups stand auch am Anfang der Tradition von Whigham eine Säuberungsaktion. Irgendwann in den sechziger Jahren waren eine Reihe von Wachtelhunden und ein paar Menschen von Klapperschlangen gebissen worden. Man glaubte, die Schlangen nähmen überhand. Die Round-ups, die bald Neugierige herbeilockten, entwickelten sich rasch zu einer lukrativen Veranstaltung. Die Motels in der Umgebung boten komplette Klapperschlangen-Weekends an. Die örtliche Tankstelle hängte einen Käfig mit einer Klapperschlange darin vor die Tür und stellte ein mit Filzstift in fetten Buchstaben geschriebenes »DANGER«-Schild daneben. Das Programmheft lockte viele Geschäftsleute des Ortes zu Sympathieannoncen (unter denen die von River Bend Ford Mercury, »Schlängel dich doch mal zu uns herein«, wahrscheinlich den Preis für das gräßlichste Schlangenwortspiel davongetragen hätte). Hunderte von Leuten bauten Stände und Buden auf. Und die Teilnehmer der Parade – die

Feuerwehr, das Sheriff-Department, die örtlichen Senatoren, die kirchlichen Gruppen und die Whigham Jaycees – hatten vorher wochenlang geübt. Und für die kleine »Miss Whigham«, die mit Schärpe und Stetson auf einem mit Heuballen bepackten Tieflader fuhr, auf dem überall aufblasbare Plastikklapperschlangen herumkrochen, war es so ziemlich der größte Tag ihres Lebens.

Es hatte Zeiten gegeben, da führte die Jagd vor allem in den nördlichen Staaten, wo sich die Schlangen wegen der Wärme in »Nestern« zusammentaten, zu spektakulären Ergebnissen. Im Jahre 1849 hatten zwei Männer aus Iowa einmal neunzig Klapperschlangen in ebensovielen Minuten gefangen. Aber im milden Südosten, wo sich die Schlangen nicht in Nestern versammelten, dauerte es manchmal Stunden, bis John Calhoun eine einzige Klapperschlange gefangen hatte. Seit Wochen hatte er Jagd auf Schlangen für das Round-up gemacht und hatte inzwischen vielleicht zwanzig Kästen zu Hause stehen.

»Denken Sie bloß nicht, hier gäbe es überall Schlangen«, erklärte er mir. »Aber heute morgen könnten sie draußen sein und sich sonnen, und ich rate Ihnen: Treten Sie lieber nicht drauf. Auch nicht mit diesen tollen Stiefeln.« Calhoun fand meine Stiefel offenbar komisch, aber nicht das regte mich auf. Lebendige, wilde Schlangen waren jetzt keine ferne Aussicht mehr, und ich fragte Calhoun, ob er schon mal gebissen worden sei.

»Komisch, diese Frage kommt immer wieder«, erwiderte er. »Aber die Antwort lautet: Nein.«

Er enttäuschte mich. Leute, die ihr Leben lang hinter etwas Gefährlichem her waren, mußten doch irgendwann mal einen unliebsamen Zusammenstoß mit dem, was sie verfolgten, erleben. Sonst waren sie entweder so gut, daß man es gar nicht glauben mochte, oder das, was sie verfolgten, war nicht so gefährlich, wie man immer geglaubt hatte. Ein Haifischjäger mußte den zerfetzten Tauchanzug vorzeigen können, der ihm das Leben gerettet hatte, indem er seinen zerfleischten Leib zusammengehalten hatte. Leute, die Löwen jagten, mußten schildern können, wie es ist, wenn sich einem die Mahlzähne des Löwen um den Schädel legen und dann doch wieder loslassen, weil endlich das Leben aus dem von Kugeln durchsiebten Tier gewichen ist. Und man fragt sich auch, was ein Bärenjäger eigentlich getan hat, den der *ursus horribilis* noch nie auf einen Baum getrieben hatte. Statt dessen holte Calhoun nun ein viereinhalb Meter langes Plastikrohr von zwei Zentimeter Durchmesser aus seinem Pick-up und hielt mir einen Vortrag über seine Gerätschaften.

»Sehen Sie mal«, erklärte er. »Das Ende des Rohrs habe ich mit der Hülse einer Schrotpatrone verstopft und ein bißchen weiter oben ein paar Löcher hineingestochen. Nachher werden Sie sehen, wozu.« Er ging noch mal im Kopf seine Ausrüstung durch: ein Eimer mit Deckel, ein Handspiegel, um Sonnenlicht in die Löcher zu lenken, damit er hineinsehen konnte, eine kleine Flasche Benzin und ein Schlangenhaken, der wie ein Schäferstab gebogen war.

»Aus einem alten Golfschläger gemacht«, sagte Calhoun stolz. »Einfach ein Stück Eisendraht angeschweißt.« Beim Aufbruch tätschelte er die Schlangenkästen auf der Ladefläche seines Pick-ups, als wollte er ihnen versprechen, daß sie am Ende dieses Tages nicht mehr leer sein würden, und brachte mit leichter Hand die Vorhängeschlösser zum Schaukeln.

Ich sah mir Calhouns Stiefel an und wollte wissen, ob er sie manchmal mit dem Moschus von brünstigen Klapperschlangenweibchen einschmierte. Ich hatte gelesen, manche Jäger täten das; auf diese Weise konnte man schnell jede Menge geile Klapperschlangenmännchen anlocken.

»Wie bitte?« fragte Calhoun angeekelt. Er ging los, in den Wald hinein, das Plastikrohr hinter sich herziehend, wie ein verirrter Klempner. Als er ein Loch gefunden hatte, schob er das Rohr hinein, stocherte ein bißchen herum und hielt sich das andere Ende ans Ohr.

»Nach Klapperschlangen horchen«, flüsterte Calhoun drohend, und Ry-Cooder-Klänge schwirrten durch den stillen Kiefernwald.

»Wenn sie da unten ist, höre ich sie klappern. Der gefällt die Störung nicht. Wissen Sie«, fuhr er fort, »ich überlege mir, ob ich mir nicht einen Vibrator kaufen soll. Klapperschlangen hassen Vibrationen, verstehen Sie. Einen Vibrator in ein Schildkrötenloch schieben und dann einen Schritt zurücktreten.«

»Wo würden Sie denn so ein Ding besorgen, John?«

»Ach, wissen Sie«, entgegnete er gelassen, während er die Gegend nach neuen Gopherschildkrötenlöchern absuchte, »Magazine, Bücher, so was.«

Den ganzen Morgen liefen wir unter einem blaugefleckten Winterhimmel zwischen Kiefern und Pecanobäumen umher. Ich sah natürlich die ganze Zeit nur abgefallene Kiefernnadeln; trotz der Stiefel schaute ich ständig auf den Boden. Schließlich hatte mich Calhoun hergebracht, weil es hier so viele Schlangen gab. Ich wollte wissen, wo ich meinen Fuß hinsetzte. Die eigentliche Gefahr für mich bestand also darin, gegen einen Baum zu laufen. Ich sah Calhoun immer wieder über meine Stiefel lächeln. Es machte mich ein bißchen verlegen. Ich glaube, ich war *overdressed*.

Am frühen Nachmittag weckte Calhoun seine erste Klapperschlange. Plötzlich war er hellwach, stand mit erhobenem Zeigefinger da, während er sich mit der anderen Hand das Rohr ins Ohr schraubte.

»Da haben wir eine«, flüsterte er. »Und jetzt holen wir sie raus.«

Erst jetzt stellte das Plastikrohr, das schon als Stethoskop und zum Stochern gedient hatte, seine wirkliche Vielseitigkeit unter Beweis. Zuerst befestigte Calhoun am unteren Ende Angelhaken, so daß es zur Angelrute wurde, und bugsierte es wieder in das Loch. Aber mit den Haken bekam er die Schlange nicht zu fassen. Nach mehreren Versuchen legte er das Rohr auf den Boden.

»Okay«, flüsterte er. »Dann scheuchen wir sie raus.«

Mit diesen Worten zog er das Fläschchen Benzin aus der Tasche und goß ein paar Tropfen in das Rohr, das nun zum Trichter wurde. Er nahm das Rohrende in den Munde, blies die giftigen

Dämpfe vorsichtig in das Loch und trat dann zurück. Klapperschlangen mit Giftgas zu jagen war in Georgia seit kurzem verboten, aber es war eben auch sehr wirksam. Binnen weniger Sekunden kroch eine Östliche Diamantklapperschlange aus dem Loch hervor.

Unwillkürlich fuhr ich zurück. Mein Körper versteifte sich, und ich vergaß einfach zu atmen. Eine Zeitlang gab es nichts außer der Schlange. Alles Wissen um den winterbraunen Wald, um Calhoun und meine Stiefel war wie weggeblasen, während die Schlange mein Bewußtsein überwältigte. Ihr Kopf war breit und saß wie ein schwerer, bedrohlicher Zapfen an ihrem Hals. Dahinter begann die elfenbeinfarbene Rautenzeichnung, die schwarzgesäumt auf dunkelbraunem Grund den ganzen Körper schmückte. Es war ein schweres Tier, und an der Oberseite konnte man die leichte Wölbung erkennen, die die Schlangenleute »Kiel« nennen.

Aber Klauber hatte recht; die Schlange war nicht in der Verfassung, mir Schaden zuzufügen. Als Calhoun seinen Haken unter ihren Mittelteil schob, klang das Rasseln, das einem Kojoten angeblich auf fünzig Schritte den Schließmuskel erweichte, ungefähr so überzeugend wie ein Aufziehspielzeug kurz vor dem Stehenbleiben. Träge hing die Schlange zu beiden Seiten des Hakens herunter. Nur der Kopf und die Rassel bewegten sich schwach. Sie waren aufwärts gebogen, so daß die Schlange insgesamt die Form eines hochgezwirbelten Schnurrbarts hatte. Gerade als Calhoun die Schlange in seinen Eimer befördert hatte, erschien eine zweite. Sie war noch schwächer. Mit seinem Haken zog Calhoun sie vollends aus dem Loch – so lässig, als würde er auf dem Holzkohlegrill ein paar Steaks wenden. In der lähmenden Kälte brachte die Schlange mit ihrer Rassel nur einzelne Klicks zustande.

»Können Sie pinkeln?« fragte Calhoun.

»Wie bitte?«

»Pinkeln«, wiederholte er. »Auf die Schlange pinkeln, damit sie zu sich kommt?«

»Tut mir leid«, sagte ich. »Habe eben.«

»Na, mal sehen«, meinte Calhoun, wandte sich ab und öffnete seinen Hosenschlitz. Schließlich brachte er einen Strahl warmer Pisse zustande, den er auf die Schlange richtete, direkt auf ihren Kopf. Jetzt kam Leben in die Schlange. Bepinkelt zu werden war für sie wahrscheinlich ein noch größeres Ärgernis als die Vertreibung aus ihrem Loch. Sie brachte ein eindrucksvolles Rasseln zustande und machte sogar Anstalten zuzustoßen, aber dieser Versuch, Kräfte zu mobilisieren und sich zu krümmen, endete in einem schwächlichen Vorwärtsplumpsen, dem Calhoun trotz offener Hose mühelos ausweichen konnte. Lässig schob er der Schlange seinen Haken unter den Bauch. Schlaff hing sie da, wie ein zu groß geratenes, prächtig gemustertes Würstchen, das am »Swine Time«-Tag bestimmt mächtig Anklang gefunden hätte.

War dies die »häßliche Schlange, die furchtbare Klapperschlange« der frühen Siedler? Jenes Geschöpf, das fliegen und mit seinem bloßen Atem vergiften und über drei Meter lang werden konnte? Jenes Wesen, das »dank seiner raschen Bewegung wie ein Phantom erscheint«; das »beständig mit Tod und Verderben droht und doch nie zuschlägt, solange es seines Ziels nicht sicher ist«? Wie kam es dann, daß unsere hier eben ungefähr so zielsicher zugestoßen hatte wie ein Betrunkener, der sich mit einem Laternenpfahl unterhält?

Langsam verstand ich, warum Calhoun noch nie gebissen worden war.

*

Darlene stand über den zweiten Kasten gebeugt und betete heftig. Dann schob sie ihre heile Hand langsam unter die größere der beiden Klapperschlangen in dem Kasten. Es war ein milder Oktoberabend, und die Schlange war hellwach. Als Darlene sie berührte, ließ sie einen kurzen Trommelwirbel ihrer Klapper vernehmen und zog abrupt den Kopf zurück. Aber sie stieß nicht zu. Ihre Haut erinnerte Darlene an trockenen, warmen Lack, und ihr fiel wieder ein, was für ein gutes Gefühl das Schlangenaufheben sein konnte. Dann spürte sie, wie sich Glenns Griff in ihrem Haar lockerte.

»Okay«, sagte er. Seine Stimme klang hohl, verblüfft. »Ich laß dich leben, weil der Herr zugelassen hat, daß du die da anrührst.« Glenn war beeindruckt. Völlig betrunken und durcheinander, hatte Darlene eben die bösartigste von all seinen Schlangen berührt. Es war wie zu den besten Zeiten in der Kirche, wenn Gott den Stoß ablenkte und man den Sieg am ganzen Körper spürte. Das hatte er nicht erwartet. Für jetzt war ihm das Morden vergangen. Er wußte nicht, wie er weiter vorgehen sollte. Schließlich führte er sie nach draußen, brachte sie zu dem Chevy, stützte sie sogar. Sie setzten sich in den Wagen, lauschten den Nachtvögeln, und lange Zeit sagte keiner ein Wort.

Darlene fühlte sich jetzt wirklich elend. Der Schmerz um die Bißstelle war furchtbar, heiß wie eine Herdplatte, vor der die Hand zurückzucken würde, wenn sie nur könnte. Die ganze linke Hand war geschwollen, die Haut unnatürlich gespannt. Übelkeit und Schwindel überkamen sie. Vor ihren Augen tanzten Formen, kleine gelb glitzernde Rauten rieselten wie fallende Blätter. Sie war auch sehr durstig, aber sie glaubte, daran sei der Alkohol schuld. Ihre Tränen brachen den sonderbaren, besänftigenden Bann, der beide ergriffen hatte.

»Glenn«, flüsterte sie. »Du willst doch nicht, daß ich hier sterbe?« Die Frage enthielt Spurenelemente einer Behauptung. Glenn half ihr aus dem Wagen und führte sie durch den Wald zurück. Aber unterwegs stolperte sie und fühlte sich so schwach, daß sie nicht mehr hochkam. Glenn ging weiter, um ihr aus dem Badezimmer ein Glas Wasser zu holen. In der Dunkelheit überkam sie plötzlich die Angst, er habe sie dort einfach liegengelassen, und so schleppte sie sich zum Haus. Auf der Veranda wurde sie ohnmächtig. Als ihr Mann über ihr stand und sie in die Rippen trat, kam sie wieder zu sich. Mit der Ruhe war es vorbei.

»Gott will, daß du lebst«, schrie er. Und trat sie noch einmal.

»Das hat mir wirklich Angst gemacht«, erinnerte sich Darlene später. »Ich wußte, mit Gott hatte er an diesem Abend nichts am Hut, verstehen Sie? Betrunken und böse, und dann von Gott reden.«

Schließlich brachte Glenn sie ins Haus, legte sie auf die Couch und holte ihr ein Glas Wasser. Während sie dalag und dieser ungeheure Schmerz um ihren Daumen pulsierte, bemerkte sie, daß ihre Sachen an manchen Stellen naß waren. Dann nahm sie den Geruch wahr und begriff, daß ihr Mann sie angepißt hatte, als sie bewußtlos auf der Veranda lag.

*

Hell und warm brach der große Tag von Whigham an. Baumwollwölkchen übersäten den Himmel. Die Aussicht auf schönes Wetter lockte die Leute nach draußen. Die Kombis und Limousinen am Straßenrand hatten Nummernschilder aus Alabama, Florida und Tennessee. Die Straße, die zur Schule von Whigham führte, war gesäumt von Ständen, wo Burger, Eiscreme und Bratwürstchen verkauft wurden, auch Vogelkäfige, Haustierbedarf, Handarbeiten, Stetsons, Fahnen und Schlangenprodukte. Gürtel und Portemonnais, Messerscheiden und Schuhe aus Schlangenhaut. Ohrringe aus Klapperschlangenzähnen und Halsketten aus ihren Rasseln. Schlangen auf T-Shirts und aufblasbare Plastikklapperschlangen, eßbare Zuckerschlangen und Schlangengebäck.

Auf beiden Seiten des hohen Maschendrahtzauns, der den Werferbereich der Baseballraute auf dem Schulhof umschloß, hatten die Veranstalter Viehzäune aufgestellt und so eine Art Pferch für das Round-up gebaut. Als »Gruben« waren große Holzgerüste mit Plexiglaswänden aufgebaut. Die ersten Ankömmlinge sammelten sich schon auf der anderen Seite der Viehzäune und starrten in die Gruben, wo ein paar Klapperschlangen, größtenteils Diamantklapperschlangen, lagen, außerdem ein paar Waldklapperschlangen.

Die meisten Schlangenjäger hatten Sinn für Dramatik und zögerten ihre Ankunft hinaus, bis das Gedränge der Zuschauer dichter geworden war. Heute war ihr großer Tag, und den wollten sie genießen. Morgens hatten sie sich das Haar gewaschen, jawohl. Und irgendwann ließen sie sich in den Corral fahren – auf den Ladenflächen ihrer Pick-ups hockend, zwischen alten Munitionskästen, Düngereimern, Lattenkästen oder sogar Jutesäcken, die ihren Fang enthielten. Während sie von den Wagen herunterturnten, grüßten sie lässig in die Menge. Sie waren wie Kopfgeldjäger aus einer anderen Zeit, die mit ein paar eingefangenen Desperados vor dem örtlichen Gefängnis aufkreuzten. Diese Männer befaßten sich mit dem Staatsfeind Nummer Eins des ländlichen Amerika. Setzten ihr Leben aufs Spiel, das Land sicherer zu machen. Damit die Leute nachts ruhig schlafen konnten. Gottgefällige Arbeit war das. Hieß es nicht in der Bibel, Erstes Buch Mose, Kapitel 3, von der Schlange: »Der Nachkomme der Frau soll dir den Kopf zertreten«? Nun, diese Jungs hier hatten es nicht bei dem einen Kopf belassen. Die hatten im letzten Jahr in dieser Gegend mehr als sechshundert Schlangen beseitigt.

»Sind Sie schon mal gebissen worden, Mister?« fragte ein Junge durch den Maschendraht einen großen Schlangenjäger. Unter schweren Lidern sah auch seine Mutter zu dem Mann hinüber, tief beeindruckt.

»Nie«, erwiderte der Jäger. Aber in der Art, wie er es sagte, klang ein unausgesprochenes »Noch« mit, als wunderte er sich selbst darüber, daß er so lange verschont geblieben war. »Wollen wir hoffen, daß es so bleibt, mein Freund.«

Aber ich wußte es besser. Ich hatte John Calhoun auf Klapperschlangen pissen sehen. In Wahrheit wuchsen dank der winterlichen Temperaturen die Chancen der Schlangenjäger so sehr, daß ihre scheinbar so kühne Betätigung nicht gefährlicher war als die eines Kammerjägers. Sicher, es gab Kämpfe zwischen Mensch und Tier, die für den Menschen ein gewisses Risiko bedeuteten – die Büffeljagd in Afrika, den Walfang im 19. Jahrhundert, selbst das Rodeo-Reiten –, aber eine Razzia auf tiefgefrorene Klapperschlangen gehörte nicht dazu. Eher ließ sich das mit dem Erschlagen von Robbenbabys vergleichen. Wenn man davon absah, daß man bei der Schlangenrazzia nicht mal im Eis einbrechen konnte. Aber hätte ich erwähnt, daß diese Leute noch viel weniger Gottes treue Vorkämpfer waren, die ihr Leben im Dienst der Gemeinschaft aufs Spiel setzten, als die Mitarbeiter einer Schädlingsbekämpfungsfirma, hätte ich mich bei den Einwohnern von Whigham nur unbeliebt gemacht. Also tat ich beeindruckt und duckte mich unter das Viehgatter, um besser sehen zu können.

Die Schlangenjäger arbeiteten in Teams. Wenn sie ihre Beute ablieferten, wurden die Schlangen gezählt, und außergewöhnliche Exemplare, Bewerber um den Sonderpreis für die schwerste Schlange des Jahres, wurden gewogen. Ein Händler aus Florida, der aus den Schlangen Schuhe, Brieftaschen und Haustierfutter machen würde, zahlte 6 Dollar pro Fuß Schlangenleib. Sein Mitarbeiter hielt jede Schlange am Schwanz in die Höhe, und der Händler schätzte die Länge in Fuß. »Dreieinhalb«, schlug er vor, woraufhin der betroffene Jäger unweigerlich zu maulen begann und mit finsterer Miene erklärte, wie er meilenweit herumgestiefelt war wegen dieses elenden Viehs – nach seinen Phantasiezahlen zu urteilen, habe der Händler sich offenbar keine Löcher in die Schuhe gelaufen –, bis er schließlich mit seiner eigenen Schätzung konterte: Vier Fuß! »Jaha!« rief der Händler spöttisch. »Wenn du sie so lang ziehst, daß sie reißt!«

Am anderen Ende des Pferchs hantierte ein Mann namens Ken ebenfalls mit Schlangen. Ken hatte Übergewicht, einen Bart und trug rote Hosenträger. Bis die Schlangen bei Ken angekommen waren, hatte die Wärme in den Plexiglasgruben sie aktiv und zornig gemacht, und die Rasseln sirrten wie Zikaden. Ken stellte Schlangenserum her und »molk« jede einzelne Schlange dieses Round-ups. Mit seinem Haken drückte er den Kopf der Schlange zu Boden, packte sie am Hals und zwang sie, mit ihren Giftzähnen in den Rand eines mit Gummi bespannten Trichters zu beißen, so daß das dottergelbe Gift in ein mit Eis umpacktes Sammelgefäß floß. Diesen Vorgang wiederholte Ken an diesem Tag mehrere hundertmal. Kräftige Hände waren dabei vonnöten. Trotzdem fand er noch die Zeit, dem Publikum zwischen den Melkaktionen etwas vorzuführen. Er klemmte sich den unteren Teil des Schlangenleibs wie einen Dudelsack zwischen Ellbogen und Oberkörper, hielt die Schlange wie eine Handpuppe am Hals und ging mit ihr die Absperrung entlang. In dem Sperrfeuer aus Rufen, Schreien und Bekundungen tiefen Abscheus, das er auslöste, wurde immer wieder die gleiche Frage laut.

»Schon mal gebissen worden?«

Nein, sagte Ken. Und hatte auch nicht vor, sich in Zukunft beißen zu lassen.

Ken stellte Schlangenserum her. Ken hatte eine ziemlich genaue Vorstellung davon, was der Biß einer Östlichen Diamantklapperschlange, der gefährlichsten Klapperschlange Nordamerikas, anrichten konnte. Ken hatte die Blasen gesehen, schwarz wie Oliven, groß wie Pflaumen. Unterarme, aufgeschnitten bis auf den Knochen, um den Druck zu mildern. Ken war Wissenschaftler. Ken wollte sich nicht beißen lassen.

Aber wie die Leute fragten! An diesem Tag erklang die gleiche Frage, die ich John Calhoun gestellt hatte, in Whigham tausendfach. »Schon mal gebissen worden?« umschwirrte sie die Jäger und die Schlangengruben und Ken. Als die Dämmerung kam, hatte man sie so oft gehört, daß man hätte glauben können, sie werde demnächst in zauberhaftem Rosa hoch am Himmel über dem Old South, dem kleinen Restaurant der Stadt, erscheinen.

Gebissenwerden war nicht toll. Die Schlangenjäger wußten das. Trotzdem wollte jeder wissen, wie man sich dabei fühlte, und Tatsache war, die Jäger konnten es nicht sagen. Sie waren Schlangenmänner und wußten es nicht. Klar, sich nicht beißen lassen, war vernünftig – aber einen Biß abbekommen und ihn überleben, das war eben doch etwas anderes.

In den sechsunddreißig Jahren seines Bestehens hatte es bei

dem Round-up in Whigham nur einen einzigen Schlangenbiß gegeben: Ein zu Gast weilender Herpetologe hatte die Schnelligkeit einer zustoßenden Klapperschlange eindringlicher demonstriert, als es gut für ihn war. Aber im Westen, bei den Round-ups in Oklahoma, in dem Örtchen Waynoka zum Beispiel gab es sogar einen Club von Leuten, die Schlangenbisse überlebt hatten. Sie nannten ihn die White Fang Society. Im Unterschied zu meinem Club, der nur in meinem Kopf existierte, als psychologischer Beistand bei dem unangenehmen Geschäft des Schlangenaufsuchens, gab es die White Fang Society wirklich.

Nicht, daß man von einem aktiven Vereinsleben hätte sprechen können. Die Mitgliedschaft verschaffte einem auch kaum materielle Vorteile. Nicht mal Versammlungen hielt dieser Verein ab; es gab nichts zu besprechen, und die wenigen Mitglieder kannten einander sowieso. Ihre Mitgliedschaft bestand bloß aus einer Urkunde an der Wand des Jagdclubs in der Missouri Street von Waynoka. Aber jeder wußte, was diese Mitgliedschaft bedeutete. Der Biß einer Klapperschlange war weniger Wunde als Weihe. Ein Initiationsritus, der den Gebissenen eins werden ließ mit dem Land. Das Abzeichen des echten Pioniers. Wer einen Biß überlebt hatte, der hatte die »Grenze« erlebt. Hatte alles abbekommen, was einem dieses großartige Land antun konnte, und hatte es ohne viel Getue ertragen. Es gab bestimmt viele da draußen, die für einen Klapperschlangenbiß alles gegeben hätten. Mit Stolz konnte man ihn tragen, den Klapperschlangenbiß. Er war das höchste Statussymbol des ländlichen Amerika.

Frank Dobie, der zu Beginn dieses Jahrhunderts viel über das Leben in den Weiten Amerikas geschrieben hat, wußte, was ein Klapperschlangenbiß bedeutete, als er die wahrscheinlich erfundene Geschichte eines texanischen Mädchens namens Dolly Dickens notierte. Ausnahmslos alle Mitglieder der Dickens-Familie waren im Laufe der Jahre von Klapperschlangen gebissen worden – nur Dolly nicht. Nun hätte sie ja dankbar sein können, daß ihr dies erspart geblieben war, aber mit der Zeit wurde ihr immer klarer, wie sehr sie es bedauerte und daß ihr irgendwas fehlte. Die anderen Familienmitglieder, so schrieb Dobie, »verkörperten den Geist des Clans und waren ungeheuer stolz auf das, was ihnen widerfahren war«. Daß ihre Haut nie von den Giftzähnen einer Klapperschlange durchstoßen worden war, empfand Dolly Dickens immer mehr als Demütigung. Sie fing an, barfuß in hohem Gras herumzulaufen. Paßte absichtlich nicht auf, wohin sie trat. Trieb den Leichtsinn auf die Spitze. Schob die Hand in aussichtsreiche Löcher. So war einer ihrer Brüder gebissen worden. Eines Abends, als sie den Kühen durch den Ginster nachging, wurde Dolly Dickens schließlich gebissen. Sie rannte nach Hause und war begeistert. Wurde danach besser in der Schule. Heiratete später einen wohlhabenden Rancher. Im Biß fand Dolly Dickens all die Anerkennung, nach der sie sich immer gesehnt hatte.

So war das früher in Texas, als noch jeder gebissen wurde. In Georgia lagen die Dinge ein bißchen anders. Die mit 4,2 Kilogramm schwerste Schlange des Jahres hatte zwar Terry Harrisons Schlangenhaken kaputtgemacht, aber gebissen hatte sie ihn nicht. Nein, Terry war nie gebissen worden – ein älterer Mann, der aussah, als würde er ständig Luft kauen. Er schien meine Gedanken gelesen zu haben.

»So'n Typ, drüben in Enigma, den hat's letztes Jahr bös erwischt«, sagte er. »Gehörte zu diesen Verrückten, mit ihrem religiösen Tick. Hat ihn umgebracht. Tja, diese Brüder haben es schwer.«

Ich glaubte, ich hätte den alten Mann nicht richtig verstanden.

»Die Religiösen«, wiederholte er. »Wie die Holy Rollers. Hantieren mit Schlangen in der Kirche. Dann werden sie gebissen. Manche sterben dran. Wie eben dieser Kerl drüben in Enigma.«

Meine erste Reaktion auf den ersten von vielen Todesfällen beim Schlangenaufheben, von denen ich noch hören sollte: *Dieser Kerl hatte wirklich im richtigen Ort gelebt.* Hier war das moderne Amerika, und nun hörte ich von Leuten, die aus dem Schlangenaufheben einen christlichen Ritus machten, die regelmäßig gebissen wurden und obendrein auch noch ärztliche Hilfe ablehnten.

Ich hatte von diesem Brauch zwar schon mal gehört, hatte ihn aber für längst ausgestorben gehalten und im Kopf hinter die verschlossenen Türen der Geschichte verbannt.

»Schätze, die werden nicht mit Ihnen reden«, sagte der Alte. »Bleiben gern unter sich, diese Leute.«

Das würde sich zeigen. Enigma lag zwei Stunden weiter östlich, eine winzige Siedlung im mittleren Südgeorgia. Am nächsten Morgen fuhr ich los, ohne nochmal bei dem Mädchen von der Tankstelle vorbeizusehen. Glitzernder Rauhreif verwandelte sich unter der strahlenden Sonne rasch in tauende Nässe, und ich war in bester Laune. Es war Sonntag, und auf den Parkplätzen vor den Baptistenkirchen glänzten reihenweise blitzblanke Autos. Im Radio kämpfte ein Prediger mit einem zu lang geratenen Speisegleichnis.

»Unsere Kinder wollen keine einfachen Getreideflocken essen«, dröhnte er. »Immer wollen sie andere Sorten, die irgendwas Besonderes haben. Zucker soll drin sein oder Honig oder Nüsse, und selbst dann geben wir manchmal noch Obst und anderes Zeug dazu, um es irgendwie aufzumotzen.« Soweit ich verstand, sprach er darüber, wie wir unser Leben immer komplizierter machen und darüber die einfachen Dinge aus den Augen verlieren. Aber das rechtfertigte noch lange nicht eine derart massive Attacke auf Müsli.

Ich hielt vor dem Haus von Patricia Hale. Es war cremefarben, mit Holz verkleidet und stand zwischen einigen anderen an einer Sackgasse, mit einem gepflegten Vorgarten. Auf der Schaukel, die an Ketten von Dachbalken über der Veranda herunterhing, hatte es sich eine Katze bequem gemacht. Es gab ein paar Büsche und einen Stellplatz für ein Auto. Als die Tür aufging, drang Gospelmusik heraus und hüllte mich ein, aber Patricia Hale blieb zurückhaltend. Ich sagte ihr, warum ich gekommen war. Sie lud mich ein, hereinzukommen, aber nicht ohne Zögern. »Ich bin gerade aus der Kirche zurück«, sagte sie. Sie trug ihr langes Haar in einem strengen Knoten. Sie war schlicht gekleidet, und ihr verhärmtes Gesicht betonte noch ihren Kummer. Sie führte mich zu einem Sessel und setzte sich mir gegenüber. Auf dem niedrigen Tisch rechts von ihr war eine Bibel in Stellung gebracht.

Vor kurzem hatte sie den Tag begangen, an dem sich der Tod ihres Mannes Bruce zum erstenmal jährte. Bruce war von einer Klapperschlange gebissen worden – während des sonntäglichen Gottesdienstes in der Kirche des Ehepaars, der New River Free Holiness Church, ein paar Meilen weiter südlich in dieser Erdnußgegend.

»In den Zeigefinger«, sagte Patricia. »Vielleicht hat er sogar zwei Bisse abbekommen. Muß so um die Mittagszeit gewesen sein«, erinnerte sie sich. »Eine Zeitlang hat er einfach weitergesungen und die Schlangen gehalten, als wäre nichts passiert. Oh, Herr im Himmel. Aber nach einiger Zeit sah man, daß er es spürte. Er schwitzte, zuckte, fing an zu nuscheln und so. Nach Hause wollte er nicht. Er lebte für die Kirche, ja das tat er, Amen. Aber ihm wurde übel. Also setzten wir ihn in den Wagen und brachten ihn her, ich und unser Prediger. Und andere Freunde und Verwandte, die kamen dann auch. Wir legten ihn auf die Couch und beteten den ganzen Nachmittag. Wir beteten so inbrünstig für Bruce, wirklich, und eine Zeitlang sah es aus, als würde er durchkommen. Sein Arm war stark geschwollen, klar, aber es sah nicht allzu ernst aus. Bis es dann langsam dunkel wurde, da wurde er plötzlich schwächer. Die Schwellung wuchs, und er fing an, stark zu schwitzen. Er hat schwer gelitten.«

»Haben Sie nie daran gedacht, ihn ins Krankenhaus zu bringen?« Die nächstliegende Frage war zugleich auch die grausamste.

»Bruce wollte nicht. Er legte sein Leben in die Hände des Herrn.« Patricia zuckte mit den Achseln. Sie hätte es genauso gemacht.

»Wir heben die Schlangen nicht mehr so oft auf, wie sie das früher getan haben«, sagte Patricia, »oder wie die Leute im Norden, oben in den Appalachen. In Nordgeorgia und Alabama.

Tennessee und Kentucky. Aber manchmal, wenn der Geist über uns kommt, bringen die Männer die Kästen noch mit hinaus. Heute übrigens auch wieder. Und ich genauso. Wenn es mich packt, hebe ich die Schlangen auf. Wenn der Herr will, daß ich's tue.«

Einen Schlangenbiß überleben bedeutete hier etwas anderes; was für die meisten Bewohner des ländlichen Amerika eine Art Initiation war, das war für die Holiness-Leute nichts Geringeres als die Anerkennung durch Gott, Beweis dessen, daß der Herr seine schützende Hand über sie hielt.

Aber Bruce Hale hatte die Bisse nicht überlebt. Er litt bis zuletzt und starb an jenem Abend um halb zehn.

»Manche sagen, der Glaube meines Mannes sei nicht stark genug gewesen«, erklärte Patricia. »Deshalb sei er gestorben. Aber das heißt nicht, daß er kein guter Christ war.«

Ich wollte wissen, wie sein Tod auf ihren eigenen Glauben gewirkt habe. Sie griff nach der Bibel und umklammerte den dunkle Rücken mit den Fingern.

»Ich hoffe und bete darum, daß mein Glaube der rechte ist«, sagte sie. »Die Bibel spricht von Hungersnot und Seuchen, kurz vor dem Ende, und das erleben wir jetzt. In Indien und Afrika. Das Ende ist nicht fern. Ich weiß, bald wird mich der Herr heimrufen.«

Patricia bot an, mir das Grab ihres Mannes zu zeigen; von dort würde ich leicht zum Interstate Highway zurückfinden. Ich fuhr ihr nach, über Seitenstraßen zur New River Church, einem einsamen, abseits der Straße gelegenen modernen Bau inmitten von Feldern und ein paar Kiefern. Patricia hatte morgens erst frische Blumen zum Grab von Bruce gebracht – gelbe Rosen und rote Nelken. Das Grab war angelegt wie ein Doppelbett; Bruce hatte die rechte Seite bekommen. Die Decken bestanden aus einer Streuung grauer Marmorsplitter. Auf den Grabsteinen, die geteilt waren wie Kopfbretter, standen die Namen und Lebensdaten von Bruce und Patricia. Zwischen den Grabsteinen stand ein Kreuz mit den Worten »Ehre sei Gott«. Einen Hinweis darauf, wie Bruce zu Tode gekommen war, gab es nicht.

Patricia deutete auf die letzte Ruhestätte eines anderen Schlangenaufhebers, Leon Parson, der 1972, mit zweiunddreißig Jahren, an einem Schlangenbiß gestorben war. Parsons Foto, das ihn mit schütterem, kurzgeschorenem Haar, dunklem Anzug und kariertem Hemd zeigte, war in einem ovalen Rahmen auf seinem Grabstein angebracht. Seine Frau Marie hatte sich noch nicht zu ihm gesellt.

Ich hatte gehört, für einen Amerikaner läge die Wahrscheinlichkeit, an einem Schlangenbiß zu sterben, bei eins zu drei Millionen. Doch hier erblickte ich auf einem einzigen Friedhof die Gräber zweier Schlangentoter. Ich war nach Amerika gekommen, weil es hier heroische Schlangenjäger gab, die, wie sich herausstellte, niemals gebissen wurden. Und fand etwas ganz anderes: scheue Schlangenaufheber, die andauernd gebissen wurden und sich dann für den Tod im Herrn entschieden.

Als ich abfuhr, stand Patricia noch immer vor ihrem eigenen Grab. Sie sah aus, als wäre sie reif fürs Bett.

Neun
Australien III

Es fehlt den Bewohnern des australischen Buschs im allgemeinen nicht an Mut, aber dieser Mut geht in die falsche Richtung und bekundet sich oft darin, daß sie sich den verwundeten Zeh oder Finger abhacken – was durchaus unklug und gefährlich ist.

Gerard Krefft, The Snakes of Australia (1869)

Oktober 1996

Um zwei Uhr, wie auf dem Plakat angekündigt, kletterte ein Mann in khakifarbenen Shorts und Stiefeln in die Schlangengrube. Er hatte zwei Leinensäcke, einen Verband und einen Schlangenhaken aus Metall bei sich.

»Leute«, begann er. »Ich heiße David und will euch ein bißchen was über einige der hundertfünfzig Schlangenarten hier in Strayer erzählen.« Die Schlangengrube hatte steile Betonwände; es war, als würde David sein Publikum, das auf der Betontribüne Platz genommen hatte, aus einem leeren Schwimmbecken ansprechen, in dem hier und da ein paar Bäumchen wuchsen.

Immer noch leicht nervös nach meiner Begegnung mit der Seemöwe, hatte ich Cairns am Morgen verlassen und war durch einen grünen, mit Feldern überzogenen Küstenstreifen, hinter dem sich glitzernd der Ozean dehnte, nach Norden gefahren. Eukalyptusbäume ragten über die Straße, die sich oberhalb eines einsamen Steinstrandes dahinzog. Fünfundzwanzig Meilen nördlich von Cairns tauchte dann neben der Straße Hartley's Creek Crocodile Farm auf.

»Leute«, fuhr David fort, »man kann wohl sagen, daß hier in Strayer rund zwei Drittel all unserer Schlangen mehr oder weniger giftig sind. Von den dreiundzwanzig giftigsten Arten auf der

Welt haben wir zwanzig hier, und von den zehn giftigsten alle.« Die beeindruckende Statistik löste bei der Menge ein erwartungsvolles Raunen aus.

»Aber keine Sorge, Leute; bei den Schlangen ist es nicht so, daß sie überall herumkriechen und jeden beißen, den sie kriegen können. Laßt sie in Ruhe, und ich kann euch garantieren, daß sie euch in Ruhe lassen. In Wirklichkeit sterben hier in Strayer durchschnittlich nur eins Komma acht Leute pro Jahr an einem Schlangenbiß, Leute; keine große Gefahr. Also, Leute, reden wir zur Abwechslung mal vernünftig über Schlangen.«

Ich spürte, daß die Besucher rechts und links neben mir zusammensackten wie altgewordene Luftballons bei einer Gartenparty. Diese Leute waren nicht in die tägliche Schlangenschau von Hartley's Creek gekommen, um sich erzählen zu lassen, daß Australiens Schlangen »keine große Gefahr« darstellen. Und an Sicherheitsgarantien lag ihnen auch nichts. Sie wollten keine »vernünftige« Einführung in das, was David wahrscheinlich die lokale Reptilienfauna genannt hätte. In ihren Augen war David drauf und dran, das freie, wilde Australien zu verstümmeln. Und Australier, die auf die Gefährlichkeit ihrer Tierwelt schon immer mit perversem Stolz reagiert hatten, ließen sich so etwas nicht bieten. Wie kannst du unser Land ungefährlich nennen, hätten sie am liebsten erwidert, wenn vor unseren Küsten immer wieder die Haie angreifen? Der Biß einiger unserer Spinnenarten ist potentiell tödlich, von den Qualen, die sie verursachen, gar nicht zu reden. Außerdem hat es ein paar eindrucksvolle Angriffe von Krokodilen gegeben – sogar, darauf hätten sie bestimmt hingewiesen, ganz in der Nähe von Hartley's Creek. Also, Schluß mit dem Vernunftgelaber, David, wir wollen endlich Schlangen sehen.

In einem Punkt hatten sie recht. Die australische Schlangenschau gab es seit einer Ewigkeit. Sie war immer melodramatisch gewesen, und wer den Leuten etwas anderes verkaufen wollte als Schauergeschichten von todbringenden Ungeheuern, der redete mutwillig an der Sache vorbei. In der Schlangenschau ging es um aufregende Geschichten; das unvollendete Gekritzel auf einem Zettel neben der Leiche: »Gebissen von einer ....«; die tollkühnen Abenteuer des Schlangenmannes in der Todesgrube; die plötzliche Attacke und zuschlagende Zähne, die jedesmal so viel Gift verspritzen, daß es für hundert Menschen reicht. Aus solchem Stoff war eine Schlangenschau, die ihren Namen verdiente, immer gewesen – seit ein gewisser Wilkinson in den Jahren nach 1820 in Parramatta bei Sydney mit einem Sack voller Schlangen umhergezogen war. Wenn ihm danach war, stopfte sich Wilkinson diesen Sack auch unter den Hut.

Für Schlangenhaken hatte er keine Verwendung. Er soll seine Schlangen, darunter oft todbringende, gefangen haben, indem er sich von hinten anschlich, sie mit bloßen Händen packte und in seinen Sack stopfte. Sein Kabinettstück, nach dem das Publikum immer wieder verlangte, bestand darin, seine Hand in den Sack zu stecken – und nie schien er nachher unter irgendwelchen Beschwerden zu leiden.

»Viele Menschen haben Angst vor Reptilien oder eine Phobie«, fuhr David unbeirrt fort. »Aber denkt doch mal nach; diese Viecher haben vor euch viel mehr Angst als ihr vor ihnen.« In die »Todesgrube«, wie jeder Schlangenmann, der etwas auf sich hielt, das Gelände, auf dem seine Schau stattfand, früher genannt hatte, war die tote Hand des »gesunden Menschenverstandes« gekrochen. Offenbar sollten sich hier jetzt die Schlangen erschrecken und nicht mehr die Menschen.

»Also, Leute, das heißt nun aber nicht, daß man sich nicht vorsehen soll. Für den Fall, daß doch mal irgendwo was Unangenehmes passiert, werde ich euch jetzt vorführen, wie man Erste Hilfe leistet, damit ihr genau wißt, was ihr zu tun habt.«

Was man von den ersten Siedlern in Australien nicht unbedingt behaupten konnte. Zu den gebräuchlichen Mitteln bei einem Schlangenbiß gehörte im 19. Jahrhundert Schießpulver, das man auf die Wunde häufte und dann zündete. Man hat von Bißopfern gehört, die sich der gebissenen Extremität mittels einer

Axt oder gar einer Feuerwaffe entledigten. Wegen ihrer Saugfähigkeit wurden oft auch Blutegel angesetzt. Gemäß dem Prinzip, daß ein zweites Gift die Wirkung des ersten angeblich neutralisiert, erfreuten sich Strychnin, Quecksilber, Ammoniak und »Goldchlor« zeitweise großer Beliebtheit. Der Saft von Bananenblättern hatte ebenso seine Anhänger wie Krötenurin oder Rinderdung. Außerdem galten gewaltige Mengen Alkohol, noch mehr, als man ohnehin schon täglich kippte, um sich über das harte Leben im Australien des 19. Jahrhunderts hinwegzutrösten, als ausgezeichnetes Heilmittel gegen Schlangenbiß. Ein Liter Brandy, in vollen Gläsern alle zehn Minuten verabreicht, war ein allgemein anerkanntes Rezept. Das *Australian Medical Journal* berichtete 1859 von der denkwürdigen Behandlung eines Schlangenbisses, bei der die Wunde »mit Schießpulver gesprengt« wurde. Dem Opfer, einer Frau, »war acht Stunden lang ziemlich übel; sie wurde innerlich und äußerlich mit Ammoniak behandelt. Ständig bekam sie kalte Umschläge und leerte dabei zwei Flaschen Brandy. Dann ritt sie auf einem Männersattel heim.«

Doch nicht alle Australier waren so robust, und um die Mitte des 19. Jahrhunderts verlangten viele nach einer weniger belastenden Behandlung bei Schlangenbissen. Nun wurden alle möglichen Schlangenarzneien und Wundermittel zusammengebraut, und die Schlangenschau jener Zeit war im Grunde nichts anderes als eine notdürftig kaschierte Werbeveranstaltung für pharmazeutische Produkte. Trotzdem verliefen diese Darbietungen sehr dramatisch. Es ging um beträchtliche Summen, und die konkurrierenden Schlangenmittel-Verkäufer schreckten vor nichts zurück, um das Publikum von der Wirksamkeit ihrer Arznei zu überzeugen, auch wenn sie sich dabei selbst erheblichen Gefahren aussetzten. Wilkinsons Verhalten in Parramatta mag uns leichtsinnig erscheinen, aber spätere Generationen haben es in dieser Beziehung noch sehr viel wilder getrieben, bevor dann David und seinesgleichen hundertfünfundsiebzig Jahre später die Schlangenschau als spannungsfreies Bildungsprogramm neu erfanden.

In Tasmanien, wo die Gattin des Gouverneurs um 1830 einen Shilling Kopfgeld für jede Schlange zahlte, die man ihr brachte, ließ sich ein früher Schlangenmann namens Joseph Shires regelmäßig vor zahlendem Publikum von einer Schlange beißen und verabreichte sich dann, um dessen Wirksamkeit zu beweisen, sein nach wohlgehütetem Geheimrezept zusammengebrautes Heilmittel. Einmal ließ er sich von einer australischen Tigerschlange, die als die viertgefährlichste Schlange der Welt gilt, in den Finger, die Lippe und den Hals beißen, ehe er zusammenbrach und in eine nahegelegene Herberge gebracht wurde, wo er sich bald erholte, um sogleich die nächste Vorführung zu starten. Zu Beginn des 20. Jahrhunderts wurden in den Kleinstädten regelmäßig Werbezettel verteilt, die die Einwohner zu solchen »Darbietungen« einluden. »Der junge Milo«, konnte man auf einem von ihnen lesen, »wird sich von einer giftigen Schlange beißen lassen und nachher selbst behandeln. Die Schlange wird unmittelbar danach noch ein Kaninchen töten.« *Das* erwarteten echte Australier von einer Schlangenschau.

Mehrmals schienen bestimmte Mittel die Behauptung zu bestätigen, mit ihnen sei »ausnahmslos jeder Fall von Schlangenbiß in Australien geheilt worden« – zum Beispiel mit »Morrissey's Snakebite Antidote«. Kein Wunder, daß es sich im ganzen Land gut verkaufte. Dieses Mittel und wichtige Konkurrenten wie »Underwood's Antidote for the Bites of Snakes and Other Venomous Reptiles« wurden zu berühmten Markennamen und lösten heftige Spekulationen über ihre Zusammensetzung aus. Horace Wheelwright schrieb in seinem Buch *Bush Wanderings of a Naturalist* (1861), Underwood habe »das Geheimnis seines Elixiers entdeckt, als er den Kampf zwischen einer Schlange und einer Tannenzapfenechse beobachtete. Nachdem die Echse die Schlange getötet hatte, sah er, wie sie die Blätter einer kleinen Pflanze fraß«; vermutlich hatte sie sich auf diese Weise von dem Biß kuriert, den sie während des Kampfes davongetragen hatte. Underwood »sammelte also einige dieser Pflanzen ein, stellte einen Absud davon her, und dies war das Geheimnis seiner Mischung«. Noch 1916 lockte »Tambo, der Reptilienkönig« mehr als viertausend zahlende Besucher in seine berühmten Sydneyer Vorführungen.

In den Einzelheiten gab es Unterschiede zwischen solchen Darbietungen, aber das Kernstück blieb sich immer gleich; es ging darum, daß Hühner, Kaninchen, Hunde oder Schweine von Schlangen gebissen wurden. Im Idealfall starben die Tiere kurz nach dem Biß, während der Held des Stücks, der Schlangenmann, sich mehrmals beißen ließ, seine Arznei einnahm, überlebte – und anschließend zum Verkauf überging, für stolze zehn Shilling pro Flasche.

Viele dieser Schlangenmänner ließen sich viele Male beißen, und daß die meisten von ihnen so lange lebten, wie sie lebten, verdankten sie einer Mischung aus Geschicklichkeit, Glück und erworbener Immunität – von der man damals allerdings noch nichts wußte. Daß ein Mensch, der einen Biß überlebt hat, hierdurch eine größere Widerstandsfähigkeit bei künftigen Bissen erwirbt, wurde von der Wissenschaft erst im Zuge der Erforschung des menschlichen Immunsystems gegen Ende des 19. Jahrhunderts in Erwägung gezogen. Diese Entdeckung führte dann nicht nur zu einem Verständnis für die Möglichkeiten der Serumtherapie – also der Anwendung von Antikörpern, die aus giftresistentem Blut gewonnen und dem Opfer eines Schlangenbisses injiziert werden –, sie lieferte auch eine wissenschaftliche Erklärung dafür, daß Schlangenmänner Bisse so regelmäßig überlebten, und zwar eine Erklärung, die sehr viel überzeugender klang als alles, was diese Leute selbst im Zusammenhang mit ihren Arzneien behaupteten.

Für die Verkäufer von Schlangenmedizin waren diese Entdeckungen der Anfang vom Ende. Schon 1869 erklärte Gerard Krefft, der Direktor des Australian Museum in Sydney, die Verkäufer von Schlangenmedizin seien »gründlich bloßgestellt«. Natürlich dauerte es einige Zeit, bis die wissenschaftliche Skepsis in das öffentliche Bewußtsein drang, und mancher Arzneiverkäufer machte noch bis weit ins 20. Jahrhundert gute Geschäfte. Aber viele Australier, die für teures Geld nichts weiter als gewöhnliches Ammoniak oder Essig oder ein anderes wertloses Gebräu erstanden hatten, ließen sich nicht noch einmal zum Narren halten.

Auch wenn sich die Australier mit der Zeit von den Schlangenmitteln und ihren Verkäufern abwandten, blieb das faszinierte Interesse an den Schlangen doch bestehen. So kam es gegen Ende des 19. Jahrhunderts zu einer Selbsterneuerung der Schlangenschau: Die Schlangen krochen nun in die Mitte der Bühne. Aus pharmazeutischen Verkaufsspektakeln wurden eigenständige Unterhaltungsdarbietungen. An die Stelle des medizinischen Rahmens – Bisse, tote Tiere und Applikation des Heilmittels – traten Spannung und Dramatik, eine von Grauen und Gefahr erfüllte Varietédarbietung. In »Schlafende Schönheit« lag eine Frau reglos da, während ihr Assistent todbringende Schlangen auf ihrem Körper verteilte. Amerikanische Darstellerinnen mit Namen wie »Princess Indita« bereisten die Jahrmärkte und Volksfeste mit ihren Klapperschlangen, auch »Yankee Schwanzschüttler« genannt, und zeigten dabei den berühmten Schlangentanz der Hopi-Indianer Arizonas, bei dem sie den Kopf der Schlange schließlich auch in den Mund nahmen. Während sich die Arzneiverkäufer gern mit Namen geschmückt hatten, die sie als wissenschaftliche Autoritäten auswiesen – vor allem »Professor« –, bevorzugte die neue Generation von Schlangenvorführern häufig exotische Künstlernamen. Da gab es den »Cobra Boy« und den »Mystery Man«. Schlangenfrauen schätzten nicht nur Namen wie »Princess« oder »Queen of Snakes« oder »Wonder Woman«. Manche nannten sich auch »Kleopatra«, was sich, in Anbetracht der Art, wie die Namenspatronin ums Leben gekommen war, bisweilen als unbedacht erwies: Eine »Cleopatra« starb 1920 in der Nähe von Sydney am Biß einer Tigerschlange.

In der großen Zeit der Schlangenschau kamen tödliche Schlangenbisse ziemlich häufig vor. Unvorsichtigkeit, Todessehnsucht oder der pure Mutwille, oft entfacht durch die irrige Annahme, weitere Schlangenbisse könnten ihnen nichts mehr anhaben, führten während der schlimmsten Jahre zum Tode von nicht weniger als zehn Darstellern. Ein typischer Fall war das Ende von Tom Wanless im Juli 1921. Sein Ruf hatte ihm eine Tournee durch Südafrika eingebracht, wo er die Bisse verschiedener afrikanischer Schlangen an sich erprobte, darunter Puffottern und Kobras. Eines Samstagabends ließ sich Wanless auch von einer Grünen Mamba beißen. Als er am nächsten Morgen Blut spuckte, warf er einen Blick in den Spiegel und sagte noch: »Die Grüne Mamba gewinnt« – bevor er in Ohnmacht fiel und am nächsten Tag verstarb.

Dem Publikum in Hartley's Creek war klar, daß unser David kein Tom Wanless war. »Also diese hier, Leute«, sagte er und zog mit seinem Haken eine Schlange aus einem Sack, »ist eine Rotbäuchige Schwarzschlange. Keine von den *wirklich* unangenehmen. Was die Rotbäuchige anrichtet – na ja, sie stoppt die Blutgerinnung, das heißt, man kotzt Blut, hat Blut im Urin, bekommt Muskel- und Gewebeschäden.« Eine der häufigsten Giftschlangen Australiens, die schöne Rotbäuchige Schwarze, lag gehorsam auf dem Sims, der die Grube umgab. Gelegentlich glitt ein leichtes Zucken über ihren Leib. Von nahem glichen die glänzenden Schuppen einem Schindelkleid aus lauter schwarzen und roten Gitarrenplektren.

In der Wahl der Schlange – aber nur darin – knüpfte David bei den alten Schlangenvorführern an. Die Rotbäuchige Schwarzschlange war in den Vorstellungen ständig vertreten, sie war das Arbeitspferd der Schlangengrube, in der außerdem auch Tigerschlangen, Braunschlangen, Kupferköpfe und Todesottern regelmäßig auftraten. Dies waren die berüchtigsten Arten, die in der Nähe der dicht besiedelten Zentren, vor allem Melbourne und Sydney, häufig vorkamen, also leicht zu beschaffen waren.

»Und nun zu den wirklich unangenehmen«, sagte David. (Daß er das »Leute« diesmal wegließ, gab seinen Worten zusätzlichen Ernst. Das Publikum war plötzlich ganz Ohr.) »Die elf gefährlichsten Schlangen der Welt leben alle in Australien, und unter ihnen ist der Taipan, der hier in der Gegend häufig vorkommt, eine der schlimmsten. Der Taipan und ein paar andere sind deshalb so schlimm, Leute, weil ihr Gift neurotoxisch ist, das heißt, es greift das Nervensystem an. Erst sieht man alles verschwommen, die Zunge schwillt an, Übelkeit und Schwindel, und so weiter. Ohne Behandlung ist die Sache dann ziemlich einfach: Entweder man stirbt an Herzversagen, oder man erstickt. Aber dank der Erste-Hilfe-Stationen, die wir in Strayer haben ...«

Nach dem Tod von Kevin Budden im Jahre 1950 behauptete George Cann, ein Schlangenvorführer aus Sydney, er sei »vierhundertmal gebissen worden, von jeder australischen Schlangenart – außer vom Taipan«. Diese Ausnahme dürfte für die meisten Schlangenleute gegolten haben. Dank eines glücklichen geographischen Zufalls kamen die Schausteller der zwanziger Jahre tatsächlich nur selten mit Taipanen in Berührung. Selten, aber nicht nie. Da diese Spezies zu jener Zeit noch wenig bekannt war, ist es nicht unwahrscheinlich, daß sich einige Taipane, als Braune oder Königsbraune verkleidet, unter die Schlangen mischten, mit denen die Shows durch Queensland zogen. Diese Vermutung läßt manche zeitgenössischen Berichte in einem neuen Licht erscheinen. Eine »Schlangenbeschwörerin«, eine gewisse Mrs. Bydon, wurde 1927 von einer, wie das *Medical Journal of Australia* schrieb, braunen Schlange gebissen, und zwar in Rockhampton, Queensland, mitten in einem Gebiet, in dem, wie man heute weiß, Taipane verbreitet sind. »Dieser Fall«, so schrieb das *Journal*, »weist mehrere interessante Merkmale auf; das wichtigste ist vielleicht der Beweis der Tatsache, daß selbst die Braunschlange mit ihren kurzen Giftzähnen imstande ist, eine tödliche Dosis durch einen Stoff von beträchtlicher Dicke abzugeben.« Oder, was heute sehr viel plausibler erscheint: Mrs. Bydon wurde in Wirklichkeit von einem Taipan gebissen, der wie eine Braunschlange aussieht, aber viel längere Giftzähne hat, die im Schnitt dreißigmal mehr Gift abgeben.

In den fünfziger Jahren jedoch gerieten die Schlangenvorführer bei der scharfen Konkurrenz im Schausteller- und Jahrmarktsgewerbe ernsthaft in Gefahr, ihr Publikum zu verlieren. Die Welt veränderte sich, und die »Cairns Show«, die jährliche Landwirtschaftsausstellung, wurde überschwemmt von anderen Zirkusattraktionen. Niemand durfte sich die Pygmäen entgehen lassen. »Show Time is African Pygmie Time« titelte die *Cairns Post*. »Kleine Kerle – Hottentoten und Pygmäen, eifrig damit beschäftigt, ihre Bögen, Assagais und Blasrohre zu putzen – zur Vorbereitung von Scheinangriffen aufeinander und auf das Publikum.« Da gab es Marg Van Camp's Pig-a-Dilly Circus (»Sehen Sie sich an, wie kluge Schweine Kunststücke vollbringen, Tore öffnen, Glocken läuten, Gewehre abfeuern ...«); Dennis, der Wolkenkratzerriese (»Der hochgewachsene Mann hält einen sehr interessanten Vortrag über seine Weltreisen«); Nalda's Hundezirkus (»Sehen und hören Sie die Oriental Doggie-Jazzband«); Electros, der menschliche Dynamo (»Sie bringt eine Waschmaschine allein dadurch zum Laufen, daß sie die Kabel zwischen die Finger nimmt«), und Valentina, das aufregende, unsichtbare Mädchen aus Europa. Schließlich mußten die Schlangen auch mit Obelia, der hinreißenden Meerjungfrau, konkurrieren. Sie scheint unter Wasser getrunken, geraucht und Bananen gegessen zu haben.

Eher landwirtschaftlich interessierte Besucher ließen sich vielleicht von dem Wettbewerb »Wie schwer ist der Ochse?« oder der Geflügelausstellung locken, wo man preisgekrönte Züchtungen wie Anconas, Seidenhühner, Plymouth Rocks und Wyandotten bewundern konnte. Ausgestellt wurden auch die besten Zuckerrohrsorten: Badila, Pindar, Q50 und Trojan. Es gab einen Preis für die besten Ackerpferde und außerdem mehrere Pferderennen: das »Tropical Timber«, den »Hardware Pty Ltd Handicap Trot« und das »Garcia Gowns Most Accomplished Lady Rider« (Offen).

In der Nachkriegswelt mußte die Schlangenschau um ihr Überleben kämpfen. Sie schien aus einer anderen Zeit zu stammen und wirkte unweigerlich altmodisch. Das Auftauchen des

Taipans jedoch, der durch Kevin Buddens Tod über Nacht zu Berühmtheit gelangt war, gab der Schlangenschau den dringend benötigten Auftrieb und erwies sich als eine wenn auch schaurige Attraktion ersten Ranges. Eine der bekanntesten, in den frühen fünfziger Jahren regelmäßig bei der Cairns Show auftretenden Künstlerinnen war Paula, die Exotische Schlangentänzerin. »Sehen Sie Braun- und Schwarzschlangen und eine lebende Todesotter«, so hieß es in der Notiz, die Paula an die Presse verteilen ließ. »Paula ist der einzige Mensch auf Tournee in Australien, der Ihnen ein echtes Exemplar der meistgefürchteten australischen Schlange vorführt – den Taipan.« Im Unterschied zu den Usancen früherer Zeiten ließ sich Paula von ihren Schlangen allerdings nicht beißen – und vom Taipan am allerwenigsten.

Offensichtlich half die Sensation um den Taipan der Schlangenschau über die fünfziger Jahre hinweg, aber ein anderer bedeutsamer Faktor kam hinzu: spärliche Bekleidung. Schon immer hatten sich Schlangenschauen die Exotik zunutze gemacht, die ihrem Gegenstand innewohnte, aber die neue Freizügigkeit brachte die Schlangenmädchen auf die Idee, sie könnten ein bißchen kesser als keß auftreten. So bekam die Schlangenschau einen neuen Subtext: An die Stelle des Todes trat der Sex. Schlangen, so hieß es in Paulas Werbetext, »kriechen und schieben sich über ihren schutzlosen Körper«. Und die »unvergleichlich liebreizende« Melinda Lee verhieß in ihrer Anzeige »Jugend, Schönheit, Glamour und Reptilien«. Melinda, die 1951 bei der Cairns Show auftrat, bringe »in ihrem exotischen Schlangentanz den schwülen Charme des Südens« zur Geltung. »Von zischenden Reptilien umringelt, verkörpert dieses hinreißend hübsche Tennessee Girl eine Mischung aus Mut, Schönheit und Reptilien ...«

Aber Melinda gab es nicht mehr. (Wenn sie heutzutage aufgebrochen wäre, hätte sie es wahrscheinlich nur bis zum »Famous Southern Burlesque« am Interstate Highway 75 in Georgia geschafft.) Die Todesgrube war Geschichte. Vielleicht hörte man gelegentlich noch in irgendeiner Ladenpassage im Stadtzentrum, wie ein paar alte australische Schlangenmänner ihre Geschichten zum besten gaben, aber die Schlangenschau hatte sich gründlich verändert, und es war undenkbar, daß der vernünftige David sich *seiner* Klamotten entledigt hätte. Statt dessen gab er uns Ratschläge, wie man sich für den Busch am vernünftigsten anzieht.

»Also Leute«, sagte er, »anziehen solltet ihr ein paar gute Stiefel, ein paar dicke Socken und lange Hosen, die nirgendwo an den Beinen kleben.« Dann ging er daran, einen imaginären Biß bei einem kleinen Jungen zu verbinden und zu schienen, brachte schließlich noch einen Python zum Vorschein und forderte die Leute auf, ihn zu berühren. Er erklärte auch, was es mit den Zungen der Schlangen auf sich hat (»sie schnuppern in die Luft, Leute, sie schnuppern bloß«) und warum die Schlangen wegen der Art, wie ihr Ohr gebaut ist, für Schallwellen taub sind, bedankte sich dann für die Zeit, die wir ihm geschenkt hatten, und empfahl uns zum Schluß die demnächst beginnende Krokodilvorführung.

Unter den abziehenden Zuschauern bemerkte ich ein junges Pärchen in T-Shirts. Das Mädchen wartete, bis David verschwunden war, und ließ dann plötzlich einen Schlangenkopf auf den Oberkörper ihres Freundes zustoßen, eine Zwiebel aus den Fingerspitzen ihrer rechten Hand, die nach seinem Brustkorb schnappte. Der Junge tat einen Satz und schrie auf. Er bückte sich, um seine heruntergefallene Sonnenbrille aufzuheben, und tappte dann seiner kichernden Freundin nach, die in Richtung des Wallabygeheges weitergegangen war. Für einen Augenblick wurde in dieser Geste das frühere Leben an der Grenze spürbar, jener typisch australische Sinn für Dramatik – draufgängerisch, melodramatisch, unverfroren, aber quicklebendig –, der mit dem Niedergang der alten Schlangen-Shows verschwunden war. Sie zeigte auch, daß Schlangen gruselig blieben – trotz Davids gutgemeinter Bemühungen.

Ich beschloß, mir die Krokodile zu schenken, und fuhr weiter, auf dem Captain Cook Highway nach Port Douglas. Cook hatte es an dieser Küste schwer gehabt, hatte die *Endeavour* immer wieder auf Riffe gesetzt und hätte sie dabei fast verloren. Der Name, den er der Landzunge im Norden gegeben hatte, Cape Tribulation – Kap Drangsal, zeugte von seinen Schwierigkeiten. Zweihundert Jahre später kam man natürlich leichter voran. Die Straße nach Port Douglas führte an grün fluoreszierenden Golfplätzen, Hotels mit weißen Fahnenmasten vor der Tür, Country Clubs und Restaurants mit Namen wie Il Pescatore vorbei. An einem von Mangroven gesäumten Hafen geriet ich in die Marina Mirage Shopping Mall, wo weitgereiste Konsumenten aus klimatisierten Autobussen quollen, um bei Reef'n Hinterland, Rainforest Images, Kangarucci, in einem Sonnenbrillengeschäft namens Eyedentity und einem protzigen Laden mit Modeschmuck, der »Presenting Australia« hieß, ihre Kreditkarten auszuprobieren. Einen Monat nach meinem Besuch sollte hier sogar der amerikanische Präsident mit seiner Familie zu einem Kurzurlaub mit Golf und Schnorcheln auftauchen.

Port Douglas wurde in den siebziger Jahren des 19. Jahrhunderts gegründet, zur Versorgung der Goldminen im Inneren. Hier hurten anreisende Goldsucher herum, hier prügelten sie sich, hier tranken sie auf ihren künftigen Wohlstand, und am Ende hurten sie hier wieder herum, prügelten sich, ertränkten ihren Kummer, und die wenigen, denen das Glück hold gewesen war, trieben es genauso. Eine Zeitlang war dies der gewalttätigste Ort der Erde gewesen. Das zeigte sich auch, wenn man den städtischen Friedhof in der Nähe des Mirage Country Club am Stadtrand aufsuchte. Nach dem Zwischenfall mit der Seemöwe schien mir dieser Friedhof der einzige Ort zu sein, meine zerrütteten Nerven zu testen. Ich will damit sagen: wenn ich mich je auf die Suche nach todbringenden Schlangen machen wollte, mußte ich doch wenigstens mit Vogelmüttern klarkommen, die ihre Jungen schützten.

Auf dem Friedhof gab es keine Möwen, aber die Grabsteine waren aufschlußreich. Immer wieder fielen mir die Wörter »starb bei einem Unfall« ins Auge. Aber dann wurden die Grabsteine doch präziser. Ein gewisser John More Cole war am 8. Dezember 1909 im Alter von dreiundzwanzig Jahren und sieben Monaten nach einem Unfall an der Straßenbahn nach Mowbray gestorben, und Timothy Joseph O'Brien war am 2. Dezember 1936 bei einem Wirbelsturm umgekommen. Ich schlenderte weiter und entdeckte Sydney Algernon Barnard, »von Schwarzen am 13. März 1885 mit 23 Jahren am Mossman River getötet«, und schließlich William Thomson, den »ein grausamer, hinterhältiger Mord am 22. Oktober 1888 zu Tode brachte«.

Ich hatte ein ganz bestimmtes Interesse an den Grabsteinen. Mein Besuch auf dem Friedhof von Port Douglas hatte noch einen zweiten Grund: Ich wollte das Grab eines Mannes aus dem Ort finden, dessen Tod 1944 im *Medical Journal of Australia* unter der Überschrift »Weitere Todesfälle durch Taipanbisse« beschrieben worden war. Der Bericht gab das Gewicht des Mannes mit fünfundneunzig Kilo und seine Größe mit einsachtundneunzig an und nannte ihn nur »J.P.«, aber mit diesen Initialen und dem Todesdatum, das ich kannte, konnte es eigentlich nicht schwierig sein, ihn zu finden, wenn er, wie ich vermutete, in seinem Heimatort bestattet worden war. J.P., der gegen fünf Uhr nachmittags durch die Hose ins rechte Bein gebissen worden war, starb noch am gleichen Abend gegen zehn. Ich fand ihn – John Pringle – nach längerem Suchen. »In liebevollem Gedenken an John Pringle. Gestorben am 4. Oktober 1929 im Alter von 44 Jahren« lautete die lakonische Inschrift. Daß Pringles Grabstein die Art seines Todes mit keinem Wort erwähnte, als wäre ein Schlangenbiß hierzulande eine durchaus normale Art, sein Leben zu beenden, verstärkte nur den Eindruck, daß die Pioniere von Port Douglas selten im Bett starben.

Aber das war lange her. Jetzt gab es hier Läden mit Namen wie Tropical Desires und Life's Little Pleasures, und auf einem Stück Buschland neben der Hauptstraße verkündete ein Schild: »Hier entsteht nach Plänen von Gary Hunt, Architekt, ein tropisches Einkaufsparadies und ein Vier-Sterne-Hotel. Dreißig Läden, Restaurants, ein Kinokomplex, ein Hotel für höchste Ansprüche mit 148 Zimmern und Parkhaus.«

FNQ wurde neu erfunden. Wie die Schlangenschau wurde es bis zur Unkenntlichkeit zurechtgestutzt und aufpoliert und vernünftig gemacht, so daß von der ursprünglichen Atmosphäre nichts übrigblieb. Diese einstige Pioniersiedlung, eine Verkörperung des alten Geistes von FNQ, wie man sie eindrucksvoller nicht hatte finden können, stemmte sich offenbar der Boutiquifizierung, den Markenklamotten, den Hotels für höchste Ansprüche an zwei Stellen mit letzter Kraft entgegen: a) im *meat-pie shop* und b) in dem Pub mitten im Ort, wo ein Schild über der Theke verkündete »Keine Flüche. Keine nackten Oberkörper. Keine Hunde«. Dann fand ich noch etwas, nämlich c) den »Schlangen-Decoder«.

Er lauerte ausgerechnet zwischen den Frauenzeitschriften im örtlichen Zeitungsladen und erinnerte daran, daß FNQ nicht bloß aus Pesto-Rezepten und tropischen Einkaufsparadiesen bestand. Es war ein Führer mit Ausklapptafeln, der das Aussehen, den Lebensraum und, was am interessantesten war, den Biß verschiedener australischer Schlangen beschrieb (es gab zwei Kategorien, entweder: Gefahr! Biß kann heftige Übelkeit verursachen – oder: Gefahr! Sehr giftig. Potentiell tödlich.) Der Schlangen-Decoder enthielt auch Informationen über Erste Hilfe. Diese waren in Segmente unterteilt, für jede Schlange ein Abschnitt, und kreisförmig angeordnet. Offenbar gab es genügend gefährliche Schlangen, insgesamt achtzehn, um damit drei Kreise zu füllen, auf jeder Ausklapptafel einen. Die Erläuterungen und die allgemeinen Informationen standen auf einer drehbar runden Plastikscheibe. Sie hatte ein durchsichtiges Fenster in der Größe eines Segments, in dem man durch Drehen die jeweils gewünschte Schlange zum Vorschein bringen konnte. Noch nie habe ich acht Dollar so gut angelegt.

Als ich von meiner Unterkunft, einer Ansammlung von Blockhäusern, die einen Swimmingpool umlagerten, zu dem berühmten Four Mile Beach von Port Douglas gehen wollte, wurde es noch besser.

»Nein, nein«, sagte die muntere Verwalterin, als ich in meiner Badehose vorüberschlendete. »Nicht da lang. Da laufen Sie direkt zwischen die Krokodile.« Ich machte auf der Stelle kehrt und wurde nun über eine Krokodilattacke ins Bild gesetzt, die sich hier vor zehn Jahren zugetragen hatte. Einige Tage vor Weihnachten hatten sich in dem nahegelegenen Dorf Daintree ein paar Leute an einer Stelle, wo das Wasser nicht tiefer als dreißig Zentimeter war, nach einer spätabendlichen Weihnachtsfeier ein bißchen abgekühlt. Plötzlich gab es, wie ein Augenzeuge berichtete, »eine ungeheure Bewegung im Wasser – einen Strudel« –, und die unglückliche Beryl war verschwunden, ohne auch nur einen Schrei auszustoßen; bloß ein Kräuseln auf dem Wasser blieb zurück.

Am Strand war es offenbar nicht sehr viel sicherer. Eine große Holztafel warnte vor den äußerst gefährlichen Box-Quallen. Eine Folge von Schaubildern zeigte, wie man Erste Hilfe leisten sollte – den Puls messen, reichlich mit Essig einreiben (der neben der Tafel bereitgehalten wurde), Serum besorgen und mit der Wiederbelebung durch Herzmassage und Mund-zu-Mund-Beatmung beginnen. Die Tafel war von einer Brauerei gesponsert, die mit typisch australischer Unverfrorenheit für »XXXX; Unser Bier« warb. Schwimmen konnte man allenfalls innerhalb eines mit Schutznetzen gesicherten Bereichs von der Größe eines Schwimmbeckens. Soviel Kühnheit stand mir jedoch nicht zu Gebote, also spazierte ich ein wenig am Strand entlang und tauchte gelegentlich meine Zehen ins Wasser, natürlich nur innerhalb des mit Netzen gesicherten Bereichs. So ging ich viele Male hin und her, denn das Ende des sicheren Strandstücks war jedesmal bald erreicht.

An diesem Abend studierte ich meinen Decoder und hörte eine Radiosendung, die mich nun, da die Nistzeit der Vögel angebrochen war, auf drohende Sturzflugangriffe von Elstern aufmerksam machte. Das Umweltamt hatte offenbar Elsternschutzhüte (zu 6 Dollar 50 das Stück) herstellen lassen, auf denen hinten das Gesicht von Dame Edna zu sehen war. Der Gedanke dabei war der, daß Elstern, wie die indischen Tiger in den Sundarbans, keinen Menschen angreifen, der sie anzusehen scheint. Jedenfalls nicht Dame Edna. Nach meinem Zusammenstoß mit der Killermöwe von Cairns am Nachmittag zuvor munterte es mich auf, daß die Vögel in dieser Gegend immerhin eine Bedrohung darstellten, mit der man sich im Radio befaßte. Vielleicht hatte ich mich auf dem Friedhof weniger feige als vorsichtig verhalten. Die Sendung ließ mir auch Port Douglas in einem erfreulicheren Licht erscheinen. Mochten sie hier noch so viele Läden mit Namen wie Life's Little Pleasures eröffnen. Solange es noch Sturzflugelstern in der Luft und Schlangentote auf dem Friedhof gab, blieb dieser Ort der Vorposten, der er immer gewesen war.

Zehn
Afrika III

Juni 1996

Der Fischmann hatte Barbara Simpson eben einen schönen Riffhummer verkauft. Er war grau, rostbraun und kobaltblau gesprenkelt und winkte nun mit zarten Fühlern, länger als sein Körper, vorsichtig in Richtung seiner neuen Besitzerin. Ferdinand brachte einen Eimer Wasser und setzte den Hummer vorsichtig hinein.

»Hat mich 150 Shilling gekostet«, murmelte Barbara in ihrem Sessel.

»Machen Sie sich nichts draus«, trompetete ich los. »Mit Butter und Zitronensaft …«

»Nein, nein!« Ein entsetzter Ferdinand ging zwischen mir und dem Eimer in Stellung. »Den bringen wir zurück ins Wasser.« Barbara und Ferdinand liebten ihr Riff und alles, was darin lebte. Keine Frage, der Hummer würde zurückgehen.

Auf der Rückseite des Bungalows, wo das Personal oft zusammenhockte, hatte unterdessen Jonathan B. den irritierten Fischmann mit Beschlag belegt. Der Fischman war, wie sich herausstellte, im Zweitberuf *m'ganga* oder Heiler, und Jonathan B. wollte ihn um Rat fragen. Vor einer Woche war er im Schlaf von einem Hundertfüßer in den Fuß gebissen worden, und dieser Biß machte ihm mehr zu schaffen als erwartet. Jetzt juckte er wie verrückt. Letzte Nacht hatte er seine Frau gebeten, die Bißstelle zu drücken. Es war etwas Eiter ausgetreten, aber seit heute morgen war der Fuß schrecklich geschwollen.

Jonathan B. war besorgt. Er fragte sich, ob ein Mchowi die Hand im Spiel hatte.

»Mchowis sind gegen Fortschritt und Erfolg«, erklärte er, während der M'ganga an seinem Fuß herumtastete. »Ich habe mein Geschäft, ich spreche gut Englisch und bin ein gebildeter

Mann. Ich weiß nicht. Vielleicht hat irgend jemand was gegen mich, und irgendein Mchowi hilft ihm dabei nur zu gern.«

Jonathan B. schämte sich solcher Gedanken, aber daß vor kurzem in Kilifi ein kleiner Junge an einem Schlangenbiß gestorben war, hatte seinen Aberglauben wiederbelebt.

»Er soll mit einer zusammengeknüllten Zeitung auf der Straße Fußball gespielt haben – hsss tut weh! –, der Ball blieb neben einer Plastiktüte liegen, in der eine Schlange versteckt war. Die Schlange biß den Jungen. Es war ein schlimmer Biß, aber nach zwei Wochen im Krankenhaus schien er wieder gesund zu sein. Also schickten sie ihn nach Hause, und da ist er dann kurze Zeit später plötzlich gestorben. Deshalb frage ich mich, ob vielleicht ein Mchowi was damit zu tun hatte. Vielleicht bringt mich dieser Hundertfüßer noch um.«

An der Küste von Kenia, so erklärte Jonathan B., könnten die Mchowis mit ihren Schwarzen Künsten alles in einen tödlichen Schlangenbiß verwandeln – einen Hundertfüßerbiß genauso wie einen Dornenkratzer. So was kam andauernd vor. Die Leute wurden krank und starben, und jeder wußte, daß die Mchowis schuld waren. In einem solchen Fall ging man zum M'ganga, einem wohltätigen Kräuterkundigen, der ebenfalls über gewisse magische Fähigkeiten verfügte, mit denen er den Mchowi bekämpfen konnte. Unser M'ganga hieß Mister Guyo Dadi Saidi. Er hatte ein schönes, zerfurchtes Gesicht und große, tiefliegende Augen. Sein kräuseliger Haarflaum war ergraut. Er ging barfuß und trug lehmfarbene Shorts, die vom Alter, der Sonne und dem Fisch, mit dem sie ständig in Berührung kamen, schwer ramponiert waren. Als Gürtel trug er eine Schnur, auf die er Stücke von brauner, getrockneter Rinde gefädelt hatte. Er versorgte die hier lebenden Europäer schon seit Jahren mit Fisch und wohnte in den Feldern hinter seinem Laden, der gegenüber von Barbaras Grundstück lag. Während er Jonathan B.'s Fuß untersuchte, konzentrierte sich Barbaras Dackel Bumble seinerseits auf den Fuß des M'ganga und leckte ihm genüßlich die Zehen. Vielleicht schmeckten sie nach Fisch.

Mr. Guyo schüttelte den Kopf.

»Kein Mchowi«, übersetzte Jonathan B. die Worte des M'ganga erleichtert. Die Diagnose war günstig. »Er sieht in diesem Hundertfüßerbiß nicht das Werk eines Mchowi. Er sieht darin einen Hundertfüßerbiß. Und er sagt, ich hätte Glück gehabt. Nur wenige M'gangas können etwas gegen einen Mchowi ausrichten, der seine ganze Kraft ausspielt. Und er ist keiner von denen.« Der bescheidene Mr. Guyo, so stellte sich heraus, hatte erst vor sechs Jahren als M'ganga angefangen, als der vorige M'ganga des Ortes, der hochverehrte Mr. Pokomo, sich zur Ruhe setzte.

Während wir uns unterhielten, wehten immer wieder Gesprächsfetzen von der vorderen Veranda zu uns herüber. Dort bewirtete Barbara ein paar Freunde, die gerade mit der neuesten Ausgabe des *International Express* aufgetaucht waren. Nachrichten aus England.

»Aber, liebe Barbara, wie kannst du Camilla die Schuld geben?« sagte eine Stimme. »Ich meine, was um Himmels willen hat sie denn Schlimmes gemacht?«

»Du meinst … wenn man davon absieht, daß sie sein Leben lang nicht die Finger von ihm gelassen hat? Und wenn man außerdem davon absieht, daß sie den Thronerben in den Ehebruch getrieben hat … meinst du das?«

»Wichtig ist eigentlich, was sie nicht getan hat«, meldete sich eine andere Stimme zu Wort, kryptisch. »Was für ein zauberhafter Hummer.«

Durch Jonathan B. fragte ich Mr. Guyo, was das Besondere an Mr. Pokomo gewesen sei.

»Er hatte das Wissen«, sagte Mr. Guyo gelassen. »Eine Gabe Gottes. Er hatte die Vision.«

»Die Vision?«

»Wie die *tsasapala*, die Schwarze Mamba, in die Wurzel des *munjahi*-Baumes gebissen hat.«

»Warum?« fragte ich, ohne etwas zu begreifen.

»Mr. Pokomo hatte die Ehre, den Kampf zu beobachten, den großen Kampf zwischen der Mamba und der Puffotter. Nachdem die Puffotter mehrmals gebissen worden war, starb sie. Mr. Pokomo folgte der Schwarzen Mamba zum *munjahi*-Baum. Er sah, wie die Schwarze Mamba an seiner Wurzel knabberte, bevor sie zurückkehrte und die Puffotter mit dem Wurzelbrei fütterte. Da wurde diese Schlange wunderbarerweise zu neuem Leben erweckt. Und jetzt habe ich die Gabe, zu heilen, die Mr. Pokomo an mich weitergegeben hat.« Mir fielen Underwood und die blätterfressende Tannenzapfenechse in Australien ein.

»Warum gerade an Sie? Und wie hat er diese Kraft weitergegeben?« fragte ich.

»Mr. Pokomo hatte sich schon einige Zeit nach einem geeigneten Kandidaten umgesehen, der die Praxis übernehmen konnte und den er in die Geheimnisse einweihen würde. Schließlich wählte er mich. Ich hatte schon eine wichtige Stellung, als Fischverkäufer, verstehen Sie. Bei einer besonderen Zeremonie erklärte ich feierlich, daß Mr. Pokomo der Herr unserer Gemeinde sei, weil er schon so viele Menschen nach Schlangenbissen geheilt hat. Ich gab ihm auch viel Geld. Und Fische. Danach legte Mr. Pokomo eine Hand auf meine Schulter und berührte mit der anderen den *munjahi*-Baum, und so gingen seine Fähigkeiten und sein *dawa*-Wissen auf mich über.«

»Natürlich«, sagte eine englische Stimme, »wissen wir alle, wen Barbara zum Lunch eingeladen hatte.«

»Zum Lunch?« erwiderte Barbara verwirrt. »Was soll das heißen? Ferdinand! Der Hummer. Bitte. Er winkt uns.«

»Du weißt doch. 1958.«

»1958? Ach, ihr meint die Königinmutter. Als Sandy, mein Mann, District Commissioner in Kitale war. Dreizehnter Februar. Ein Freitag. Rinderrücken. Ich erinnere mich ganz genau. Wir hatten damals einen Corgi und einen Labrador.«

»Die Royals sind auch nicht mehr das, was sie mal waren«, meldete sich eine resignierte Stimme. »Den Bach runter. Und England genauso. Die ganze Welt hat sich verdammt verändert.«

M'ganga zu werden hatte sich als anspruchsvolle Aufgabe erwiesen. Es gab viel zu lernen. Einer von Mr. Guyos ersten Aufträgen hatte darin bestanden, eine neue Aussaat zu segnen.

»Ich habe das Saatgut mit verschiedenen Kräutern gemischt«, sagte Mr. Guyo, »und an den vier Ecken des Feldes ausgeteilt. Dann hat mich der Bauer bezahlt, und ich bin gegangen und habe ihn die übrige Arbeit machen lassen. Manche von meinen Aussaaten waren sehr erfolgreich. Die Bauern hatten ausgezeichnete Ernten. Ich mußte viele Aussaaten segnen. Heute kann ich natürlich viel mehr als bloß Felder segnen. Ich heile Leute, die verrückt sind, und Frauen, die Probleme in der Schwangerschaft haben. Ich heile auch Schlangenbisse.«

»Wie machen Sie das?«

Mr. Guyo sah mich an. Für einen Augenblick war nur das Geräusch von Bumbles Zunge zu hören, die die Zehen des M'ganga leckte. Ich reichte ein paar zerknitterte Geldscheine herüber – und dann noch ein paar. Mr. Guyo begann zu flüstern. Jonathan B. spitzte die Ohren.

»Mr. Pokomo hat gesehen, wie die Rinde des *munjahi*-Baumes den Biß der Mamba heilte. Auch ich benutze die *munjahi*-Rinde, hier, sehen Sie, an meinem Gürtel habe ich ein paar Stücke, ich kaue sie, bis ich einen Brei habe, den schiebe ich dem Opfer in den Mund. Ich streiche diesen Brei auch auf die Bißstelle. Das tue ich dreimal. Nach einiger Zeit lösen sich die eingedrungenen Giftzähne aus dem Fleisch. Mit viel Eiter. Und der Patient erholt sich langsam.« Rinde, so fiel mir ein, war auch anderswo ein traditionelles Heilmittel gegen Schlangenbisse. Auch weiße Bauern in Südafrika hatten sich, wie Mr. Guyo, viereckige Stücke von Heilrinde an ihre Gürtel genäht.

Ich fragte Mr. Guyo, wie wirksam seine Behandlung sei.

»Ich habe noch nie einen Patienten verloren«, erklärte er stolz. »Meine Patienten erholen sich meistens in wenigen Stunden. Wichtig ist nur, daß man den Patienten nicht einschlafen läßt. Es ist egal, ob man es dabei mit Leuten oder Ziegen oder Rindern zu tun hat. Ich habe sie alle geheilt. Ich habe sogar Hühner gerettet. Sie können die Leute drüben in Nummer 31 fragen.«

»Wenn ich an den Rückflug damals nach England denke«, sagte Barbara.

»Kenya Airlines oder British Airways?« fragte jemand höflich.

»Ach, was«, sagte Barbara. »*Damals*, Dummchen! 1949. In einer zweisitzigen Piper Cruiser. Achtzehn Tage waren wir unterwegs. Ich weiß noch die Zwischenstopps. Von Nairobi ging es nach Wajir, dann Moydale, Addis, Djibuti, Asmara, Kassala, Khartum, Atbara – und dort, in Atbara, ich bin sicher, es war in Atbara, da ...«

Die vorbeugende »Impfung« gegen Schlangenbisse allerdings überstieg die Fähigkeiten von Mr. Guyo, der erst seit kurzem M'ganga war. Diese Behandlung war früher in der traditionellen Medizin Ostafrikas weit verbreitet, und zu denen, die sie erlebt haben, gehörte auch der neugierige Ionides. Mit einer Rasierklinge hatte ihm einer seiner Leute die Haut an den Handgelenken, den Ellbogen, Knien und Fußknöcheln geritzt und eine Mischung aus Wurzeln, Buschzweigen und Rizinusöl auf die Schnitte gestrichen. Das war die verkürzte Variante: Die Mchowis der Wakamba, eines Volkes, das in der Nähe von Machakos südöstlich von Nairobi lebt, schlitzten eingefangene Schlangen und sich selbst auf, mischten Schlangen- und Menschenblut, gaben es zusammen mit den Schlangenköpfen in eine geheime Mischung, verkochten sie zu einer teerartigen Substanz und trockneten sie zu einem grauen Pulver, mit dem Schnitte auf Händen und Füßen, Schenkeln, Hintern und Schultern eingerieben wurden.

Niemand konnte es jedoch in dieser Beziehung mit den Wanjamesi aus Tanganjika aufnehmen. Ihr unübertroffenes Schlangen-

Dawa bestand anscheinend aus den getrockneten Köpfen und Schwänzen von Boomslangs, Puffottern, Kobras und Mambas; den Beinsehnen von Geiern; dem Hirn von Nachteulen; den Augen und Nasen des Wildhundes; den Augen, dem Kehlkopf, der Zunge und dem Magen (samt den darin befindlichen Haarbällen) des Löwen; und hinzu kam noch, als letzter Clou, das pulverisierte Gehirn eines verrückten Menschen. Aus alledem gewann man ein Fett, das auf zweihundert kleine Einschnitte am ganzen Körper verteilt wurde.

»... Wadi Haifa, Luxor, Kairo, Mersah, Matruh, Bengasi. Tripolis, ach Tripolis!, Gabes, Tunis, Ajaccio, Nizza, Lyon, Paris, Le Touquet, und dann ... dann verflogen wir uns irgendwo nördlich von London. Wir landeten auf einem Maisfeld und fragten einen Landarbeiter, wo wir waren. Er war sehr höflich, verstand aber kein Wort. Es stellte sich heraus, daß er ein Flüchtling war, ich glaube, aus Polen. Zum erstenmal auf unserer ganzen Reise kamen wir mit Englisch nicht weiter. Aber schließlich stellte sich heraus, daß wir ganz in der Nähe von Melton Mowbray waren.«

»Und behandeln Sie alle Schlangenbisse gleich, Mr. Guyo?«

»Alle, außer dem der Puffotter«, erklärte er mir. Die Antwort des M'gangas kam nicht überraschend. Unter den gefährlichen Schlangen an der Küste Kenias nimmt die Puffotter wegen ihres Aussehens, ihrer Lebensweise und der Wirkung ihres Giftes eine Sonderstellung ein. »Bei der Puffotter«, erläuterte Mr. Guyo, »nimmt man die Wurzel des *mutsulapengo*-Baumes, macht daraus mit dem Lehm eines Termitenhügels einen Brei und streicht ihn auf die geschwollene Stelle.«

Der Blick, den mir Mr. Guyo zuwarf, verriet Sorge um mein Wohlbefinden. Inzwischen vermutete er wahrscheinlich, das Interesse des *mzungu* sei kein rein theoretisches. Seinen nächsten Ratschlag nahm ich persönlich – so schien er auch gemeint zu sein.

»Nehmen Sie sich vor Puffottern in acht«, sagte er. »Ihre Bisse sind für Männer sehr viel schmerzhafter als für Frauen. Bei Mambas und Kobras geht es den Frauen schlechter, aber eine Puffotter kann Ihnen wirklich wehtun. Trotz meiner Behandlung.«

Februar 1997

Pete Bramwells zweiter Biß stammte von einer Puffotter.

»Das war – noch Kaffee? – im März 1966«, sagte Pete und stopfte seine Pfeife nach. »Ein paar Monate, nachdem mich die Maulwurfsviper erwischt hatte. Ein Sammler war in Takaungu aufgetaucht. Er hatte eine Hornviper dabei, *cerastes*, die er in Tunesien bekommen hatte. Er wollte sie gegen eine von meinen Puffottern tauschen. Mir war es recht – bis meine Schlange zubiß, als ich sie ihm gerade übergeben wollte. Die wollte sich offenbar ihre letzte Chance nicht entgehen lassen, mir noch eins auszuwischen. Mann, tat das weh! Die ganze rechte Körperseite schwoll furchtbar an und blieb wochenlang so.«

Der Schlangenpark dagegen gedieh damals prächtig. Pete machten die Schlangen, die Ratten und Kaninchen in Takaungu mehr Arbeit denn je. Die Schaukästen instandzuhalten, war zeitaufwendig. Termiten machten immer wieder Probleme; mit Dieselschlamm aus den Ölwannen alter Motoren konnte man sie loswerden, wie Pete zu seiner Freude entdeckte. Bald belieferte er die Serumhersteller mit Mambas. An guten Tagen draußen in den Dörfern sammelte er manchmal zwölf Grüne und ein paar Schwarze ein. Er stopfte sie in Säcke, die ihm ein Schneider in Mombasa genäht hatte, und packte sie dann in umgebaute Teekisten, die er mit dem Zug nach Nairobi schickte. Abends hielt er oft Vorträge vor den Touristen im Mnarani Club und nahm einen Python und eine Kobra in einer Kiste mit. Dann waren da noch die Anrufe aus heiterem Himmel von Leuten an der Küste, die Pete baten, die Schlange zu holen, die sie gerade im Garten oder hinter dem Kühlschrank oder unter dem Sofa gefunden hatten.

Genau neun Monate nach dem Puffotternbiß, ein paar Wochen vor Weihnachten, wurde Pete zum dritten Mal gebissen. Diesmal von einer Grünen Mamba.

»Sie fraß nicht richtig. Ich habe immer viel Zeit damit verbracht, meine Schlangen zu füttern. Ich war im Kilifi Shack – wollte das kleine Mistvieh zum Fressen bringen, da erwischt es mich am Daumen.«

Es war eine kleine Schlange, vielleicht sechzig Zentimeter lang, aber Pete wußte, daß es nicht viele Schlangen gab, die giftiger waren als die Grüne Mamba. Er fuhr sofort zurück nach Takaungu, wo er einen Vorrat an neuem Mamba-Serum hatte, hergestellt von Behring in Deutschland. Er injizierte es sich selbst an der Bißstelle, in die Ober- und Unterarme, in die Beine und auf beiden Seiten des Oberkörpers.

»Na ja, nach ein paar schlappen Tagen fühlte ich mich okay. Als erstes bin ich dann nach Mombasa gefahren und habe dem Apotheker dort seinen ganzen Vorrat an Behring-Serum abgekauft. Als die Leute hörten, daß ich den Biß einer Grünen überlebt hatte, verkaufte sich das Zeug von Behring wirklich sehr gut. Aber was mich dieser Biß vor allem gelehrt hat: Ruhe bewahren. An der Autoschlange bei der Fähre vorbeirauschen, das bringt nichts.«

Es sollte mehr als zehn Jahre dauern, bis Pete wieder gebissen wurde.

Juni 1996

Stimmen von der Veranda.

»*Was* macht er, Barbara?«

»Sucht nach diesem Kerl, der von einer Schwarzen Mamba gebissen wurde, unten in Kilifi.«

»Huh, hä. Besser er als ich. Wir müssen uns wirklich auf den Weg machen, Darling.«

»War das nicht *schrecklich*? Ist der nicht gestorben oder was? Und als sie ihn künstlich beatmet haben und er wieder zu sich kam, da war er gelähmt. Konnte sich tagelang nicht rühren. Kein bißchen. Aber er konnte alles hören. Jedes verdammte Wort.«

»Genau. Er hörte, wie die Ärzte mit seiner Frau über ihn sprachen, nicht wahr? Wie sie ihr sagten, er sei wahrscheinlich hirntot. Und er konnte ihnen mit nichts klarmachen, daß sein Gehirn wunderbar funktionierte – na, vielen Dank. Was für ein Alptraum.«

Mr. Guyo erhob sich.

»Ruhe bewahren«, sagte er. »Das ist das beste Dawa von allen. Es gibt einen Vogel, man nennt ihn Tiputip, ein Spornkuckuck, den man oft in der Nähe von Mambas findet. Bei uns gibt es eine Geschichte, wie die Mamba eines Tages die Macht ihres Giftes erproben wollte und den Tiputip bat, ihr dabei zu helfen. Die Mamba legte sich auf die Lauer und biß einen Mann, der vorüberging. Der Mann sah die Schlange nicht. Statt dessen flog der Tiputip auf, und der Mann glaubte, der Vogel habe mit dem Schnabel nach ihm gehackt, und ging fröhlich seines Weges. Als ein zweiter Mann vorüberkam, biß die Schlange auch ihn und zeigte sich. Im nächsten Moment war der Mann tot umgefallen.«

Mr. Guyo war mit seinen Ratschlägen am Ende. Er nahm meine Hand, lächelte mir etwas besorgt zu und verschwand dann zwischen den Cashewbäumen, während Bumbles kleine rosa Zunge nach seinen Zehen lechzte.

Barbaras Gäste waren gegangen, hatten auf der Veranda warme Kaffeetassen und im Aschenbecher einen Berg zerdrückter, mit Lippenstift beschmierter Kippen von Mentholzigaretten zurückgelassen. Ich ging zum Strand hinunter. Hinter den staubigen Keulenbäumen zog ich meine Schuhe aus, wollte den feinen weißen Sand zwischen den Zehen spüren. Der Himmel war farblos. Ohne Saum verschmolz er mit dem Ozean. Vor der Küste brachen sich die Wellen in einer weißen Linie am Riff. Wo es flacher war, wurde das Wasser ultramarin, und ein gelbes Schlauchboot zerrte an seiner Ankerschnur. Ferdinand stand im Wasser, wo es ungefähr einen Meter tief war. Er hielt den Hummer unter die Wasseroberfläche und half ihm bei der Umstellung. Die Fühler des Hummers bewegten sich mit der Dünung des Meeres.

Elf
Indien I

Das Ding reckte sich und wuchs zu jener
bedrohlichen Gestalt, die man wohl kaum mehr vergißt …
Gordon Sinclair, Foot-Loose in India (1933)

August 1996

Der Bus aus Madras rumpelte nach Mamallapuram hinein. Er trieb Hühner, Kinder und gelbe Motorrikschas auseinander und polierte einer an der Straße stehenden Kuh eine Flanke, die von den vielen Berührungen dieser Art schon ganz blank geworden war, bevor er mit einem letzten Hupen auf dem Marktplatz der Stadt zum Stehen kam.

Es war heiß, und im Bus roch es nach Essen, Tieren, Dieselöl, Brillantine und Schweiß. Die Passagiere und die fast bis unter die Decke gestapelte Ladung waren zu einer schwitzenden, busförmigen Masse verklumpt, die jetzt durch die Tür des Busses nach draußen quoll, wo sie sich nach und nach wieder in einzelne Individuen und Gegenstände auflöste. Die Leute hoben Kokosnüsse vom Schoß, lockerten die Einkaufstaschen, die in ihren Armbeugen klebten, und lösten ihre Hosenbeine von denen ihrer Nachbarn.

Ich packte mein durchgeschwitztes Hemd in Brusthöhe und zog daran. Es löste sich mit einem langen, nassen Sauglaut, wie wenn die Brandung vom Strand zurückschwappt. Am schweren grauen Himmel, wo ich nach Anzeichen einer erlösenden Brise vom Ozean Ausschau hielt, war nur ein Wirrwarr schwarzer Telefonkabel und Stromleitungen, eine Ausgeburt von Spinnenwahnsinn, ausgespannt.

Ich war noch nicht lange in Indien. Die staubigen Straßen hinunterzublicken, die von diesem Platz nach allen Seiten abgingen, lösten in mir ein leichtes Schwindelgefühl aus. Die streunenden Hunde und schlingernden Radfahrer, die Ladenfluchten, in denen Cricket- und Hockeyschläger aus Plastik, billige Notizbücher, Zigaretten, Bäder, Telefone verkauft wurden. In einem Gestöber aus Steinsplittern klopften die Straßenhandwerker an Statuetten aus Marmor, Jade und Speckstein herum, die die beliebtesten Gottheiten aus dem verwirrenden Pantheon des Hinduismus darstellten: Ganesha, den Elefantengott des Wohlstands und des Glücks, der eine Schlange als Gürtel trägt; den heldenhaften Krishna; Garuda, den großen Vogel; Nandi, den Stier des großen Shiva; Hanuman, den keulenschwingenden Affen; und in einem, wie ich fand, originellen, aber verspäteten Bestreben, britische Besucher anzulocken, eine lebensgroße Statue von Margaret Thatcher. Auf Plakaten wurde zur »XX. Geflügelausstellung. Die bedeutendste Gefügelveranstaltung, erstmals in Indien« geladen, während militante Rationalisten forderten: »Lehrt eure Kinder nicht beten. Lehrt sie schwimmen.«

Aber bitte nicht in dem stehenden, von Abfällen verschmutzten Wasser des Tempelbeckens von Mamallapuram, das, wie überall in Südindien üblich, gleichzeitig als Wasserreservoir, Badezimmer und Versammlungsort diente. Die Mauern, die das kaum noch genutzte Becken umgaben, waren mit Werbung für Möbelpolitur und nahegelegene Strandbäder bemalt. Ziegen weideten auf den Steintreppen, die zu dem Becken herabführten. Aufgewogen wurde dieser Anblick durch rosa Seerosenblüten, durch langsam versinkende Kokosnußschalen, die auf exotische Zeremonien hinzudeuten schienen, durch Schwärme tänzelnder Libellen und einen flach auf dem Rücken liegenden *sadhu*, einen Frommen, der nichts am Leibe trug als ein himmlisches Lächeln. Seine Haut war mahagonifarben, und er hielt einen rituellen Dreizack in der Hand. Wenn man ein paar Stufen tiefer hockte, sah es aus, als würden ganze Reihen von Keulenbäumen aus dem mitleiderregenden Waschbrett seines Leibes wachsen und zum Ozean hinübermarschieren.

Touristen mit Shorts und Rucksäcken drückten sich vor vergammelten Hotels und Pensionen herum, und putzige Restaurants mit Namen wie Luna de Magica protzten mit Leinentischtüchern, Kerzen in alten Ginflaschen und gedämpfter Westernmusik. Zähe Kaschmiris versuchten aus den Eingängen ihrer Schmuckgeschäfte lauthals Kundschaft anzulocken. Der Fischereihafen Mamallapuram hatte vor kurzem den Tourismus entdeckt. Aber in der Ferne zeugte die Silhouette des romantischen Strandtempels, auf dem Gischt und Meerwind im Laufe der Jahrhunderte ein Filigran aus Löchern und Spalten hinterlassen hatten, von der ehrwürdigen Vergangenheit der Stadt. Und wenn ich von dem Marktplatz, auf dem ich stand, landeinwärts blickte, sah ich einen Teil des berühmten Flachreliefs von Mamallapuram, »Arjunas Reue«, auf einem riesigen braunen Felsbrocken. Ich schulterte meine Tasche und ging darauf zu.

Es war eine bemerkenswerte bildhauerische Leistung, ein gewaltiges, pulsierendes Bild, eine indische Landschaft, bevölkert mit halbwirklichen Figuren, die aussahen, als versuchten sie sich seit Jahrtausenden aus dem glatten Stein herauszuwinden, in dem ihr Leben begonnen hatte. Männer, Frauen und Kinder, Wasserträger und Büßer, Affen und Schweine, Elefanten und Hunde, Katzen und Mäuse drängten von beiden Ufern zu dem großen, vertikalen Felseinschnitt des Ganges, dem heiligen Ursprung des Hinduismus, dem zentralen Element der Komposition.

Mein Blick wanderte jedoch abwärts, zur Mündung des Flusses, wo eine eindrucksvolle, fast lebensgroße Kobra aus dem Felsen gemeißelt war, der kleine, wachsame Kopf über dem ovalen Teller des gespreizten Halsschildes. Genau über ihr in dieser Schlucht stand ein Mischwesen, halb Mensch, halb Schlange – der Schwanz einer Schlange mit dem barbusigen Körper einer Frau. Und aus ihrem Nacken wuchsen die Halsschilde dreier Kobras, waren wie Blütenblätter kunstvoll hinter ihrem schönen Menschenkopf angeordnet. Diese Gestalt war eine der mystischen *nagas* Indiens – von *nag*, dem klassischen indischen Wort für Kobra –, die sowohl halbgöttliche Diener der großen Hindu-Dreifaltigkeit als auch Wassergeister für Regen und Fruchtbarkeit sind.

In uralten Stein gemeißelt, zeugten diese 1300 Jahre alten Darstellungen von der großen symbolischen und mythischen Bedeutung der Kobra in Indien. Auf dem Relief von »Arjunas Reue« war die Kobra sowohl erkennbares Lebewesen als auch Naga, das überaus vielseitige mythische Mischwesen. Auf einem anderen Felsenrelief in Mamallapuram war die Schlange zusammengerollt der Ruhesitz Vishnus, der die Ordnung des Universums hütet.

In der volkstümlichen Bildwelt der Hindus ist Shiva, der große Zerstörer und der Inbegriff der Lebenskraft, häufig von Kobras umrankt. Auch im Buddhismus, der früher in Indien dominierte, tritt die Kobra immer wieder als Beschützerin und Helferin auf. Eine große Kobra hielt Wind und Regen, Fliegen und Mücken von Buddha fern, indem sie den Seligen, während er meditierte, mit ihren Windungen umhüllte. Besserte sich das Wetter, so breitete die Kobra ihren Halsschild schirmartig über Buddha aus und hielt die Sonne fern. Und schließlich stellten die Kobras das ganze Ausmaß ihrer vielseitigen Verwendbarkeit unter Beweis, indem sie sich zusammentaten und aus ihren Halsschilden eine Brücke bildeten, auf der Buddha trockenen Fußes den Ganges überqueren konnte.

Während der vergangenen Monate hatte ich gesehen, wie die Schlange im Westen und anderswo zum schlichten Totem der Bösartigkeit, zu einer Spezialität marginalisierter Einzelgänger, Gottesmänner und Medizinmänner geworden war. In Indien jedoch war die ganze Nation der bekanntesten Schlange des Landes zugetan. Hier stand die heilige Kobra in einer Vielfalt von Bedeutungen im Zentrum der Aufmerksamkeit. Schlangen, Schlangenbilder und Schlangenbeschwörer waren allgegenwärtig. Es war, als hätte sich Indien mit der Schlange versöhnt und ihr ungeheure, wenn auch zwiespältige spirituelle Möglichkeiten verliehen. In Indien konnte man womöglich lernen, die Schlange nicht zu fürchten.

Natürlich war die Kobra mehr als nur Helferin der Götter. Oft entwickelte sie eine hemmungslose Vitalität; immerhin war sie eine Fruchtbarkeitsgottheit. In einigen ihrer unzähligen mythischen Ausprägungen neigte sie sogar zu Bosheiten der verschiedensten Art. Da die Nagas aus den Löchern der Termitenhügel hervorkrochen, die noch heute als Eingang zu ihrer unterirdischen Schlangenwelt gelten, glaubte man, sie kämen in die Oberwelt, um die Sterblichen zu betrügen und zu verführen, aber auch um sie zu erleuchten. Mit ihrem Gifthauch konnten sie den Banyan-Baum einäschern. Sie verunreinigten die Orte, an denen sie sich ansiedelten, verwandelten liebliche Flüsse in unergründlich tiefe, vogellose Tümpel der Dunkelheit, aus denen ungesunde Dünste emporstiegen und die Macht ihres Giftes über alle Dinge feierten.

In der hinduistischen Mythologie besiegt Krishna, erzürnt über die erschreckend lange Liste ihrer Umweltsünden, die Große Naga in einem ungeheuren Kampf und hinterläßt für immer den Fußabdruck des Siegers auf dem Halsschild der Kobra – jenes unverwechselbare Zeichen, das man zumeist als Brille deutet. Aber der großzügige Krishna verzeiht der Naga. Er befiehlt sogar dem großen Vogel Garuda, dem Todfeind der Naga, der aus dem Himmel auf die Schlange herabstößt, er solle den Fußabdruck nicht als Zeichen der Verdammnis, sondern als Zeichen des göttlichen Schutzes deuten und deshalb von seinen Angriffen ablassen.

Die Art, wie sich der Hinduismus mit der Kobra ausgesöhnt hat, lädt zu einem Vergleich mit der Behandlung ein, die der biblischen Schlange wegen ihrer Rolle beim Sündenfall der Menschheit zuteil wurde: » ...verflucht, verstoßen aus allem Vieh und allen Tieren auf dem Felde«, dazu verurteilt, auf dem Bauche zu kriechen und ihr Leben lang Erde zu fressen, in ewiger Feindschaft mit den Menschen zu leben, dergestalt daß diese ihr den Kopf zertreten, während sie sie in die Ferse sticht.

In Indien, wo Giftschlangen weit verbreitet sind, zögerten Regierungsbeamte und frühe Siedler aus dem Westen nicht, den Schlangen, die ihnen über den Weg krochen, »den Kopf zu zertreten«, wie ihre eigene ferne Kultur es sie gelehrt hatte. Sie erledigten Schlangen ohne viel Aufheben und sahen in ihnen nichts anderes als lebensgefährliche Schädlinge. Die Einheimischen waren über die Ermordung der heiligen Geschöpfe immer wieder entsetzt und fürchteten, eines Tages werde die Mörder göttliche Vergeltung treffen. J. H. Rivett-Carnac, der im späten 19. Jahrhundert in Indien lebte, erinnerte sich an einen Inder, dem er in Nagpur begegnet war. »Er verehrte die Naga und sonst nichts. Er betete zu Schlangenfiguren aus Ton, und wenn er sich Schlangenfänger leisten konnte, die ihm eine lebendige vorführten, dann betete er die lebende Schlange an; ... wenn er eine Nag auf der Straße erblickte, betete er zu ihr und war sicher, daß kein Hindu jemals eine Nag oder Kobra töten werde ...«

Für diese Haltung hatten anscheinend nur wenige in Indien lebende Briten Verständnis, obwohl sie die daraus resultierende Unerschrockenheit der Inder gegenüber Schlangen bewunderten. Die Briten hielten es eher mit jener nüchtern imperialen Kaltblütigkeit, um die auch ihre Landsleute in Kenia rangen, als sie es um 1890 am Tsavo mit menschenfressenden Löwen zu tun bekamen.

Die andere Möglichkeit bestand natürlich darin, die Schlangen zu dämonisieren, die Gefahr, die von ihnen ausging, so sehr zu übertreiben, daß eine gewisse Angst vor ihnen zulässig und geradezu ratsam erschien. So konnte man sich gegen den Vorwurf schändlicher Feigheit wappnen und mit den Briefen in die Heimat obendrein zusätzliche Bewunderung einheimsen. Das scheint die Strategie des kanadischen Reporters Gordon Sinclair gewesen zu sein, der für den *Toronto Star* arbeitete und sich selbst als »Nachrichtenjäger«, als »rastlosen Herumtreiber« bezeichnete, während er das Indien um 1930, in dem er unterwegs war, ein »Land der Abenteuer für starke Männer« nannte.

Aber es fiel Sinclair, der genauso alt war wie das Jahrhundert, nicht ganz leicht, sich so unerschrocken zu geben, wie er gesehen werden wollte. Er hegte nämlich eine tiefe Abneigung gegen Schlangen. Jede Erwähnung einer solchen ließ Sinclairs Tropenhelm erbeben und versetzte den »starken Mann« darunter in Angst und Schrecken, zumal die meisten Inder sich von diesen Geschöpfen anscheinend überhaupt nicht aus der Ruhe bringen ließen.

Sinclairs Reisebericht von 1932, *Foot-loose in India*, ist bemerkenswert, weil er unfreiwillig deutlich macht, wie der Verstand durch die Angst vor Schlangen ins Schlingern kommen kann. Sinclair türmt grauenvolle Statistiken auf schauerliche Anekdoten – dabei will er nur, daß die Leser seine Angst vor Schlangen als ehrenhaft anerkennen. In Kalkutta geht er zu Bett und denkt an sie: »Ein prima Wiegenlied war das; Kobras, Kraits und Vipern, die drei schlimmsten Schlangen von allen in einem Land, in dem Tag und Nacht alle sieben Minuten ein Mensch an einem Schlangenbiß stirbt.« In dem Zug, mit dem er Benares, das heutige Varanasi, verläßt, erinnert er seine Leser noch einmal an dieses Faktum: »Alle sieben Minuten, bei Nacht und am Tage, bei Regen und Sonnenschein, sommers wie winters, wird in Indien ein Mensch von einer Schlange getötet.«

In Lakhnau zitiert der entsetzte Sinclair eine »Kurzmeldung« aus der örtlichen Zeitung: »Kobras haben in Lakhnau am Wochenende drei Menschen getötet.« Um zu beweisen, wie erschreckend Schlangen sind – und vielleicht auch um anzudeuten, wie vergleichsweise gut er sich ihnen gegenüber hält –, erzählt er von einem Bekannten, einem Zeitungsmann, der aufgrund seiner Begegnungen mit indischen Schlangen irgendwann die Nerven verlor. »Er war gar nicht gebissen oder auch nur angegriffen worden«, schreibt Sinclair, »aber er träumte und redete von nichts anderem als Schlangen. Schließlich erlitt er einen Nervenzusammenbruch und mußte mit einem Beschützer in die Heimat geschickt werden.« Laut und deutlich ist hier Sinclairs unausgesprochene Botschaft an die Leser in der Heimat zu vernehmen – *und ihr wollt allen Ernstes behaupten, ihr hättet keine Angst?*

Auf dem Gelände eines Hotels in Bombay begegnet er einer Kobra, die einige Hockey spielende Schulmädchen terrorisiert. Er schildert eine Golfpartie in der Nähe von Delhi, wo an den Bunkern Schilder mit der Aufschrift »Vorsicht, Schlangen!« stehen und wo der Caddy die Aufgabe hat, das Rough von Schlangen zu säubern. »Und falls man direkt im Kobragürtel spielt, führt der Caddy, der einem die Bälle holt, einen angeleinten Mungo mit sich, und wenn der Ball ins Rough fällt, schickt er diesen Schlangentöter ins hohe Gras.« Dem armen Sinclair begegnen die Schlangen auf Tennisplätzen, auf Straßen und, besonders spektakulär, in einem Bungalow in einem Provinzstädtchen nördlich von Delhi. Dort kommt es zum Showdown.

»Beim ersten Licht des Tages stand ich auf und wollte sehen, wo ich mich eigentlich befand … Als ich die Zinkbadewanne verrückte, tauchte mit drohendem Schwung der Kopf einer braunen Kobra über dem Rand auf, und ich fuhr in dem Augenblick zurück, als sie zustieß. Sie traf die Wand der Wanne, und es klang wie ein dumpfer Trommelschlag. Bald hatte ich die Lage unter Kontrolle, schalt mich aber doch einen Narren und Dummkopf. Hier, wo ein Abfluß die Schlangen förmlich einlud, zum Trinken hereinzuschlüpfen und sich im Schatten auszuruhen, schlurfte ich mit Hausschuhen und nackten Beinen herum. Ich schlug die Badezimmertür zu und warf mich in meine Dschungelausrüstung – hohe Stiefel, lange Lederhosen. Dann griff ich nach der Pistole und der geschmeidigen Rute … Ich gab drei Schüsse ab, das schleuderte sie rückwärts in die Ecke wie eine lange Schnur zischender Würstchen … Ich verpaßte ihr drei weitere, und dies war das Ende meiner ersten Kobra. Ich trat näher und schoß ihr die siebte Kugel direkt in den Kopf.«

Sinclair, wollte ich ihm schon zurufen, du hast gerade siebenmal auf eine in die Enge getriebene Schlange geschossen, ein armseliges Reptil, ein zischendes Würstchen, nicht auf einen wilden, wutentbrannten Elefanten. Aber dann fiel mir meine eigene Feigheit wieder ein, und ich sah mich neben diesen sonderbaren Kanadier treten und das Magazin meiner eigenen Pistole in dasselbe kleine Tier entladen, zur Sicherheit.

Der faszinierendere Aspekt – daß Sinclair soeben eine Hindu-Gottheit weggeputzt hatte – beirrte unseren Helden durchaus nicht. Er sah sich offenbar mehr als weißen Reptilienjäger und weniger als vergleichenden Religionswissenschaftler. Den Hinduismus tat Sinclair mit der Bemerkung ab, er sei bloß »einer jener abergläubischen Auswüchse der Schwarzen Magie, die diese heidnische Halbinsel zur wildesten Gegend östlich von Suez macht«.

Immerhin hat Sinclair die hinduistische Einstellung zu den Schlangen nicht als Teufelsanbeterei verdammt. Das überließ er einigen ungnädigen britischen Geistlichen, unter ihnen Reverend John Bathurst Deane, der im Jahre 1830 schrieb, »es war daher die List [Satans], daß der Mensch, nachdem er infolge der Versuchung durch die Schlange gefallen war, nun durch ihre Anbetung noch tiefer fiel«. »Überall in Indien«, so schrieb Reverend W. S. Durham 1948, begegne man

»kleinen, über einem Schlangenloch errichteten Podesten mit einem Topf oder einem Korb und einer zinnoberroten Kobrafigur darauf; oder grob behauenen Granitblöcken mit einer roh herausgemeißelten, mit Zinnober bestrichenen Kobra ... wie ungemein typisch für die Taktik des Teufels war die Art, in der er den Untergang des Menschen durch höllische Tücke herbeiführte und dann den Menschen dazu brachte, ihn wegen jener Tücke, die den Menschen zerstörte, auch noch anzubeten ... Gibt es ein bedrückenderes Zeugnis für den geistigen Niedergang unseres Zeitalters, in dem der Teufel als Engel des Lichts auftritt und begrüßt wird, als sei er Gott selbst?«

Auch heutzutage – wir hatten bei einem solchen Termitenhügel-»Heiligtum« angehalten, das am Rand der Straße nach Mamallapuram stand. »Gegründet« hatte es vermutlich ein frommer Hindu, der zufällig gesehen hatte, wie eine Kobra in dem Termitenhügel verschwand oder aus ihm hervorkroch. Solche Termitenhügel wurden als bevorzugte Behausung der Schlange verehrt und galten auch als Eingang in die mystische Unterwelt der Schlange, eine Landschaft aus Wäldern und Seen, auf deren Wasser Lotus wuchs, eine von wohlriechenden Düften, Sonnenwärme und den Klängen von Flöte, Laute und Tamburin erfüllte Welt. Bald waren dann wohl die ersten traditionellen Opfergaben in der Nähe des Eingangs niedergelegt worden, getrockneter Reis, Kurkuma, ein wenig *ghee* oder Büffelmilchbutter. Dann getrocknete Blumen und Minze, ein Stückchen Sandelholz, Safran oder Betelblätter.

Und mit der Zeit nahm das Heiligtum Gestalt an. Ein Strohdach war über dem Hügel errichtet worden, an dem ein Porträt Shivas hing. Vor dem Hügel stand ein heiliger Dreizack senkrecht in einem Betonsockel, eine Schmieröldose der Firma Elf war mit einem Münzschlitz versehen worden und sollte Spenden aufnehmen. Außerdem hatte man einige Steine, die vielleicht einen halben Meter hoch waren, aufgestellt und mit roten und gelben Gewürzen bestreut – Durhams »grob behauene Granitblöcke«, in die Kobras in verschiedenen Stellungen und mit Lotusblättern geschmückt gemeißelt waren. Irgendwann würden auch Mauern um das Heiligtum errichtet werden. Und eines Tages würde sich ein Brahmane in safrangelbem Gewand zu seinem Verwalter ernennen. Sogar ein Parkplatz könnte entstehen, und nach und nach würde sich, trotz Durhams Abscheu, das Heiligtum zum Tempel auswachsen

W.S. Durham sprach von Teufelsanbeterei, aber er gelangte zu diesem Schluß nur, weil er nicht begriff, daß die Hindus etwas ganz anderes als die von Grund auf bösartige biblische Version der Schlange verehrten. Die kriminelle Karriere der biblischen

Schlange, die hartnäckige Verknüpfung von Sünde und Kriechtier, ist den Hindus ganz fremd. Gerade mit der Kobra verbinden sie ganz andere Gefühle. In Indien ist die charismatische Kobra das Totem des neuen Lebens. Wie andere Schlangen tauchen auch die Kobras vor allem beim Einsetzen der Regenzeit auf. Die moderne Herpetologie führt dies auf steigende Wasserstände zurück, sieht in den Schlangen also nichts weiter als Flüchtlinge, die sich vor der Nässe in Sicherheit bringen. In Indien jedoch gelten sie weiterhin vor allem als Vorboten der Ernte, und zwar als solche von höchst verführerischer Gestalt. Die Kobra herrscht über das neue Leben, und sie tut dies in einer derart unverhohlen phallischen Form, daß Reverend Durham bei ihrem Anblick sicher in Ohnmacht gefallen wäre.

»Es gibt gewisse naheliegende Gesichtspunkte«, so schrieb Rivett-Carnac und rückte damit dem heiklen Punkt so nahe, wie er dies um die Mitte des 19. Jahrhunderts tun zu können glaubte, »die im Zusammenhang mit der Haltung, die die Kobra einnimmt, wenn sie *erregt* ist [Hervorhebung von mir], sowie mit dem Anschwellen ihres Hutes zu erklären vermögen, warum man gerade diese Schlange als Verkörperung des Phallus und Symbol Shivas gewählt hat.« In den meisten Tempeln, die Shiva gewidmet sind, gibt es ein Lingam, ein Phallussymbol, in dem arglose Europäer – oder W. S. Durham – vielleicht bloß einen Säulenstumpf in der Mitte des Heiligtums sehen oder sehen wollen. Viele dieser Lingams sind von eingemeißelten Kobras umschlungen, was den sexuellen Zusammenhang noch verdeutlicht.

Als ich dann eine Frau im Sari vor mehreren dieser seltsam ragenden Kobrasteine stehen sah, eine kleine Gruppe von fünf Steinen um eine dem lächelnden, freigebigen Ganesha gewidmeten Statue im Schatten eines heiligen Bobaumes neben dem Tempelbecken von Mamallapuram, da begriff ich endlich, was sie waren: Opfergaben kinderloser Frauen an die Götter der Fortpflanzung, *nagakals*, Schlangensteine, wie man sie überall in Südindien um die Heiligtümer und unter heiligen Bäumen dicht gedrängt stehen sieht.

Die Frau nahm etwas von einem flachen Tablett, auf dem Kokosnußschalen, Blütenblätter und *garam*, Schalen mit einer Mischung aus Wasser und Ghee bereitlagen, träufelte Opfergaben auf einen der Steine und betupfte ihn mit gelbem Kurkuma und einem purpurnen Pulver, das *gulal* genannt wird. Der Stein, etwa von der Größe eines Grabsteins, erinnerte an den größten Wunsch dieser Frau: Nachkommen. Es war ein Friedhof nicht der Toten, sondern der Ungeborenen, lauter an die Fruchtbarkeitsgötter gerichtete Bitten um Kinder. Als ich mich abwandte, trug der Wind die Blätter davon und setzte sie sacht auf dem Wasser im Becken ab.

Der Nachmittag ging zu Ende. Ich fand ein Zimmer in der Lakshmi Lodge, einem weißgetünchten Betonbau mit Innenhof unten am Strand. Gleich nebenan lag ein verlassenes Bordell. Wie um diese Nachbarschaft vergessen zu machen, waren die Wände des Lakshmi mit allerlei Naturidyllen bepinselt: Fischer, Flüsse, Schwäne, glühende Sonnenuntergänge und dergleichen. »Oh, wie schön ist die Liebe«, stand dort. »Und wie schön ist das Leben für die, die ihrer teilhaftig werden.« Die Hausordnung geriet darüber allerdings nicht in Vergessenheit. »Nach 23 Uhr Restraunt geschlossen«, bellte ein Hinweis gleich nebenan. »Wenn Sie reden wollen, gehen Sie aufs Dach.« Die Sonne ging zwar gerade erst unter, aber ich nahm mir ein Bier und ging trotzdem schon mal aufs Dach. Von hier oben konnte ich, die tiefhängende, flammende Sonne im Rücken, die Koromandelküste entlangblicken, konnte beobachten, wie am Strand unter mir der letzte Postkartenverkäufer nach trödelnden Touristen Ausschau hielt, und mich darauf besinnen, warum ich nach Indien gekommen war.

Nach allem, was ich in Amerika, Australien und Afrika erlebt hatte, erschien mir die indische Haltung zur Kobra unvergleichlich positiv. Sie erinnerte an den Rang der Kobra im alten Ägypten, wo man sie als Symbol des Königtums verehrt hatte, und an den Platz, den die Schlange als Symbol der Heilkraft in der griechisch-römischen Welt einnahm. Noch heute führen viele Apotheken und Gesundheitsorganisationen, zum Beispiel die British Medical Association, die Schlange in ihrem Logo. Ich glaube, mich trieb die Vorstellung, die Begegnung mit einer solchen Einstellung könnte mir helfen, meine Angst vor Schlangen abzubauen. Wenn es mir gelänge, mich von der Gutartigkeit der Schlangen zu überzeugen, warum sollte ich dann noch Angst vor ihnen haben?

Ich sah den Mann erst, als er direkt unter mir stand. Er hatte einen flachen, runden Strohkorb dabei und sah ruhig zu mir herauf. Schließlich grüßte er mich mit einer weit ausholenden Bewegung seines Armes. Aber im letzten Augenblick verkehrte er die Geste und reckte mir den gekrümmten Arm auf eine Weise entgegen, die nur eines bedeuten konnte. Da wußte ich, was in dem Korb war.

Zwölf
Amerika IV

April 1996

»Wir nannten es versuchten Mord«, sagte der Mann von der Staatsanwaltschaft in Scottsboro und strich sich auf seinem Bauch die Krawatte glatt. »Wir haben ihm sieben Jahre angeboten – wenn er sich schuldig bekennt. Er wäre also mit noch weniger wieder rausgekommen.« Ich hatte ihn zufällig getroffen, im Archiv des Gerichts von Jackson County, einem staubigen, schlecht beleuchteten Hinterzimmer, ringsum Aktenschränke und Regale bis unter die Decke, wo ich das Protokoll des Summerford-Prozesses durchackerte.

»Aber er ließ sich nicht darauf ein«, fuhr der Mann von der Staatsanwaltschaft fort. »Der nicht. Der wollte einen Freispruch. Was allerdings, weil er schon zweimal vorbestraft war und weil wir hier dieses Gesetz gegen Wiederholungstäter haben, eine sehr riskante Strategie war.«

Ich nickte wissend. Ich hatte im Fernsehen genug Gerichtssendungen gesehen und konnte deshalb wissend nicken. Wenn man ständig in Motelzimmern lebt, bietet die Glotze die einzige Ablenkung – sobald man die halbgegessene Pizza in Richtung Bad geschleudert und die unerwünschten Anrufe abgewimmelt hat, die einem interessante Dienste der intimen Art anbieten. Wenn man schließlich auch die Tür abgeschlossen hat, für den Fall, daß der Anrufer auf die Idee kommen sollte, doch noch einmal persönlich vorbeizuschauen, dann landet man unweigerlich bei den Gerichtssendungen. Daher hatte ich von den taktischen Spielchen schon gehört, über die der Mann von der Staatsanwaltschaft jetzt sprach. Wenn das, was er sagte und was man in den Episoden von *Law and Order* oder *Murder One* zu hören bekam, halbwegs stimmte, dann ging es im amerikanischen Justizwesen immer nur um Strategien. Begriffe wie Schuld oder Unschuld spielten keine Rolle, es ging vielmehr darum, was man für sich aus dem Rechtssystem machte. Wie man Kniffe der Prozeßführung für die eigenen Zwecke nutzte. Wie man für sich das Beste herausholte.

An diesem Morgen hatte ich mein Motelzimmer in Scottsboro aufgegeben. Die schicken Redaktionsbüros des *Sentinel* am Veterans Drive aus Glas und Holz waren von den Blüten kleiner Kirsch- und Pfirsichbäume umtüpfelt. Jenseits der Lattenzäune und Briefkästen, hinter denen normalerweise holzverkleidete Häuser sichtbar waren, sah man nur hier und da ein Stück Tür, Fenster oder Dach. Selbst die zinnoberroten Kardinalvögel wurden von der Frühlingspracht überstrahlt und stöberten verdrossen an den Beeteinfassungen herum. An der Broad Street mit ihren Ziegelfassaden aus der Zeit der Jahrhundertwende quollen Schwaden von Winterstaub aus den offenen Türen, die die Ladeninhaber mit Keilen festgeklemmt hatten, um die Sonne hereinzulassen. Aus dem Payne's, der Soda-Bar des Ortes, kamen Männer mit Baseballkappen. Sie hatten Kaffee in Styroporbechern dabei und nahmen die Papiertüten mit den Doughnuts zwischen die Zähne, während sie die Türen ihrer Pick-ups aufrissen.

Ich parkte vor dem Gerichtsgebäude mit seiner prächtigen, neoklassizistischen Fassade. Es stand inmitten gepflegter Rasenflächen im Zentrum der Stadt und ließ alles in seiner Umgebung schrumpfen. Mit dem kuppelgekrönten Uhrturm im italienischen Stil und einem von imposanten Säulen eingefaßten Portikus war es eigentlich kein Bauwerk, sondern eine Behauptung – man sollte sehen, wie ernst Scottsboro es mit seiner Verantwortung für das Rechtswesen nahm.

Da hatte der Ort nun dieses riesengroße Gerichtsgebäude, und es bestand auch kein Mangel an frisch gestrichenen Anwaltskanzleien mit blühenden Topfpflanzen und modernen Jalousien, die um den Platz verstreut lagen. Aber die piekfeine Wall Street war es nicht. Man erkannte es schon daran, daß die Aktenkammer des Gerichts gleichzeitig als Teeküche für die Angestellten herhalten mußte, mit Spüle, Kessel und einem kleinen Gasherd, auf dem eine nicht abreißende Prozession von Sekretärinnen ab dem frühen Vormittag säuerlich riechende Mahlzeiten aufwärmte. Mit den Jahren hatte sich der Duft in den Dokumenten festgesetzt, und während ich im Protokoll von Darlene Collins Aussage blätterte, wehte mich etwas an, das mir wie alter überbackener Thunfisch vorkam.

Dann war dieser Mann von der Staatsanwaltschaft aufgetaucht, rosiges Gesicht, Übergewicht, dazu eine geschmacklose Polyesterkrawatte mit Strudelmuster, die nicht schön geschmacklos war, à la Harvey Keitel, sondern einfach nur scheußlich.

Wie aus dem nach Thunfisch duftenden Protokoll hervorging, war der Summerford-Prozeß für alle, die in Scottsboro mit der Jurisprudenz zu tun hatten, eine ganz große Sache gewesen. »Sie werden hier Dinge sehen und hören, die Sie noch nie gesehen haben«, hatte der Verteidiger den Geschworenen zu Beginn des Prozesses erklärt. »Sie werden diesen Fall ihr Leben lang nicht vergessen.« Dasselbe galt sicherlich auch für den Verteidiger. Seinen Worten war anzumerken, wie er diesen Tag im Rampenlicht genoß. Es kam nicht oft vor, daß die überregionalen Medien das Gericht von Scottsboro bis auf den letzten Platz füllten und sich kein Wort entgehen ließen.

Der Mann von der Staatsanwaltschaft zuckte mit den Achseln. »Summerford hätte das Angebot annehmen sollen. Ist doch klar. Ich sage immer: Greif zu, wenn dir jemand ein gutes Angebot macht. Sie sagen, die Frau steht nicht im Telefonbuch?« Er lachte wissend vor sich hin. »Mal sehen, ob ich für Sie etwas über ihren Verbleib herausfinden kann.«

Der Geruch aufgewärmter Mahlzeiten wurde jetzt übermächtig. Ich glaube, ein Eintopf aus Resten, die schon ein paarmal zu oft aufgewärmt worden waren, trieb mich schließlich nach draußen, in die frische Frühlingsluft. Ich wanderte über den Rasen zum anderen Ende des Platzes. Hier wirkte der Ort schon wieder schäbig. Zwischen ärmlichen Läden und unbebauten Grundstücken stand ein Gebäude – massiv, aber vergammelt. Nässe hatte die Ziegelmauern der offenen Veranda mit Flecken übersät und körnige, weißlich schimmlige Gezeitenlinien hinterlassen. Die Eisengitter in den schmalen, hohen Fenstern waren verrostet und die Scheiben zerbrochen. Auf dem zerbröckelnden Türsturz waren drei Wörter eingemeißelt: *Jackson County Jail.*

Es war ein Gefängnis aus einer anderen Zeit. Der Eingang wirkte fast anheimelnd, wie eine Küchentür, weißgestrichen, mit Glasscheiben in der oberen Hälfte. Auf dem flachen Dach saß eine Spottdrossel, riß den Schnabel auf, um zu singen, und schien es sich dann doch anders zu überlegen, als der Wind ihr in das schwarzweiße Gefieder fuhr. Die breite Veranda schien der Mythos Amerikas zu umschweben, man dachte an warme Abende und an resolute Sheriffs mit kantigen Unterkiefern, die hier einst gesessen hatten. Sie hatten mit bewaffneten Männern debattiert, die sie tagsüber als ehrbare Nachbarn kannten, und dabei, vom rhythmischen Surren der Zikaden begleitet, glühende Zigarettenstummel in die Nacht geschnippt.

Auch im Frühjahr 1931 hatten sie in Scottsboro so debattiert, als sich hier ein Lynch-Mob versammelte, Rache forderte und an den Bäumen in der Nähe schon nach geeigneten Ästen suchte. So begann eine schändliche Episode, die die Stadt gründlich in Verruf brachte. Es gab nicht viele Orte, die für ihre Justizirrtümer noch berüchtigter waren als Scottsboro. Manche Leute behaupteten sogar, Rechtspflege in Scottsboro sei wie Weinbau in Alaska oder wie ein Einsatz für Frauenrechte in Riad – anderswo ließ sich auf diesen Gebieten mehr erreichen.

Begonnen hatte es in einer Nacht im März 1931, als neun junge Schwarze, die von Chattanooga mit dem Güterzug durch Jackson County in Richtung Süden unterwegs waren, Probleme bekamen. Irgendwie war es zu einer Schlägerei gekommen, nach der sich ein paar weiße Jungs in ihrem Stolz verletzt fühlten. Als die Polizei erschien, behaupteten zwei weiße Mädchen, sie seien im Zug von den Schwarzen vergewaltigt worden – ein Verbrechen, auf das damals die Todesstrafe stand.

Der älteste der neun war gerade zwanzig, als die »Scottsboro Boys«, wie man sie bald nannte, am 6. April in der Stadt vor Gericht gestellt wurden. Sie plädierten auf unschuldig, aber am Ende des Tages befanden die Geschworenen alle neun für schuldig, wegen Vergewaltigung. Als das Urteil gefällt war, applaudierte die Menge vor dem Gericht. An diesem Abend ging die Nationalgarde in Stellung, um die Menge von dem Gefängnis, in dem die Scottsboro Boys saßen, fernzuhalten, und bis in den frühen Morgen marschierte eine Blaskapelle auf dem Platz herum.

An jenem Abend kamen keine Angebote und keine Deals auf den Tisch – abgesehen von dem Vorschlag, nicht abzuwarten, was der Staat vorhatte, sondern die Boys gleich an den nächsten Baum zu hängen. Für den empörten Mob waren die Städte in Jackson County, wo der Güterzug hielt – Fackler, Hollywood, Scottsboro, Larkinsville, Lim Rock, Woodville und Paint Rock –, seit Kinderzeiten vertraute, mit vielen Erinnerungen verknüpfte Orte. Orte, wo Verwandte und Freunde lebten und arbeiteten. Wo sie in die Kirche gegangen waren. Wo sie zu Tisch gesessen hatten. Von jetzt an würden es die Orte sein, wo neun schwarze Männer, die zwei wehrlose weiße Mädchen vergewaltigten, ihr Tun kurz unterbrochen und ihnen den Mund zugehalten hatten, bis der Güterzug weiterrumpelte, hinaus in die Nacht, wo niemand mehr die Schreie hören konnte. Es war, als wäre Jackson County selbst vergewaltigt worden.

Viele Leute im Süden sahen durch das Urteil ihre schlimmsten Vermutungen über die Schwarzen bestätigt und sahen sich in ihrem Beharren auf Rassentrennung und weißer Vorherrschaft bestätigt. Große Teile der öffentlichen Meinung im Süden, auch viele Zeitungen, waren mit der Gerichtsentscheidung völlig einverstanden. Im übrigen Land jedoch wurde sie heftig kritisiert, da sie nur auf den Aussagen der angeblichen Opfer beruhe und deshalb fragwürdig sei. Unabhängige Zeugen gab es nicht, und weder der Arzt, der die beiden Mädchen untersucht hatte, noch die Leute vom Zugpersonal waren als Zeugen geladen worden. Im Mai kam es in New York zu Demonstrationen. Viele Prominente, unter ihnen Albert Einstein und Thomas Mann, schlossen sich dem Protest an, der im Juli des Jahres einen neuen Höhepunkt erreichte, als acht der Scottsboro Boys zum Tod auf dem elektrischen Stuhl verurteilt wurden.

Jahre später, als internationaler Druck schließlich zu einer Wiederaufnahme des Verfahrens führte, widerrief eine der Frauen ihre Anschuldigung, sie sei von allen neun Männern vergewaltigt worden. Sie widersprach auch der Aussage der anderen Klägerin, die jedoch an ihrer Darstellung festhielt. So unglaublich es klingt: Eine neue Geschworenenjury bestätigte den Schuldspruch. Als schließlich der Oberste Gerichtshof das Urteil kippte und obendrein herauskam, daß die beiden Frauen an diesem Abend im Zug freiwillig mit mehreren der weißen Jungs Sex gehabt hatten, saßen die Scottsboro Boys seit fünfzehn Jahren im Gefängnis, viele von ihnen am betriebsamen Ende des Todestrakts.

Kein Wunder, daß Scottsboro in den Jahren nach dem Zweiten Weltkrieg sein Gerichtsgebäude gründlich renoviert hatte. Damit sollte ein Schlußpunkt unter ein beschämendes Kapitel der Vergangenheit gesetzt und ein Neuanfang gemacht werden. Das Problem war nur, daß sich die Scottsboro Boys als ein ziemlich festsitzender Aufkleber erwiesen. Die einzige Lösung hätte wohl darin bestanden, Scottsboro umzubenennen. Das auf den ersten Blick so unbeschwert wirkende Etikett – die Boys hätten in den fünfziger Jahren ja auch eine Schulband mit Schmachtlocken und angeklatschten Haaren sein können – machte die Schändlichkeit der ganzen Angelegenheit nur noch deutlicher und erinnerte drastisch an die dunklen Zeiten des amerikanischen Südens. An die Schilder, mit denen die Rassentrennung im Alltag durchgesetzt wurde. An die Kapuzenmänner, die sich nachts wie zu einem Klassenfoto in Reih und Glied aufstellten, allerdings hinter einem brennenden Kreuz, irgendwo im Wald. An die Klapperschlangen, die Bürgerrechtler in ihren Autos fanden. An die Weißen, die sich nach der Wassermokassinschlange »Cottonmouth Moccasin Gang« nannten und Jagd auf Schwarze machten.

Noch immer brannten schwarze Kirchen im Süden. Noch in den achtziger Jahren hatte es im benachbarten County Dekalb brennende Kreuze gegeben. Badetücher, die mit den Buchstaben KKK bemalt waren, landeten auf schwarzen Veranden. Direkt jenseits der Grenze, in Georgia, hatte jemand gesehen, wie ein schwarzer Junge mit einem weißen Mädchen im Schulbus schmuste, was dazu führte, daß die Männer des Klans zur Schule der beiden marschierten. Auf das Haus, in dem der Junge wohnte, wurde geschossen.

So kam es, daß Leuten, die sich überlegten, ob sie in Scottsboro Halt machen und den bekannten Markt besuchen sollten, der dort an jedem ersten Montag im Monat stattfand, plötzlich eine unangenehme Erinnerung in den Sinn kam.

Scottsboro? Ist das nicht der Ort, der neun unschuldige junge Schwarze in die Todeszelle gebracht hat?

Genau. Aber heute kommen sie nicht mehr dazu, weil sie so viel mit Klapperschlangen hantieren. Hä. Hä.

Damit war Scottsboro erledigt. Es lagen zwar sechzig Jahre dazwischen, aber zwei Sensationsprozesse – Thema: Vergewaltigung und Rassismus bzw. Klapperschlangen und Religion – in einer Stadt von der Größe Scottsboros bezeugten, daß die extremen Motive, die zum Stereotyp der Südstaaten gehörten, hier immer wieder zum Vorschein kamen. Scottsboro sah zwar nicht aus wie ein Ort, wo es Lynch-Mobs gab oder Priester sich mit Klapperschlangen über ihre Ehefrauen hermachten. Es *war* aber ein solcher Ort – erwiesenermaßen.

Der Mann von der Staatsanwaltschaft hatte Neuigkeiten über Darlene.

»Es heißt, sie sei auf den Berg zurückgegangen«, erklärte er mir. »Zurück auf den Sand Mountain, wo sie herkam. Wohnt da irgendwo bei Dutton in einem Wohnwagen. Sie können im Laden nach ihr fragen. Aber passen Sie auf, wo Sie hintreten. Die Leute da oben sind anders.«

*

Am Samstagmorgen fuhr Glenn mit Darlene zum Einkaufen. Das Licht, das über die Sojabohnenfelder durch die Fenster ins Haus flutete, hatte sie früh geweckt, und sie sah, daß sie während der Nacht von der Couch gefallen war. Sie hatte sich erbrochen. Daß sie trotzdem und trotz des Schmerzes weitergeschlafen hatte, war ihr unbegreiflich. Ihr geschwollener Arm war hart wie ein Autoreifen. Der Daumen lief schwarz an, und leuchtend rote Streifen schlängelten sich, wie nächtliches Feuerwerk, ihren Unterarm hinauf. Noch nie hatte sie sich so elend gefühlt. Ihr war, als müßte sie im nächsten Augenblick sterben, hier auf dem Boden, in der Pfütze von ihrem eigenen Erbrochenen. Ein paar Minuten später hörte sie das Geräusch eines Wagens. Es war Glenn.

»Ich hab bloß den Chevy aus dem Wald geholt«, sagte er. »Du mußt ins Krankenhaus.«

Einen Moment lang glaubte Darlene, jetzt sei alles vorbei.

»Aber erst«, fügte Glenn hinzu, »müssen wir ein paar Sachen besorgen.«

Komisch, dachte Darlene, daß Glenn Einkäufe machen wollte, während sie am Biß einer Klapperschlange starb. Herrgott, sie wollte, daß dieser Schmerz aufhörte, sie wollte ins Krankenhaus, aber sie war nicht in der Verfassung, sich durchzusetzen. Ihr Mann behielt bei allen Streitereien die Oberhand. Selbst wenn sie in Form war. Jetzt war nicht der Augenblick, daran etwas zu ändern. Also beklagte sie sich nicht weiter, als er zu Video Movie World fuhr, um ein paar überfällige Cassetten zurückzugeben. Als er ausstieg und sie die Filmtitel las – *Malibu Hot Summer*, *Wraith* und *Candyland* –, fragte sie sich sogar, welchen sie gesehen hatte und worum es darin gegangen war. Im ABC Liquor Store holte Glenn eine Flasche Wodka. Beim Finamart, kurz vor dem Interstate, besorgte er Winston, Cola, Orangensaft und Sandwiches für die Mikrowelle. Dann bog er auf den Interstate Highway ein und fuhr Richtung Norden.

»Da lang geht es nicht zum Krankenhaus«, sagte Darlene. »Du hast gesagt, du bringst mich ins Krankenhaus.«

Aber Glenn hatte einen Plan, und das Krankenhaus kam darin nicht vor. Sie durch Schlangenbiß umbringen und dafür sorgen, daß es wie Selbstmord aussah. Wie bei Kleopatra, dem berühmtesten Selbstmord überhaupt. Der Chevy nahm die nächste Ausfahrt, fuhr den Veterans Drive entlang, stadtauswärts, dann nach links in die North Crawford und noch mal rechts. Sie waren wieder in der Barbee Lane.

⋆

Am Nachmittag machte ich mich auf den Weg nach Dutton. Der Mann von der Staatsanwaltschaft hatte recht; der Sand Mountain war irgendwie anders. Dabei war er gar kein richtiger Berg. Ein Höhenzug auf der anderen Seite des Tennessee-Tals. Kein Berg zum Wandern, zum Skifahren, zum Gipfelstürmen. Eine Flagge konnte man auf ihm nicht errichten. Dagegenfliegen konnte man auch nicht. Der Sand Mountain tat nur eines: Er nahm den Einwohnern von Scottsboro die Morgensonne weg; im Winter konnte das heißen, daß sich die Eisblumen bis zum Mittag hielten. Der Sand Mountain zwang die Automatik der Autos in einen niedrigeren Gang. Und an einem heißen Augusttag konnte er bei einem alten Pick-up auch mal den Motor zum Kochen bringen. Wenn sonst niemand unterwegs war, stellten junge Männer, die von Fort Payne zurückkamen, oben auf dem Berg den Motor ab und probierten aus, wie weit sie die abschüssige Straße bringen würde, wobei die Brücke über den Tennessee ein guter Auslauf war. Steil war er, der Sand Mountain. Aber nur so weit, wie er reichte.

Im übrigen sah er genauso aus wie die übrige Gegend. Maisfelder, Kirchen, Hühnerfarmen, durchzogen von einem Labyrinth von Landstraßen, an deren Kreuzungen kleine Orte mit den wenigen immergleichen Annehmlichkeiten aufwarteten: das Sonnenstudio, die Tankstelle, die Videothek, unweigerlich in Rosa gestrichen, und ein General Store, in dem es von Gesprächen über Sojabohnenpreise summte.

Und trotzdem veränderte sich etwas, wenn man zum Sand Mountain hinauffuhr. Als die Straße hinter Scottsboro zwischen Platanen, Buchen und Dornengestrüpp bergauf führte, wurde das Sonnenlicht weniger. Zuerst waren noch Lichttupfer auf der Straße, und dann, als sich ein dichtes Blätterdach über die Straße schob, völlige Dunkelheit, wenn auch nur für kurze Zeit. Sobald der Wagen wieder das Tageslicht erreichte, schien eine unbestimmte Grenze überschritten, als hätte es mich in eine andere Welt verschlagen. Ich war jetzt anderswo. Ich verstand, warum sie ihn einen Berg nannten. Von Höhe konnte keine Rede sein, aber der Sand Mountain war eine Gegend für sich.

Schon immer. Hier oben war man weit weg vom Betrieb der Städte, die in den Tälern, an den Furten des Flusses entstanden waren. Die Leute vom Sand Mountain hatten sich an den Rändern niedergelassen. Nur in Bruchstücken, mit Sonnenliegen und Satellitenschüsseln, war das moderne Amerika hierher vorgedrungen, aber wirklich eingenommen hatte es diese Gegend nicht. Der Wandel hatte es hier oben schwer. Mir fiel ein, wie der Mann von der Staatsanwaltschaft gesagt hatte, Darlene sei auf den Berg zurückgegangen. Als wäre es weniger um eine geographische Ortsveränderung als um eine Neubestimmung der sozialen und emotionalen Situation gegangen. Was ja auch verständlich war, bei allem, was Darlene durchgemacht hatte.

Nach zehn Minuten war ich in Dutton. Der Ort lag inselgleich zwischen langgestreckten Feldern, die wie eine bedrohliche Flut auf ihn zuliefen. Leicht möglich, dachte ich, daß ihn ein träumender Farmer eines Tages einfach unterpflügen und, abgesehen von einem sonderbaren Holpern, nicht mal etwas merken würde, bis man dann bei der Maisernte zwischen den Pflanzen Reste von Schindelholz, Bettzeug, Teer, Schulbücher, die Ladenkasse aus dem General Store und eine kaputte Videocassette fände.

Ich drückte die Tür des General Store auf und sah vor mir eine Gruppe von Einheimischen in Overalls, die einen Mann umringten und allesamt in seine Richtung gestikulierten. Einer streckte ihm die Hände entgegen, spreizte die Finger und verdrehte sie gegeneinander. Ein anderer schraubte seinen Arm in die Höhe, bis ein unsichtbares Hindernis ihn am Ellbogen aufhielt. Einen Augenblick glaubte ich, ich sei in irgendein hinterwäldlerisches Ritual geraten, das mich nichts anging. Dann stellte sich heraus, daß alle gemeinsam versuchten, dem Mann klarzumachen, daß er das richtige Ersatzteil für seinen Traktor in der Hand hielt. Der Mann prüfte das Teil lange. Er betrachtete es von allen Seiten, als suchte er nach irgendeinem klärenden Zeichen, das seiner Aufmerksamkeit bisher entgangen war. Währenddessen konnte man hören, wie ganz Dutton den Atem anhielt: *Würde er das Ersatzteil nehmen?* Dann warf der Mann es in die Luft und fing es geschickt wieder auf. Er hatte sich entschieden.

»Wenn du es sagst, Bud«, sagte er und klopfte Bud auf die Schulter, worauf Bud lächelte und mit ihm ganz Dutton. »Obwohl ich das Gefühl habe, daß ihr eine ziemlich komische Vorstellung von meinem Traktor habt.«

Das Grüppchen unterhielt sich immer noch über Traktoren, als ich den Ladeninhaber nach dem Weg zu Darlene Collins fragte. Seine Augen wurden ganz schmal vor Mißbilligung. Unklar war mir bloß, auf wen er nicht gut zu sprechen war: auf mich, den schnüffelnden Fremden, oder auf Darlene mit all dem Schlamassel, in den sie geraten war. Also ließ ich mir den Weg erklären und machte mich schnell davon.

Sie lebte in einem weißen, angeschimmelten Wohnwagen am Rande eines Maisfelds, einem von ungefähr einem Dutzend *trai-*

ler homes an einer nicht asphaltierten Kreuzung. Eine schäbige Siedlung. Herrenlose Motorräder ragten aus dem Matsch. Ein schirmförmiger Trockenständer lag umgekippt auf dem Boden. Jemand hatte mit unverkennbarem Vergnügen darauf herumgetrampelt. Eine der Leinen verlief erstaunlicherweise genau parallel zum Boden, so daß die noch daran hängenden Wäscheklammern im Wind schaukelten. Autos standen herum, die meisten von ihnen ausgeschlachtet. Motorteile, Türen, Räder und Windschutzscheiben fehlten, abmontiert für andere Wagen. Fetzen von blauem Himmel spiegelten sich blaß in den Pfützen, mit denen die gepflügten Felder nach dem letzten Regen übersät waren. In einem Container neben der Straße türmte sich der Müll. Der Fäulnisgeruch hatte etwas Medizinisches. Hinter den Trailern lag ein dunkles Waldstück; »Betreten verboten«-Schilder waren an die Baumstämme genagelt. Die Männer, die da in ärmellosen T-Shirts, mit bunten Tüchern um die Stirn und Tätowierungen auf den Armen herumstanden, vor sich auf dem Boden zerdrückte Bierdosen, verschafften den Schildern jene Autorität, die ihnen sonst vielleicht gefehlt hätte. Mit zusammengekniffenen Augen folgten sie dem Wagen des Fremdlings. Bei mehreren Wohnwagen waren die Sterne und Querbalken der Südstaatenfahne von innen in die Fenster genagelt.

Darlenes Trailer stand am Rand der Siedlung. Davor lagen unter einer glänzenden Satellitenschüssel Reste von Plastikschläuchen herum. Ich erkannte die Frau, die an die Tür kam, sofort – nach den Zeitungsfotos: das dichte rotbraune Haar, die Sommersprossen auf der milchweißen Haut, die Augen, der kräftige Unterkiefer. Sie war nicht direkt abweisend, eher argwöhnisch. Sie habe Ärger mit Journalisten gehabt, sagte sie. Was die alles über sie geschrieben hätten. Trotzdem, ich könnte gern auf ein Bier hereinkommen, aber das Durcheinander müßte ich entschuldigen.

Ich trat ein. In einer Ecke der Küche stand ein schwarzer Plastikmülleimer, in dem sich zerdrückte Budweiser-Dosen und Junk-food-Verpackungen türmten. Im Spülbecken stand ein Stapel Teller. Darlene gab mir ein Bier und winkte mich in das andere Zimmer, wo zwei Leute vor einem großen Fernseher hockten, überquellende Aschenbecher neben sich auf der Sessellehne. Das sei Debbie, Darlenes Schwester. Debbie hatte Augen wie ein wildes Tier. Sie hatte vor kurzem in betrunkenem Zustand einen Wagen zu Schrott gefahren. Hatte sich bei dem Unfall das Handgelenk gebrochen. Und der junge Mann in den Arbeitshosen war Chris. Chris machte einen gutmütigen Eindruck und kaute Tabak. Ausführlich beschrieb er, wie sich der Tabaksaft an die Zähne schmiegte und braun und angenehm die Kehle hinunterlief. Chris fehlten noch acht Monate, bis er von Rechts wegen trinken durfte.

»Er zählt die Minuten«, sagte Debbie.

Ich fragte Darlene, wie es ihr ging.

»Ich habe immer noch Alpträume«, sagte sie und zündete sich eine neue Zigarette an. »Mit Schlangen und Eidechsen. Warum Eidechsen, weiß ich nicht.« Ihre Bibel lag auf dem Fernseher, aber in die Kirche ging sie nicht mehr. Von Priestern hatte sie genug. Inzwischen ging sie lieber in Scottsboro tanzen. Sie fuhren ziemlich regelmäßig hin, Debbie und sie. Und dabei war das mit *ihrem* Handgelenk passiert, bei einer Schlägerei. Jetzt waren sie aufeinander angewiesen, die beiden Schwestern, und nirgendwo mehr als beim Autofahren. Die eine lenkte mit ihrer gesunden Hand, während die andere mit der ihren Blinker, Scheibenwischer und so weiter betätigte.

Nachdem es passiert war, erzählte Darlene, hatte es eine Zeitlang so ausgesehen, als würde ihr die ganze Aufmerksamkeit wirklich weiterhelfen. Man hatte sie sogar in die Sendung *Sally Jessy Raphael* eingeladen. Aber das war lange her. Zuletzt hatte sie in einer Strumpfwarenfabrik bei Fort Payne gearbeitet und nützliche elf Dollar in der Stunde verdient. Nun mußte sie sich wieder um Arbeit kümmern und nahm sich ständig vor, am nächsten Montag mit der Suche anzufangen. Um die Kinder konnte sie sich noch nicht wieder kümmern. Marty und das Mädchen, das am Ende des Jahres, in dem alles passierte, auf die Welt gekommen war, lebten jetzt bei Verwandten, bis sie wieder soweit war.

Darlene in dieser Umgebung – mir kam das seltsam vor. Ihre Geschichte, so düster und bedrückend sie war, hatte doch immer auch einen schaurig romantischen Glanz gehabt. Ich hatte erwartet, der Schlangenbiß hätte sie irgendwie verändert, nicht bloß als besondere Erfahrung, sondern auch als tiefgreifende Verwandlung, eine Art Wiedergeburt, die sie über die Banalitäten hinaushob, mit denen sie es jetzt zu tun hatte: Alkohol, Dreck, Schlägereien, die Kinder, um die sie sich nicht kümmern konnte. Stattdessen war sie nur eine Frau, die ihren Haushalt nicht im Griff hatte. Eine Frau, die nicht zurechtkam. Die am Rand eines Ackers in Alabama in einem Trailer wohnte, der nirgendwohin unterwegs war. Eine Frau, die schnell Arbeit finden und wieder in die Gänge kommen mußte. Schlangenbisse, das wurde mir jetzt klar, ereigneten sich in der wirklichen Welt, und wenn der Schmerz vergangen war, saß das Opfer immer noch da, wo es vorher gesessen hatte. Im Biß einer Schlange war keine dunkle Schönheit und keine verborgene Botschaft. Er bot keine Erlösung. Er tat nur weh.

»Nach diesem zweiten Biß«, sagte Darlene, »wurde mein Arm fünfunddreißig Zentimeter dick. Die Leute sagen immer, Kinderkriegen ist der schlimmste Schmerz überhaupt. Also, das weiß ich besser.«

Ich fragte sie nach dem Samstagmorgen, dem Morgen, an dem Glenn beschloß, sie nicht ins Krankenhaus zu bringen. Darlene schloß die Augen, die Erinnerung daran tat ihr weh.

Glenn hatte sie ins Haus zurückgebracht. Hatte die Vorhänge zugezogen und angefangen zu trinken. Zwischen Wachsein und Bewußtlosigkeit schwebend, lag Darlene in diesem Dämmerlicht, während der Schmerz auf sie einhämmerte. Um die Mittagszeit hörten sie, wie ein Wagen vorfuhr.

Sie erzählte, wie Glenn ihr sagte, sie solle still sein. Er hielt die Pistole in der Hand. Schritte näherten sich der Tür.

»Glenn?« fragte eine besorgte Stimme, und jemand rüttelte an der verschlossenen Haustür. Es war seine Schwester. »Glenn und Darlene, seid ihr da drinnen?« Sie hörten, wie sie eine Zeitlang draußen herumlief. Darlene registrierte jeden einzelnen Schritt, aber sie konnte einfach nichts tun. Sie hörte, wie Glenns Schwester kehrtmachte und dann doch wieder zögerte, als erwartete sie noch eine verspätete Begrüßung. Darlene hätte im letzten Augenblick noch schreien können, aber Glenn hatte ihre Gedanken erraten und zielte mit der Pistole direkt auf ihr Gesicht. Der Motor sprang an, der Wagen setzte zurück und war bald nicht mehr zu hören. Glenn schob den Vorhang beiseite, um nachzusehen, ob sie wirklich allein waren, und goß sich dann Wodka nach.

Sie erzählte mir, wie sie an diesem Samstag im Oktober den ganzen Nachmittag auf der Couch gelegen und vor Schmerz gewimmert habe. Sie konnte nichts anderes tun, um über die Wellen der Schmerzen hinwegzukommen. All ihre Kräfte konzentrierten sich auf diese Wellen. Es war, als würde ihr jemand immer wieder mit einem Hammer auf die Hand schlagen – diese Hand war so heiß, daß sie sie riechen konnte, wie erster Bratenduft, der von einem Grill aufsteigt. Noch nie hatte sie ihre Hand gerochen. Dazu die Schmerzstöße, die ihr den Arm entlangfuhren, und eine furchtbare Übelkeit, bei der ihr der Geschmack von Dingen im Mund zurückblieb, die sie, das wußte sie genau, noch nie gegessen hatte: Metall und Stroh und Gerstenzucker. Sie wollte nur, daß der Schmerz aufhörte. Eigentlich war es ganz einfach. Aber helfen konnte ihr nur Glenn. Und Glenn hatte sich in einen Sessel vor den Fernseher gefläzt und trank Wodka. Über dem Geschrei und den Musikfetzen aus dem Fernseher konnte Darlene, dessen war sie sicher, das ferne Brausen des Interstate Highway hören. Sie wußte, er führte nach Norden, nach Chattanooga. Wohin dann, das wußte sie nicht so genau.

Am späten Nachmittag sah Glenn auf seine Uhr. Von dort, wo Darlene lag, konnte sie sehen, wie er das Armgelenk dicht vor seine Augen hielt. Nur so konnte er das Zifferblatt erkennen.

»Noch eine Stunde«, sagte er und ließ den Blick wieder zum Fernseher hinübergleiten. »Du hast noch eine Stunde, Darlene. Dann bring ich dich in den Schlangenschuppen zurück.« Es war seit Stunden das erste, was er sagte. Und erst gestern, dachte Darlene gleichgültig, hatte Gott sie verschont.

Es wurde sechs Uhr, ohne daß etwas geschah. Der Alkohol hatte Glenns Deadline hinausgeschoben. Aber Darlene war vom Schmerz so benebelt, daß sie es gar nicht merkte. Um halb acht brachte die Abenddämmerung Glenn auf die Beine. Er blinzelte zweimal und zerrte seine Frau nach draußen. Darlene wimmerte vor Schmerz, aber sie wehrte sich nicht. Ihr Gleichgewichtssinn machte nicht mehr mit. Nur mit breitbeinigen Schritten konnte sie sich noch aufrechthalten. Sie hatte keine Ahnung, wo sie war – bis sie wieder diesen muffigen Geruch wahrnahm, von altem Holz und etwas anderem, der brachte sie zur Besinnung, und ihr fiel ein, was Glenn gesagt hatte. Die Schuppentür fiel hinter ihnen zu. In dem Dämmerlicht sah sie, daß er etwas vom Boden aufgehoben hatte, ein schwarzes Plastikrohr, ungefähr einen Meter lang. Er führte Darlene zu einem Kasten, zu dem mit der Klapperschlange, die sie am Abend vorher in die Hand genommen hatte, ohne daß etwas passiert war. Er fuhr mit dem Rohr auf dem Maschendrahtdeckel herum, als spielte er Xylophon. Sofort begannen die beiden Schlangen im Kasten lang und laut und bedrohlich zu rasseln. Glenn wiederholte den Trick, und es schien ihm zu gefallen, daß die Schlangen wieder, wie auf seinen Befehl, sofort reagierten. Die Schlangen würden tun, was er von ihnen wollte.

»Den Deckel«, sagte er und drückte Darlene die Pistole an die Schläfe. »Nimm den Deckel ab.«

Sie nahm ihn ab, wie sie ihn schon einmal abgenommen hatte, aber diesmal stocherte Glenn obendrein mit dem Rohrstück zwischen den Schlangen herum, wie man in einem Feuer stochert. Die Schlangen stießen nach dem Rohr, zogen sich wieder zurück und rasselten wütend.

»Eins steht fest«, sagte Glenn. »Diese Schlange nimmst du nicht noch einmal in die Hand, ohne daß sie dich beißt.«

Diesmal ließ er den Herrn aus dem Spiel.

Darlene zitterte, als ihre Erinnerungen wieder lebendig wurden. Sie beugte sich nach vorn und drückte ihre Zigarette aus.

»Ich glaube, ich kann nicht mehr«, sagte sie. Ein plötzliches Geräusch in der Küche ließ uns hochfahren – so tief waren wir in Darlenes Geschichte versunken. Es klang, als wäre Glenn zurückgekehrt, um seiner Frau doch noch den Garaus zu machen. Chris schob den Priem im Mund herum, stand auf und schlurfte in die Küche, um nachzusehen.

»Ist bloß dein Müll umgekippt«, sagte er.

Dreizehn
Australien IV

Oktober 1996

Am Morgen verließ ich Port Douglas und hielt noch einmal am Stadtrand, um zu tanken.

»Ich hab noch nie Schnee gesehen«, sagte das Mädchen an der Kasse. Ich gab der Hitze die Schuld an dieser wehmütigen Bemerkung. Oder meinem Akzent, der außer an gemäßigte Breiten vielleicht auch an fallendes Laub erinnerte, an Holzfeuer, fahlen Sonnenglanz über einem vereisten Flußufer und an Schneeflocken, die um Straßenlampen tanzen.

»Ach, das stimmt nicht ganz«, fügte sie hinzu. »Einmal habe ich welchen gesehen, weit weg, auf einem Berg in Victoria. Aber meine Mutter hatte eine Schneephobie und wollte mit uns nicht näher ranfahren.«

»Er ist weiß«, erklärte ich ihr und genoß die Rolle, die mir hier offenbar zugewiesen wurde: der Reisende aus fernen Landen mit seinen hinreißenden Geschichten. »Er ist kalt und irgendwie ...«

»Ja, ja«, unterbrach sie mich. »Ich hab ihn im Fernsehen gesehen, wissen Sie.«

Während ich weiter nach Norden fuhr, knospten mir Schweißperlen im Nacken. Jedesmal, wenn ich auf meinem Sitz ein wenig herumrutschte, setzten sie sich in Bewegung und hinterließen Salzspuren zwischen meinen Schulterblättern. Der bleigraue Himmel war mit hellen Türkisflecken übersät, Fenster in den Wolken, durch die man Kondensstreifen von Flugzeugen sehen konnte. Kurz vor Mossman verließ ich die Küstenstraße, die bald zu einem Feldweg verkümmern würde, der in die Leere des Cape York führte, die Landspitze am oberen Ende von Australien, fünfhundert Meilen nichts wie Busch und Sumpf.

Ich fuhr nun landeinwärts, vorbei an Feldern, auf denen etwas

Bleichgrünes angebaut wurde, das ich nicht sofort erkannte. Es bedeckte die ganze Küstenebene und wurde erst am Fuß der dunklen Bergkette in der Ferne vom Regenwald abgelöst. Es wuchs dicht wie Bambus, bis zu drei Metern hoch und endete in einem üppigen Knoten aus lanzenförmigen Blütenwedeln. Auf beiden Seiten der Straße bildete es undurchdringliche Palisadenwände. Plötzlich wurde mir, nicht ohne einen Anflug von Besorgnis, klar: Ich fuhr durch Zuckerrohr. Mit der freien Hand tastete ich nach dem Eschenholztalisman in meiner Hosentasche. Ich war im Land der Taipane.

Es hieß, Zuckerrohr sei für Taipane das gleiche wie blutiges Wasser für Haie, Eis für Polarbären oder Eukalyptusbäume für Koalas. Als der Taipan in den fünfziger Jahren seinen finsteren Ruhm erlangte, wurde den Farmern klar, daß sie ihn schon immer gekannt hatten, unter dem Namen Braune Zuckerrohrschlange, einfach deshalb, weil er braun war und im Zuckerrohr lebte. Tödliche Bisse im Zuckerrohr wurden von der Presse immer wieder gemeldet. John Pringle war 1929 in der Nähe von Port Douglas in einem Zuckerrohrfeld gebissen worden, als er mit seinem Pferdepflug einen Taipan aufstörte. Ein italienischer Siedler war 1931 am Biß eines Taipans gestorben, den er nach Aussage seines Bruders im jungen Zuckerrohr aufgescheucht hatte, als er dort Schößlinge für seine Pferde schneiden wollte. Der bekannte Schlangensammler Eric Worrell gab dem Taipan sogar den Beinamen »Killer aus dem Zuckerrohr«. Und weit verbreitet war die Auffassung, das in den fünfziger Jahre übliche Abbrennen der Zuckerrohrfelder vor der Ernte diene vor allem dem Zweck, die Taipane zu vernichten.

In der Phantasie der Leute wimmelte das Zuckerrohr von Taipanen. Die Wahrheit war komplizierter. Der wichtigste Grund für das Abbrennen der Felder vor der Ernte war der Kampf gegen das Feldfieber, eine entkräftende, grippeähnliche Krankheit, deren Erreger im Urin von Ratten vorkam und durch die zahlreichen Schnitte und Schrammen, die sich die Arbeiter beim Zuckerrohrschneiden unweigerlich holten, leicht auf den Menschen übertragen wurde. Taipane wurden von Zuckerrohrfeldern tatsächlich angelockt, nicht zuletzt durch die vielen Ratten dort. Aber sie kamen auch anderswo vor, auf Heide- und Weideland, so wie umgekehrt im Zuckerrohr neben Taipanen auch andere Schlangen vorkamen. Ein Zuckerrohrfarmer aus Mossman berichtete mal, er habe beim Abräumen eines vier Acres großen Feldes zweiundvierzig Schlangen erlegt, lauter Todesottern.

Trotz dieser Ungereimtheiten wurde die Verbindung von Taipan und Zuckerrohr ein fester Bestandteil des aufblühenden Mythos dieser Schlange – zur Verzweiflung der Zuckerindustrie. Denn sobald die neuen Einwanderer, vor allem aus Großbritannien und Italien, hörten, Zuckerrohrarbeiter hätten die besten Aussichten, an einem Schlangenbiß zu sterben, fühlten sie sich auch schon zu anderen Berufen hingezogen. So hatte die wichtigste Exportindustrie von Queensland plötzlich Mühe, Arbeitskräfte zu finden. Das gleiche Problem ergab sich auf den indischen Teeplantagen, wenn dort Königskobras gesichtet wurden und die Teepflücker Reißaus nahmen. Wie es heißt, haben auch die Landvermesser an der Grenze von Virginia und North Carolina im 18. Jahrhundert ihre Arbeit eingestellt, wenn im Frühjahr die Klapperschlangen zum Vorschein kamen, und um die Jahrhundertwende sollen die Arbeiter in der Umgebung von Melbourne gedroht haben, die Arbeit niederzulegen, als in den Gerstenfeldern der Brauereien Schlangen gesichtet wurden. Die Industrie hatte tatsächlich ein ernstes Problem.

1956 ging der Verband der Zuckerrohrpflanzer von Queensland dann in die Offensive. Er brachte in seiner Monatszeitschrift einen Artikel mit dem Titel »Der Taipan. Die Wahrheit – und was man aus ihr macht«. »Tod durch Schlangenbiß ist in Queensland ein seltenes Vorkommnis«, begann der Text, »aber die ständigen Sensationsberichte haben für viel Unruhe und Angst gesorgt ...« – »Zuviel Gerede um den Taipan«, lautete eine Schlagzeile der *Cairns Post* im Juli des gleichen Jahres, die in dieselbe Richtung zielte. »Große Angst vor diesen Schlangen fällt vor allem bei den vielen Neu-Australiern auf, die zur Arbeit in den Zuckerrohrfeldern hierhergebracht wurden«, zitiert die Zeitung den Sekretär der Vereinigten Zuckerrohrpflanzer von Cairns und Umgebung. Der Mann berichtete auch, viele Farmer würden sich »über mangelnde Hygiene in den Arbeiterunterkünften auf der Farm beklagen«; die Arbeiter suchten offenbar »aus Angst vor Schlangen nachts den Abort nicht auf«. Die Verteufelung der Gegend als gefährliches Schlangengebiet, so schloß er, werde neue Zuwanderer nicht gerade ermutigen.

Es war Erntezeit. Kleine Lokomotiven tuckerten auf den Schmalspurgleisen herum, die die Zuckerrohrfelder mit den Verladestellen an der Straße verbanden, und zogen lange Züge von Gitterwagen hinter sich her, hoch beladen mit frisch geschnittenem Rohr. An den Verladestellen, wo die Ernte in neunachsige Lastwagen umgefüllt wurde, die zu den Zuckermühlen in Mossman fuhren, roch es süßlich, manchmal auch leicht nach Terpentin. Ich hielt neben einem langen Zug beladener Wagen. Die unerbittlichen Erntemaschinen hatten das Zuckerrohr in sehnige, sechzig Zentimeter lange Stangen zerhackt. Ich fragte mich, ob dabei vielleicht auch Schlangen in die Maschine geraten sein könnten und ob ich meinen ersten australischen Taipan vielleicht genauso zerstückelt in einer Ladung Zuckerrohr erblicken würde. Aber da war nichts. Ich kehrte zu meinem Wagen zurück.

Ich war in einem Taipangebiet erster Güte, aber ich konnte keine Taipane sehen. Bisher hatte ich sie nur im Londoner Zoo zu Gesicht bekommen. Ansonsten hatte ich bloß Hinweise auf Taipane gefunden: in der Zeitung die Warnungen vor den Schlangen, die in der jeweiligen Jahreszeit besonders gefährlich waren; weniger direkt eine Schautafel, die vor der Gefahr abgestürzter Starkstromleitungen warnte, die ihrerseits als zustoßende Schlangen dargestellt waren; die zufällig mitangehörte Bemerkung, ein Taipan sei bei Tagesanbruch auf der Straße gesehen worden; die Grabsteine von Kevin Budden und John Pringle; eine Footballmannschaft in einer Stadt weiter südlich, die sich »Taipans« nannte; und jener Schlangen-Decoder, der in dem Zeitschriftenladen von Port Douglas zwischen den Frauenzeitschriften so fehl am Platze gewesen war. Weiter nördlich am Cape York konnte man in den abgelegenen Raststätten zuweilen den Kopf der Schlange ausgestellt finden – in Konservengläsern mit Schraubverschluß und einem Etikett, auf dem »Taipan« stand. Ich indessen hatte noch nicht einmal einen toten Taipan auf der Straße gesehen. Weshalb mir nichts Besseres eingefallen war, als in Zuckerrohrwaggons nach zerhackten Taipanen zu suchen.

Aber landeinwärts bestand noch Hoffnung für mich. Landeinwärts hatten sich viele der Taipanbisse aus jüngerer Zeit ereignet. Heutzutage waren solche Bisse auf den Zuckerrohrfeldern an der Küste selten, nicht zuletzt, weil Pferdepflüge und Macheten seit langem den Traktoren und Erntemaschinen gewichen waren. Die Automatisierung der Branche in den späten fünfziger Jahren hatte zur Folge, daß auf den Zuckerrohrfeldern seit Jahrzehnten kein Taipantoter mehr zu beklagen gewesen war. Obwohl sich die Legende noch hielt, hatte die Taipangefahr das Zuckerrohr verlassen und sich gleichmäßiger verteilt, über die verschiedensten Gegenden – und Wohngebiete. Das Symbol eines kleinen Hauses erschien neben den Taipan-Informationen auf meinem Schlangen-Decoder; und die Erklärung dazu besagte, der Taipan »taucht auch bei oder in menschlichen Behausungen auf«. Menschen wurden jetzt in Schuppen und Hinterzimmern, in Gärten und auf Schulhöfen gebissen. Sie wurden gebissen, wenn sie auf ihrem Grundstück Unkraut jäteten oder im Swimmingpool ein Bad nahmen. *Einen* Taipantoten hatte es im Jahre 1996 schon gegeben, einen Mann, der sich gebückt hatte, um aus einer Hecke bei Brisbane einen Golfball zu fischen.

Die Straße verließ das Zuckerrohr, gewann im Regenwald an Höhe und mündete schließlich auf einer sonnengefleckten Hochebene mit Weiden und Gestrüpp. Die langen Schatten der

Eukalyptusbäume zeichneten einen Strichcode auf die Straße. Unzählige kniehohe Termitenhügel und geschwärzte Baumstümpfe machten die Landschaft zum Pinboard. »Verschont uns mit dem Weltkulturerbe« protestierten Schilder an den Bäumen, als die alte Kupferstadt Mount Molloy auf einer Bergkuppe auftauchte. Eine Gedenktafel erinnerte an James »Venture« Mulligan, den Pionier des hiesigen Bergbaus. Die Art seines Dahinscheidens hatte etwas merkwürdig Unausweichliches. »Kaufte 1903 das Mount Molloy Hotel«, vermeldete die Inschrift, »und starb am 24.8.1907 an den Verletzungen, die er davontrug, als er eine Schlägerei in seinem Hotel zu schlichten versuchte.«

»Ach, wirklich?« sagte Mick. »Die Leute hier werden Ihnen erzählen, daß Mulligan die Schlägerei selbst angezettelt hat.« Mick war der Wirt im National, dem Hotel von Mount Molloy – Farmhausstil, breite Verandas, Wellblechdach. Es beherrschte den Ort genauso, wie die kleinen Städte im amerikanischen Süden von ihren Gerichtsgebäuden beherrscht wurden. Mick starrte in einen kleinen Teich, der zum Restaurantbereich unter freiem Himmel gehörte.

»Hab da eben paar Hechte reingesetzt«, erklärte er. »Die großen da. Sollen die Goldfische fressen.«

»Versuchen Sie, das natürliche Gleichgewicht wiederherzustellen?«

»Das natürliche was? – Ich will die kleinen Mistviecher weghaben!«

Mick gab mir ein Zimmer im ersten Stock. Es hatte alte Dielenböden und holzverkleidete Wände, einen Deckenventilator, Möbel aus Großvaters Zeiten, dunkle Kommoden. Das einzige Bild an der Wand zeigte einen englischen Jägersmann, der seinem Tier vor einer Hecke, wahrscheinlich in Warwickshire, die Sporen gab. Unter der Sonne von Queensland war sein roter Jagdrock zu einem entzückenden Rosa verblaßt. Das Mobiliar zeigte deutlich, daß Mount Molloy seine große Zeit hinter sich hatte. Früher hatte es hier die Kupfermine und ein Sägewerk gegeben. Hier hatte sogar jeden Mittwoch der Güterzug aus Cairns gehalten. Fünf Hotels hatte der Ort gehabt, außerdem einen Schlachter, einen Sattler, einen Textilwarenladen und andere Geschäfte, sogar eine Sprudelwasserfabrik.

Mein Zimmer ging auf eine Veranda, von der aus ich sehen konnte, wie wenig von alledem noch übrig war. Das Kupfer war ausgegangen, das Sägewerk war abgebrannt, und der Zug fuhr schon lange nicht mehr. Übriggeblieben waren eine Handvoll Häuser, die Schule, der Kricketplatz, das National, die Telefonzelle und ein Café namens Mount Molloy oben an der Straße, von wo die fiebrigen Klänge von *O Sole Mio* herüberwehten. Ich zog mir einen Stuhl heran.

Ein heißer Nachmittag ging träge zu Ende. Das Summen der Insekten war wie dicke Brühe, ein besoffenes Orchester, das sich durch die Hitze sägte. Durch die Tamarinden ging ein leichtes Lüftchen. Es war wenig Verkehr; gelegentlich donnerten neunachsige Riesenlaster, *road trains*, vorbei. Manche, hoch mit Zuckerrohr beladen, waren unterwegs zu der Mühle in Mossman. Andere hatten Langholz vom Cape York in sauberen Pyramiden gestapelt.

Minuten, bevor die Laster da waren, konnte ich sie schon hören. Ein fernes Summen in der Luft, das in ein Wimmern überging, erhob sich aus dem endlosen Meer der Eukalyptusbäume und wuchs zu einem solchen Dröhnen heran, daß die Wände des Hotels bebten und mein rosa Jäger ins Schaukeln geriet, und unten in der Bar kräuselte sich der Schaum auf den Bieren. Der gescheckte Hund auf der Straße hörte die Laster noch früher als ich. Wenn er seine zausigen Ohren spitzte und sie wie die Antennenschüsseln bei Abhörstationen leicht rotieren ließ, war das eine Vorwarnung. Da jedes dieser Ungetüme die ganze Straße einnahm, stand der Hund jedesmal gemächlich auf, gab sich aber völlig unbeteiligt, bis der Laster vorbei war. Dann jedoch fuhr er herum, schnappte wütend in die Richtung der Hinterachse und jagte den *road train* aus der Stadt – in einer Staubwolke, aus der er schließlich keuchend, doch offenbar zufrieden mit seiner Leistung wieder auftauchte.

Ein Geländewagen, der nach Norden unterwegs war, hielt vor dem National. Ein Mann verschwand in der Bar. Von meinem Ausguck konnte ich die kahle Stelle auf seinem Kopf gut erkennen. In der Mitte, da, wo überhaupt kein Haar mehr wuchs, war sie von einer Entzündung gerötet, an der er ständig herumkratzte. Als er nach ein paar Minuten noch nicht zurückgekommen war, lehnte sich eine Frau aus dem Beifahrerfenster.

»Chris«, quengelte sie zu dem Pub hinüber. »Beeil dich mal, ja? Die Kids fangen an zu maulen.«

Im Eingang zur Bar erschien eine geballte Faust.

»Die Kids kriegen gleich *das* hier.«

Als der Geländewagen schließlich weiter in Richtung Norden fuhr, drang es wie ein Schußwechsel aus seinen offenen Fenstern – *ein Scheißofen ist das hier drin, Chris* und *Dumme Zicke, hättest doch aussteigen können* … Ich ging nach unten und erledigte einen Anruf von der Telefonzelle aus. Die Klänge von »The Stripper« lockten mich zum Mount Molloy Café hinüber, wo unter einer bunten Markise ein paar Tische aufgestellt waren. Der Besitzer, der mich nicht hatte hereinkommen hören, begleitete die Musik auf einer imaginären Trompete. Dann fing er an, eine imaginäre Bluse aufzuknöpfen, und streifte sie mit einer aufreizenden Schulterbewegung ab.

»Aha«, sagte er, als er mich schließlich bemerkte, und ließ die Trompete sinken. Er trug Shorts, ein ärmelloses Shirt, eine dicke Brille, und auf seinem Kopf prangten üppige graue Locken.

»Wolln Sie 'n Deluxe-Burger?« Er hatte einen italienischen Akzent. »Gorda«, rief er nach hinten.

»Selbst ein dicker Gordo!« sagte die Frau und bohrte ihm einen Finger in den teigigen Bauch, wischte sich die Hände an der Schürze ab und watschelte zum Herd hinüber. Sie war dunkelhaarig, mexikanisch, munter und hatte, was ihren Mann anging, völlig recht. Er war genauso dick wie sie.

»He«, fragte sie, »hast du George was gegeben, statt hier rumzustehen?«

»George, George, George«, erwiderte Gordo genervt. »George hat den ganzen verdammten Tag Salat bekommen.« Auf dem Herd zischte etwas.

»He, mögen Sie Elvis?« fragte mich Gordo und zwinkerte. Er fuhr sich mit einem imaginären Kamm durchs Haar, schob eine CD ein und ging auf seine Frau zu.

»He!« protestierte sie, als er seine Hände auf ihren breiten Hüften parkte. »Ich mach den Burger. Tanzen kannst du von mir aus mit George.«

Gordo verschwand und kam mit einem jungen Wallaby auf dem Arm zurück. Sie hatten George neben seiner überfahrenen Mutter an einer Straße gefunden. Er hatte sich offensichtlich mit den Schrullen seines Retters abgefunden. Während Gordo zu den Klängen von »Hound Dog« durch die Bar walzte, knabberte der geduldige George an dem fleischigen Ohr, das ihm sein Tanzpartner hinhielt, wenn er sich bei den lauten Stellen mit einem imaginären Mikrophon vor dem Mund wegdrehte. Gorda winkte mit freundlicher Herablassung zu ihrem Mann herüber und brachte mir dann den Burger. Er kam auf einem Teller, den sie mit beiden Händen trug.

»Großer Burger«, sagte ich.

»Muß groß sein«, entgegnete Gorda und bohrte ihren Finger in die Luft. »Mußt was dafür tun, daß die Leute wiederkommen.« Irgendwie großartig – Gordas Überzeugung, daß ihre gargantuesken Burger als solche die Leute schon zum Wiederkommen bewegen könnten, eine heroische Verleugnung der geographischen Isolation, in der die beiden hier lebten – als käme der kurze Weg zum Mount Molloy Café für die meisten Australier jederzeit in Betracht. So großartig wie der Burger selbst, dessen Ausmaße durch einen senkrechten Spieß zusammengehalten wurden. Ich zog ihn vorsichtig heraus und nahm die verschiedenen Schichten von Salat in Augenschein, die Rote-Bete-Scheibe, ein gebratenes

Ei, mehrere Scheiben Fleischtomate, eine Ananasscheibe mit einem Loch in der Mitte, Zwiebeln, ein Schlag Soße, eine riesige Hackfleischscheibe, und das gleiche noch mal auf der anderen Seite, in der umgekehrten Reihenfolge. Ich aß, während mir Gordo mit seinen Lieblingsliedern ein Ständchen brachte: »Una Paloma Blanca«, »The Birdy Song«, »Are You Lonesome Tonight?« und »Rock Around the Clock«. Dann wischte ich mir den Mund ab.

»Sehr gut«, sagte ich. Gordo wußte sofort, daß ich den Burger meinte.

»Muß gut sein«, sagte er. »Oh, da fällt mir was ein!« Er kramte wieder in seiner CD-Sammlung, und als ich das Café verließ, stiegen die Klänge von »Johnny B. Goode« zum Himmel empor.

In der Bar des National ging es weniger hoch her. Da tickte eine laute Uhr, ein später Sonnenstrahl fiel schräg über den Billardtisch, im Fernsehen lief ein Footballspiel, und davor saßen ein paar hagere alte Männer mit Buschhüten. Unter den breiten Krempen sammelten sich große Wolken von Tabakrauch, zwischen denen sie mit zusammengekniffenen Augen hervorblickten. Mick goß mir ein Bier ein.

»Und was machen Sie hier?« fragte er.

Ich erzählte ihm, ich wollte einen Typ treffen.

»Ach ja?«

»Nennt sich Dundee«, erklärte ich. »Wohnt draußen in Mount Carabine. Ist von einem Taipan gebissen worden.«

»Sind Sie Arzt?« Mick sah mich erschrocken an.

»Nein, nein, ist schon Jahre her«, beruhigte ich ihn. Dundee habe überlebt.

Kurze Zeit später schob sich Dundee in die Bar und sah aus wie der Outback selbst. Seine zerschlissenen Buschshorts waren anscheinend immer wieder mit Dreck, Holz, Leder und Bier aneinandergeraten und mit unzähligen Flecken übersät. Frische Schweißströme hatten seinem verblichenen Hemd um Schultern und Rücken das ursprüngliche Dunkelblau zurückgegeben und zierten in kreisrunden, unterschiedlich großen Pfützen auch seine Vorderseite. Dundee trug einen Stetson. Sein Blick wirkte leicht benebelt, aber die Augen strahlten trotzdem, und sein Gesicht war zerfurcht wie altes Eichenholz. Ich schätzte ihn auf Mitte vierzig.

»Freut mich, Sie kennenzulernen«, sagte Dundee und setzte sich zu mir. »Und das ist mein Vetter Kev.«

Kev hatte eine Glatze, aber einen zottigen roten Schnurrbart und trug außerdem Piratenohrringe. Wie eine Panzerfaust hatte er ein mehr als einen Meter langes Didgeridoo geschultert.

Das Leben im Outback schien für Dundee und Kev wie geschaffen. Mick, der Wirt, wirkte daneben, als wäre er hier nur notgelandet und hätte sich noch immer nicht damit abgefunden. Dundee war hoch im Norden aufgewachsen, hatte lange Jahre in Arnhem Land und am Golf Wildpferde eingeritten. Die Bar des National Hotel lag am gemütlichen Ende seines Wirkungskreises.

Dundee holte sich ein Bier. Es sei vor zwei Jahren gewesen, erzählte er. Im Januar, so ziemlich die heißeste Zeit im Jahr. Dundee hatte bei seiner Schwester zu tun gehabt, in Julatten, einer winzigen Siedlung nördlich von Mount Molloy. »Es muß am späten Nachmittag gewesen sein. Ich spritzte an einem von Michelles Zäunen. Sie hat da immer wieder mit Lantana zu tun, verstehen Sie. Ein schädliches Unkraut, wenn die Rinder das fressen, gehen sie ein. Ich stand im hohen Gras, vielleicht kniehoch, und ich war gerade am Pumpen, um den Druck im Spritzbehälter zu erhöhen, da spüre ich was am Bein – peng! peng! zweimal –, als wäre ich an einem Stacheldraht hängengeblieben. Also zog ich mein Bein zurück und sah nach unten, und da hing diese verdammte Schlange dran, verstehen Sie? Hatte mich durch die Jeans gebissen, in die linke Wade. Ich stampfte wie verrückt mit dem Fuß auf. Die Schlange fiel runter und verschwand im Gras. Nun war die dunkel gewesen, und ich dachte, es sei eine Rotbäuchige Schwarzschlange. Die Schwarzen sind eigentlich nicht so schlimm, wissen Sie. Die können einem ordentlich Kopfschmerzen machen, und es kann einem davon schlecht werden. Also spritzte ich erstmal weiter, aber kurze Zeit später tauchte dieses Vieh wieder auf, und da sah ich erst, wie groß die war. Fast zwei Meter. Und ich sagte mir: Teufel, das ist keine Schwarze, das muß eine Königsbraune sein. Oder ein Taipan.«

Dundees letztes Wort ließ die alten Kerle aufhorchen. Einer von ihnen blickte von seinem Bier hoch. Der andere wedelte den Rauch vor seinen Augen weg, um besser sehen zu können. Mick schrak zusammen. Die Geschichte, die da erzählt wurde, enthielt einige unangenehme Wahrheiten über die Gegend, in der er gelandet war.

»Also mache ich Schluß und setze das Spritzgerät ab. Ich hatte es auf dem Rücken getragen, verstehen Sie, und in dem Augenblick spüre ich zum erstenmal, wie der Biß brennt. Mir fiel ein, was sie uns in der Army über Schlangen beigebracht haben. Wenn du gebissen wirst, haben sie uns gesagt, keine Panik! Also ging ich so ruhig ich konnte zum Haus rüber. Ungefähr dreihundert Meter. Als ich da ankam, kribbelte es in meinem Bein von oben bis unten. Aber es tat eigentlich nicht richtig weh.«

Einer der alten Kerle versuchte sich bequemer hinzusetzen. Er mußte sich vorbeugen, um besser hören zu können. Auf seinem Gesicht, in das der Eifer eines ganzen Lebens nicht mehr als den Ausdruck höchster Gleichgültigkeit gemalt hatte, drohte sich etwas abzuzeichnen, das fast schon wie Interesse wirkte. Ich fragte mich, ob seine Gesichtsmuskeln der ungewohnten Anspannung überhaupt standhalten würden.

»Das Spiel«, sagte der andere zu Mick und deutete auf den Fernseher. »Dreh doch mal dieses verdammte Football ab, ja?«

»Der erste, den ich sah, als ich zum Haus kam, war mein siebzehnjähriger Neffe«, fuhr Dundee fort. »Ich sagte ihm, er solle einen Verband holen und mir das Bein abbinden, vom Schritt bis zu dem Biß gleich unter dem Knie. Fest, sagte ich ihm, wie wir es gelernt hatten, aber nicht zu fest.«

»Genau«, sagte einer der Alten. »Fest, aber nicht ...«

»Ich legte mich auf die Couch, und dann kam Michelle. Ich

sagte, ich sei gebissen worden und ob sie den Arzt anrufen könnte, und sie – lachte bloß. Aber sie hörte auf zu lachen, als ich ihr den Biß zeigte und die Einstiche der Zähne zweieinhalb Zentimeter auseinander lagen; es war eine große Schlange, die mich da erwischt hatte.«

»Tja, eine große«, seufzte Mick und ließ sich auf einem Hocker hinter der Bar nieder.

»Als dann Michelle mit dem Rettungsdienst sprach«, erzählte Dundee, »kamen die ersten kalten Schweißausbrüche. Am ganzen Körper. Und da kam mir auch zum erstenmal der Gedanke, daß ich vielleicht sterben würde, und ich dachte: ausgerechnet so! Eine verdammte Schlange bringt dich um. Dann gab Michelle die Fragen, die der Mann vom Rettungsdienst am Telefon stellte, an mich weiter. ›Er fragt, wie du dich fühlst. Ist was mit deinen Augen?‹ Und plötzlich war es genau das. Michelle verschwommen, draußen vor dem Fenster alles nur noch verschwommen. Ich bekomme noch mit, daß der Rettungswagen unterwegs ist, dann bin ich weg.«

Ein Mann kam hereingeschlendert. *Laß dein Werkzeug nicht stumpf werden,* empfahl sein T-Shirt.

»Eine Schachtel XXXX Gold, Kumpel«, sagte er zu Mick. Aber Mick faßte ihn beschwichtigend am Arm. »Augenblickchen«, sagte er. »Ich mußt jetzt erst diese Geschichte hören.«

»Von da an wurde es komisch«, sagte Dundee. »Plötzlich war mir das Sterben scheißegal. Es war wie ein großes High, als hätte mich jemand mit Drogen vollgeknallt oder so. Sogar als der Typ vom Rettungsdienst kam, den Verband mit einer Schere abschnitt und mir eine Riesenspritze verpaßte, kam es mir vor, als würde ich schweben. War ein angenehmes Gefühl.«

»Sie sind gebiss …«, wollte der Mann im T-Shirt fragen, aber einer der beiden Alten unterbrach ihn.

»Taipan, so'n verdammter Taipan«, zischte er, wandte sich wieder Dundee zu und fragte:

»Du sagst, es war gut, Kumpel?«

»Gut?« entgegnete Dundee. »Es war toll! Verstehst du, wenn ich wegen Krebs oder so was am Sterben wäre und die Schmerzen nicht mehr aushalten könnte, dann würde ich mir einen Taipan in einem Sack besorgen und ihn ein bißchen ärgern, bis er mich beißt. So will ich abtreten.«

»Ich hab mal gehört, in Mossman gibt's Typen, die das so machen«, sagte Kev und holte ein paar zusammenhanglose Töne irgendwo aus dem Tubaregister seines Didgeridoo. »Weißt du, echte Freakos. Besorgen sich die Taipanbrühe und spritzen sie sich in kleinsten Mengen. Gibt einen unheimlichen Kick, anscheinend.«

»Und was passierte dann?« fragte einer der Alten ungeduldig. »Und du da, hör doch mal mit dem Didgeridoo auf. Ich will verstehen, was dein Kumpel erzählt.« Er wandte sich wieder Dundee zu. »Noch'n Bier, Kumpel?«

»Danke, ja, Also, ich weiß nur noch, was sie mir nachher erzählt haben. Auf der Fahrt nach Mareeba habe ich die ganze Zeit halluziniert. Habe gedacht, lauter Riesenameisen wären bei mir im Krankenwagen. Muß ziemlich schlimm gewesen sein, denn der Fahrer hat über Funk einen Arzt angefordert. Der Arzt kam uns nach Biboorah entgegen, wißt ihr, bei der Fleischfabrik, außerhalb von Mareeba, und verpaßte mir eine saftige Spritze. Anscheinend hatte mein Herz ausgesetzt, und sie haben mich mit diesem Elektroschockapparat wieder in Gang gebracht. Schätze, wir waren so um halb sechs in Mareeba. Ungefähr. Da gaben sie mir dann Serum. Und noch an dem Abend haben sie mich nach Cairns geflogen, in einem Hubschrauber. Ich war noch nie in einem Hubschrauber geflogen, eigentlich bis heute nicht, wenn es nach dem geht, was ich davon noch weiß. In Cairns bekam ich dann wohl furchtbaren Durchfall, und die Ärzte blieben die ganze Nacht auf, um mich am Leben zu halten. Drei Tage Intensivstation. Dann noch einen Tag auf der Station. Da kam mich dann Clive Brady besuchen. Wißt ihr, der Bursche, der ein paar Jahre vor mir in Mareeba von einem Taipan erwischt wurde. Sieben Bisse hat er abbekommen, dieser Clive. Wir saßen da und erzählten uns gegenseitig, wie es gewesen war. Bei ihm war es anscheinend schlimmer als bei mir. Er brachte sogar ein Video mit, das ein amerikanisches Fernsehteam über den Angriff gedreht hatte.«

»Und wie geht es Ihnen jetzt?« fragte der Mann im T-Shirt.

»Na ja, es heißt ja, das Sexleben würde drunter leiden, wenn man von einer Schlange gebissen wurde, aber bei mir ist es seitdem nur bergauf gegangen. Wirklich, was die Mädchen angeht, hat mir der Biß nicht geschadet, schätze ich mal. Aber den Nerven ist er nicht so gut bekommen. Wenn jemand in die Hände klatscht oder so, gehe ich sofort hoch. Morgens wache ich auf und fühle mich irgendwie komisch, unsicher ...«

Kev ließ einen langen, traurigen Ton aus seinem Didgeridoo erklingen. Es gefiel ihm nicht, daß sein Vetter zugab, er sei unsicher.

»Hören Sie nicht auf ihn«, sagte Dundee entschuldigend. Er sprach immer zu mir, aber inzwischen lauschten Barpersonal und Gäste auf jedes seiner Worte. Immerhin hatte dieser Kerl einen Taipanbiß überlebt, oder etwa nicht?

»Wir fabrizieren zusammen Didgeridoos, Kev und ich, wenn ich nicht draußen in Mount Carabine in der Wolfram-Mine arbeite. Wenn wir draußen im Busch sind und nach brauchbarem Holz suchen, frage ich mich oft, was mit den Schlangen ist. Wenn einer von uns da draußen von einem Taipan gebissen würde, kämen wir nicht mehr rechtzeitig ins Krankenhaus, keine Chance.«

Kev kicherte. »Erzähl ihnen von unserem Notfallpaket, Dundee.«

»Nöh.«

»Erzähl's ihnen, Dundee, los, erzähl.«

»Ja, los«, sagte ich in der Hoffnung, Dundee würde vielleicht irgendein einheimisches Kräutermittel kennen.

»Erzähl's ihnen doch selber, Kev«, gab Dundee zurück und kehrte seinem Vetter ärgerlich den Rücken zu. »Warum erzählst du's denn nicht?«

Kev blickte niedergeschlagen drein und ging davon, ein paar Töne aus seinem Didgeridoo hinter sich herschleifend.

»Uups«, sagte Dundee einen Augenblick später und verschwand. »Der Cousin ist mal wieder schlecht drauf ...«

Dundee kam nicht zurück. Später am Abend rief ich ihn noch mal an. Am anderen Ende konnte ich die Klänge des Didgeridoo hören und etwas, das wie eine Kettensäge klang. Die beiden Vettern veranstalteten eine Party.

»Wo seid ihr denn hin?« rief ich durch den Lärm.

»Ach, Sie wissen schon«, entgegnete Dundee. Ich wußte es nicht. Ich fragte nach dem Notfallpaket.

»Ach, das«, rief Dundee. »Also, wenn Sie es unbedingt wissen wollen. Ich und Kev, wir sind ja viel draußen, holen uns Holz für Didgeridoos. Zu weit weg vom Krankenhaus, falls uns mal ein Taipan erwischt. Deshalb haben wir immer einen Joint dabei, eine Flasche XXXX und einen *Playboy*.«

»Und das ist das Notfallpaket?«

»Jup«, sagte Dundee. »Das und der Schatten von'em schönen Eukalyptusbaum. Da könnte man sich hinsetzen, ein letzter Joint, ein letztes Bier und sich noch einmal einen ...«

»Danke, Dundee«, unterbrach ich ihn und fügte hinzu, ich würde hoffen, daß es nie so weit käme.

Früh am nächsten Morgen machte ich mich auf den Weg. Vorsichtig ließ ich den Wagen an dem gescheckten Hund, der noch schlief, vorübergleiten. Selbst um diese Uhrzeit spielte im Mount Molloy Café Musik. Die tief stehende Sonne schien durch einen lichtdurchlässigen Vorhang und zeichnete zwei dicke Silhouetten, die Tango tanzten, während sie auf Kundschaft für ihre Frühstücksburger warteten. George stand im Eingang und starrte auf die Straße.

Vierzehn
Afrika IV

Vampire steigen nachts aus ihren Gräbern und fallen über Menschen her, die ruhig in ihren Betten schlafen ... jene, die unter der tödlichen Bösartigkeit ihres Einflusses stehen, klagen über Atemnot und ein völliges Erschlaffen ihrer Lebensgeister, woraufhin sie bald verscheiden.

Johann Heinrich Zopff
Dissertatio de Vampiris Serviensibus (1733)

Juni 1996

Etwas weckte mich. Etwas im Zimmer weckte mich. In Afrika wachte man so besser nicht auf.

Ich lag reglos da. Reglosigkeit schien ratsam, zumindest bis ich wußte, womit ich es zu tun hatte. Ich spähte durch das Moskitonetz in das Zwielicht des Zimmers. Ich blinzelte und sah noch einmal hin. Am Fuß des Bettes erkannte ich deutlich eine Schwarze Mamba. Sie war riesengroß. Sie hatte sich aufgerichtet. Ihr Kopf schwebte einsachtzig über dem Boden. Mindestens so hoch wie der Kleiderständer, der sonst immer dort stand. Ein Luftzug, der durch das kleine Fenster hereindrang, bewegte das Moskitonetz. Er ließ die Mamba auf der anderen Seite durchsichtig erscheinen, und das Kettenpanzermuster ihrer Schuppen trat deutlich hervor. Aber ich sah auch, daß sich die Schlange selbst nicht bewegt hatte. Sie würde es nicht tun, hoffte ich, solange auch ich mich still verhielt. Die kleinste Bewegung, und sie würde sich mit ihren Giftzähnen auf mich stürzen und mich unter einem zerfetzten Moskitonetz und einem zersplitternden Stützrahmen begraben.

Es war kein Zufall. Es konnte keiner sein. Ich hatte Afrikaner erzählen hören, daß Schlangen Jagd auf Menschen machten. So wie diese hier. Im Dunkeln, als Nachtgespenst. Wie sie da mit halb gespreiztem Halsschild über mir schwebte, sah sie sogar aus wie ein Vampir, der in dunklem Umhang seine Beute überfällt. Sie hatte sich angeschlichen, war lautlos in mein Zimmer in Parzelle 28 gekrochen und wartete nun auf den richtigen Augenblick, um mich zu erledigen. Ich bekam kaum noch Luft, mein Herz raste, galoppierte, trat mir förmlich gegen die Rippen. Meine Haut prickelte und zerfloß zu einem dünnen Film aus kaltem Schweiß. Ich rechnete jetzt jeden Augenblick mit der Attacke und spürte, wie sich mein Schließmuskel zusammenzog, als wüßte er, daß ich sonst womöglich unwillkürlich meinen Darm entleeren würde. Wenigstens mein Schließmuskel paßte auf mich auf.

Aber der Angriff blieb aus, und ich konnte mich ein wenig sammeln, versuchte mir ein Bild von meiner Lage zu machen. Das gleiche durchs Fenster hereinsickernde graue Licht, welches mich eben davon überzeugt hatte, daß die Mamba kein bloßer Schatten war, zeigte mir nun auch, daß der Morgen anbrach. Ich roch die Rosen am Fenster und noch etwas anderes, Kartoffeln vielleicht, die in der Unterkunft des Hauspersonals gekocht wurden. Und das hieß, Hilfe war nah. Außerdem war die Vorstellung, diese Schlange sei geschickt worden, um mich zu holen, kompletter Blödsinn. So etwas taten Schlangen nicht – wie die Wissenschaft wohl wußte. Ich mußte versuchen, europäisch zu sein, rational. Daß die Mamba sich bei mir eingefunden hatte, war einfach Pech. Sie hätte genausogut durch jedes andere offene Fenster kriechen können. Es war bekannt, daß Mambas den Weg in Hütten, Schuppen, Lagerräume, sogar in Toiletten fanden; die schlechte Nachricht lautete allerdings: Wenn man ihnen dort begegnete, bekamen sie eine furchtbare Platzangst.

Mir fiel ein, wie der Kolonialoffizier John Crompton in einer Hütte in Zimbabwe einmal einer Schwarzen Mamba begegnet war. Ein Geräusch hatte ihn geweckt, das er zu kennen glaubte: Die Sträflinge fegten den Platz.

»Plötzlich wurde mir klar«, schrieb er, »daß es noch dunkel

war« – und die Sträflinge fegten den Platz für gewöhnlich nicht nachts. »Ich hob das Moskitonetz und zündete vom Bett aus die Kerze auf dem Nachttisch an. Was ich sah, ließ ich mich zurückfahren und das Moskitonetz ringsherum feststopfen. Eine große Schwarze Mamba glitt auf dem Boden umher.« Sie war offenbar durch ein kleines offenes Fenster hereingekommen und wurde nun immer unruhiger, weil sie nicht mehr nach draußen fand. Drei Stunden lag Crompton in seinem Bett, ängstlich darauf bedacht, nicht die Aufmerksamkeit der Schlange zu erregen. Auch überkam ihn die Sorge, sie könnte mit ihren Bewegungen die Kerze umstoßen und die Strohhütte in Brand setzen. Im Morgengrauen holten seine Rufe endlich einen afrikanischen Sergeanten herbei. Der ließ, nachdem er gewarnt worden war, seine Männer antreten, öffnete die Tür der Hütte und trat einen Schritt zur Seite. Die fliehende Mamba starb unter einem Hagel von Stock- und Knüppelschlägen.

Gewiß, auch in meinem Fall dämmerte gerade der Morgen herauf, doch meine Mamba kroch nicht harmlos auf dem Boden herum. Sie stand hoch aufgerichtet über mir, und das war absolut entnervend. Ich fragte mich, wie lange sie sich wohl so halten konnte. Schon als Kind hatten mich Berichte darüber, wie sich die Mamba in die Höhe recken kann, beeindruckt – zuerst in den Abenteuergeschichten von Willard Price. Dessen Helden, zwei halbwüchsige Knaben namens Hal und Roger, die ständig unterwegs waren und wilde Tiere für Zoos sammelten, und zwar selbstredend immer Exemplare, die alle Rekorde brachen, hatten mich damals jahrelang gefesselt.

In *Gorilla Adventure* erblickten Hal und Roger eines Tages etwas, das sie zunächst für »einen Pfosten, der aufrecht mitten in der Straße steckte«, hielten. Erst als der Pfosten sich bewegte, merkten die Jungen, daß sie eine Schwarze Mamba aufgestört hatten, selbstverständlich ein riesiges Exemplar. Einsachtzig ragte sie in die Höhe, während noch zweieinhalb weitere Schlangenmeter im Staub lagen. Woraus ich ersehen konnte, wieviel Schlange womöglich noch zu Füßen meines Bettes lag – zwischen meinem Gepäck, den Reiseführern, den versengten Notizbüchern, der schmutzigen Wäsche, der Malaria-Prophylaxe. Ich konnte nur hoffen, daß diese Mamba weniger wild war als die von Hal und Roger, die aus Wut über den Wagen »mit einem so furchtbaren Stoß auf die Windschutzscheibe heruntergefahren war, daß sie zersplitterte und das Gift an ihr herunterlief«. Die Schlange kroch dann durch das offene Wagenfenster herein und »glitt sachte über Rogers Rücken … und Hals Nacken«. Es war typisch dafür, wie bei diesen beiden unerschrockenen Sammlern immer alles gut ausging, daß die Schlange dann bereitwillig »in den Sack kroch, den Hal ihr mit einer einladenden Geste entgegenhielt«. Mambas einsacken war noch nie so einfach.

Ich lauschte auf die Geräusche der Nacht, die zersprengten Schwadrone von fliegendem Kleinzeug, das in meinem Zimmer herumkurvte. Wie Piloten nach einer Gehirnwäsche steuerten sie ihre hohlen Panzer immer wieder gegen die Wände, und als nächstes ertönte dann ein wütendes Gesumm vom Boden, wenn sie versuchten, wieder einen klaren Kopf zu bekommen. Was aber meine Mamba nicht zu stören schien. Noch seltsamer war, daß sie plötzlich mehr als einen Kopf zu haben schien. Offensichtlich hatte sie mehrere, alles in allem vielleicht sogar sechs, die in regelmäßigen Abständen, wie Blumenblätter, aus dem oberen Teil ihres Körpers hervorwuchsen. Ein aufwendiger Kopfputz, wie er zu einem ägyptischen Pharao oder einer indischen Naga gepaßt hätte. Das war nun aber wirklich absurd. Ich blinzelte, rieb mir kräftig die Augen, um den Schlaf zu vertreiben, riskierte einen klaren Blick auf die Schlange, und plötzlich verwandelte sich die vielköpfige Mamba in den fehlenden Kleiderständer – einen altmodischen, dunklen, mit in Wasserdampf gebogenen hölzernen Haken.

Scheiße. Ich schleuderte ein schweißdurchtränktes Kopfkissen nach dem Ständer, der ein paarmal schwankte. Ich atmete tief durch, als bekäme ich zum erstenmal seit Minuten wieder Luft, und hämmerte mit den Fäusten auf die Matratze ein. Wieder diese Lariam-Pillen! Sie brachten mich um den Verstand. Ich hatte einige Leute nach diesen Tabletten über Alpträume und Depressionen klagen hören. Andere litten unter Schwindelanfällen, Migräne, Übelkeit, Angstzuständen, Epilepsie, Gleichgewichtsstörungen, sogar unter psychotischen Schüben. Ich hatte auch von einem jungen Mann gehört, der sich nach der Einnahme von Lariam ohne Grund aus dem zweiten Stock seines Hotels in Nairobi gestürzt hatte und nachher querschnittgelähmt war.

Mein Zustand war weniger extrem. Die anfänglichen Symptome hatten auffällige Ähnlichkeit mit denen eines Leidensgenossen, von dem ich gehört hatte. Ihn hatte das anagrammatische Potential von Lariam so gefesselt, daß er in seinem hyperassoziativen Kopf die sechs Buchstaben dieses Wortes immer wieder neu anordnete – in dem auf immer zum Scheitern verurteilten Versuch, »Malaria« daraus zu bilden. Aber so wie ihm immer und immer wieder ein »A« fehlte, hatte ich in meinem hartnäckigen Gedanken-Scrabble stets ein »R« zuviel; das Wort, das ich legen wollte, war nämlich »Lamia« – die Schlangendämonin der antiken Mythologie, Vorläuferin des modernen Vampirs.

In meinem Fall kamen die Halluzinationen erst später. Sie ähnelten eher den Erlebnissen eines anderen Lariam-Kollegen, der sich aus Angst vor Räubern in seinem Hotelzimmer verbarrikadiert hatte, nachdem er auf dem Gang Leute mit Strumpfmasken hatte herumlaufen sehen. Das Lariam schien meine Ängste auf ähnliche Weise umzusetzen, indem es mir halluzinatorische Visionen bescherte, die ich offenbar für real zu halten begann. Ich sah überall Schlangen. Zuerst tauchten sie an den Rändern meines Gesichtsfeldes auf. Wenn ich den Kopf drehte, sah ich gerade noch, wie der Schwanz verschwand. In letzter Zeit jedoch waren sie kecker geworden und krochen aus der Peripherie meines Blickfeldes mehr in die Mitte und deuteten sich in Dingen an, die sich erst nach ausgiebigem Blinzeln als Pfosten am Straßenrand, als Zopf, als Kopf einer Zahnbürste, als weggeworfenes Auspuffrohr und nun in meinem Zimmer in Parzelle 28 als Kleiderständer entpuppten. Es war als würde ich William Fitzgeralds Weihnachten von 1891, als er überall Schlangen sah, noch einmal erleben – nur daß in meinem Fall jeden Tag Weihnachten war.

»Barbara?« räusperte ich mich, nachdem sie die Nachrichten von BBC World gehört hatte – ein Bestandteil ihrer morgendlichen Routine, der keine Störung duldete. »Hättest du was dagegen, wenn ich den Kleiderständer aus meinem Zimmer räume?«

Über den Frühstückstisch warf sie mir einen neugierigen Blick zu. Es kam nicht oft vor, daß Gäste die Notwendigkeit verspürten, in Parzelle 28 die Möbel umzustellen.

»Zweifellos wirst du deine Gründe haben«, erwiderte sie und spießte einen Mangowürfel auf. Da erschien Ferdinand in der Tür. Er machte ein besorgtes Gesicht.

»Der M'ganga-Fischmann ist wieder da«, verkündete er unheilvoll. »Diesmal mit drei Hummern.«

»Oh, Ferdinand!« rief Barbara. »Jemand muß gesehen haben, wie du den Hummer am Strand freigelassen hast. Sag ihm, unsere weißen Mchowis seien sehr stark, und wir würden ihn mit einem Fluch belegen, wenn er uns weiter so kommt. Wir lassen uns mit unserer Tierliebe nicht erpressen, nicht mal bei Hummern. Wir können es uns nicht leisten, jeden Hummer zu kaufen, den er fängt, und ihn zum Riff zurückzubringen, bloß damit er ihn noch einmal fängt. Sag ihm, er soll die Tiere wieder mitnehmen. Und wenn er weiter mit mir Geschäfte machen will, dann ist er gut beraten, wenn er sie wieder ins Wasser setzt. Und zwar ins Meerwasser, nicht in den Kochtopf.« Barbara schüttelte erbittert den Kopf. »Und was hast du heute vor?« fragte sie mich.

Ich sagte, ich sei mit einem Mchowi verabredet, würde aber zum Abendessen wieder zurück sein.

»Dann frag doch mal deinen Mchowi, ob er irgendwas Eindrucksvolles mit Hummern veranstalten kann«, meinte sie, ging zum Fenster und sah zu, wie sich der beschämte M'ganga zwischen den Bäumen verdrückte, Bumble dicht hinter ihm.

Jacob wartete an der Bushaltestelle von Kilifi. Er war sehr fein angezogen, selbst für seine Maßstäbe. Das frischgebügelte, ärmellose blaue Hemd zeigte deutlich, daß er sich nicht jeden Tag mit Mchowis traf.

»Ich habe zwei für Sie gefunden«, erklärte er mit Verschwörerstimme. »Sie sind Partner. Wir haben durch den Freund eines Freundes Kontakt aufgenommen.« Mchowis machten keine Reklame für ihre Dienste und hatten auch keine Visitenkarten. Aber es gab immer Leute, die wußten, wie man sie findet.

»Mein Freund sagt, zuerst seien sie mißtrauisch gewesen. Aber dann waren sie doch zu einem Gespräch bereit. Wenn Sie sich erkenntlich zeigen – Sie verstehen, was ich meine?«

Jacob machte den Führer. Kilifi lag unter einem Baldachin aus Akazien und Affenbrotbäumen in tiefem Schatten. Ein düsterer Ort – der nahe Ozean war einfach nicht da. Selbst die Fische, die sich, von Fliegen umschwirrt, an den Verkaufsständen türmten, schienen auf einer langen, staubigen Straße hierhergelangt zu sein. Hier und da warben Plakate für eine bevorstehende Gebetsversammlung mit einem gewissen Reverend Rejoice. Frauen saßen auf der festgebackenen Erde vor ihren Hütten und flochten Körbe aus Raffiabast. Männer traten aus rußschwarzen Werkstätten, die zerrissenen Kleider voller Ölflecken, in den Händen irgendwelche nicht zu identifizierenden Autoersatzteile. Ziegen suchten die Straße ab, knabberten an weggeworfenen Kokosnußschalen. Verstohlene Blicke um sich werfend, geleitete mich Jacob an einer Moschee vorbei und einen roten Feldweg hinunter, der an Maisfeldern und Mangohainen am Rand des Ortes entlangführte.

Bald blieben die Geräusche des Dorfes hinter uns zurück. In der bleiernen Hitze hörte man nur noch das Summen der Insekten, den Singsang der Vögel und das Knirschen unserer eigenen Schritte. Vor uns tauchte eine einzelne Holzhütte auf, die auf einer Insel aus harter, kahler Erde zwischen Feldern stand. Ein paar schmuddelige Kinder lagen auf einem alten Bettgestell unter einem Cashewbaum. Eines von ihnen, ein Mädchen, hatte geschlafen und wachte auf, als wir näherkamen; das Drahtgeflecht des Bettrahmens hatte ihm ein Rautenmuster ins Gesicht gedrückt, und in einer der Vertiefungen lief ihm eine einzelne Träne schräg über die Wange. Auf ein Zeichen von Jacob rannten alle Kinder los, um die Eltern zu suchen – außer dem Mädchen. Schlaftrunken blieb es sitzen, beobachtete uns und wedelte von Zeit zu Zeit die Fliegen von dem Rotz an seiner Nase.

Bald erschienen ein Mann und eine Frau – so leise, daß ich sie erst bemerkte, als sie zu uns traten. Sie waren aus verschiedenen Richtungen gekommen, erreichten uns aber gleichzeitig, die Kinder im Gefolge. Sie sprachen nicht miteinander, tauschten aber gelegentlich Blicke, die auf ein hoch entwickeltes, fast übersinnliches Einvernehmen hindeuteten. Sonst war von dem Hokuspokus, den ich wohl irgendwie erwartet hatte, nichts zu sehen; keine Schalen mit Zaubertrank, keine seltsamen Fläschchen oder Fetische, und zwischen den Bäumen kein Singsang von Zauberlehrlingen. Die beiden traten auch nicht unter dem Klang von Trommeln mit Masken und Kopfputz, mit einem Löwenfell auf dem Rücken, mit spitzgefeilten Zähnen, eindrucksvollen Ohrringen und Armreifen auf; sie spielten sich als Medizinleute nicht auf. Einfach gekleidete Mchowis waren sie, trugen die gleichen abgetragenen westlichen Kleider, wie man sie überall an dieser Küste sah – er zerrissene Shorts und ein Unterhemd; sie einen langen Rock, der sich am Saum langsam auflöste, und ein schmuddeliges, blauweiß gestreiftes Matrosenhemd. Unter ihren Augen konnte man die dekorativen bogenförmigen Schmucknarben der Giriama erkennen.

Viel aussagekräftiger waren das Haar – so ungebärdig ungekämmt und verfilzt, selbst nach hiesigen Maßstäben, daß es auf einen völlig anders organisierten Verstand hinzudeuten schien – und die seherischen und zugleich leeren Augen. Manchmal lag in diesen Augen eine abgründige Tiefe; dann wieder wirkten sie wie Kugellager, milchige, blicklose Bälle in einer Fassung. Lange sahen mich die beiden an. Ich vermutete, sie lasen meine inneren

Geheimnisse, und ließ ihre Prüfung gleichmütig über mich ergehen. Als der Mann schließlich zu sprechen begann, klang er sonderbar ungeduldig.

Jacob übersetzte: »Sie wollen wissen, wie sie Ihnen helfen können. Sie haben auf den Feldern zu tun und müssen zurück.«

Ich hatte offensichtlich etwas mißverstanden. Ich erwartete den üblichen aufwendigen Zauberer-Hokuspokus und wurde nun daran erinnert, daß dieses Paar anderswo zu tun hatte. Und daß man es begrüßen würde, wenn ich sagen würde, was ich wollte. Mit anderen Worten, mir wurde ein Gespräch gewährt, aber keine Zaubervorstellung. Diese Leute hatten nicht das Bedürfnis, mich mit ihren Künsten zu beeindrucken. Sie waren, wie erbeten, gekommen, um über ihre Arbeit zu sprechen. Als das betrachteten sie nämlich die Ausübung ihrer Kräfte – als eine ganz gewöhnliche, alltägliche Tätigkeit. Es war sonderbar genug, daß sich daraus folgern ließ, wie vollkommen überzeugt sie von ihren Kräften waren. Und ebenso bestürzend war es, festzustellen, daß sie gar nicht auf die Idee kamen, ich könnte an diesen Kräften zweifeln. Hierzulande tat das offenbar niemand. In Kilifi war die Magie etwas Selbstverständliches. Es gab sie einfach. Und so begann ich denn, die beiden über ihre Arbeit zu befragen.

Mit Jacobs Hilfe versuchte ich ihnen klarzumachen, daß ich niemandem schaden wolle. Daß ich ihnen auch nicht ihr Wissen stehlen wolle. Ich sei nicht daran interessiert, ihnen bei ihrer Arbeit zuzusehen. Ich wolle nur wissen, was sie täten. Wie sie ihren Lebensunterhalt verdienten. Die beiden sahen mich an. In der nun folgenden Stille drohte die Situation plötzlich zu kippen.

»Die Anzahlung«, flüsterte der hilfreiche Jacob, der sich offenbar auf sein Diplom in Betriebswirtschaft besann. Ein paar hundert Shilling taten die gewünschte Wirkung. Die beiden erklärten, jeder von ihnen besäße die Kraft. Wie bei dem M'ganga von Watamu hatte es damit begonnen, daß sie Schlangen miteinander hatten kämpfen sehen. Wie jener M'ganga hatten auch sie gelernt, Schlangenbisse zu heilen. Aber das war leicht. Sie konnten nicht sagen, wie sie dann in die dunkleren, schwierigeren Gebiete geraten und Mchowis geworden waren. Seltsame Träume hatten sich eingestellt. Plötzliche Eingebungen, deren Ursprünge sie nicht zu benennen wußten, hatten ihnen zwielichtigere Fähigkeiten beschert.

»Und was für Fähigkeiten sind das?« fragte ich.

»Die Leute kommen zu uns«, übersetzte Jacob, was die Frau sagte. »Wir hören von jemandem, den wir kennen, daß jemand uns besuchen möchte. Um ein Problem zu besprechen. Das Treffen wird vereinbart.«

Ich konnte die Frau, die das in dieser Gegend verbreitete Mijikenda sprach, nicht verstehen, aber die Selbstverständlichkeit, mit der sie sprach, machte klar, daß sie nur ihre allgemeinen Geschäftsbedingungen erläuterte.

»Vielleicht wurde jemand in einer Grundstücksfrage gekränkt«, erklärte Jacob. »Ein Grenzstreit. Oder jemand ist beleidigt worden, schwer beleidigt. Vielleicht haben zwei Brüder ein Verhältnis mit derselben Frau, und deren Familie fühlt sich schwer gekränkt. Aber sie müssen gute Gründe haben, wenn sie zu uns kommen. Auch wenn uns jemand viel Geld dafür bieten würde, daß wir jemandem schaden, würden wir es nicht tun, wenn die Strafe nicht verdient ist; außerdem würde unser Dawa dann gar nicht wirken. Also hören wir die Klagen solcher Leute an. Dann reden wir mit den Ältesten in ihrem Ort. Wenn die sagen, es sei gerechtfertigt, gehen wir ans Werk.«

»Ans Werk?«

»Ja.«

»Was bedeutet das?«

»Wir schicken Schlangen.« Die Frau sprach gleichmütig. Ihr Ton war nüchtern, aber ihre Worte ließen die älteren Kinder aufblicken; das war es also, was ihre Eltern trieben.

»Manchmal«, fuhr sie fort, »schicken wir Zauberschlangen. Wir geben der Person, der Unrecht geschehen ist, ein Stück Rinde. Wir sagen den Leuten, sie sollen es dem Übeltäter in den Weg legen. Wir lehren sie einen Gesang, den sie über der Rinde singen müssen, damit die Rinde die Kraft zum Beißen bekommt. Nach ein paar Tagen, wenn wir glauben, daß die Rinde den Übeltäter gebissen haben müßte, bitten wir sie, die Rinde zurückzubringen. Wir legen sie dann unter einen bestimmten Baum und warten ab, ob der Baum verdorrt. Wenn er das tut, wissen wir, daß der Zauber wirkt. Er sagt uns, daß das Opfer krank ist. Wir müssen aber weiter gut aufpassen. Wenn der Baum sich zu erholen beginnt, wissen wir, daß ein M'ganga gegen unser Dawa arbeitet, und dann ist ein stärkerer Zauber nötig.«

Ich wollte wissen, was stärkerer Zauber bedeutet.

»Das ist anstrengend«, sagte der Mann und schlug sich mit der Hand vor den Kopf. »Sehr schwere Arbeit.« Als klagte er über den täglichen Stau im Berufsverkehr oder über zeitweiligen Hochbetrieb im Büro oder darüber, daß er mit seinen Vertreterbesuchen in der Provinz im Rückstand sei und endlose Kilometer mit dem Firmenwagen vor sich habe. Stärkerer Zauber bedeutete jedoch: in den Wald gehen und pfeifen. Sie pfiffen nach Schlangen – diesmal nach wirklichen. So, sagte er und pfiff zweimal. Kurz, wie der Knall eines Gewehrs und ganz ohne Melodie.

Sobald die Schlangen erschienen, erklärte mir der Mann, würde eine ausgewählt und unter Gesängen mit dem Auftrag losgeschickt, den Übeltäter zu finden und zu beißen. Meistens benutzten sie Mambas, sagte der Mann. Mambas seien die schlimmsten von allen Schlangen. Aber da die besten M'gangas im Heilen von Mambabissen ziemlich geübt seien, schickten sie gelegentlich auch andere Schlangen, vor allem Kobras, um sie zu verwirren. Ich fragte die beiden, woran sie sähen, ob ihr Zauber Erfolg habe.

»Von dem Tod hören wir aus dem Krankenhaus«, erwiderte sie, als hätte ich auch selbst darauf kommen können. »Oder es steht in der Zeitung.«

In Kilifi, so schien es, wurden Schlangen tatsächlich losgeschickt, um jemanden zu holen. Sie waren Werkzeuge der Gerechtigkeit und der Strafe und vollstreckten Todesurteile, die die öffentliche Meinung verkündet hatte. Ich bekam eine Gänsehaut und fragte mich plötzlich, ob ich letzte Nacht tatsächlich einen Kleiderständer gesehen hatte. Einen Augenblick glaubte ich, die lächerliche Frage, die mir auf den Lippen lag, einfach stellen zu müssen – *Sie haben nicht zufällig letzte Nacht eine losgeschickt? Nach Watamu?* –, aber dann besann ich mich und ließ es sein.

»Die Abschlußzahlung«, erinnerte mich Jacob, als wir aufstanden, und ich blätterte ihnen den vereinbarten Betrag hin. Der Mann steckte die Scheine ein und legte dann einen Finger vor die verschlossenen Lippen. Die Frau tat das gleiche, und die Kinder machten es ihr nach. Dann begleiteten uns die Kinder bis zum Rand der Lichtung, wo der Weg in die Felder führte. Ich drehte mich noch einmal um, wollte ihnen zuwinken, aber sie sahen schon mit neuem Respekt nach ihren Eltern zurück. Neben dem Weg brachte eine angepflockte Ziege ein Junges zur Welt. Geduldig stand sie da, mit zitternden Beinen. In einem Geklump aus blutigem Schleim war der nasse, verfilzte Kopf des Jungen schon zu sehen. Ein Gewitter kündigte sich an.

Ich wollte wissen, was es mit dieser Heimlichtuerei auf sich hatte.

»Sie haben Angst«, sagte Jacob. »Wenn in Kilifi irgendwas schiefgeht, geben die Leute den Mchowis die Schuld. Ein schlechter Arbeitstag, ein Furunkel zwischen den Schultern, Rüsselkäfer im Mais – für alles ist der Mchowi verantwortlich.«

Zur Unterdrückung der Mchowis waren Gesetze erlassen worden. 1977 hatte der Bezirkskommissar von Kilifi die traditionellen Tänze verboten, weil sie »Angst einflößen und Anlaß zu teuflischen Handlungen wie Zauberei sind«. Oft nahmen die Einheimischen das Gesetz in die eigenen Hände. Ein Mchowi aus der Nachbarschaft war vor kurzem nach einem plötzlichen Todesfall, den sich niemand erklären konnte, von einer Gruppe Jugendlicher zusammengeschlagen worden. Erst letzten Monat hatten sich über einen anderen Mchowi dessen eigene Neffen hergemacht und hatten ihm alle vier Gliedmaßen gebrochen. Andere waren totgeschlagen worden. Daß Mchowis umgebracht wurden, war nichts Neues. In Zimbabwe und Angola hatte man sie oft nicht nur umgebracht, sondern ihre Leichen auch verbrannt und die Asche verstreut, um zu verhindern, daß ihre Geister als rächende Schlangen zurückkehrten.

»Natürlich«, sagte Jacob, »kann man den Mchowis nicht an allem die Schuld geben.«

Ich lachte und nahm an, der gebildete junge Kenianer habe das ironisch gemeint. Ein braver Skeptiker. Schließlich besaß Jacob Fremdsprachenkenntnisse und hatte Betriebswirtschaft studiert. Mir war noch nicht gedämmert, daß er ernst meinte, was er da gesagt hatte: daß die Mchowis zwar hinter vielem steckten, was in Kilifi geschah, daß man ihnen aber nicht alles und jedes zur Last legen konnte. Jacob war von der Macht der Mchowis vollkommen überzeugt. Er räumte nur ein, daß es auch Mißgeschicke gab, die nicht von ihnen ausgeheckt waren.

»Natürlich schicken sie Schlangen«, sagte Jacob. »Das weiß jeder. Und dann das Problem, das sie mit ihren Personalausweisen haben! Heute muß jeder so einen Ausweis haben. Aber immer wenn sich die Mchowis fotografieren lassen, ist auf den Bildern nichts drauf. Das Fotostudio hier weiß gar nicht, was es machen soll.«

Februar 1997

»Abergläubisch!« sagte Pete und schüttelte die letzten Tropfen aus der Kaffeekanne. »Das können Sie laut sagen. Die Kenianer sehen in jedem Schatten *schaitani*, Geister. Damals, 1929, ein paar Monate nach meiner Geburt, wurde die Farm im Solai-Tal, auf der meine Eltern angestellt waren, mitten in der Nacht von einem Erdbeben erschüttert. Ein Loch, mehrere Fuß tief, tat sich im Blockhaus der Familie auf. Am Morgen schickten sie einen afrikanischen Jungen zu Oberst Lane, dem Besitzer, um Milch zu holen. Wenig später kam er mit einem leeren Eimer zurück, er war ganz bleich und redete nur von Schaitani und daß das Haus des Oberst über Nacht verschwunden sei. Wir haben ihn nie wiedergesehen.« Es stellte sich dann heraus, daß das Erdbeben einen kleinen Hügel vor dem Haus des Oberst aufgeworfen hatte. An dem Gebäude selbst war kein Schaden entstanden, aber mit den Dämmerschoppen auf der Veranda bei Sonnenuntergang war es seitdem nichts mehr, und ein junger Afrikaner hatte furchtbare Angst bekommen.

»Die Schlangen haben ihnen natürlich mehr Angst gemacht als irgendwas sonst«, fuhr Pete fort. »Da gibt es eine, die nennen sie *ngorloco*, für Sie und mich ist das die ›Westliche Spitzkopfnatter‹. An der Küste ziemlich verbreitet. Sie ist giftig, aber nicht sehr. Es wird einem übel, weiter nichts. Trotzdem habe ich es erlebt, daß Familien für immer ausgezogen sind, wenn einmal eines von den Viechern im Haus war. Die packen ihre Sachen und hauen ab. Dann war da ein anderer Bursche in Kilifi, ein ziemlicher Trinker, den hat eine Puffotter in die Ferse gebissen. Bekam Wundbrand um die Bißstelle und war ewig im Krankenhaus. Sie amputierten ihm den Fuß, aber der Brand breitete sich weiter aus. Also amputierten sie ihm den Unterschenkel. Aber der Brand breitete sich noch weiter aus, und das Holzbein von dem Kerl wurde immer länger. Die Afrikaner waren entsetzt. Wahrscheinlich dachten sie, der Schlangenbiß würde den armen Kerl nach und nach in Holz verwandeln.«

In der Stille des späten Nachmittags hatte sich die Hotelbar geleert. Die Jukebox spielte ein langsames Stück. Ein Hausmädchen staubsaugte in der Halle. Eine Kellnerin räumte die Tische ab, leerte Aschenbecher und sammelte Teller ein, auf denen Senf zu schmierigen Hügeln getrocknet war. Unser Gespräch war ins Stocken geraten, während wir uns zu der Geschichte vortasteten, derentwegen ich gekommen war.

»Und das letzte Mal«, sagte ich schließlich. »Das letzte Mal, als Sie gebissen wurden?«

»Schuldigung, die Herren«, unterbrach uns eine Stimme. Das Hausmädchen. »Es macht Ihnen doch nichts aus, wenn ich hier mal kurz sauge. Wir haben nämlich heute abend einen Empfang. Wenn Sie mal kurz die Füße hochheben könnten.«

So zog denn Pete Bramwell die Knie an die Brust und fing an, mir durch den Staubsaugerlärm zu erzählen, wie er von der Schwarzen Mamba gebissen worden war.

»Es war an einem Tag im April«, begann er. »Ein heißer Morgen mit großen, hochquellenden Gewitterwolken. Ich war zu Hause in Takaungu und erledigte Hausarbeiten. Es fing damit an, daß Jan, die unten bei den Kaninchen war, aufschrie. Wir hielten sie in einem Auslauf, der von einem mit Makuti-Blättern gedeckten Dach beschattet wurde. Und Mambas liebten diese Blätter sehr. Na ja, an diesem Morgen sah Jan dort eine. Ich ging hinüber, um sie mir anzusehen, und holte mir dann meine Fangzange und einen Sack, die ich hinten im Wagen hatte. Na ja, mein erster – «

»Wenn ich mal kurz hinter ihnen –«, sagte das Hausmädchen mit dem Staubsauger, »dann bin ich auch schon fertig.«

» – mein erster Fehler war, daß ich die Länge der Schlange unterschätzte. Sie war zum großen Teil von den Blättern verdeckt, und der Sack war zu klein. Außerdem bekam ich sie mit der Zange schlecht zu fassen. Ich hätte sie höchstens dreißig Zentimeter hinter dem Kopf packen müssen; aber ich hatte ihr fast einen Meter Spielraum gelassen. Ich hätte sie noch mal loslassen und von vorn anfangen sollen. Aber ich machte weiter. Immerhin, ich bugsierte sie in den Sack, hatte die Zange und die Öffnung des Sacks in der einen Hand und die Schnur zum Zuziehen in der anderen. Ich ließ los, war aber nicht schnell genug. Die Mamba war draußen, bevor ich die Schnur zuziehen konnte. Sie erwischte mich an der Wurzel des Zeigefingers, zweimal. Ich bekam keine Panik. Aber eine wütende Mamba konnte ich nicht gebrauchen, also brachte ich sie um. War keine Rache. Reine Vernunft. Schleuderte sie gegen ein paar große Steine. Dann ging ich zum Haus. Langsam. Jan war schon im Haus; sie mochte nie zusehen, wenn ich Schlangen fing.

›Sie hat mich erwischt‹, sagte ich zu ihr, aber ich glaube, sie wußte es schon, als ich reinkam. Ich muß ziemlich bleich gewesen sein. Jan setzte mich aufs Sofa und fuhr los, unseren guten Freund David Corroyer holen. David hatte einen sehr schnellen Wagen. Einen japanischen, glaube ich.

Ich hatte etwas Serum in Takaungu. Vielleicht 40 Kubikzentimeter, die ich mir sofort spritzte. Aber ich wußte, vierzig waren nicht genug. Die Schlange hatte mich voll erwischt. Was Schlimmeres, als von einer Schwarzen Mamba in die Hand gebissen zu werden, gab es nicht. Ich wußte, ich steckte in der Scheiße. Ich saß da und wartete auf Jan. Kurze Zeit später wurde mir übel. Ich kotzte Galle in eine Schüssel. Ich fing an zu schwitzen, und bald konnte ich kaum noch atmen.

Ich versuchte mich auf einen Kalender an der Wand zu konzentrieren. Und da fiel es mir ein. 24. April 1977 – ein Sonntag. Jan hatte es immer irgendwie mit den Sonntagen. Und vor Jahren hatte ich ihr hoch und heilig versprochen, daß ich an einem Sonntag niemals Schlangen fangen würde. Ich hatte es nicht absichtlich getan, aber ich hatte dieses Versprechen eben gebrochen. Und das war dabei herausgekommen.«

Mambas einsacken war doch nicht so einfach.

Juni 1996

Ich verließ Jacob und Kilifi nach Mittag in einem Gewitter. Der Bus schlingerte in einem Schlangenslalom zwischen den großen Pfützen auf der Küstenstraße dahin. Für das letzte Stück nach Watamu nahm ich den »Double Happiness«-Minibus. Der Fahrer hatte aufregende Neuigkeiten.

»Diese Nacht gefangen große, große Fisch«, erzählte er mir und breitete die Arme aus, einen zum Fenster hinaus, den anderen an den Nasen mehrere Fahrgäste in der vorderen Reihe entlang. Also verließ ich den Double Happiness beim Hemingway's, um mir den Fisch anzusehen.

»Ein großer Weißer«, sagte der Empfangschef stolz und stieß die Tür zur Kühlkammer des Hotels auf. »Erst der fünfte seit Menschengedenken, der hier vor Watamu gefangen wurde.« Ein riesiger Haikopf, ungefähr ein Meter zwanzig lang, lag auf dem Tisch.

»Unmöglich, den ganzen Burschen an Land zu bringen«, erklärte der Empfangschef aufgeregt. »Der Kopf allein wiegt tausend Pfund. Muß alles in allem fünftausend gewogen haben. Größer werden sie nicht.«

Der Haikopf lag auf der Seite. Das Fleisch war grau und gummiartig. Das böse Auge, das aus seinem Schiffsschnabelprofil hervorstarrte, wirkte nicht toter, als es im Leben ausgesehen hätte, und das war, so ging es mir durch den Kopf, das zutiefst Seltsame an Haien. Das Maul war leicht geöffnet, so daß man die Staffeln dreieckiger Zähne sehen konnte. Gezackt und durchschimmernd, ragten sie, einander überlappend, aus dem Kiefer, wie die Alpen auf einer Kinderzeichnung. Vorsichtig ließ ich einen Finger über die Gipfel gleiten.

»Sind Sie zum Fischen hier?« fragte der Empfangschef, als wir hinaus in die Hitze traten.

»Klingt vielleicht komisch«, sagte ich, »aber ich bin auf der Suche nach Schwarzen Mambas.«

»Tatsächlich?« Er verzog das Gesicht. »Furchtbare Viecher. Da ist mir ein großer Weißer lieber. Hier in der Gegend hat mal ein Kerl gewohnt, wahrscheinlich haben Sie von ihm gehört, ein Schlangensammler, muß jetzt zwanzig Jahre her sein. Wurde von einer Schwarzen Mamba gebissen. Er war dann Gott weiß wie viele Wochen im Krankenhaus. Gelähmt, verstehen Sie, aber er konnte alles hören. Die Krankenschwestern unterhielten sich über die Größe von seinem – na, Sie wissen schon …; waren anscheinend nicht sehr beeindruckt. Und er bekam alles mit! Aber das war noch nicht das Schlimmste. Er hörte auch, wie die Ärzte seiner Frau sagten, daß er wahrscheinlich einen schweren Hirnschaden behalten würde. Meinten sogar, am besten sollte man die

Herz-Lungen-Maschine abschalten. Stellen Sie sich das mal vor. Und der Kerl konnte nichts machen.«

»Sie können sich nicht vielleicht an seinen Namen erinnern?« fragte ich müde und wußte die Antwort schon im voraus.

»Mal nachdenken«, erwiderte der Empfangschef. »Barrett. Hieß er Barrett?«

Der Taxifahrer, der mich in der Dunkelheit zur Parzelle 28 zurückfuhr, wollte mich oben an der Zufahrt absetzen; er war nicht scharf auf den tiefen Sand. Ich bestand darauf, daß er mich bis vor die Tür brachte. Beim Dinner wurde Barbara ganz traurig, als sie hörte, daß man den großen Weißen getötet hatte. Es war eine drückend heiße Nacht. Ich machte trotzdem das Fenster zu, als ich mich hinlegte.

Fünfzehn Indien II

Das gelegentliche Aufblähen der Haut des Halses zu einem Schild verschafft noch dem oberflächlichsten Betrachter Gewißheit über die Identität der Kobra.

Patrick Russell, An Account of Indian Serpents. Collected on the Coast of Coromandel (1796)

August 1996

Der Mann hatte die sandige Stelle zwischen den Büschen hinter dem Lakshmi Hotel in eine Bühne verwandelt. Mit gekreuzten Beinen saß er da und machte sich an seiner Ausrüstung zu schaffen; sie bestand aus dem runden, flachen Strohkorb, einem Sack, den man mit einer Schnur zuziehen konnte, einer einfachen Flöte und dem Mann, der bei ihm saß, seinem Helfer. Hinter ihnen warf die Brandung Locken, überschlug sich und gurgelte mit Kieselsteinen. Der Strahl des Leuchtturms auf einer Anhöhe im Süden der Stadt schnitt durch die immer dichter werdende Dunkelheit. Er strich über den Strand, beleuchtete einen Moment lang die gestuften Türme des durch Erosion kariös gewordenen Strandtempels, die Schwärme herumstolzierender Seemöwen und die staubig trockenen Keulenbäume. Er beschien die Fischerboote, die auf den Strand gezogen waren, offene, aus Balken von Kerala-Kiefern zusammengebundene Flöße, mit Rümpfen wie aus Selleriestengeln, schalenförmig und zum Heck hin sich verbreiternd, mit einem aufsteigenden Vorbau über dem Bug. Manchmal liefen die Wellen bis zu den Flößen hinauf und verschoben sie ein wenig im Sand.

Ich stapfte durch das Gestrüpp zu den beiden Männern hinüber. Sie taten, als würden sie mein Kommen nicht bemerken, bis ich bei ihnen war.

»Da sind Sie ja!« rief der Mann, als müßte er sich über die Menschenmassen hinweg, die er gern angelockt hätte, Gehör verschaffen; als hätte ich es gerade noch rechtzeitig in eine Vorstellung geschafft, die auf niemanden warten würde. Noch einmal rückte er seine Ausrüstung zurecht, schob die Finger ineinander wie ein Virtuose bei einer Dehnungsübung und blickte um sich. Wo ich einen langen Strand und die blassen Gestalten einiger Fischer sah, die am Strand Treibholz für das abendliche Feuer sammelten, schien er ein Dickicht von Händen verzweifelter Bewunderer zu erblicken, die nach Eintrittskarten grapschten, auf denen der Künstlername stand, den sie ihm verliehen hatten: »Kobra-Mann« oder »Schlangenmann« oder »König der Reptilien«. Die Nummer Eins unter den Schlangenbeschwörern von Mamallapuram, nein, von Tamil Nadu oder vielmehr von ganz Indien.

Zuletzt jedoch bewahrte ihn nichts vor der Erkenntnis, daß sein ganzes Publikum aus mir bestand. Er präsentierte sich mit einer theatralischen Armbewegung, die er besser unterlassen hätte, denn sie brachte ihn aus dem Gleichgewicht.

»Mr. Emam«, verkündete er. »Schlangenbeschwörer.«

Mr. Emam, Schlangenbeschwörer, hatte eine Fahne. Er schniefte, rauchte ununterbrochen Zigaretten, die wie eine schwelende Müllkippe rochen, und seine Augen waren blutunterlaufen.

»Unser Vater war Schlangenbeschwörer«, erklärte er. »Unser Großvater ebenfalls. Beschwor Schlangen für König Georg. Und war Schlangenbeschwörer in ganz Deutschland. Leipzig, Hamburg, Dresden …« Mr. Emam bekam einen Schluckauf. Die glorreiche Vergangenheit hatte die prekäre Gegenwart offenbar nicht verhindern können, die aus Schluckauf, billigem Alkohol und dem unscheinbaren Begleiter bestand, auf den Mr. Emam schließlich deutete.

»Mr. Emams Bruder«, sagte er wenig begeistert.

Mr. Emams Bruder hatte einen bleichen rechten Arm, der gefleckt war wie ein Dalmatinerfell. Seltsam kreisförmige Inseln von braunem Pigment überdauerten in einem Meer von kränklich wirkender, elfenbeinfarbener Haut. In der Frisur des Bruders konnte man noch Reste der Wellen erkennen, die dort irgendwann vor Wochen mit Brillantine sauber angelegt worden waren, vielleicht als eine Arbeitsstelle in Sicht gekommen oder ein früherer Freund mit großem Einfluß für kurze Zeit den sinkenden Stern von Bruder Emam umkreist hatte.

Bei den Brüdern Emam lief es offenbar nicht besonders, und ich beschloß, mich an diesem Abend wenigstens als freundliches Publikum zu gebärden. Ich folgte ihrem Beispiel und setzte mich mit gekreuzten Beinen ihnen gegenüber in den Sand. Gemeinsam bildeten wir ein Dreieck um den Strohkorb. Für den Augenblick jedoch blieb der Korb unberührt, eine Verheißung kommender Dinge, während Mr. Emam zunächst einmal in seine Trickkiste oder vielmehr in seinen Tricksack griff. Er schob die Ärmel zurück und holte mehrere Messingtöpfe daraus hervor, die er vor mir aufbaute. Schon wanderten rote Zauberkugeln mit einer taschenspielerischen Sicherheit zwischen den Töpfen hin und her, die dem Eindruck widersprach, daß Mr. Emam betrunken sei. Auch spuckte er zahlreiche Strandkiesel aus und setzte ein Stück Baumwollschnur in Brand, das er sich nachher vollkommen wiederhergestellt aus dem linken Ohr zog.

Um anzudeuten, daß er nun für die Hauptattraktion bereit sei, breitete er gravitätisch wie ein Dirigent die Arme aus. Sein Bruder nahm die Flöte in beide Hände und überreichte sie ihm feierlich. Sie bestand aus einem etwa zwanzig Zentimeter langen getrockneten Flaschenkürbis, mit einem Blasloch am schmalen Ende. Aus dem knolligen Ende des Kürbis ragte ein Stück Bambus hervor, in das Grifflöcher eingebrannt waren. Die Flöte war mit Leinöl behandelt und mit einer einfachen kreisförmigen Einlegearbeit aus roten Bohnen verziert.

Mr. Emam begann zu spielen. Beim ersten Ton riß der Bruder mit dem Schwung eines Kellners den Deckel vom Korb. Die Kobra darin richtete sich sogleich auf, und ihr herzförmiger Nackenschild schwoll an wie ein Segel im Wind. In der elfenbeinfarbenen Haut ihres schmalen Bauchs waren geschwungene, horizontal verlaufende Linien zu erkennen. Irgendwie erinnerten sie an Bambus, der sich im Wind wiegt. *Ruhig Blut*, sagte ich mir.

Die Flötentöne waren schief – und schrill wie Dudelsackklänge. Nun zeigte sich, daß der Spieler betrunken war. Trotzdem nahm die Melodie Gestalt an. In ihr klangen die großen orientalischen Motive an, die gewaltigen Entscheidungen und die göttlichen Wutanfälle, die ein fester Bestandteil der großen Hindu-Epen sind. Die musikalische Begleitung paßte zu dieser klassischen indischen Paradenummer, die so häufig wiederholt worden ist, daß sie zum symbolischen Kürzel für das unergründliche Herz des ganzen Kontinents wurde. Denn so wie Mr. Emam seine Flöte schwenkte, schien ihr die Schlange zu folgen, eine Sklavin des Rhythmus. In dieser nur kurzen Zeit währenden mystischen Kommunion nahmen das Geheimnis und das Wunder Indiens Gestalt an, die mythische Beziehung zwischen der Kobra und der Musik ihres Beschwörers, eine Verbindung jenseits von Sprache und Verstand, eine Audienz bei den Göttern.

So behauptete man jedenfalls. Skeptiker sahen das natürlich anders. In Indien, wo vieles unerklärlich anmutet, liegt der Verdacht des Betrugs durch irgendwelche Taschenspielertricks nie fern. Von Indien bis nach Ägypten und Marokko gilt der Schlangenbeschwörer seit jeher als Inbegriff des Schaustellers, des Zauberers, des Scharlatans, des Illusionisten, der mit allen verfügbaren Tricks und ohne persönliches Risiko übernatürliche Fähigkeiten im Umgang mit Schlangen suggeriert. Typisch für diese Branche war ein berühmter Schlangenbeschwörer im ägyptischen Luxor, der sich an Reisegruppen heranmachte und behauptete, er könne am Weg versteckte Kobras riechen. Plötzlich erklärte er dann den Touristen, er wittere eine Kobra, und zog wunderbarerweise tatsächlich schon bald eine Schlange aus einem Loch in einer nahegelegenen Mauer hervor. Die Kobras ließen diese Tortur mit gebührendem Zorn notgedrungen über sich ergehen. Eines hatten sie nämlich noch nicht gelernt: die Schnur durchzubeißen, mit der der Schlangenbeschwörer sie am frühen Morgen heimlich in dem Loch festgebunden hatte.

Aber nur wenige Schlangenbeschwörer trieben solchen Aufwand. Die meisten machten ihre Schlangen einfach unschädlich. Darüber, wie sie dies taten, gab es unterschiedliche Theorien. Gegen Ende des 18. Jahrhunderts behauptete der Abbé Dubois, ein bekannter Beobachter des indischen Volkslebens, Schlangenbeschwörer träfen »die Vorkehrung, daß sie die Schlangen jeden Morgen reizen und sie zwingen, mehrmals in ein dickes Stück Stoff zu beißen, so daß sie sich des Giftes entledigen, das sich in ihren Zähnen täglich neu bildet«. Der schlangenfürchtige Gordon Sinclair glaubte, die Schlangenbeschwörer schützten sich vor Unfällen, indem sie ihre Schlangen unter Drogen setzten. »Hier gibt es einen dürren Kerl, der einen Korb voller Kobras als Kopfkissen benutzt«, schilderte er eine Szene aus Bombay. »Bei Tagesanbruch badet er in einem Brunnen, betäubt seine Schlangen ein bißchen, damit sie harmlos werden, und streift dann auf der Suche nach Frühstück durch die Straßen.« Andere Schlangenbeschwörer sollen den direkteren Weg genommen und ihren Schlangen einfach die Mäuler zugenäht haben.

Mr. Emam war darauf bedacht gewesen, das Geheimnis seiner Zaubertricks zu wahren, hatte mich immer wieder mit einer Reihe von *Nahas?* aufgefordert, die Bewegungen seiner roten Bälle, die Vermehrung seiner Kieselsteine und die wunderbare Wiederherstellung seiner Baumwollschnur zu erklären – aber was seine Kobras anging, war er seltsam freimütig, als hätten sie ihren eigenen, inneren Zauber.

»Wir brechen ihnen einfach die Giftzähne heraus«, sagte er. »Schnipp, schnapp. Sie wachsen natürlich wieder nach. Damit wir es nicht vergessen – meine Fingernägel! Jedesmal, wenn die Nägel wieder so lang sind, wird es Zeit, die Zähne der Kobra herauszubrechen. Früher haben wir ihre Zähne in Ruhe gelassen. Dem Publikum gefiel das. Aber die Kobras waren trotzdem keine Gefahr; wir hatten ihnen beigebracht, nicht zuzuschlagen.«

Ich wollte wissen, wie sie das geschafft hätten.

»Kochtöpfe! Wir ließen sie nach heißen Kochtöpfen schlagen. Davon holten sie sich eine ziemlich heiße Nase. Danach schlugen sie nicht mehr zu. Jedenfalls nicht oft.«

Unzählig waren die Tricks, derer sich die Zunft der Schlangenbeschwörer bediente, aber die allergrößte Täuschung lag in dem Vorgang selbst und darin, wie er genannt wurde. Die Kobra konnte von Mr. Emams Musik schon deshalb nicht »beschworen« werden, weil, wie jedes Kind mit ein bißchen Ahnung von Naturwissenschaften weiß, alle Schlangen taub sind. Weil Schlangen die Melodien ihrer Beschwörer nicht hören können, gibt es auch keine Beziehung zwischen Musik und Schlange. Ihr Verhältnis zur Musik entspricht etwa dem von Blinden zum Kino oder von Gehörlosen zu einem UKW-Sender.

Mir fiel ein, wie sich afrikanische Mambas aufrichteten und ebenfalls eine Art Halsschild ausbreiteten. Sie taten dies, wenn sie zornig waren. Was sich zwischen Mr. Emam und seiner Kobra abspielte, war keine mystische Kommunion, sondern eine Konfrontation. Die Schlange tanzte nicht zu Mr. Emams Melodie; sie warnte ihn. Beschworen? Die Kobra war wütend. Schon als Mr. Emams Bruder den Deckel vom Korb genommen hatte, hatte sie sich mit unverkennbarer Absicht aufgerichtet – nicht wie eine Tanzpartnerin vom Tisch aufsteht, sondern wie ein Boxer seine Ecke im Ring verläßt. Die einzige Beziehung, an der diese Schlange interessiert zu sein schien, glich der zweier Streithähne vor einem Pub in Glasgow an einem späten Samstagabend, die einander anstarren. Sie reagierte tatsächlich auf jede Bewegung, die Mr. Emam vormachte, aber ihre Spiegelbewegungen waren nur defensive Anpassungen, um besser angreifen zu können.

Inzwischen geriet die Vorstellung allerdings ein wenig aus dem Lot. Der Alkohol hatte Mr. Emam den letzten Rest von Konzentration geraubt, und schiefe Flötentöne schwirrten in die Nacht. Auch die Kobra wurde langsam müde. Wahrscheinlich hatte sie, seit sie vor ein paar Wochen gefangen worden war, nichts gefressen. Mr. Emam legte seine Flöte beiseite, die Kobra sank dankbar in den Korb zurück. Da geschah etwas Sonderbares.

Von einem Augenblick zum anderen hatte die Kobra nicht nur ihre Höhe, sondern auch ihren Halsschild verloren: Die Brillenzeichnung verschrumpelte wie die Werbebotschaft auf einem Luftballon, aus dem die Luft entweicht. Von einer Sekunde zur anderen war aus der Kobra eine unauffällige braune Schlange geworden. Tatsächlich konnte man sich des Eindrucks kaum erwehren, daß sie gar keine Kobra mehr war, als existiere diese Schlange nur in der aus Zorn und Erregung gespeisten, aufgerichteten Version mit gespreiztem Halsschild, als Sinnbild absoluter Entschlossenheit.

Mr. Emams Bruder schob den Korbdeckel über die erschlaffte Schlange, und die Zeit des Bezahlens rückte heran. Ich überreichte Mr. Emam einige Rupien und fragte ihn, warum er aufgehört habe, mit Kobras zu arbeiten, die ihre Giftzähne noch besitzen.

»Ich glaube, die Kobra hat irgendwann den heißen Kochtopf vergessen. Mein Bruder wurde gebissen«, erwiderte er und deutete auf dessen farblosen Arm. »Und sich beißen lassen, das ist die Sache nicht wert«, fuhr er mit einem vielsagenden Blick auf die Geldscheine fort. »Nicht für das, was wir dabei verdienen, Mister.«

Am nächsten Morgen kam Ramesh, das Faktotum des Lakshmi, an meinen Tisch auf der Dachterrasse, ein Frühstückstablett mit Toast, Tee und Mango auf einem Handteller balancierend. Die Frucht war kreuzweise eingeschnitten und umgestülpt, eine hübsche, mangoüberzogene Halbkugel. Seine freie Hand spielte eine kraftvoll tänzelnde Kobra; er hatte offenbar mitbekommen, wie ich den Abend verbracht hatte.

»Und wie geht es unserem *Pamu* Emam?« fragte er mich, wobei er das tamilische Wort für Schlangenbeschwörer benutzte.

»Anscheinend nicht sehr gut«, sagte ich.

»Fieber, Fieber«, meinte Ramesh verständnisvoll.

»Schnaps, Schnaps«, entgegnete ich.

Ramesh sah mich entsetzt an. »Aber Pamu Emams Großvater war Schlangenbeschwörer bei König Georg«, erklärte er, als wäre der Schlangenbeschwörer durch ein so ehrenvolles Amt gegen Trunksucht gefeit. »Dann wurde sein Bruder gebissen. Seitdem läuft es nicht mehr so gut.«

»Sagen Sie mal, Ramesh, was tun die Leute in Mamallapuram eigentlich, wenn sie gebissen werden?«

»Manche tun gar nichts«, sagte Ramesh. »Manche sterben. Und manche gehen in die Schlangen-Spezialpraxis in Tirukalikundram.«

Ich mietete ein Moped und fuhr noch am selben Morgen nach Tirukalikundram. Die Straße führte unter einem mit hohen Wolkenstrichen gemusterten Himmel durch Weizenfelder. Tirukalikundram lag zehn Meilen von der Küste entfernt, ein Städtchen, das wegen seines Bergtempels berühmt war, bei dem angeblich jeden Tag um die Mittagszeit heilige Geier auf dem Weg von Varanasi nach dem tief im Süden gelegenen Rameshwaram landeten und damit eine Menge erwartungsvoller Pilger, Touristen und andere Zuschauer anlockten. Mich interessierte natürlich vor allem die Schlangen-Spezialpraxis, die ihrerseits angeblich Bißopfer aus einem Umkreis von vielen Meilen anlockte. Ihr Ruf sorgte dafür, daß die Straßen der Umgebung berüchtigt waren – wegen der rasenden Schlangenbißtransporte in beschlagnahmten Lieferwagen, auf Mopeds, sogar auf Traktoren, vor allem nachts, denn meistens bissen die Schlangen nachts.

»Während meines Aufenthalts in Indien«, so schrieb der Abbé Dubois, der als Missionar in Mysore gearbeitet hatte, »ist kaum ein Monat vergangen, in dem nicht jemand aus meiner Nachbarschaft am Biß einer Schlange plötzlich verstarb.« Noch heute schätzt man die Zahl der Menschen, die in Indien alljährlich an einem Schlangenbiß sterben, auf zehntausend. Es gibt in Indien eine riesige Landbevölkerung. Und es gibt jede Menge giftige Schlangen. Daß eine der giftigsten Arten gleichzeitig auch religiös verehrt, an bestimmten heiligen Tagen sogar gefeiert und im großen und ganzen sogar dann geduldet wird, wenn sie sich in die Behausung von Menschen begibt, verschärft das Problem. Berichte aus dem 19. Jahrhundert, denen zufolge Hausbewohner der Kobra, die soeben ein Mitglied der Familie gebissen hat, *puja* oder Opfer darbringen, lassen eine bemerkenswerte Einstellung erkennen, die auch im späten 20. Jahrhundert noch weit verbreitet ist.

Solche Berichte sammelte Sir Joseph Fayrer, ein namhafter Chirurg des Medical College in Kalkutta. Um das Ausmaß der Schlangenproblematik zu erfassen, hatte er einen Kreis von zivilen Chirurgen, Militärärzten, Hilfsapothekern und Offizieren in ganz Bengalen um einschlägige Informationen gebeten. Das Ergebnis seiner Nachforschungen nannte er »absolut erschreckend«; allein für Bengalen kam er im Jahre 1869 auf eine Zahl von 6000 Schlangentoten. Zu den Opfern gehörten Feld- und Erntearbeiter, Wasserträger und Zollbeamte. Die Leute wurden gebissen, wenn sie Brennholz sammelten, wenn sie durch die Felder von der Arbeit heimkehrten, wenn sie außerhalb ihrer Hütten in Kalkutta einem natürlichen Bedrüfnis nachgingen und selbst dann, wenn sie in eleganten Billardzimmern herumstanden.

Gelegentlich berichteten Ärzte, die vom westlichen Denken beeinflußt waren, sie hätten Obduktionen ausgeführt, bei denen Embolien, Nierenverschlüsse oder eine schwammige Milz auf Schlangenbiß hindeuteten. Häufiger jedoch wurde die Todesursache auf die traditionelle Weise festgestellt. Es wurden zum Beispiel einzelne Haare aus dem Kopf der Leiche gezogen; wenn es ohne weiteres gelang, galt dies nicht etwa als Indiz für Haarausfall, sondern als Bestätigung dafür, daß die Todesursache ein Schlangenbiß war. Leichen, bei denen man einen Schlangenbiß als Todesursache vermutete, wurden nach alter Hindu-Tradition oft sofort einem Fluß übergeben, so daß die wirkliche Todesursache ungeklärt blieb.

Vielfach wurden Schlangenbisse auch mit traditionellen Methoden behandelt. Ein verbreitetes Allheilmittel waren »Gesänge und Zaubersprüche«. Manchmal wurde auch ein Brahmane gerufen, um den Patienten zu behauchen. Siebenmal beträufelte man seine Augen mit Wasser und sprach dazu Gebete. Patienten wurden aus ihrer giftbedingten Apathie zurückgeholt, indem man ihnen heilkräftige Blätter unter die Nase hielt. Die Blätter des *nim*-Baumes, ein bekanntes Mittel gegen Schlangen, wurden mit Pfefferschoten zerstoßen und eingenommen. Oder der Leib des Opfers wurde mit *nim*-Zweigen bestrichen, um das Gift zu zerstreuen. Auch wurde die Wunde mit Fladen aus Holzkohle und Kuhdung eingerieben. Der Abbé Dubois berichtet von der Sitte, das Opfer eines Schlangenbisses auf ein Bündel Schilf zu betten und ihm ein Blatt auf den Leib zu legen, »auf dem ein Segen für jenen Menschen geschrieben steht – ein Segen, der schließlich über ihn kommen und ihn durch Zauber vor dem Untergang retten wird« – was allerdings weniger nach einer Behandlung als nach dem Eingeständnis der eigenen Ohnmacht und einem wenig aussichtsreichen Hilfegesuch klingt. Alles das lief jedenfalls auf eine ziemlich unexakte Naturwissenschaft hinaus, und selbst fortschrittliche Ärzte arbeiteten mit beträchtlichen Mengen Branntwein.

Die Einheimischen hatten die Straße nach Tirukalikundram in einen Dreschboden verwandelt. Um auf ihrer Kornernte oder den Dreschern selbst keine Reifenspuren zu hinterlassen, folgte ich einem umsichtigen Lastwagenfahrer zwischen die Bäume, wo unser kleiner Konvoi sich allerdings sofort verirrte. Der Lastwagenfahrer versuchte mich mit einem strahlenden Lächeln zu beruhigen, bevor er auf das Dach seines Fahrerhauses kletterte. Von dort oben konnte er offenbar erkennen, wie man am besten zurück zur Straße fand.

»Aha!« rief er, stieg mit erneuerter Begeisterung herunter und fuhr mir voraus durch einen Garten, wo er noch einmal anhielt, um die Wäsche von einer Leine zu nehmen, die ihm den Weg versperrte, bevor er dann mit triumphalem Hupen wieder auf die Straße einbog.

Mitten im Ort, neben der Jeeva-Snackbar, stand im ausladenden Schatten eines Heiligen Bobaumes eine Statue von Ganesch, dem stattlichen Elefanten des Wohlstandes, umgeben von lauter Schlangensteinen. Am Fuß jedes Steines lag ein Häufchen Reis. Die mit Kurkumagelb bestrichenen Schlangen waren von unterschiedlicher Gestalt. Ein Stein zeigte zwei Schlangen im Profil. Sie waren hoch aufgerichtet, und ihre ineinander verflochtenen Leiber formten mehrere Ringe, die Lotusblüten und Krischna-Bilder umrahmten. Oben trafen sich die Kobras mit gespreiztem Halsschild und beäugten einander. Andere Steine zeigten die Schlangen von vorn, und ihre Halsschilde waren mit dunkelrotem *kum-kum*-Pulver bestreut.

Die Schlangenbiß-Praxis lag an der Big Street, versteckt hinter dem gewaltigen braunen Tempel, der die Stadt beherrschte. Weder Lieder noch Beschwörungsformeln drangen nach draußen. Dafür allerdings viel tuberkulöses Husten. »Dr. B. Thaniga« stand auf einem gemalten Schild am Eingang. Außerdem waren darauf zu sehen: eine sich wiegende Kobra, eine zweite Schlange, in der ich einen Krait zu erkennen glaubte, ein Skorpion und ein Schäferhund, der jedoch mit seiner heraushängenden Zunge sehr viel nahbarer wirkte, als der Künstler beabsichtigt haben mochte. In der Praxis, einem dunklen Raum mit Bänken an den Wänden, auf denen sich Mütter, Kinder und besorgt dreinblickende Männer drängten, hingen Fotos der gleichen Tiere an den Wänden. Sehr viel mehr Hunde – aber wieder waren es gepflegte Beagles und niedliche Spaniels, die einen eher zu Tode lecken würden, als daß sie einen zerfleischten. Auf anderen Fotos waren Kraits und Kobras, Kettenvipern und Sandrasselottern zu sehen. Bisse – das schien klar – waren die Spezialität der Praxis; mit Husten wurden offenbar die Löcher im Terminkalender gestopft.

Aber auch die Tiere an den Wänden ließen einem goldgerahmten Shiva-Portrait den Vortritt, das sich seinen Ehrenplatz nur mit dem sepiabraunen Foto eines eleganten Mannes in Militäruniform teilen mußte.

»Barathi Thaniga. Mein Vater«, erklärte eine Stimme. Die Frau saß hinter einem der beiden Schreibtische am anderen Ende des

Raumes und untersuchte gerade ein bekümmert dreinblickendes Mädchen. »Er war Kolonialoffizier in Pondicherry. Und Fachmann für die traditionelle Behandlung von Schlangenbissen. Er ist vor ein paar Jahren gestorben. Jetzt führen mein Bruder, mein Mann und ich die Praxis. Ich heiße Shanthi.«

Sie hielt inne und sah dem Mädchen prüfend in die Augen.

»Sind Sie gebissen worden?« fragte sie mich.

Ich sei nur neugierig, erklärte ich ihr. Ich würde gern wissen, wie viele Patienten, die von Schlangen gebissen wurden, zu ihr in die Praxis kämen.

»Oh, oh, oh«, murmelte sie besorgniserregend. »Zwischen März und Juni, in den Monaten der größten Hitze und Trockenheit, mindestens einer am Tag. Manchmal mehrere. Die Leute hier tragen kaum Schuhe, verstehen Sie. Viele werden auf den Feldern gebissen und viele nachts. In unserem Aufnahmebuch können Sie das sehen.« Sie überreichte mir ein rotes Buch. Für den gerade zu Ende gegangenen Juli zählte ich nach, wie viele Schlangenbisse die Praxis behandelt hatte: sieben Kobras, vier Kettenvipern und fünf Kraits.

»Viele Patienten kommen auch wegen Fieber, vor allem Malaria«, sagte Dr. Shanthi, während sie den Blutdruck des Mädchens maß. »Aber der Mann da, der stille, der ist wegen einem Schlangenbiß hier. Kettenviper. Passierte heute früh. Ein bösartiges, eigenartiges Gift, das sich lange im Organismus hält, aber meistens kommen wir mit unseren Kräutermischungen dagegen an.«

Das Mädchen schaute mit weit aufgerissenen Augen von der Ärztin zu dem Band, das sich um seinen Arm geschlossen hatte.

»Und dann der Junge dort«, fuhr Dr. Shanthi fort. »Der mit dem starren Blick. Hat gestern nachmittag einen Kobrabiß abbekommen, in die Hand. Es hat ihn ein bißchen umgeworfen, aber da er bis jetzt überlebt hat, bin ich ziemlich zuversichtlich. Kobras töten entweder schnell oder gar nicht.«

Patrick Russell, der Ende des 18. Jahrhunderts die Schlangen an der Küste von Madras erforschte, schrieb über die *Cobra de*

Cappello oder »Hutschlange«, wie die Portugiesen von Goa sie nannten: »Sie gilt allgemein als die tödlichste von allen.« Fayrer war der gleichen Ansicht. »Bei einem wirklichen Biß«, so schrieb er, »und damit meine ich, daß eine gesunde, kräftige Kobra … ihre Zähne in die Haut bohrt und ihr Gift einspritzt, besteht, wenn überhaupt, nur eine sehr geringe Chance, das Leben zu retten, außer es wird direkt und entschlossen erste Hilfe geleistet, und selbst dann …«

Der kleine Junge, den die Kobra gebissen hatte, saß auf dem Schoß seiner Mutter und umklammerte, mannhaft bemüht, sich aufrecht zu halten, mit der ungebissenen Hand ihr Knie. Die gebissene Hand ließ er herunterhängen, als wäre jegliche Berührung mit etwas Festerem als Luft unerträglich. Wenn andere Patienten vorübergingen, zog er sie vorsichtig zurück. Mir erschien er wie ein Sinnbild für ein irritierendes indisches Paradoxon – Tod und Leben unauflöslich miteinander verbunden. Als hätte man die Kräfte der Fruchtbarkeit und des Verfalls miteinander verwechselt. Dieser Junge würde seinen Kobrabiß vielleicht überleben, aber viele andere hatten weniger Glück. Die Kobra, die jedes Jahr Tausenden von indischen Kindern das Leben nahm, war die gleiche Schlange, zu der unfruchtbare Mütter um Kindersegen beteten. Eben noch hatte ich unter dem heiligen Baum mitten in der Stadt die Schlangensteine gesehen, die die Schlangengötter um das Lebendigwerden von Ungeborenen anflehten. Ich hatte die Termitenhügel gesehen, die sich nach und nach in Andachtsstätten verwandelten. Ich hatte von dem bevorstehenden Nag Panchami gehört, dem Fest, das ganz der Verehrung der Kobra gewidmet war. Ich wußte, eine Kobra zu töten galt in Indien als schweres Vergehen. Nur ein feierliches Begräbnis konnte in einem solchen Falle den rachsüchtigen Geist der Schlange besänftigen. Ich wußte, welche Sonderstellung die Kobra bei den drei großen Hindu-Gottheiten einnahm. Selbst in dieser Praxis, die auf die Behandlung von Schlangenbissen spezialisiert war, wurde Shiva von Kobras umrankt dargestellt.

Gewiß, die Bedeutung der Schlange bei der Eindämmung schädlicher Nagetiere konnte ich ermessen. Es war verständlich, daß Inder die Kobra als Hüterin der Ernte schätzten, aber zählte die Steigerung der Getreideerträge – auch in einer weitgehend von der Landwirtschaft bestimmten Welt – tatsächlich mehr als die tägliche Lebensgefahr, die für Angehörige und Freunde von der Kobra ausging? Die Haltung der Hindus zur Kobra war ganzheitlich, hoch differenziert und von Erlösungsvorstellungen geprägt, und dennoch ergab sich daraus für mich nicht der Punkt, an dem ich sie gleichsam intuitiv akzeptieren konnte. Die christliche Einstellung zur Schlange, die philosophisch unterentwickelt und im Vergleich dennoch vollkommen überzeugend wirkte, hatte ich hinter mir gelassen. Aber ich konnte nicht glauben, daß allein sie es war, die mich hier nicht an überreiche Ernte denken ließ, sondern an Fayrers grausige Statistiken, an Bruder Emams farblosen Arm und den kleinen Jungen, der in dieser Praxis saß und um sein Leben fürchtete.

Dr. Shanthi nickte dem Mann zu, der von einer Kettenviper gebissen worden war und nun zu ihrem Tisch herüberschlurfte. Sie beugte sich vor, um seinen geschwollenen Knöchel zu untersuchen, und stellte ihm ein paar kurze Fragen. »Die Bißstelle näßt«, erklärte sie mir. »Der Patient fühlt sich schlapp. Ihm ist kalt und übel. Das Gift greift jetzt die Blutgefäße von innen an, verursacht kleine Risse und innere Blutungen. Schwer zu sagen, wie schlimm dieser Biß wirklich ist, aber der Mann hat sicher noch eine schwere Zeit vor sich, bevor die Prognose besser wird. Er kann damit rechnen, daß er aus den Augen und aus dem After blutet, ehe er es hinter sich hat.« Sie gab dem Mann eine sorgfältig gefaltete Tüte aus Zeitungspapier mit einer Mischung aus zerstoßenen Kräutern, die er sich in den Mund kippte und schluckte. Er verzog das Gesicht und gab der Ärztin ein paar schmuddelige Geldscheine.

»Ich weiß nicht«, murmelte Dr. Shanthi, während sie ihrem Patienten nachblickte, der in die schwüle Hitze eines ungewissen

Morgens tappte. »Vielleicht müssen wir ihm doch noch Serum geben.«

»Die Dschungel des Fiebergürtels, Borneo, Kongo, Brasilien, Tanganjika und andere Friedhöfe des Weißen Mannes in den Tropen wirken wie niedliche Kinderspielplätze, wenn man sie mit der Schlangenfarm von Bombay vergleicht. Hier läßt der Tod seine windungsreichen Bataillone jeden Morgen noch vor dem Frühstück antreten.« Wieder dieser Mann. Sinclair war mir in Gedanken zum regelmäßigen Begleiter geworden. So auch einige Tage später, als mich ein Zug durch Madras nach Guindy brachte, einem Vorort im Süden der Stadt. Während ich draußen ärmliches Brachland vorübergleiten sah, auf dem hier und da Elendsquartiere errichtet waren, Anhäufungen von Ziegelstein und Beton, die Wäscheleinen mit flickenübersäten Kleiderwimpeln beflaggt, fiel mir ein, wie sich Sinclair für seinen Ausflug zur Schlangenfarm von Bombay hohe Stiefel und Schutzhandschuhe ausgeliehen hatte. Während ich auf den Cooum River hinuntersah, eine schmierige, ranzig riechende Kloake, in der heilige Kühe an weggeworfenen Fahrradreifen, Plastiktüten und Stengeln von Bananenbüscheln schnüffelten, ging mir durch den Kopf, wie er »Burschen mit Turban« beobachtet hatte, die »eine Schlange nach der anderen ergriffen, ihr den Hals massierten und tödliches Gift in Flaschen träufelten«. Und als ich die Reklametafeln des »Star Bone Joint Centre« und für »Krackjack – die süßsalzige Versuchung« studierte und eine andere, die da lautete »Casio Pager – Meine Wahl, Miss World 1994« (und mich fragte, wer eigentlich eine Miss World um Rat fragte, wenn es um Pager ging), da erinnerte ich mich auch an die »kohlrabenschwarze Kobra« auf der Schlangenfarm, die sich aufgerichtet und »mit kaltem, hypnotischem Blick« Sinclairs Beine betrachtet hatte.

Ich war im King Institute verabredet, dem modernen Pendant zu Sinclairs Schlangenfarm in Bombay. Aber selbst ich hatte das Gefühl, Sinclairs »windungsreiche Bataillone« müßten eine Übertreibung sein. Das King Institute lag in einem ausgedehnten, waldigen Gelände, wo es nach dem Tumult der Menschen und des Straßenverkehrs und den Schwärmen gelber Zweitakt-Motorrikschas auffällig still war. Man näherte sich dem Institut auf einer stillen Zufahrt, die sich teilte und verzweigte und so die zahlreichen angeschimmelten Nebengebäude erreichbar machte, die einen gleichmäßigen Strom geschäftiger Leute in weißen Kitteln anlockten. Doch irgendwie wirkte das Netz der Wege verschlungener als nötig, als seien sie zugleich heimliche Fluchtwege für den Fall irgendeiner eigentümlichen Katastrophe. Zuletzt liefen sie bei einem großen, rotbraunen Gebäude im hochviktorianischen Stil zusammen – bröckelnde Erker, weitgeschwungene Steintreppen, Holztäfelung und gerahmte Portraits bedeutender Viktorianer. Es hätte auch ein Geheimprojekt zur Entwicklung biologischer Waffen mit zwielichtigen Beziehungen zu irgendwelchen Verteidigungsministerien in Übersee beherbergen können oder ein düsteres Internat in Northamptonshire oder eine Irrenanstalt.

In Wirklichkeit war das King Institute 1898 als medizinisches Forschungszentrum gegründet worden und produzierte seit 1980 Schlangenserum für den indischen Bundesstaat Tamil Nadu. Am Empfang erwartete mich, wie verabredet, Mr. Boopalan, der leitende Immunologe des Instituts, ein freundlicher Mann mit einer ausgeprägten Vorliebe für Statistiken.

»1986 produzierten wir bloß 30 000 Ampullen Serum, jede mit 30 Milliliter«, sagte er. Wir saßen in seinem kleinen Büro. »Dieses Jahr können wir die Krankenhäuser des Bundesstaates mit über 75 000 Ampullen versorgen. Bei manchen Bissen braucht man natürlich gar kein Serum. Bei anderen wiederum sind bis zu 30 Ampullen nötig. Nehmen wir einen durchschnittlichen Bedarf von 7,5 Ampullen pro Fall an, dann können wir mit unserer Produktion jährlich 10 000 Schlangenbisse allein in Tamil Nadu behandeln.«

Der große Durchbruch in der Serum-Forschung kam im Jahre 1887, als es einem amerikanischen Professor mit Namen Henry Sewall gelang, eine Taube gegen das Gift der Grubenotter zu immunisieren. Sewall hatte der Taube zunächst winzige Dosen des Giftes verabreicht und ihren Organismus auf diese Weise zur Entwicklung von Antikörpern angeregt, die sich dann später gegen größere Giftmengen als äußerst wirksam erwiesen. Die Taube war schließlich resistent geworden, und im Prinzip sprach nichts dagegen, ihr diese Antikörper zu entnehmen und sie Menschen, die Opfer eines Schlangenbisses geworden waren, zu injizieren.

Mit Sewalls Durchbruch zeigte sich auch, daß das erste wissenschaftlich anerkannte Mittel gegen Schlangengift nicht auf Blätter, Kräuter, Breipackungen, Gesang oder Dung, sondern auf die Schlange selbst zurückgriff. Nur fünf Jahre vorher hatte eine gewisse Catherine Hopley mit erstaunlichem, wenn auch unbeabsichtigtem Weitblick geschrieben, man solle »die uralte Vorstellung nicht völlig ausschließen, daß im Körper der Viper selbst ein Spezifikum gegen ihr Gift zu finden ist«. Seit Jahrhunderten hatte die Volksmedizin immer wieder geraten, das Fleisch der für den Biß verantwortlichen Schlange zu essen oder ihr Fleisch auf den Biß zu drücken, dergestalt, daß die Schlange ihr eigenes Gift resorbiert. Teile von Schlangen, auch abgestreifte Schlangenhäute waren regelmäßig Bestandteil afrikanischer Zaubertränke, die gegen Schlangenbiß schützen sollten. Schlangenöl war im Süden der USA und in manchen Gegenden Europas ein verbreitetes Mittel gegen Schlangenbisse. Aber nun zeigte sich, daß die abenteuerlichste Behauptung von allen, nämlich daß ein zweiter Biß die Wirkung des ersten neutralisieren könne, auf Umwegen der Wahrheit am nächsten kam. Ein zweiter Biß neutralisierte, wie Sewall gezeigt hatte, zwar nicht den ersten – aber der erste Biß konnte, wenn das Opfer ihn überlebte, dazu beitragen, den zweiten und alle weiteren zu neutralisieren.

Mehr als hundert Jahre später war Sewalls grundlegende Einsicht immer noch unbestritten. Die Gewinnung und die Verabreichung von Serum bestanden im wesentlichen aus jeweils zwei Melk- bzw. zwei Impfvorgängen. Den Schlangen wurde ihr Gift abgenommen; das Gift wurde Pferden injiziert (die, wie sich längst gezeigt hatte, hierfür besser geeignet waren als Tauben).

Den Pferden wiederum wurde ihr Blut mit den darin enthaltenen Antikörpern abgenommen, die dann dem gebissenen Menschen injiziert wurden.

Boopalan geleitete mich durch einen langen Korridor, der zu den Ställen führte.

»Hier, das ist interessant«, rief er und blickte voller Interesse in einen Käfig, der auf einer Art Servierwagen am Ende des Gangs stand. Der Käfig enthielt rund vierzig Mäuse. Ängstliche rosa Nasen schnüffelten in die Luft und fragten sich, welche Demütigung ihnen als nächstes bevorstand.

»Unsere Produkttester«, sagte Boopalan liebevoll. »Wir impfen jede Maus mit Schlangengift. Wir berechnen die TD50, das ist die Abkürzung für die tödliche Dosis in 50 Prozent der Fälle oder, anders ausgedrückt, die Dosis, die dazu führt, daß jede zweite Maus stirbt. Würde ich jeder dieser Mäuse die TD50 verabreichen, müßte genau die Hälfte von ihnen sterben. Die andere Hälfte würde überleben; nicht daß sie sich dabei besonders wohl fühlten! Hier machen wir nun folgendes: Wir verabreichen jeder Maus das Dreiunddreißigfache der TD50, eine massive Überdosierung. Dann impfen wir sie mit Proben aus unserer neuesten Serumproduktion. An der Überlebensrate läßt sich die Wirksamkeit des Serums erkennen. Ich glaube, diese Mäuse bekommen jetzt bald ihre Injektion. Auf dem Rückweg sehen wir uns an, was aus ihnen geworden ist, einverstanden?«

Wir überließen die Mäuse den pharmakologischen Schrecken, die sie erwarteten, und traten ins Freie.

»Das Serum, das wir hier produzieren, ist polyvalent, nicht spezifisch«, erklärte Boopalan. »Es ist ein Kombinationsserum, mit dem sich die Bisse der vier wichtigsten Schlangen behandeln lassen, denen die Bewohner von Tamil Nadu am ehesten begegnen. Der Krait, *Bungarus caeruleus*, die Kobra, *Naja naja*, die Kettenviper, *Vipera russelli*, und die Sandrasselotter, *Echis carinatus*. Wir machen das so, weil man sich bei den meisten Opfern von Schlangenbissen nicht darauf verlassen kann, daß sie die Schlange, von der sie gebissen wurden, richtig identifizieren. Und ein falsches spezifisches Serum zu verabreichen, ist nicht nur nutzlos, es kann sogar sehr schädlich sein.«

Wir hatten die Koppeln erreicht. Pferde grasten im Sonnenlicht. Boopalan betrachtete sie mit zärtlichem Blick.

»Glänzende Verfassung«, sagte er. »Gelegentliche Schwellungen an den Gliedmaßen. Aber sehen Sie sich die Hälse an, wo wir die Injektionen ansetzen. Keinerlei Anzeichen von Nekrose oder sonstigen Schäden.« Boopalan erläuterte, das Institut verfüge über rund zweihundert Pferde und Maultiere.

»Die Armee hat uns die Maultiere geschenkt«, sagte er. »Ursprünglich dienten sie als Lasttiere für unsere Einheiten im Pundjab. Wir haben sogar ein paar in Rente gegangene Rennpferde aus dem Race Club von Madras.« Gegenüber lagen die geräumigen, gepflegten Ställe. Alles wirkte wie ein gut geführtes Gestüt. Aber als Boopalan anfing zu erklären, was das Institutsleben für die Pferde bedeutete, verstand ich, daß sie diesen Komfort auch verdienten.

»Wir injizieren den Pferden winzige Dosen aller vier Schlangengifte in einer langsam sich auflösenden Silikatlösung. Am Anfang spritzen wir jeden Monat einmal. Nach drei Monaten bekommen die Pferde jede Woche eine Spritze. Nach sechs Monaten haben sie in der Regel so viele Antikörper entwickelt, daß man sie als ›Produzenten‹ von Blutserum betrachten kann. Dann fangen wir an, ihnen Blut abzunehmen. Die besten Pferde können im Laufe ihres produktiven Lebens viele Liter Serum produzieren. Wir entfernen die Verunreinigungen aus dem Blutserum. Was übrigbleibt, ist im großen und ganzen das Heilserum.«

Mäuse und Pferde. Sinclair hatte die Gefahren einer Schlangenfarm anscheinend etwas übertrieben.

»Und was ist mit den Schlangen?« fragte ich.

»Die gibt's auch«, sagte Boopalan. »Aber momentan haben wir nicht sehr viele. Wir haben zur Zeit große Vorräte an getrocknetem Gift, wissen Sie. Aber die paar Schlangen, die wir haben, finden Sie in der Grube.«

Die Grube lag unter schattigen Bäumen. Sie war kreisförmig, hatte einen Durchmesser von vielleicht zwölf Metern, war ein Meter zwanzig tief und durch Mauern wie ein Fadenkreuz in vier Bereiche geteilt.

»Da werden die Schlangen gemolken«, sagte Boopalan und deutete auf die wenigen Kobras und Kettenvipern, die die Grube zierten. »Nach dem Melken werden sie in einen anderen Teil der Grube gesetzt. Um zu verhindern, daß dieselbe Schlange zweimal hintereinander gemolken wird, verstehen Sie. Was halten Sie davon, wenn wir jetzt mal nach den Mäusen sehen?«

Ich blieb noch einen Augenblick an der Grube stehen und sah auf die Schlangen hinunter. Des Todes windungsreiche Bataillone, hohe Stiefel und Schutzhandschuhe. Der Unsinn über niedliche Kinderspielplätze. Langsam verstand ich, welche Vorteile Sinclair als Reisebegleiter zu bieten hatte. Er führte einem vor Augen, was geschehen konnte, wenn man die Schlangen in der eigenen Phantasie frei wimmeln ließ. Er war ein lächerlicher Reisebegleiter, und vielleicht fühlte ich mich deshalb zu ihm hingezogen. Niemand konnte mich besser als er ermuntern, mit meiner Angst vor den Schlangen fertigzuwerden, denn er zeigte, was die Angst vor ihnen aus einem machte: einen Witz, einen armen Irren.

Wie erwartet, hatten die Mäuse während unserer Abwesenheit die Nadel bekommen. Sie waren größtenteils lebendig, aber besonders wohl schienen sie sich nicht zu fühlen. In ihrem Kummer drängten sie sich aneinander, als suchte jede das Mitgefühl der anderen. Manche zuckten beunruhigend und hoben dabei fast vom Käfigboden ab. Andere waren reglos, bewegten nur die Schnurrhaare. Aber Boopalan, der die Mäuse durch die Stäbe mit einem Lineal anstieß, um ihren Zustand abschätzen zu können, schien von dem Ergebnis begeistert.

»Großartig«, rief er. »Ausgezeichneter Stoff.«

Eine der Mäuse blickte zu Boopalan hoch, ließ ein letztes Mal die Schnurrhaare wackeln und verschied.

Sechzehn
Amerika V

April 1996

Reverend Jimmy Morrow stand neben seinem in die Jahre gekommenen dunkelroten Wagen vor dem Gerichtsgebäude von Newport in Cocke County, Tennessee – wie er es versprochen hatte – und sah ungefähr so aus, wie ich ihn mir vorgestellt hatte: Mitte vierzig, rotes Gesicht, aber schmal und groß, mit dieser lebhaften Leichenmiene, diesen gesund wirkenden und doch eingefallenen Wangen, die für die Bewohner der Appalachen typisch ist. Er war frisch gebadet und hatte sich für die Kirche ein dunkles Hemd und Freizeithosen angezogen. Er hatte etwas Linkisches an sich, stand gebeugt da, als wollte er sich für seine Größe entschuldigen. Er war offenbar ein schüchterner Mann, begrüßte mich jedoch mit aufrichtiger Herzlichkeit, nahm meine Hand in seine beiden und sah mich mit großzügigem Lächeln an. Er bestand darauf, daß ich meinen Wagen stehen ließ und in seinem mitfuhr. Ein Mitglied seiner Gemeinde räumte den Beifahrersitz für mich und zwängte sich zu den anderen auf die hintere Bank.

Jimmy Morrow hatte den ausgeprägtesten Appalachenakzent, den ich je gehört habe. Um zu verstehen, was er sagte, mußte man sich vollkommen auf die Konsonanten konzentrieren. Die Vokale waren ein einziges näselndes Schwirren, das an altmodische Schießeisen erinnerte, an einen wüsten Schußwechsel zwischen Winchester-Büchsen und Colts. Dieser Jimmy war ein Ein-Mann-Showdown im Wilden Westen. Seine Sätze schossen im Inneren des Wagen umher, prallten vom Dach aufs Armaturenbrett, von den Türen gegen die Kopfstützen. Selbst die Angehörigen von Jimmys eigener Gemeinde duckten sich unwillkürlich unter seinen Worten.

»Sie kommen also direkt aus Georgia?« fragte er.

Alabama, sagte ich. Und das hieß, ich war mehr als vier Stunden gefahren, bloß um an diesem Abend hier zu sein. Irgend etwas hatte mich mit aller Kraft zu einem weiteren Gottesdienst der Schlangenaufheber gelockt. Vielleicht daß ich nun wußte, was ich mich erwartete, und die Schlangenaufheber und ihre Motive deshalb vielleicht besser verstehen würde. Aber im tiefsten Inneren wollte ich wohl einfach noch ein letztes Mal Menschen mit Schlangen hantieren sehen. Es faszinierte mich einfach. Nichts fesselte mich so wie das Schlangenaufheben.

»Alabama?« fragte Jimmy. Scottsboro, erläuterte ich. Da sei ich jetzt eine Zeitlang gewesen.

Jimmy nickte. »Wo sie mit ihren Klapperschlangen solchen Ärger hatten.«

Das hätte man von der Gegend um Newport allerdings genauso sagen können. Cocke County liegt nördlich der hohen Appalachen und direkt an der Grenze zu North Carolina. Im Juli 1991, nur drei Monate vor dem Ärger in der Barbee Lane von Scottsboro, starb fünfzehn Meilen nördlich von Newport ein Mann namens Jimmy Ray Williams am Biß einer Klapperschlange. Sein Vater, Jimmy Ray Senior, und Buford Pack, die beide regelmäßig mit Schlangen hantierten, waren schon 1973 ebenfalls ein paar Meilen außerhalb von Newport, in der Holiness Church of God in Jesus Name von Carson Springs gestorben – nachdem sie Strychnin getrunken hatten. Charles Prince, ein charismatischer Prediger, der schon als kleiner Junge Klapperschlangen unter seinem Bett hatte, war 1985 in Greeneville, ungefähr zwanzig Meilen nordöstlich von Newport, am Biß einer Waldklapperschlange gestorben. Es hieß, nach dem Biß habe Charley einfach weitergemacht. Er hatte sogar noch Strychnin getrunken. Und zwei Wochen davor war ein Sheriff aus North Carolina gebissen worden, als er bei einem Gottesdienst unter freiem Himmel, den die Polizei als ungesetzlich ansah, versuchte, Prince seine Schlangen wegzunehmen. Und der nächste Ort im Osten war Parrotsville, da hatte Melissa Brown gewohnt, die erst im vorigen Jahr in Middlesboro, Kentucky, am Biß einer Klapperschlange gestorben war.

Aber Newport hatte mit Scottsboro mehr gemeinsam als den Ruf, den die Schlangenaufheber dem Ort verschafften. Hier herrschte die gleiche Atmosphäre von unaufhaltsamem Verfall. Das gleiche wuchtige alte Gerichtsgebäude, das wie ein Fremdkörper im Zentrum eines Städtchens lag, aus dem sich die meisten Geschäfte, die Motels, die Einzelhändler und die Restaurants längst verabschiedet hatten, um an den Durchgangsstraßen und in den neuen Einkaufszentren, wo sie reichlich Platz und Parkplatz fanden, in besserer Lage bessere Geschäfte zu machen. Zurückgelassen hatten sie dunkle Backsteinhäuser aus der Zeit der Jahrhundertwende, stattliche Gebäude mit vernagelten Türen und Fenstern, deren Mauern inzwischen von einem Flickenteppich aus Anschlagzetteln und Graffitis, die sich keiner merken konnte, bedeckt waren. Von den billigen Mieten gelockt, hatten optimistische Seelen einige dieser Gebäude in gemütliche Cafés im Stil der guten alten Zeit verwandelt, wie man sie in den historischen Vierteln von Chattanooga oder Asheville fand, mit Schokoladen-Brownies auf Kuchenständern und angeschlagenem Prozellan wie bei Muttern und Handzetteln mit Veranstaltungshinweisen, Postkarten von der Eisenbahnstrecke und ein paar Nummern der örtlichen Zeitung, des *Newport Plain Talk*, ungefähr das einzige Unternehmen, das dem Zentrum des Ortes die Treue gehalten hatte.

Auch Jimmys Kirche lag außerhalb, aber diese Kirchen hatten schon immer außerhalb gelegen. Die Holiness-Bewegung hatte ihre Ursprünge auf dem Land, dort, wo es am abgelegensten ist. So wie die Welt heutzutage beschaffen war, mußten die Anhänger der Bewegung vielleicht in den Städten arbeiten, denn nur in Städten konnte man auf eine Stelle hoffen. Vielleicht mußten sie dort sogar wohnen, aber beten und Andacht halten – das taten sie im Wald, wie sie es immer getan hatten. Bei unserer Fahrt ging es also nicht nur ums Ankommen; diese Fahrt schuf zugleich auch

Distanz zwischen den Angehörigen von Jimmys Gemeinde und dem, was sie abschätzig »die Welt« nannten. Dieser »Welt« begegnete man in der Stadt, in den Bars und den Kinos, in den Häusern anderer Männer, deren Frauen ganz genau wußten, wieviel Zeit noch blieb, bis der Ehemann wieder nach Hause kam.

Newport hatte immer als weltzugewandt gegolten. Schon zu Beginn des 19. Jahrhunderts hatte ein Reisender namens Henry Ker geschrieben, dieser Ort sei »der freizügigste im Staate Tennessee, mit ungefähr zwanzig Häusern, die der Faul- und Trägheit sowie dem Lotterleben frönen«. Aus Cocke County kam in jenen Tagen mehr schwarzgebrannter Brandy als aus jeder anderen Gegend.

Und das war der Punkt. Es ging nicht um einen Ausflug, sondern um die Rückkehr zu Frömmigkeit und Holiness. Der alte, dunkelrote Wagen, der erst nach Osten und dann nach Süden rollte, brachte uns zu christlicher Lauterkeit zurück. Und sobald wir das Stadtgebiet von Newport hinter uns hatten, kam die Landschaft dieser Vorstellung selbstverständlich auch sofort entgegen. In der Abendsonne eines Frühjahrssonntags atmete das Tal des Pigeon River ländliche Unschuld. Viehweiden zogen sich bis ans Ufer des Flusses; braune Kühe ohne Beine schwebten im aufsteigenden Nebel; rote Scheunen erinnerten an weißhaarige, gutmütige Großväter in verschossenen blauen Overalls. Ich sah aus dem Fenster zu den Buchen und Birken hinauf, die die Straße beschirmten. Die jungen, durchschimmernden Blätter warfen sanfte Schatten, die über den Wagen glitten und hinter uns die Straße sprenkelten.

»Schön, wie?« übertönte Jimmy Morrow das Rasseln seines Motors.

Jimmy war seit acht Jahren Seelsorger bei den Holiness-Leuten. Seine erste Kirche hatte in Del-Rio gestanden, wo seine Familie wohnte, am French Broad River östlich der Stadt, wo es in die Ausläufer des Gebirges hinaufging. 1993 hatten die Gemeindemitglieder im Süden von Newport selbst eine neue Kirche gebaut, diesmal im Tal des Pigeon River. Sie hatten sich einen Ort namens Edwina ausgesucht. *Edwaina*, wie sie ihn aussprachen, war eine Ansammlung von Hütten und Holzhäusern mitten im Wald. Mehr war von der Ortschaft nicht übriggeblieben, die früher mal eine Station der Tennessee and North Carolina Railroad gewesen war.

»Wir haben die Kirche mit eigenen Händen gebaut, ich und ein paar andere Mitglieder«, erklärte Jimmy. »Wir wollten es einsam haben, abseits der Straße, wie wir es immer hatten.«

Die anderen Leute in Edwina, von denen viele nur zeitweise hier wohnten, hauptsächlich Jäger, waren von der Idee nicht begeistert gewesen. Der Bau der Kirche im Jahre 1993 hatte einigen Gemeindemitgliedern ziemlich finstere Drohungen beschert. Eines Nachmittags war Jimmy sogar zusammengeschlagen worden.

»Da draußen gibt's Leute, die können uns Schlangenaufheber nicht leiden. Die halten uns für verrückt, für Holy Rollers oder so was.« Er sagte das ohne Groll; Jimmy war daran gewöhnt, daß die Leute ihn und seinesgleichen für barfüßige Hinterwäldler hielten, die im 20. Jahrhundert nichts verloren hatten. Er wußte auch genau, was sie alles angestellt hatten: Luft aus den Reifen lassen und so weiter – bis zu jenem Nachmittag 1993, als zum erstenmal handfeste Gewalt ins Spiel kam.

»Wenn diese Leute ihre Bibel studieren würden, dann wüßten sie, daß Schlangenaufheben direkt ein Gebot von Jesus Christus ist«, war alles, was Jimmy dazu sagte. »Wir befolgen nur das Wort der Heiligen Schrift, weiter nichts.«

Wir bogen von der Asphaltstraße in einen Forstweg ein, der sich in den Wald schlängelte. Zwischen Kiefern, Birken und Ulmen, die das späte Sonnenlicht in schräge Streifen schnitten, tauchten die wenigen Häuser von Edwina auf. Jimmys Kirche lag am Ende des Weges, dahinter nichts als Wald. Ein einfacher grauer Holzbau, fünfzehn Meter lang, mit einem Wellblechdach und hohen Fenstern. An der Vorderseite führten Stufen zu einer hölzernen Flügeltür hinauf. Links neben der Tür konnte man auf einem kunstvoll gemalten Schild lesen: »The Church of God in Jesus Christ's Name«. Das Schild stand auf einem mosaikverzierten Sockel. Drinnen waren die Wände mit Spanplatten verkleidet. Sechs Reihen grau gestrichener Kirchenbänke, dahinter ein Podium mit einem hölzernen Altar in der Mitte, auf dem ein kleines Holzkreuz stand.

Bald war Jimmys Gemeinde versammelt. Zwölf Erwachsene und ein paar Kinder – aber der Gitarrist hatte es immerhin geschafft. Und jemand hatte die Becken mitgebracht.

»In der besten Zeit«, erzählte mir Jimmy, »hatten wir vierzig regelmäßige Mitglieder. Jetzt kommen regelmäßig vielleicht zwanzig, außer wenn sie arbeiten müssen und eben nicht können.« Jimmy dachte einen Augenblick über ihr Fehlen nach, bevor ihm die Entschuldigung akzeptabel erschien.

»Ein Mann muß arbeiten, um zu leben, oder?« meinte er und kam auf diese Weise darüber hinweg.

Die Versammelten begannen zu singen. Würdig, laut, sogar kraftvoll, aber ihre Zahl reichte nicht aus, eine Atmosphäre wie bei Carl Porters Leuten in Georgia zu erzeugen. Die Balken bogen sich nicht in Edwina, nicht wie in Kingston, wo sogar die vorbeirauschenden Lastwagenfahrer von der Kakophonie aufgeschreckt worden waren. Hier summten sie eher in einer beruhigenden, gemeinschaftlichen Vertrautheit, die mir plötzlich sogar anziehend erschien. Ich hatte mir die Schlangenaufheber immer als Freaks, als Verrückte vorgestellt, die ich mit Neugier, mit leichtem Abscheu und vor allem mit einem gehörigen Abstand beobachtete, als ginge mich ihr Leben nichts an. Doch die Stimmung in der Kirche war ansteckend und einladend; ich würde ja nun nicht lange hier sein, schien sie mir zu sagen, aber solange ich da war, konnte ich genausogut mitsingen. Und das tat ich dann auch, wo ich konnte. Ich glaube, bei »Amazing Grace« kam ich ganz gut zurecht.

Nach dem Singen bereitete sich Jimmy auf die Predigt vor. Eine Zeitlang starrte er nur geistesabwesend vor sich hin, schlenderte um den Altar, betastete seine Taschen, als hätte er irgend etwas verlegt, und sagte nichts. Aber sobald er loslegte, war er auch gleich in Schwung. Der Rhythmus seiner Worte kam mir sofort vertraut vor; ich kannte ihn – allerdings mit einem völlig anderen Wortschatz. Jimmy redete, wie Auktionatoren reden. Das gleiche schnelle Wörtergerassel, in dem nur Floskeln überlebten; die gleichen Atempausen, in denen Jimmy jedesmal seinen seltsamsten Tick unterbrachte – ein aufsteigendes *whuuup!*, das klang, als würde er im nächsten Augenblick die Kontrolle über sich verlieren, gefolgt von einem beruhigenden, selig hingeschnurrten *Halleluja!*

»Ihr wißt, die Bibel sagt, niemand wird ohne Frömmigkeit Gott erblicken«, sagte Jimmy, »denn wir leben in einer sündigen Welt … Und ihr wißt, die Bibel sagt, es gibt eine andere Welt … Die Bibel sagt auch, er hieß sie, hinauszugehen und das Evangelium zu verkünden, und ich sage euch, Kinder, *whuuup*! Halleluja! nachdem er von den Toten auferstanden war, sprach er zu seinen Jüngern, geht hinaus in alle Welt, und dies würden die Zeichen sein, die ihnen folgen … und *whuuup*! Halleluja! ihr wißt, in der Bibel heißt es, Himmel und Erde werden vergehen … und im zweiten Brief an Timotheus 3 sagt der Apostel Paulus, in den letzten Tagen werden greuliche Zeiten anbrechen, und genau das haben wir heute, *whuuup*! Halleluja!« Es war ein bemerkenswertes Glaubensbekenntnis, aber eben doch nicht mehr als eine Litanei von Jimmys Lieblingsstellen aus der Bibel, als wollte er sagen, so vermessen sei er nicht, die Worte des Herrn nachzubessern.

Während er so sprach, öffnete er in aller Ruhe den Holzkasten auf dem Altar und nahm die beiden jungen Klapperschlangen heraus, die darin lagen, die einzigen Schlangen an diesem Abend. Er wirkte nachdenklich, als er die wie Herbstlaub gemusterten Schlangen zu einem lockeren Zopf flocht und sie in die schräg einfallende Abendsonne über dem Altar hielt, eine Darbringung ohne Theater und Getue. Als Jimmy die Schlangen an die wenigen Männer, die nach vorn gekommen waren, weitergab, schien er zugleich auch die Gabe seiner Zuversicht an sie weiterzugeben, als vollzöge sich in der kleinen Kirche eine magische Kommunion, ein intimer Akt, der auch mich einbezog, und für einen Moment wollte auch ich vortreten.

Später erhob sich ein junger Mann mit streng gebürstetem Haar, um Zeugnis abzulegen. Er berichtete, wie ihn einst bei einem Holiness-Gottesdienst ähnlich dem heutigen der Geist der Frömmigkeit beeindruckt habe. Am Ende jenes Gottesdienstes habe er nur gewußt, daß er diese gleiche Sicherheit gewinnen wolle.

»Ich betete«, sagte er, »und ich fastete. Ich sprach zu Gott und sagte ›Herr, was muß ich tun, wie muß ich sein, um wie diese Leute zu werden? Wenn ich doch einmal das spüren könnte, was sie spüren, Herr, das wäre schön.‹ Bruder Jimmy, du weißt es, ich legte mich eines Abend hin und lag da und war müde, und ich weiß noch, wie eine Stimme zu mir sprach, Bruder, und es war nicht die Stimme des Geistes, sondern sie sprach zu mir, wie ein Mann sprechen würde. Und die Stimme sagte: ›Wenn deine Zeit gekommen ist, dann wirst du es spüren.‹

Bruder, nie im Leben habe ich etwas gefühlt, bei dem ich mich so gut fühlte. Es überkam mich von oben bis unten, und ich begann zu schmelzen und zerfloß in diesem Bett und überhaupt. Als ich am nächsten Morgen wieder zu mir kam, sprang ich aus dem Bett und sagte: ›Herr, ich bin eingeschlafen, als du mit mir gesprochen hast.‹ Aber die Stimme, die mir antwortete, war der Teufel, und der Teufel sagte: ›Es war nicht der Herr, der zu dir gesprochen hat, das hast du alles nur geträumt. Der Herr kann dir dieses Gefühl nicht geben.‹ Ich dachte darüber nach und sagte: ›Teufel, wenn ich das nur geträumt habe, dann müßte ich mir das Gefühl im Traum doch auch zurückholen können‹, und ich versuchte die ganze Woche lang, dieses Gefühl ohne die Hilfe des Herrn zu erreichen. Aber dieses Gefühl ging nicht von mir aus, es kam vom Himmel, und ich konnte es allein nicht erreichen. Ich konnte es nur vom Herrn bekommen. Und ich danke Gott, daß ihr mir an einem Sonnentag ein paar Schlangen gezeigt habt, denn da kam dieses Gefühl in mir wieder auf, und das gleiche Gefühl hatte ich eben, als wir die Schlangen genommen haben.

Und Bruder Jimmy, ich stehe hier und sage dir, daß man alles dafür tut, in seinem Leben dieses Gefühl zu spüren. Man fastet, man hungert sich zu Tode, man verläßt sein Haus, man schläft im Wald, man rührt keine Speise an, bis man dieses Gefühl wieder gefunden hat. Wenn man dieses Gefühl einmal empfunden hat, dann zählt für einen nichts anderes mehr.«

Und Bruder Jimmy lächelte dem jungen Mann zu, als wisse er das alles nur zu gut.

Nach dem Gottesdienst schloß Jimmy die Kirche ab, packte die Schlangenkiste in den Kofferraum seines Wagens und fuhr uns in die Stadt zurück. Unterwegs fragte ich ihn, woher er die Gewißheit nehme, daß das Ende nahe sei. Ich hatte andere Mitglieder von Holiness-Gemeinden, zum Beispiel Patricia Hale in Georgia, das gleiche sagen hören.

»Na ja, wir leben in einer Zeit, in der alles zusammenbricht. Bei Matthäus 24 steht, daß in den letzten Tagen falsche Propheten auftreten, daß Hungersnöte und Erdbeben kommen und daß sich all dies auf dem Antlitz der Erde ereignet. Wir hätten doch nie geglaubt, daß es Terroranschläge geben könnte, nicht wahr, wie in Oklahoma, wo sie dieses Gebäude der Bundesregierung in die Luft gejagt haben. Wir hätten doch nie geglaubt, daß Babys im Leib ihrer Mütter ermordet würden, wie es die Abtreiber tun. Überall gibt es Zeichen, daß dies die letzten Tage sind.«

Ich spürte, wie sich Traurigkeit im Wagen breit machte. Die Gewißheit, mit der Jimmy an die bevorstehende Apokalypse glaubte, war anscheinend in eine allgemeine Bekümmerung umgeschlagen, als würde es kaum noch Augenblicke wie diesen geben – in einer warmen Frühlingsnacht durch die Ausläufer der Appalachen fahren, während das Mondlicht auf dem Pigeon River glitzert und aus den Flußwiesen der Chor der Frösche ertönt. Doch als ich mich umdrehte, sah ich, daß ich die Stimmung falsch gedeutet hatte. Zwei Gemeindemitglieder waren eingeschlafen, die beiden anderen schauten aus den Fenstern. Alle vier lächelten zufrieden, und mir wurde klar: Für sie war das Ende der Welt bloß der Anfang. Die Heimrufung.

*

Glenn behielt recht, was die Schlange anging. Diesmal mußte sie zum Beißen nicht ermuntert werden.

Binnen weniger Minuten ging es Darlene sehr schlecht. Nur mit großer Mühe gelang es ihr noch, ihre Lungen zu füllen, als hätte der Ateminstinkt sie verlassen. Ihr ganzer Körper brannte. Seit vierundzwanzig Stunden fühlte sie sich seltsam, aber nicht so wie jetzt, ein bestürzendes Gefühl von jähem Schmerz, der in der Hand begann und in wirrem Flattern den Arm hochwanderte, ein Hin und Her zwischen Heiß und Kalt, als würden unter ihrer Haut immer wieder Streichhölzer angezündet.

Auf seine sonderbare Art war Glenn wieder fürsorglich geworden. Er führte sie zum Haus zurück und bettete sie auf die Couch. Er brachte ihr sogar das Glas Wasser, um das sie gebettelt hatte. Sie gab es gleich wieder von sich. Das Erbrochene ergoß sich über der Couch und bildete auf dem Boden eine Pfütze. Glenn verschwand, murmelte etwas von Eimer und Wischlappen, kam aber wenig später mit leeren Händen zurück. Er lehnte in der Tür. Nachdenklich.

»Also, wenn du versuchst, dich umzubringen«, sagte er und hob einen schlauen Finger, »was willst du dann mit einem Eimer?«

Obwohl Darlene schwarz vor den Augen wurde, fiel ihr auf, daß Glenn irgendwas falsch verstanden hatte, und sie fragte sich, wie er auf die Idee mit dem Selbstmord gekommen war. Als nächstes hörte sie, daß Glenns Stimme sie wie durch eine dicke Wand fragte, ob sie ins Krankenhaus wolle. Anscheinend hatte sie vergessen, daß sie das schon einmal gehört hatte. Daß er ihr schon am Morgen versprochen hatte, sie ins Krankenhaus zu bringen.

Sie wollte nur eines: daß der Schmerz aufhörte. Und im Krankenhaus würden sie das hinbekommen. Also nahm sie ihre ganze Kraft zusammen und nickte.

»Gut, Darlene, dann mußt du mir nur diese Zettel hier schreiben«, sagte Glenn. Er setzte sie aufrecht hin und schob ihr einen Stift und Papier hin.

»Was soll ich damit?« fragte Darlene. Noch nie hatte er verlangt, daß sie etwas aufschreiben sollte. In ihrem Kopf drehte sich alles.

»Du brauchst nur aufzuschreiben, was ich dir sage, Darlene. Dann kommst du ins Krankenhaus.« Also schrieb Darlene. Besonders leserlich war es nicht, aber sie schrieb einfach hin, was Glenn sagte – und weil der betrunken war, klappte es auch bei ihm nicht richtig. »Marty«, schrieb sie, »Marty, ich liebe dich. Tu, was Daddy sagt. Gib nicht Daddy die Schuld, der liebt mich und versucht mir zu helfen. Daddy schläft, und er weiß nicht, was ich tue. Ich will keine Hilfe, und du und Daddy laßt es euch gut gehen, okay?«

»Ist das okay?« stammelte Darlene. Glenn las.

»Das ist okay. Und jetzt schreibst du mir noch einen.«

Darlene schrieb. Sie tat einfach, was von ihr verlangt wurde. Vielleicht hörte dann die Übelkeit auf. Erst später verstand sie, daß sie ihre Abschiedsbriefe geschrieben hatte. Glenn glaubte anscheinend, mit Kleopatra, die sich von einer Schlange hatte umbringen lassen, mit Darlene, die als Schlangenaufheberin bekannt war, und mit diesen Zetteln hätte er alles, was er zu einer soliden Verteidigung brauchte. Als Darlene mit dem Schreiben endlich fertig war, nahm Glenn ihr auch den zweiten Zettel weg, nickte, legte sich dann auf die Couch gegenüber und sagte, sie solle sich nicht rühren. Sonst würde er ihr das Gehirn wegpusten. Er war fertig; er glaubte, das wären die letzten Worte gewesen, die er je zu ihr sagen würde. Er schob die Pistole unter das Kopfkissen, schloß die Augen und wollte schlafen.

»Aber du hast gesagt, du bringst mich ins Krankenhaus.« Glenn antwortete nicht. Der Alkohol knüppelte ihn in den Schlaf. Darlene geriet in Panik. Plötzlich kam ihr die längst überfällige Ahnung, daß sie am Sterben war. Sie schrie Glenn an, aber der runzelte nur die Stirn wegen des Lärms. Dann entspannte sich sein Gesicht wieder, er atmete gleichmäßig und fing an zu schnarchen, und Darlene wurde mit einemmal klar, daß er damit rechnete, sie tot zu finden, wenn er wieder aufwachte. Möglich, daß er dann einen Kater hatte, aber sie würde jedenfalls aus seinem Leben verschwunden sein. Er hatte sie zweimal beißen lassen, er hatte sie zweimal wegen des Krankenhauses angelogen und hatte so und so oft gedroht, ihr das Hirn wegzupusten. Dann hatte er sich hingelegt und hatte ihr mit einem letzten Stirnrunzeln gezeigt, was er von ihr hielt; er hatte sie für immer verlassen, besudelt mit Erbrochenem, unter den schlimmsten Schmerzen wimmernd, die sie je gelitten hatte.

Darlene überkam eine Wut wie noch nie. Plötzlich war sie entschlossen, um jeden Preis dafür zu sorgen, daß, wenn Glenn am nächsten Morgen aufwachte, der Kater nicht sein einziges Problem wäre. Glenn würde seine Leiche nicht bekommen. Er würde auch sein neues kleines Mädchen, wer immer die Nutte war, nicht bekommen, sondern statt dessen jede Menge Ärger. Darlene wollte nicht sterben. Sie wollte ihr jämmerliches Leben nicht hinter sich bringen. Und in diesem Augenblick begann sie, um dieses Leben zu kämpfen. Aber niemand konnte ihr dabei helfen. Sie mußte alles allein machen. Der Durst war schrecklich. Schon die Vorstellung, sich bewegen zu müssen, erschöpfte sie. Sie konnte nicht mehr richtig sehen. Es kam ihr vor, als stünde das Zimmer voller Wasser. Die Möbel schwammen. Sie rutschte von der Couch und kroch Richtung Küche. Sie wimmerte wegen der Schmerzen in den Armen, aber sie verkniff sich das Schreien. Jetzt kam es darauf an, den Mann, den sie eben noch unbedingt hatte aufwecken wollen, nicht zu stören, und sie verbiß sich den Schmerz.

Dann entdeckte sie das Telefon. Es stand auf dem Tisch, wie

sonst nie. Ihr fiel ein, daß Glenn den Stecker aus der Wand gezogen hatte. Er wollte nicht gestört werden. Darlene schleifte das Telefon in die Küche. In ihrem Kopf drehte sich alles, Wogen von Ohnmacht überrollten sie, so daß ihr nichts übrigblieb, als sich an das bißchen Bewußtsein, das ihr geblieben war, zu klammern und zu warten, bis jede Welle sich überschlagen hatte und ausgelaufen war. In den kurzen klaren Augenblicken horchte sie auf Glenns Schnarchen und machte sich daran, das Telefon wieder einzustöpseln. Ihr fiel ein, wo die Telefonsteckdose sein mußte. Als der Stecker schließlich wieder saß, packte sie den Hörer und hörte das Freizeichen. Auf die Nummer ihrer Schwester konnte sie sich besinnen. Die hatte sie oft genug angerufen. Schwierig war es nur, die richtigen Tasten zu treffen. Aber die Stimme, die sich nach ein paarmal Klingeln meldete, gehörte Debbie.

»Ja, und?« fragte Debbie. In ihrer Stimme schwang die späte Stunde mit.

»Hör zu, Debbie«, flüsterte Darlene. »Hör einfach zu. Glenn hat mich von zwei Schlangen beißen lassen. Er versucht mich umzubringen. Ich brauche einen Krankenwagen. Ich muß ins Krankenhaus, schnell. Er schläft jetzt, aber er hat die Pistole. Sag ihnen, ich warte an der Straße auf den Krankenwagen. Vor dem Haus von den Chambliss. Sag ihnen, sie sollen leise sein. Keine Fragen. Jetzt nicht. Mach schnell, Debbie.«

Sie legte auf. Sie würgte. Dann kroch sie auf allen Vieren zur Hintertür. Die Tür schwamm davon, dann kam sie langsam zurück. Darlene griff nach oben und fand die Klinke.

⋆

Ich hatte den Rückflug von Atlanta für den nächsten Abend gebucht. Weil der Morgen so schön war, kam mir die Idee, den Tag über auf den Nebenstraßen herumzukurven. Wenn die Zeit knapp wurde, konnte ich jederzeit bei Chattanooga auf den Interstate 75 fahren und nach Süden flitzen.

Also verließ ich Newport in Richtung Westen. Der jadegrüne Wall der Appalachen begleitete mich im Süden, während ich durch bewaldete Senken und Farmland fuhr. Auf den Feldern waren Traktoren unterwegs, im Radio spielte Country Music, und die Schilder am Straßenrand, aus denen die Buchstaben verbluteten, gaben mir immer neue Rätsel auf.

Irgendwo bei Sevierville veränderte sich das Bild. Zum einen hieß die Straße, auf der ich fuhr, plötzlich »Dolly Parton Parkway«. Landstraßen wie diese wurden normalerweise nicht nach Leuten wie Dolly Parton benannt, sondern hießen Carson Springs oder Stoney Fork, Grasshopper, Deep Creek oder Pigeon Valley. Und dann die Reklametafeln, zuerst vereinzelt, doch bald in dichten Haufen. Ich hatte die alten Schilder hinter mir gelassen, die, nachdem man sie entziffert hatte, eine Wagenreparatur, Fischköder, Brennholz, Patronen oder frisches Gemüse anboten. Statt dessen wurde ich nun nach Dollywood eingeladen, in die Entertainment-Kapitale in den Smokey Mountains: Carbo's Police Museum, bekannt aus der David Letterman Show, und Pop's Catfish Shack – plötzlich stolperte ich in das moderne Amerika.

Der Grund für diesen ganzen Unfug war das nahegelegene Städtchen Pigeon Forge, wo, wie sich herausstellte, Dolly Parton geboren und aufgewachsen war. Nach und nach war »Dolly's Tennessee Mountain Home« zu einem Touristenzentrum mit einer blühenden Musikszene geworden. Ich hätte in Pigeon Forge das Louise Mandrell Theater besuchen können (»Die Musik wird Sie bezaubern ... die Magie wird Sie verzaubern ... der Augenblick wird Sie berühren ...«). Ich hätte auch beim Dixie Stampede Halt machen können (»wilde Pferde, schöne Frauen, zähe Helden«). Ich hätte Ogle's Water Park oder dem Elvis Museum (»seine letzte Limousine und vieles mehr«) oder dem Smokey Mountain Car Museum einen Besuch abstatten können. Aber den Ausschlag gab dann ein Schild, auf dem zu lesen stand: »Bible Factory Outlet. Tausende Bibeln zum halben Preis.«

Der Verkehr war zum Stau geworden, als ich schließlich den

mehrere Meilen langen »Strip« der Stadt erreicht hatte: Banken, Kapellchen, Billigrestaurants, Immobilienmakler, Ausstellungsräume, Burger Kings und Taco Bells, Grills, Boutiquen, Factory Outlets und Helikopterflüge in die Berge (vielleicht um den zweitausend Meilen langen Wanderweg, den Appalachian Trail, in Augenschein zu nehmen, der oberhalb der Stadt vorbeiführte). Die Schilder, die zu den ermäßigten Bibeln führten, ließen mich nicht im Stich. An der zweiten Ampel bog ich, wie es angezeigt war, links ab und fuhr dann auf einen großen Parkplatz. Ich hielt neben einem Schild, dem ich entnehmen konnte, daß ich den Wettbewerb »Das Baby mit dem niedlichsten Gesicht von Pigeon Forge« um ein paar Wochen verpaßt hatte, und freute mich über mein geglücktes Timing. Ein flacher Betonbau mit mehreren Läden umschloß den Parkplatz. An einem der Geschäfte stand in blauer Schrift *Bible Factory Outlet.* Ich trat ein.

Was die Bibeln anging, hatten sie recht. Man bekam sie hier in jeder gewünschten Form. Die Neue Internationale Version gab es sogar auf Audiocassetten, achtundvierzig an der Zahl, für nur 89,99$. Es gab auch Trinkbecher und Postkarten mit Bibelsprüchen. Es gab Devotionalien, darunter Engelchen – »die Sie und Ihre Lieben im Schlaf beschützen«. Es gab Halsketten mit Kruzifixen, Ringe und Armbänder mit eingravierten christlichen Botschaften. Und es gab T-Shirts; eines zeigte einen Hell's Angel auf einer Harley, darunter der Satz: »Sieh doch mal, woran du vorbeigefahren bist.« Und im Rückspiegel des Motorrads: ein Kalvarienberg mit Jesus am Kreuz über den Worten »Objekte im Spiegel sind näher, als man glaubt«. Es gab auch Wandkarten zur biblischen Geschichte im Vorderen Orient. »Faszinierende Fakten«, verhieß eine Karte. »Vielleicht ist Noahs Arche in der Türkei gelandet. Daniel war Kriegsgefangener im Irak.«

Ich verließ die Stadt, ohne mich noch lange aufzuhalten. Weder beim Patriot Park (»Sehen Sie eine echte Patriot-Rakete«) noch bei der Mountain Valley Chapel (»Heiraten auf dem Berg! ... kein Bluttest, keine Wartezeit«) und nicht mal bei einer Runde Golf im Bunny Land Mini Golf (»Spielen Sie Mini-Golf mit lebenden Bunnys«). Schon bald bestand Pigeon Forge für mich nur noch aus einem verschwommenen Fleck im Rückspiegel und ein paar letzten Schildern vor mir, die sich auf meinen nächsten Besuch freuten. Und als ich die Straße nach Maryville erreichte, die schließlich in den Interstate Highway 75 Richtung Süden mündete, fragte ich mich, wer in dieser Gegend nun eigentlich die wirklichen Verrückten waren.

Siebzehn
Australien V

Taipane sind in der Umgebung von Marreba häufig.
Cairns Post, 5. September 1991.

Oktober 1996

»Soll ich Ihnen zeigen, wo es passiert ist?« schlug Clive Brady vor.

Wir saßen im vorderen Zimmer von Bradys Haus, einem einfachen Bungalow an der Middlemiss Street in Mareeba. Die Straße hatte etwas von einem Rentnerparadies. Die Flamboyants standen in regelmäßigen Abständen, und die schweren Schoten hingen daran wie braungebrannte Neumonde. Die Sträucher in den gepflegten Vorgärten protzten mit Farben und Formen und wirkten auf ihre tropische Art irgendwie außerirdisch. Überall roch es nach frischgemähtem Gras, und auf den Plexiglasdächern, unter denen die Autos, wie es sich gehörte, auf ihren Stellplätzen standen, blitzte die Sonne.

Clive hatte sich auf den Tropensommer eingestellt: Plastiksandalen, ausgebleichte Badehose, nackter Oberkörper. Er war herzlich, wie ein freundlicher Nachbar, aber seine Augen kniff er wachsam zusammen, und seine Haartracht trug das Ihre dazu bei, daß er eben doch wie ein Eisenbahnräuber aussah. Die Reste seines ergrauenden Haars waren kurz geschoren. Die Haut am Hals hatte die Sonne in Schildkrötenfalten gelegt. Fast alle neunundsechzig Jahre seines Lebens hatte Clive in Mareeba verbracht.

Vor ziemlich genau fünf Jahren war es passiert. Zwei Wochen vor seinem fünfundsechzigsten Geburtstag, zwei Jahre bevor er bei der Eisenbahn aufhörte, wo er seit seinem vierzehnten Lebensjahr gearbeitet hatte, und – auch wenn er das nicht wissen konnte – einen Monat, bevor Darlene Collins in Alabama gebissen wurde. Ich fragte mich, mit welchen Gefühlen er an die Stelle zurückkehren würde. Ehrlich gesagt, ich war auch selbst ein bißchen nervös.

»In der ersten Zeit fühlte ich mich nicht besonders«, räumte Clive ein. »Ich war mit den Nerven fertig. Bei jeder Kleinigkeit ging ich hoch. Nachdem es passiert war, bin ich mindestens einen Monat nicht mehr zum Fluß gegangen. Jetzt gehe ich natürlich wieder ins Wasser, zur Abkühlung. Ich halte die Augen offen, klar, nicht wie damals – einfach drauf los. Und von den Kürbissen lasse ich seitdem die Finger.«

Wir traten hinaus in die Sonne, und Clive ging mit mir das letzte Stück der abschüssigen Middlemiss Street hinunter. Die Straße endete in einem Wendekreis – dahinter nur noch staubige Eukalyptusbäume, in denen sich gelegentlich Schwärme aufgeregter gelber Loris tummelten, und, mit Händen zu greifen, der Eindruck von Wildnis. Hier, wo Mareeba endete, bog ein Weg nach links ab und führte hinunter zum Barron River.

Als Kutschstation auf dem Weg von Port Douglas landeinwärts zu den Zinnminen bei Herberton war Mareeba Ende des 19. Jahrhunderts gegründet worden. Die Aborigines nannten den Ort »Treffpunkt der Wasser«, denn hier mündet der Emerald Creek in den Barron River, der dann nördlich von Cairns ins Meer fließt. Die Stadt war als rechtwinkliges Netz angelegt, das allerdings an seinem östlichen Ende ausfranste, wo die Middlemiss und ein paar Parallelstraßen auf die Windungen des Barron zuliefen. Diese Straßen führten bis dicht an das Flußufer, als wollten sie sich die Aussicht auf Schatten und Wasserkühle nicht entgehen lassen. Und aus dem gleichen Grund kam Clive Brady seit mehr als sechzig Jahren immer wieder dorthin, zuerst nach der Schule, später dann, wenn auf dem Rangierbahnhof Mittagspause war. Er kannte den Weg, den wir nun entlanggingen, so gut wie jeder andere.

Clive hatte sich um die Güterzüge gekümmert, die all die Jahre hier durchgekommen waren – vor allem mit Vieh, aber auch mit Tabak und Korn –, und war dadurch fit geblieben. Er hatte in seinem Leben mehr Waggons an- und abgekoppelt, als ihm lieb war. Das dauernde Abspringen von den Wagen hatte ihm schließlich ein Knie kaputtgemacht. Lahm war es geworden. Und trotzdem war ihm an jenem Tag, das hatten die Ärzte gesagt, seine Fitness zustatten gekommen. Hatte ihm wahrscheinlich das Leben gerettet.

Clive war an der Middlemiss Street geboren, 1927, im Haus nebenan. Die Bradys hatten von Anfang an hier gewohnt. Nach ihnen war sogar ein Stadtpark in der Nähe benannt. Bei Leuten wie Clive wurde einem klar, daß die Gründung von Mareeba nicht lange zurücklag; die Generation vor ihm hatte noch zugesehen, wie ihre Väter die Stadt aus dem Busch hackten. Dann hatten sie alle Straßen und Parks der Stadt nach sich benannt. Und die Nachfahren hatten noch nicht die Zeit gehabt, sich zu zerstreuen. Im Telefonbuch von Mareeba gab es sieben Einträge mit dem Namen Hastie – Hastie war, wie ich herausfand, der Bauunternehmer, der einige der ersten Straßen gebaut hatte –, und zwei dieser Hasties wohnten noch heute stilvoll auf der Hastie Street. Es gab eine Courtney Street (der erste Stationsvorsteher der Stadt), eine Rankin Street (der städtische Landvermesser) und eine Pares Street (der Auktionator), jeweils mit passenden Nachfahren. Middlemiss war der Metzger des Ortes gewesen; zwei Familien dieses Namens lebten noch heute in Mareeba. Die Constance Street und die Hort Street leiteten sich offenbar vom Vor- und Nachnamen derselben Frau her, vielleicht ein Indiz dafür, daß sie für die Stadt besonders wichtig gewesen war. Daß es keine lebenden Horts mehr gab, brachte mich auf die Idee, Constance Hort sei vielleicht ein altes, unverheiratetes Fräulein gewesen – ein bißchen hochmütig, ein bißchen exzentrisch, die Letzte ihres Stammes.

Mareeba hatte sich anscheinend zu einer merkwürdig schizophrenen Stadt gemausert – einerseits »wildes Grenzland«, andererseits »gemütliche Provinz« –, und ihre Bewohner hatten sich in diesem Zwiespalt nicht entscheiden können, ob sie lieber die

Kneipen demolieren oder Wohltätigkeitsabende veranstalten sollten, ob sie bei dem berühmten alljährlichen Rodeo *Yee-hah!* oder auf einer eleganten Veranda *Drei Pik* rufen sollten. Die im örtlichen *Tablelands Advertiser* angezeigten Silber- und Gold-Claims mochten manchem zu Kopf gestiegen sein und einen Goldrausch wie am Klondike ausgelöst haben. Da wurde dann nicht mehr lange gefackelt. Man beschaffte sich eine Spitzhacke und ausreichend Bier und zog los, zu den ausgetrockneten Bachläufen. Eine typische Anzeige las sich etwa so: »Ausgehend von einem Datumsschild mit der Inschrift E.H.Jennings 23/9/96 an der südwestlichen Ecke, 275 Grad, 0 Minuten und vier Meter von einem markierten Baum am Verbindungspunkt zweier unbenannter Bachbetten ungefähr 1200 Meter nordöstlich des Spear Creek, von dort 23 Grad, 0 Minuten auf einer Länge von 303 Metern, von da 40 Grad, 0 Minuten …« Und auf der nächsten Seite las man dann einen Bericht über ein Gabelfrühstück im Rotary Club und aufgeregte Berichte über preisgekröntes Gemüse und dachte dafür weniger an Monster-Claims und Hauptadern.

Auch flegelhaft konnte die Stadt sein. Junge Rowdys hatten sich in den frühen Tagen offenbar einen Spaß daraus gemacht, zwischen den Mangobäumen am Straßenrand versteckt, vorüberkommende Autofahrer mit Lassos aus ihren offenen Wagen zu holen, wobei es immer wieder Verletzte gegeben hatte. Der Ort wimmelte von Hotels: die Eccles, die Lloyd und die Strattmann Street waren nach früheren Hoteliers benannt. Über der Tür meines Hotels hatte ich ein Schild bemerkt, das besagte, der Ausschank von Spirituosen etc. sei der *Hauptsächliche Zweck* dieses Etablissements. Womit stillschweigend eingeräumt wurde, daß Ärger und alles, was sonst noch dazu gehörte, in diesem Haus nicht unbekannt waren.

Mareeba war sich anscheinend nicht einmal seiner geographischen Lage ganz sicher. Es hatte gelernt, in den meisten Himmelsrichtungen gar nicht erst nach Gesellschaft zu suchen; wer die fünfhundert Meilen zur Torres-Straße an der Nordspitze Australiens mal gefahren war, der machte keine billigen Witze mehr über Mount Molloy, denn Mount Molloy war so ziemlich der größte Ort, auf den man unterwegs traf. Nach Westen kam vor dem fernen Golf von Carpentaria nichts Größeres als ein Farmerklohäuschen. Im Osten jedoch lag Cairns – eine Großstadt, nur vierzig Meilen entfernt, nach australischen Maßstäben also gleich vor der Tür, und aus dieser Nachbarschaft hatte Mareeba anscheinend eine erstaunliche Zuversicht gezogen.

Das Stadtzentrum lag ein paar hundert Meter westlich des Barron. Hier befanden sich die Viehhöfe, die Bahnlinie, das Rathaus, die Hotels, die Läden für Traktorersatzteile, die Radiostation und sogar eine Moschee. Vieles wirkte altmodisch. Flache Gebäude in verblichenen Pastelltönen beherbergten Betriebe wie »Enzo's Hot Bread Drive-In-Bakery«, »Hair by Garry« und das Hauptquartier der »Tobacco Leaf Association of Queensland«. Die Capitol-Ladenpassage, die in einer unverkennbar an die fünfziger Jahre erinnernden Schrift auf sich aufmerksam machte, war voller Milchbars und Handarbeitsläden. Aber die Stadt hatte auch ein reizvolles Heritage Museum und großartige Sportanlagen aufzuweisen, darunter ein Schwimmbad, ein Golfplatz, ein Rugbyplatz, Squash-Courts, Tennis- und Fußballplätze. Es gab sogar eine Pferderennbahn. Auch die hätte Clive an jenem Tag besuchen können und hätte sich damit einen Besuch im Krankenhaus erspart. Ein solches gab es in Mareeba allerdings auch. Und zufällig lag es genau oberhalb der Stelle am Barron, wo Clive gern schwimmen ging.

An diesem Morgen hatte ich Clive vor seiner Haustür kniend angetroffen, er sprühte Wolken von Insektenvernichtungsmittel unter die Fußmatte.

»Eine Landplage, diese verdammten Ameisen«, sagte er.

Recht schien er zu haben; ein Fremder konnte tatsächlich den Eindruck gewinnen, Ameisen seien das Schlimmste, womit man in Mareeba rechnen mußte. Aber Clive wußte es besser und hatte es schon als Kind besser gewußt.

»Schlangen hat es hier immer gegeben«, erklärte er. »Jede Menge.« Als Kind, in den dreißiger Jahren, hatte er einen Onkel verloren, den eine Schlange gebissen hatte. Es war am Ufer des Barron passiert, ein paar Meilen oberhalb, am Damm in Tinaroo.

»Mum erzählte, Onkel Jack hätte immer Opossums gejagt. Zu oft bis *hier* im Gestrüpp.« Clive deutete auf seine Brust. »Sie brachten ihn ins Krankenhaus von Atherton, aber als Mum zu ihm kam, war er schon tot. Zunge geschwollen, furchtbare Blutungen und Erbrechen – genau wie bei mir.«

Ein anderer Mann aus Mareeba, Vic Sibley, war ebenfalls in den dreißiger Jahren gestorben, nachdem ihn am selben Uferabschnitt des Barron eine Schlange gebissen hatte. Sibley, von Beruf Viehinspektor, war mit ein paar Freunden zum Angeln gegangen. Um acht Uhr morgens hörte einer von ihnen Sibley rufen: Eine braune Schlange habe ihn gebissen. Sie schafften ihn über den Fluß zu einem Lastwagen, den einer der Freunde schon angehalten hatte. Der Krankenwagen aus Atherton erreichte die Gruppe bei Tolga, aber nach den Worten des Arztes im Krankenhaus von Atherton war Sibley bei seiner Einlieferung »schon zyanös und komatös, mit Lähmung der Atmung und der Rachenmuskulatur«. Seine Frau traf eine Stunde später ein und mußte mit ansehen, wie er starb. Der *Cairns Post* zufolge, erfreute sich Sibley »großer Beliebtheit, und sein tragisches Ende betrübte den ganzen Bezirk zutiefst«.

Im übrigen waren Menschen nicht die einzigen Opfer von Schlangenbissen. Clive erzählte, in der Gegend von Mareeba würden immer wieder Rinder und Pferde tot aufgefunden. Daß sie von einer Schlange gebissen worden waren, konnte man an ihren blutigen Nüstern erkennen. Die Bradys waren Pferdenarren. Sie gingen gern zum Rennen; einer von den Brady-Jungs war sogar Jockey gewesen. Sie kannten sich auch mit dem Zureiten aus, und Clive erinnerte sich an eine Zeit Anfang der achtziger Jahre, als er auf der anderen Seite des Barron, etwas außerhalb der Stadt, ein paar Pferde auf einer Koppel stehen hatte. Eines Tages wollte er eines von ihnen von der Koppel holen. Es hatte stark geregnet; der Barron war über die Ufer getreten, und die reißende Strömung hatte den Zaun, der zum Fluß hinunterführte, an manchen Stellen umgedrückt. Als sie über den flach am Boden liegenden Zaun stiegen, schien das Pferd zu zucken. Clive glaubte, das Tier habe sich an einem Stück Stacheldraht verletzt, aber zehn Minuten später ging es ihm offenbar sehr schlecht. Als sie zum Stall kamen, ließ sich Clive von seinem Sohn beim Abnehmen des Sattels helfen und wollte das Pferd in den Schatten eines nahen Eukalyptusbaums bringen. Aber kaum war das Tier Sattel und Zaumzeug los, da stolperte es nur noch im Kreis herum. Wie spastisch, sagte Clive.

»Seine Augen glotzten irre, was sie dann zehn Jahre später auch von mir erzählten. Der Schweiß lief ihm eimerweise herunter. Buchstäblich eimerweise. Und an den Nüstern war Blut. Anscheinend konnte es nicht mehr richtig atmen. Und dann ... dann fiel dieses schöne Pferd einfach tot um.«

Kurze Zeit später tauchte Clives Bruder auf. Er hatte den Zaun repariert und erzählte, er habe an der Stelle einen Taipan getötet. Über zwei Meter sei er lang gewesen. Langsam verstand ich, warum die Landbevölkerung von Queensland den Taipan auch Pferdeschlange nannten.

Es geschah an einem Samstag, dem letzten Tag im August 1991. Morgens hatte Clive ein bißchen im Haus herumgeräumt. Hatte den Rasen gemäht, dies und das erledigt. Hatte es ruhig angehen lassen. Hätte auch mit Blanche zum Rennen gehen können, aber Clive wollte nicht. Hatte die Nase voll von Rennen mit bloß drei Pferden und noch dazu lauter alten Gäulen, denn etwas Besseres ließ sich von der Rennbahn in Mareeba anscheinend nicht mehr locken. Sollte seine Frau doch allein gehen.

Zuletzt führte der Pfad durch ein flaches Überschwemmungsgebiet. Der Fluß kam in Sicht. Er führte wenig Wasser und war vielleicht sieben oder acht Meter breit. Überhängende Bäume sprenkelten ihn mit Schattenflecken. Es gab freie Stellen, wo man bis auf den sandigen Grund sehen konnte. Anderswo wallten smaragdgrüne Pflanzen in der Strömung. Es war ein schöner Fluß, der aussah, als hätte man ihn aus einer idyllischen Weidenlandschaft in gemäßigteren Breiten hierher versetzt. Aber als ich ihn sah, mußte ich an Clives Onkel und Vic Sibley denken und schauderte. Clive deutete auf eine Stelle, wo das Ufer zum Wasser hin leicht abfiel.

»Dort bin ich an diesem Samstag reingegangen«, sagte er. »An der gleichen Stelle wie immer.« Mit ausgebreiteten Armen ließ er sich, wassertretend, von der Strömung eine Strecke weit mitnehmen, die Füße voran. Am Ufer folgten wir dem Weg, den Clive an jenem Tag flußabwärts zurückgelegt hatte. Das Gehen war einfach. Dünnes Gras und kaum vermodertes Laub, so daß ich sehen konnte, wohin ich trat.

»Eine leichte Strömung«, erinnerte sich Clive. Auf einem grasbewachsenen Vorsprung oberhalb des Ufers blieb er stehen. »An dieser Stelle hörte ich Geräusche«, sagte er. »Eine Familie picknickte über mir am Ufer. Ich winkte ihnen zu und ließ mich weitertreiben.«

Nach weiteren dreißig Meter hatte Clive von der Schwimmerei genug. Das Ufer, auf dem wir jetzt standen, war ziemlich steil, also kletterte er, wie er es meistens tat, auf der anderen Seite heraus und begann flußaufwärts zu gehen, zu einer Stelle, wo er den Fluß überqueren konnte. Auf seinem Weg sah Clive, daß Pferde hier gewesen sein mußten; überall am Ufer hatten sie Hufspuren hinterlassen. Er hielt den Blick an diesem Tag auf den Boden gerichtet, suchte auf beiden Seiten des Pfades nach wilden Kürbissen. Nach der Regenzeit streute er hier immer Kürbissamen aus, so daß er später im Jahr vielleicht ein paar Kürbisse mitnehmen konnte. An diesem Tag kam Clive der Gedanke, daß sich Blanche vielleicht über ein paar Kürbisse freuen würde; es würde sie aufmuntern, vor allem wenn sie beim Pferdewetten verloren hatte. Stromaufwärts hörte er einen Hund bellen, und plötzlich wurde ihm klar: *Brian Eakins und seine Leute* waren die Picknicker gewesen, an denen er vorübergetrieben war. Brian und Clive arbeiteten zusammen bei der Eisenbahn.

Clive blieb stehen, nahm meinen Arm und zeigte auf die andere Seite des Flusses.

»Genau da«, sagte er. »Da ist es passiert.«

Es war eine unauffällige Stelle, getrockneter Matsch, ein bißchen Unkraut, zwischen dem ein Pfad zu erkennen war. Unterhalb floß der Fluß, und oberhalb grenzte das Gebüsch an steil ansteigendes Weideland. Eine Stelle, bei der man sich nichts Besonderes denkt. Auch Clive hatte an etwas anderes gedacht, als er an jenem Samstag vor fünf Jahren dort vorbeigekommen war. Ein paar Sekunden lang hatte ihn eine Kette von Assoziationen abgelenkt – die Hufspuren der Pferde am Fluß, seine Frau beim Pferderennen, die reifenden Kürbisse, über die sie sich freuen würde, ein bellender Hund, Leute, in denen er plötzlich Freunde erkannt hatte, müßige Gedanken an die Arbeit, die ihm am Montag bevorstand. Ein paar Sekunden lang hatten ihn diese Gedanken abgelenkt, er hatte nicht mehr auf den Weg vor sich geachtet. Es war, als hätte er einen Moment lang etwas anderem die Vorfahrt überlassen. Als Clive das nächste Mal zu Boden sah, hatte eine große Schlange von dem Pfad Besitz ergriffen und kam direkt auf ihn zu. Es war ein Taipan.

»Sind am Hals dünner als andere Schlangen«, sagte Clive und starrte grimmig über den Fluß. »Deshalb ist ihr Kopf deutlich abgesetzt. Cremefarben um das Maul und die Augen. Die Augen selbst orange, und dann ist da noch was – wie die Augen stehen; haben eine bösen Blick, die Scheißviecher.«

Der Taipan war ungefähr zwei Meter entfernt. Der kupferfarbene Körper glitt rasch voran, der Kopf über dem Boden.

»Einsachtzig lang«, sagte Clive. »Und ich wußte sofort, das geht nicht gut aus.«

Er versuchte noch wegzukommen, wollte in dichteres Gestrüpp direkt neben dem Wasser springen. Aber er war vierundsechzig und hatte ein lahmes Knie, und gerade als er zum Sprung ansetzen wollte, sah er aus dem Augenwinkel, wie die Schlange, »ein gelblicher Blitz«, auf ihn losging. Für den Bruchteil einer Sekunde wußte er, daß er im nächsten Moment gebissen werden würde, dachte noch, so muß es sein, wenn man stirbt, und wünschte sich, er wäre zum Pferderennen gegangen. Die Schlange schnellte vor, traf ihn am linken Knie und warf ihn um. Er stöhnte und schlug hart auf. Von da, wo er lag, sah er sie im Gestrüpp verschwinden.

Alles war plötzlich still geworden. Das kann doch gar nicht sein, dachte Clive. Okay, man wußte, Taipane waren in dieser Jahreszeit besonders aggressiv, aber das hieß doch nicht, daß sie einfach über einen herfielen, wie es dieser getan hatte. Er sah auf die Bißwunden, mehrere kleine Paare blutiger Stellen, einige schon verschmiert. Später erklärte man ihm, der Taipan habe siebenmal zugeschlagen. Clive ahnte nur, daß er eine Menge Gift abbekommen hatte. Die Giftmenge, die ein Taipan beim Melken durchschnittlich abgibt, reicht aus, um 12 000 Meerschweinchen zu töten. Clive war kein Meerschweinchen. Aber mit zwölftausend von ihnen konnte er sich auch nicht messen. Er sagte sich: Du mußt ruhig bleiben. Du mußt aber auch Hilfe holen. Ihm fielen die Eakins ein, und er schätzte, daß sie höchstens hundert Meter weiter oberhalb am anderen Ufer saßen. Er stand auf und begann, in ihre Richtung zu gehen. Schon spürte er ein Brennen um die Bißstelle. Es war nicht besonders schmerzhaft, aber es sagte ihm, daß das Gift zu wirken begann, und er ging schneller. Angst machte ihm, was dann geschah. Zuerst glaubte er, er habe etwas im Auge, einen Matschspritzer oder ein Stück von einem verrotteten Blatt, vielleicht von der Stelle, wo er gefallen war. Doch als er aufhörte, sich das Auge zu reiben, merkte er, daß er nicht mehr richtig sehen konnte. Die Schärfe war weg. Er sah alles nur noch verschwommen, etwas Helles oben zum Himmel hin und etwas Dunkles unten und dazwischen eine Andeutung von bauschenden Bäumen, wie auf einer Kinderzeichnung. Plötzlich glaubte Clive, er habe sich die picknickenden Eakins nur eingebildet, und ging, von Panik überwältigt, in die Knie.

»Hilfe«, schrie er. »Mich hat eine Schlange gebissen.«

Die gewöhnliche Beute des Taipan, Ratten und andere Nager, empfinden vor dem Nichts wahrscheinlich fast nichts, so übermächtig ist die Wirkung dieses Gifts. Bei Menschen wirkt es natürlich etwas langsamer, was zwar unangenehm, aber auch lehrreich ist. Wie Eigenberger entdeckt hatte, erlebt das menschliche Opfer die Feinheiten der Wirkung des Gifts und die Entfaltung der Symptome Phase für Phase, wie in Zeitlupe. Nicht daß Clive das Gefühl gehabt hätte, es ginge langsam. Daß er sein Augenlicht verlor, war das erste Anzeichen dafür, daß schnell wirkende Giftbestandteile, die Vorhut im Waffenarsenal des Taipan, erfolgreich auf sein Nervensystem zielten. Neurotoxine gingen sofort auf die Schaltstelle zwischen Nerven und Muskelapparat los und sorgten dafür, daß das Nervensystem nicht mehr funktionierte. Artikulations- und Schluckbeschwerden und andere beunruhigende Symptome würden bald folgen. Aber die Wirkung des Gifts auf die Atmung, die Lähmung, die Clive am Luftholen hinderte, war das eigentliche Lebensbedrohliche.

Der Hilferuf drang über den Fluß und zerschlug den samstäglichen Frieden der Familie Eakins und ihres Picknicks. Brian sprang auf und watete mit seinem halbwüchsigen Sohn Rob durch den Fluß. Binnen weniger Sekunden waren sie bei dem verunglückten Mann.

»Jesses, das bist ja du, Clive!« rief Brian. Sein Arbeitskollege atmete schwer und war in Schweiß gebadet. Sein Gesicht hatte die Farbe von Elfenbein angenommen.

»Taipan«, sagte Clive. Brian legte Clive eine Hand auf den Arm, befahl Rob, bei ihm zu bleiben, und watete durch den Fluß zurück, um Hilfe zu holen.

Der Biß hätte kaum schlimmer sein können, aber das Krankenhaus auch kaum näher. Schwitzend rannte Brian den Pfad hinauf und stürmte in die Aufnahme. Ein Schlangenbiß unten am

Fluß, rief er. Die Hilfsschwester Bernie Tonon schnappte sich einen Druckverband und folgte Brian, während der Mann an der Pforte nach einem Krankenwagen telefonierte.

Wenige Minuten später waren sie wieder bei Clive und hatten seinem Bein bald den Druckverband angelegt, die übliche Methode bei Schlangenbissen. Aber das Gift hatte zehn Minuten ungehinderten Zugang zum Organismus gehabt und sein Zerstörungswerk schon begonnen. Magenkrämpfe quälten Clive. Übelkeit und Schwäche packten ihn. Er sprach wie im Delirium, hatte die Kontrolle über seine Augen verloren. Speichel lief ihm aus dem Mund.

Inzwischen hatte ein anderer spezifischer Bestandteil des Giftes zu wirken begonnen. Dieser Angriff galt Clives Muskeln. Sie wurden buchstäblich aufgelöst und in kleinen Partikeln mit dem Blut fortgespült. In kurzer Zeit würden diese Muskelschrapnells in die Nieren gelangen, würden sie verstopfen und dafür sorgen, daß sie versagten. Gleichzeitig attackierten die Neurotoxine Clives Nervensystem. Er konnte sich kaum noch bewegen. Auf einer Trage brachten sie ihn über den Fluß zu dem wartenden Krankenwagen. Aber als sie ihn das andere Ufer hinauftrugen, hörte Clive auf zu atmen. Seine Lippen waren blau angelaufen, blau wie Enteneier.

Das Gift hatte seine Atmung blockiert. Clive war drauf und dran zu ersticken. Sie kraxelten mit der Trage das Ufer hinauf und stellten sie ab, damit Bernie es mit künstlicher Beatmung versuchen konnte. Sie drückte den Brustkorb des alten Mannes rhythmisch zusammen. Dann gab sie ihm Mund-zu-Mund-Beatmung. Er krampfte sich zusammen, erbrach sich in ihren Mund und fing wieder an zu atmen.

Drei Minuten später war er im Krankenhaus. Sein Blutdruck – 80 zu 60 – war gefährlich niedrig. Sein Herz schlug nur noch schwach. Er brauchte sofort Schlangenserum. Sie waren nicht sicher, ob Clive die Schlange richtig erkannt hatte, und wollten sich auf sein Wort nicht verlassen. Da ihn ein falsches Serum allein schon hätte umbringen können, gaben sie ihm ein polyvalentes.

Kurze Zeit später kam Clive zu sich und fing an sich zu erbrechen.

»Ich spuckte und spuckte«, erinnerte er sich. »Es kam von ganz tief unten. Das Widerlichste, was man je gerochen und geschmeckt hat, wie Pferdepisse. Ich dachte wirklich, mir hat es den Magen umgedreht.« Inzwischen hatte auch Blanche auf der Rennbahn erfahren, was geschehen war. Ein paar Minuten später stoppte sie vor dem Krankenhaus. Als sie ausstieg, drang von drinnen ein unmenschlich klingendes Stöhnen und Würgen zu ihr, wie sie es noch nie gehört hatte.

Gegen sechs Uhr abends wurde Clive zum Base Hospital in Cairns gebracht, wo Tests die Taipanvergiftung bestätigten. Das Erbrechen hatte aufgehört, und der Blutdruck war wieder auf 150 zu 75 gestiegen. Er war bei klarem Bewußtsein und hatte keine Atembeschwerden. »Stabil genug für die Station«, hieß es am Ende des Unfallberichts. Clive hatte anscheinend überlebt.

»Ich fühlte mich viel besser«, erzählte er. Wir gingen jetzt am Fluß entlang zurück. »Um halb acht beschlossen wir, daß Blanche und die Mädchen nach Mareeba zurückfahren sollten. Abends wollte ein alter Freund zum Grillen kommen. Mir ging es ja wieder ganz gut, und wir wollten ihn nicht versetzen.«

Gegen acht Uhr jedoch hatte eine der Krankenschwestern Schwierigkeiten, als sie Clive Blut abnehmen wollte. Als sie die Nadel aus dem Arm herauszog, um es noch einmal zu versuchen, quoll aus der Einstichstelle eine dünne, wässrige Flüssigkeit, die überhaupt nicht nach Blut aussah. Als man daraufhin Clives Rachenraum untersuchte, stellte sich heraus, daß die gleiche Flüssigkeit auch aus seinem Zahnfleisch austrat. Blut sickerte aus den membranösen Partien im Mund, aus der Nase und dem After. Als man Clive umdrehte, war das Laken voller dunkelroter Blutflecken.

Er hatte die Attacke der Neurotoxine auf seine Atmung überlebt, und seine Nieren hatten die Muskelschädigungen überstanden. Aber das Taipangift enthielt noch eine lebensbedrohende Komponente. Kurz nach dem Biß hatte das Gift den Gerinnungsmechanismus ausgelöst. Mit diesem komplexen biochemischen Vorgang werden normalerweise in angemessener Menge Blutklümpchen gebildet, die Schnittverletzungen oder andere Wunden verschließen. Das Gift aber hatte die Gerinnung in einem solchen Umfang ausgelöst, daß der ganze Blutkreislauf mit Gerinnseln überschwemmt wurde und Clive nun eine Thrombose drohte. Auch diese Thrombosegefahr hatte er überstanden, die Gerinnsel hatten sich wieder aufgelöst, aber eine Nebenwirkung der zunächst so übermäßig starken Gerinnung bestand darin, daß die Gerinnungsfähigkeit des Blutes nun vollständig erschöpft war. Die erforderlichen chemischen Stoffe waren verbraucht. Clives Blut war inzwischen gefährlich dünn, und die nun drohende Gefahr war das genaue Gegenteil einer Thrombose; aus den Kapillargefäßen konnte das Blut in die inneren Körperhöhlen austreten. Clive drohte eine Gehirnblutung.

In aller Eile schafften man ihn auf die Intensivstation und verabreichte ihm erneut Serum. Aber Vorrang hatte jetzt die Wiederherstellung der Gerinnungsfähigkeit des Blutes. Mit stundenlangen Transfusionen wurde sein Blutplasma ausgetauscht. Anfangs gelang es nur, seinen Blutverlust einigermaßen auszugleichen. Clive kam zu sich, litt unter Schüttelfrost und glaubte, er würde sterben. Aber man hüllte ihn in Heizdecken, und er starb nicht. Gegen elf Uhr abends ließen die Blutungen nach.

Am Mittwochabend wurde er aus dem Krankenhaus entlassen. Am Donnerstag widmete ihm die *Cairns Post* ihre Titelseite. Das Telefon klingelte pausenlos. Sogar eine amerikanische Fernsehsendung, *Emergency 911*, kam nach Mareeba, um über den Mann zu berichten, der nur im Fluß hatte schwimmen wollen und dann am Ufer fast gestorben war. Dies war das eigentlich Gruselige an Clives Erlebnis – die Art, wie der Taipan etwas so Normalem, Alltäglichem wie einem kühlem Bad am Mittag den Boden entzog und dabei gleichsam die ganze Landschaft entstellte.

Wir standen wieder am Ende des Weges, der von der Middlemiss Street zum Fluß herunterführte.

»Ich habe seitdem immer mal wieder Schlangen gesehen«, sagte Clive. »Meistens harmlose Wasserschlangen, aber gelegentlich auch einen Taipan, einmal sogar einen großen, zwischen den Mangobäumen flußaufwärts, wo der Weg zu der alten Schwimmkuhle führt.« Clive war gesprächig. »Manchmal wandere ich da hoch, wenn mein Knie mitmacht. Schätzungsweise eine Meile. Da sind oft Schlangen. Aber man braucht nur die Augen offen zu halten, das ist alles. Der Weg ist breit genug. Sie interessieren sich doch für Schlangen, vielleicht wollen Sie mal hingehen.«

Ich hatte meine Zweifel. An einem Flußufer entlangspazieren, an dem schon zwei Menschen durch Taipanbisse ums Leben gekommen waren und ein dritter nur mit knapper Not davongekommen war? Ich? Allein? Und in der Richtung, die vom Krankenhaus *weg*führte? Zu einer Jahreszeit, in der die Taipane, wie man wußte, besonders aggressiv waren? Ich blickte in die Richtung, wo der Pfad am Fluß entlangführte und schließlich im blendenden Sonnenlicht verschwand. Ein Schauer fuhr mir durch die Glieder.

In diesem Augenblick kam dort ein älteres Paar in Sicht. Beide waren weißhaarig, und sie gingen im Gänsemarsch. Sie trugen Sonnenhüte. Die Frau ging voran, ließ ihre Hand durch das Gebüsch am Wegrand streifen. Der Mann folgte ihr und klopfte sich mit zufriedenen Fingern auf den Bauch. Manchmal blieb er zurück, hob den Kopf und lauschte einem singenden Vogel. Sie wußte, daß er gern trödelte, und wollte ihn offenbar vorwärtslocken, indem sie ihn oft ansprach, aber ohne sich dabei umzudrehen. Seine Antworten waren kurze, liebenswürdige Silben.

Dieses gebrechliche Paar kam genau daher, wohin ich mich nicht getraute, und beide schienen ganz entzückt von ihrem Erlebnis. Mein Alptraum war für sie ein Spaziergang, ein Nachmittagsvergnügen, bis hin zu der gelben Wiesenblume, die die Frau sich hinter das rechte Ohr gesteckt hatte. Ihr Erscheinen beschämte mich. Ich sagte mir, daß der Fußweg angeblich in gutem Zustand war. Daß er streckenweise sogar betoniert war, weshalb die Kinder aus dem Ort hier so gern Fahrrad fuhren. Daß es nicht darum ging, durch kniehohes Gras zu waten. Die Augen offen halten, vorsichtig auftreten, einen kräftigen Knüppel in der Hand. Ich konnte sogar die schweren Lederstiefel anziehen, die ich im Wagen hatte, und mir eine Entschuldigung ausdenken, falls mich jemand auf sie ansprach – ich konnte zum Beispiel sagen, ich müsse sie ein bißchen einlaufen, für – na, für eine Klettertour in Nepal.

Ich würde ja gern, sagte ich zu Clive. Aber ich hätte noch etwas vor. Und dann folgte ich ihm hinauf zur Middlemiss Street.

Später am Nachmittag fiel mir die Schlangensammlung von David Williams ein. In Cairns hatte mir David erzählt, die Leute von der Naturschutzbehörde hätten ihm vorgeworfen, er würde seine Schlangen vernachlässigen. Sie seien aber einverstanden gewesen, daß sich Davids Freund Brian Starkey in Ravenshoe, nur eine knappe Stunde südlich von Mareeba, um die Tiere kümmerte, bis die Sache bei Gericht entschieden war. Ich schämte mich vor mir selbst, als ich Davids Schlangen zu meiner Rettung machte. Okay, der Mumm für den Pfad am Fluß ging mir ab, aber ich wollte mir immerhin lebendige Taipane ansehen. Und das war mehr, als ich seit meiner Ankunft in Australien getan hatte. Brian Starkey kam ans Telefon. Klar, sagte er. Er werde vor dem alten Tiergeschäft auf der Main Street von Ravenshoe auf mich warten.

Die Straße führte bergauf. Auf Tropenfrüchte folgte Wald und dann weite, windgepeitschte Weideflächen. Fast tausend Meter über dem Meeresspiegel liegend, war das Holzfällerstädtchen Ravenshoe der höchste Ort von Queensland. Auf der breiten Main Street tat sich nicht viel, nur die weißen Shorts und die weißen Hemden der Bowls-Spieler, die mit großen Schritten über den Rasen im Memorial Park eilten, leuchteten gelegentlich auf.

Ich hielt bei dem Tiergeschäft, einem dunkelroten Gebäude mit Holzfassade, eingezwängt zwischen Apotheke und Highland Bakery. Ein Mann mit langem, strohblondem Haar und struppigem Schnurrbart, Säge und Hammer unter den Arm geklemmt und ein Dickicht von Nägeln zwischen den fehlenden Zähnen (Ergebnis einer, wie ich später erfuhr, spielerischen Runde Kickboxen mit einem Freund, die gründlich danebengegangen war), lehnte ein paar Sperrholzplatten an die Wand. Brian Starkey hätte einer der häßlichen Männer aus einer Rockband der siebziger Jahre sein können.

»Scheißkerle«, stellte er fest und sah auf das Schaufenster des Tiergeschäfts. Ein Sprung, knapp einen Meter lang, lief schräg durch die Scheibe auf ein annähernd kreisförmiges Loch von der Größe eines Fußballs zu. »Die Leute haben nichts Besseres zu tun, als einem die Fenster kaputtzumachen«, maulte er. »Sitzen rum, lassen sich vollaufen und schmeißen mit Sachen um sich.« Natürlich konnte er es sich in Anbetracht dessen, was es drinnen zu sehen gab, nicht erlauben, irgendwelche neugierigen Typen hereinzulassen. Obwohl er die Gesichter gern mal gesehen hätte …

»Gut hergefunden?« fragte Brian und stieß die Tür auf. Er kam aus dem Süden. Mit vierzehn hatte er im Reptilienpark in Gosford, New South Wales, gearbeitet, wo alle Schlangenleute, die was lernen wollen, eine Zeitlang hingingen. Vor kurzem war er nach Queensland gekommen und hatte für David Williams gearbeitet, hatte vor allem in Papua-Neuguinea Schlangen gesammelt.

Ich folgte Brian in das Dunkel des Ladens. Ein schemenhaftes Tier huschte in eine Ecke. Ich muß wohl zusammengezuckt sein, denn Brian beruhigte mich sofort.

»Das ist bloß Lurch«, sagte er und machte Licht. Lurch war eine neunzig Zentimeter große Goanna-Eidechse, die hier im offenen Vollzug lebte. »David hat auch ein paar kleine Flußkrokodile hier«, fügte Brian hinzu. Mir fiel ein, was die Flußkrokodile mit der Frau in Daintree gemacht hatten, und ich zuckte gleich noch einmal zusammen. Aber Brian hatte wirklich klein gemeint. Im Geflacker der Leuchtstoffröhren sah ich, daß die Krokodile ungefähr sechzig Zentimeter lang waren und untröstlich in einer Art Becken lagen, das in einer Ecke des Ladens für sie eingerichtet war.

Bei diesem Licht sah ich auch, daß der Tierladen von Ravenshoe seine beste Zeit hinter sich hatte. Wasserfleckige Rigipsplatten bogen sich dramatisch von der Decke herab und gaben dem Raum einen unbeabsichtigt dekorativen Faltenwurf. Hübsche alte Holzschränke mit Zierleisten standen an den Wänden, andere waren zu einer Insel in der Mitte des Raumes zusammengerückt worden. Stöße alter Zeitungen lagen auf dem nackten Holzfußboden. Ein muffiger Geruch von Gefangenschaft und Reptilienscheiße hing in der Luft. Holzkästen mit verglaster Vorderseite standen auf den Schränken.

»Sehen Sie sich ruhig um, ich kümmere mich inzwischen um das Fenster«, sagte Brian. »Hier finden Sie sie alle.«

Die Kästen waren mit Schildern versehen. Sie sahen ein bißchen so aus wie die, in denen wir als Kinder Meerschweinchen gehalten hatten. Und die Böden dieser Kästen waren, genau wie bei uns damals, einfach mit Zeitungen ausgelegt. Aber über die Aufrufe an die Frauen der Tablelands, sich einer Mammographie zu unterziehen, glitten Taipane hinweg, und Königsbraune verdeckten die Berichte über ein Footballspiel im Ort, während Tigerschlangen und Kupferköpfe die Sicht auf Anzeigen für Lieferwagen zu Sonderpreisen versperrten. Hier gab es sogar die seltenen Inlandtaipane, angeblich die giftigsten Landschlangen überhaupt, und sie schoben ihre Bäuche über die Veranstaltungshinweise des Rotary Clubs von Mareeba.

Viele der Schlangen waren durch die Vibrationen von Brian Starkeys Hammerschlägen aufgewacht. Sie waren aufmerksam, glitten in ihren Kästen umher, bildeten dabei seltsam wimmelnde Knäuel und drückten ihre weißen Bäuche gegen das Glas. Ich streckte meine Hand aus, um durch die Glasscheibe die geschindelten Windungen einer Königsbraunen oder das opalgelbe Auge eines rostbraunen Taipan zu berühren.

Und wieder einmal erwies sich FNQ als verkehrte Welt. So wie einem in dieser Gegend die Seemöwen nachsetzten, wie die Elstern im Sturzflug kamen und wie ein Bad im Fluß zur Begegnung mit dem Tod werden konnte, so hatte sich der Tierladen von Ravenshoe in eine Sperrzone verwandelt. Er hatte die hübschen Hundeleinen und die Kauknochen, die verchromten Käfige, die Katzenkörbe, die Tabletten gegen Wurmbefall, die Hamster und die Goldfische, die Beutel mit Hundefutter und die Hundekuchen, die Rennmäuse, Kakadus und Meerschweinchen rausgeschmissen und beherbergte jetzt etwas, das wohl, Schlange für Schlange, eine der giftigsten Sammlungen der Welt sein mußte.

»Fertig?« fragte Brian Starkey, während er das Fenster mit einer letzten Sperrholzplatte sicherte. Ich warf noch einen Blick auf einen der Taipane und trat hinaus in die Sonne. Einer der Bowls-Spieler blickte auf, vielleicht gelangweilt von seiner Rolle in dieser Partie, und sah zu uns herüber. Möglich, daß ihm einen Augenblick lang die Frage durch den Kopf ging, was in diesem alten Tierladen eigentlich vor sich ging.

Achtzehn Afrika V

Der Fahrer, ein Ikoma, einer der wenigen,
die den Biß einer Schwarzen Mamba überlebt haben …
Peter Matthiessen, *The Tree Where Man was Born* (1972)

Der Biß einer Mamba, der mörderischste, den wir kennen,
tötet sein Opfer gewöhnlich in bloß fünf Minuten.
Newsweek, 9. Mai 1977

Der Zoo hält einen Vorrat an Gegengiften bereit, aber da manche Schlangen, wie etwa die Schwarze Mamba, in weniger als einer Stunde töten können, bliebe für eine Behandlung wenig Zeit.
Official London Zoo Guide (1983)

Die Mamba ist nicht von einem auf den anderen Tag zu weltweiter Bekanntheit gelangt. In Südafrika war der aus der Zulu-Sprache stammende Ausdruck Mamba schon im 19. Jahrhundert gebräuchlich, aber es dauerte eine Weile, bis er sich internationale Anerkennung verschaffte. Anfang der neunziger Jahre des 19. Jahrhunderts war er gerade mal bis Kenia vorgedrungen; William Fitzgerald wickelte ihn noch, um seine Fremdartigkeit anzudeuten, in Anführungszeichen, als er seine Begegnung mit einer Grünen Mamba in einem Zelt am Galana River Weihnachten 1891 schilderte. Von der Schwarzen Mamba ist bei Fitzgerald überhaupt nicht die Rede, statt dessen bezeichnete er *Dendroaspis polylepis* als Baumkobra. Und bis 1911 war der Mamba noch nicht die geringste Erwähnung in der *Encyclopaedia Britannica* zuteil geworden.

Als die Mamba schließlich dann doch über ihr eigenes Verbreitungsgebiet hinaus bekannt wurde, war es *Dendroaspis angusticeps*, die kleinere, zurückgezogener lebende, weniger giftige, grüne

Form, die die Vorläufe gewann. In den zwanziger und frühen dreißiger Jahren des 20. Jahrhunderts erwähnte der offizielle Führer des Londoner Zoos nur die Grüne Mamba. »Die am meisten gefürchtete Schlange Afrikas«, so hieß es dort, »da sie ausschließlich auf Bäumen lebt und die Eingeborenen häufig in die Schulter beißt, wenn sie sich ihren Weg durch den Urwald bahnen ...«

Seine ersten Schwarzen Mambas bekam der Londoner Zoo anscheinend 1935. Im Jahre 1936 jedenfalls erwähnte der Guide sie zum erstenmal und räumte ihnen sofort einen Spitzenplatz neben den Grünen ein: »Die Mambas, sowohl die Schwarze wie die Grüne, sind vielleicht die tödlichsten Giftschlangen überhaupt; sie leben in Afrika.« Die Schwarze Mamba holte also langsam auf, aber erst in den fünfziger Jahren konnte sie ihr alleiniges Anrecht auf jene Titel wirklich plausibel machen, die mehr als alles andere tiefen Respekt ausdrücken: die Tödlichste, die Berüchtigste. In den fünfziger Jahren begann C.J.P. Ionides, Schlangen an den Londoner Zoo zu schicken, darunter auch Schwarze Mambas – eine im Jahre 1952, eine weitere im Jahr darauf. Im Laufe des Jahres 1954 konnte er mit rund vierzig Schlangen aufwarten, unter ihnen Grüne Mambas, Puffottern, Boomslangs und Gabunvipern. Aber es war die Ankunft der Schwarzen Mamba in jenem Jahr, welche das größte Aufsehen erregte. Es hieß nämlich, Ionides habe dem Zoo eine Massenmörderin geschickt.

Ionides hatte sie am 7. März 1954 im Bezirk Mtwara in Tanganjika gefangen – seinem Bericht zufolge ein prachtvolles Exemplar, über drei Meter lang, auf »der Oberseite von einem schönen dunklen Purpurglanz, auf der Unterseite weiß und von herrlicher Frische«. Er hatte sie zusammengerollt auf einem tiefhängenden Ast über einem Waldweg gefunden, zu dem ihn ein Stammesoberhaupt aus der Gegend geführt hatte. Ihm zufolge hatte es genau an dieser Stelle in den letzten beiden Jahren neun Tote durch Schlangenbiß gegeben, und Ionides' Mamba sollte dafür verantwortlich sein. Noch heute wird der Untaten dieser Schlange am Gehege der Schwarzen Mambas im Londoner Zoo gedacht, auch wenn die Opferstatistik des Zoos etwas konservativer ausfällt als die des Stammesoberhauptes: »Eine, die 1954 in den Zoo kam, soll vorher angeblich sechs Menschen getötet haben.«

Anfang der siebziger Jahre verdrängte die Schwarze Mamba ihre grüne Kollegin von dem gemeinsamen Spitzenplatz. »Zu den gefährlichsten Bissen«, hieß es nun im Zooführer, »gehören die der Schwarzen Mamba.« Die Schwarze Mamba war inzwischen zum Inbegriff schlangenhafter Feindseligkeit, Aggressivität, Schnelligkeit und Bösartigkeit geworden. Wie furchteinflößend ihr Ruf war, läßt sich auch daran ermessen, daß auf sie und keine andere Schlange die Wahl fiel, als es darum ging, die Rolle des Untiers in zwei Romanen aus den siebziger Jahren zu besetzen – zwei Thrillern vom Typus *Der weiße Hai*, die das damals grassierende faszinierte Interesse an einer grauenerregenden, auf nichts als Verstümmelung erpichten Natur ausschlachteten.

In *Venom* (Gift) von Alan Scholefield und *The Snake* (Die Schlange) von John Godey kriecht jeweils eine Schwarze Mamba in einem Londoner Haus beziehungsweise im New Yorker Central Park herum. Die eine ist für das Londoner Toxilogische Institut bestimmt, landet aber irrtümlich bei einem kleinen Jungen, der seine Tiersammlung um eine harmlose Hausschlange erweitern will; die andere, »beim Poker mit einem Griechen gewonnen«, wird von einem heimkehrenden Seemann durch die New Yorker Docks geschmuggelt. Während Scholefields Mamba drei Leute umbringt, verzeichnet Godeys Buch, wie in New York nichts anders zu erwarten, erheblich mehr Opfer, nämlich vier Tote und vier Verwundete. In beiden Büchern gibt es Figuren, die besonnene Sätze sprechen wie »Ich neige zu der Ansicht, daß sie die gefährlichste Schlange der Welt ist.« Und sowohl *The Snake* als auch die Kinoversion von *Venom* enden mit dem einschlägigen Klischee dieses Genres: Zuletzt wird das Monster unschädlich gemacht, aber erst, nachdem es unbemerkt an einem sicheren, warmen Plätzchen ein Gelege Eier deponiert hat.

Venom erschien 1977, im gleichen Jahr, in dem in Afrika zwei Männer von Schwarzen Mambas gebissen wurden. Der eine Fall ereignete sich im März in der Nähe von Pretoria und machte Schlagzeilen in der internationalen Presse. Der andere ereignete sich sechs Wochen später bei Kilifi in Kenia.

Juni 1996

Francis Ngombo hatte die großen Augen eines kleinen Nachttiers. *Wie bitte?* schienen sie zu fragen, in deutlichem Gegensatz zu dem üblichen *Ich weiß schon*-Auftritt. Die Mischung aus Überraschung und Heiterkeit erfüllte Francis' Miene mit einem gewissen Unbehagen. Er war ein schmächtiger Mann mit kurzgeschnittenem, ungleichmäßig ergrauendem Kraushaar. Seine Haut war fast durchschimmernd und spannte sich über einen knochigen Schädel, der zerbrechlich wie eine Eierschale wirkte. Die schmalen Lippen und die feingeschnittene Nase waren wie aus Teakholz gearbeitet. Francis hatte das Gesicht der afrikanischen Küste, das von Arabien und nach Nelken duftenden Dhaus mit Lateinsegeln erzählte. Er kam mit dem ersten Tageslicht und sah aus wie ein Schmetterlingssammler oder ein Angler; er hatte einen ein Meter achtzig langen Bambusstab dabei, an dessen Ende eine aus braunem Sisal geflochtene Schlinge hing, und trug ein paar graue, wie Kopfkissenbezüge akkurat gefaltete Säcke auf der Schulter.

Ich hatte an der Abzweigung in Gedi auf Francis gewartet, wo die Straße von Watamu auf die Hauptstraße nach Mombasa trifft, bei einer nagelneuen Tankstelle. Gleichzeitig war sie auch Laden, allerdings ein sehr unafrikanischer, mit blitzenden Regalen, in denen sich Importkonserven stapelten, und einem verchromten Dampfkochtopf, in dem sich untergetauchte Hotdogs wie Treibholz auf einem Fluß ineinander verkeilt hatten. Ich hatte Barbaras Haus lange vor dem Frühstück verlassen, also angelte ich mir zwei Würstchen in die wartenden Brötchen und markierte sie auf der ganzen Länge mit einem Senfstreifen, der im grauen Morgenlicht beunruhigend leuchtete.

»*Enjoy your dogs*!« Der Mann hinter der Theke lächelte verlegen, während er sprach, so als zweifelte er am Sinn seiner Worte, die er wahrscheinlich in der Gebrauchsanweisung seines Dampfkochtopfs unter der Rubrik »Kundenbeziehungen« gefunden hatte und deren Melodie er doch irgendwie genoß.

Wir zwängten uns zusammen mit einem Pulk drängelnder Schulkinder und junger Mütter in den ersten Matatu Richtung Süden. Alle wußten anscheinend sofort, was der Stab mit der Schlinge und die Säcke zu bedeuten hatten; so blieb dem Schlangenmann und dem *mzungu* sogar in diesem Gedränge ein bißchen Platz. Francis erzählte, er habe sich schon als Kind für Schlangen interessiert. Er war stehengeblieben, wenn die anderen Kinder vor einer Schlange, die ihnen im Dorf begegnet war, längst Reißaus genommen hatten – so sehr faszinierten ihn ihre Zeichnung und ihre Bewegungen, bis schließlich ein Erwachsener kam und ihn in die Sicherheit zerrte. Das unverkennbare Geräusch einer im Verborgenen dahingleitenden Schlange, dieses selbstsichere, fließende Rascheln, hatte Francis bald in seinen Bann geschlagen. Wenn er es hörte, blieb er stehen und sah sich aufmerksam um. Mit seinen scharfen Augen lernte er bald, solche Schlangen zu orten, erspähte kurze Abschnitte ihrer glatten Leiber, wie sie sich tiefer in den Busch hineinschoben. Er lernte auch bald, welchen Schlangen er aus dem Weg gehen mußte und welche er gefahrlos fangen konnte. Mit zwanzig begann er, viele der abergläubischen Vorstellungen über Schlangen zu ignorieren, von denen sich seine Eltern auch damals noch einschüchtern ließen, und beschloß, Schlangenmann zu werden. Er lernte, gefährliche Schlangen zu fangen, und verkaufte sie für ein paar Shilling an die Schlangenparks, die damals mit dem Aufkommen des Tourismus überall an der Küste eröffneten. Er war auch viel mit den weißen Schlangenmännern zusammen, lernte von ihnen, soviel er konnte, und bekam hin und wieder einen Auftrag.

Sein Vater war wütend; sich mit Schlangen abgeben, das war kein Beruf für seinen Sohn.

»Am Anfang aß er nicht mehr mit mir«, erzählte Francis. »Er hielt es für böse, sich für so etwas zu interessieren. Er glaubte, ich würde ein Mchowi werden. Ich war zu Hause nicht mehr willkommen.«

Mit der Zeit jedoch verstummten die Einwände des Vaters. Vor allem wenn die richtigen Schlangen der armen Familie ein paar willkommene Shilling einbrachten.

Francis war jetzt vierzig. Er hatte sieben Kinder zu ernähren und jagte bei jeder Gelegenheit. Wir verließen den Bus bei Masngoni – »der Platz zum Gehen«. Neben der Straße duckten sich unter Kokospalmen ein paar mit Makutiblättern gedeckte Lehmhütten, aus denen der rötliche Rauch der Holzfeuer in die Höhe quirlte. Wir gingen durch das Dorf und bekamen von den wenigen Bewohnern, die anwesend waren, kurze Berichte über Begegnungen mit Schlangen zu hören. Ja, gestern sei eine Puffotter da gewesen, erfuhr Francis von einem Mann. Der Mann trug ein Fußballtrikot, auf dem das Wort »Carlsberg« prangte, und stocherte optimistisch in der weißen Asche eines alten Feuers. »Aber jemand hat sie schon getötet. Die Hunde haben den Körper genommen. Jemand anderes den Kopf. Und eins von den Kindern hat eine grüne Schlange gesehen, vielleicht eine Mamba, vor ein paar Tagen, in dem Cashew-Baum drüben bei der Schule.«

So marschierte Francis mit morgendlichem Schwung durch das Dorf und erklärte mir, es gebe keine bessere Tageszeit, um Schlangen zu finden.

»Bevor es zu heiß wird.« Um die hohe Wand aus grünem Buschwerk, Dornengestrüpp und überhängenden Bäumen, an der der Weg entlanglief, immer im Blick zu haben, ging Francis seitlich verdreht und kreuzte dabei die Beine wie ein Varietétänzer. Die neugierigen Kinder, die uns in gehörigem Abstand folgten, machten es ihm nach. Nach ein paar Minuten blieb Francis plötzlich stehen. Er legte seine Säcke ab und hob einen warnenden Finger. Ich wiederholte die Geste für die Kinder, die sie ihrerseits an die Jüngeren weitergaben, so daß plötzlich alle in einem kleinen Wald erhobener Finger standen. Jetzt waren nur noch die Lastwagen auf der fernen Hauptstraße zu hören und der Wind, der vom Ozean herüberwehte und an den Zipfeln von Francis' Säcken zerrte. Der schmächtige Francis sah aus, als würde er auf den Busch zuschweben, er schob zwei Finger in die Sisalschlinge, um sie zu weiten, und näherte den Stock dann ganz ruhig dem Buschwerk.

Ich sah die Schlange erst, als die Schlinge vor ihr hing und ihren Kopf in ein ovales Medaillon faßte. Sie lag auf einem Ast, etwa sechzig Zentimeter lang, grau und grün gefleckt, und rührte sich nicht.

»Kettenzeichenschlange«, flüsterte Francis. »Nicht sehr giftig.«

»Kletterleichenschlange«, erzählten sich die Kinder aufgeregt. Francis ließ die Schlinge über den Kopf der Schlange gleiten und zog sie mit einem Ruck aus dem Gebüsch hervor. Sie zappelte rhythmisch wie ein Metronom und warf sich mit der Regelmäßigkeit eines Scheibenwischers in einem wohlgeformten »S« hin und her. Mit einer Hand packte Francis die Schlange hinter dem Kopf. Sie versuchte sich zu wehren und ringelte sich ihm als doppeltes Armband um das Handgelenk. Mit geschickten Fingern lockerte er die Sisalschlinge, machte sein Handgelenk frei, öffnete einen der Säcke und ließ die Schlange hineinplumpsen. Die Kinder waren so gebannt, daß sie vergaßen, die warnenden Finger herunterzunehmen. Das taten sie, eines nach dem anderen, erst, als Francis den Sack fest zugezogen hatte.

Innerhalb weniger Minuten hatte Francis eine zweite »Kettenzeichenschlange« gefangen. Und Sekunden später suchte eine Sandschlange zischend das Weite. Wenn man wußte, wo man suchen mußte, waren offenbar reichlich Schlangen in der Gegend. In den siebziger Jahren hatte Mark Easterbrook, ein Schlangenmann aus Malindi, zusammen mit seinem Team im Kerio Valley von Kenia innerhalb von sechs Monaten 5000 Schwarze Mambas gesammelt – im Schnitt dreißig pro Tag. Später sammelte er in dieser Küstenregion Zehntausende Grüne Mambas. Hier wimmelte es von Grünen. Zu einem aufsehenerregenden Zwischenfall war es 1952 im Süden gekommen, als eine von ihnen es bis in die Kanzel eines Passagierflugzeugs geschafft hatte, das gerade auf dem Flugplatz von Daressalam im heutigen Tanzania starten wollte. Sie hatte sich dem Piloten um den Hals gelegt und biß ihm, während sie herunterfiel und sich um die Steuersäule ringelte, in die Uniform. Der Start verzögerte sich.

»Mamba!« schrie Francis plötzlich und tauchte in einen nahen Mangobaum. Ein Schauder überkam mich, als ich eine grüne Schlange durch die Zweige fließen sah. »Mamba!« schrien die Kinder, aber noch während sie so schrien, fragten sie sich, was ihr Ruf wohl zu bedeuten habe. In ihrem Suaheli bedeutet Mamba nämlich »Krokodil«, und daß sich in diesem Mangobaum kein Krokodil aufhielt, war klar. Sie fingen an zu lachen. Inzwischen bewegte sich die Schlange sehr rasch vorwärts, machte jedoch den Fehler, in regelmäßigen Abständen innezuhalten, um die Lage zu sondieren. Dabei bekam Francis sie mit der Schlinge zu fassen und zog sie auf den Boden.

»Ach«, sagte Francis. »Eine Boomslang, keine Mamba.« Die Schlange war ungefähr sechzig Zentimeter lang, ein schönes, schillerndes Grün. Francis ging sehr vorsichtig mit ihr um. Anders als bei der Mamba sitzen die Giftzähne der Boomslang zwar weit hinten an ihrem Kiefer, so daß ein wirksamer Biß ziemlich unwahrscheinlich ist, aber wegen ihres starken Gifts war dennoch nicht mit ihr zu spaßen.

»*Mgangarudi*«, sagte Francis zu den Kindern. Das war ihr Name in Suaheli: *Doktor geh heim*. Die düstere Folgerung, daß der Doktor bei ihrem Biß nicht mehr helfen konnte, ließ die Kinder verstummen.

Vielleicht war ihr Suaheli-Name allzu dramatisch – er war jedenfalls aussagekräftiger als ihr Name in Afrikaans: Alles, was Francis an diesem Morgen gefangen hatte, war von Bäumen gekommen. Von der wichtigen Ausnahme der Puffottern einmal abgesehen, spielten sich herpetologische Aktivitäten hierzulande äußerst selten auf dem Erdboden ab. Francis hatte den ganzen Morgen über kaum einen Blick auf seine Füße geworfen.

Mir fiel ein, daß Fitzgerald die Schwarze Mamba, die sich viel auf Bäumen aufhält, »Baumkobra« genannt und damit ihr eigentliches Element bezeichnet hatte. Auf Bäumen war die Schwarze Mamba einfach großartig. Der südafrikanische Naturforscher Eugene Marais schrieb, im Astwerk der Bäume bewege sie sich »pfeilschnell«, und staunte: »Kein flügelloses Lebewesen kommt dem Fliegen näher.«

Wenn Bäume die Bühne der Mamba waren, dann waren sie allerdings gewiß auch ihr Hinterhalt. Schon der *London Zoo Guide* hatte darauf hingewiesen, daß die Grünen von Bäumen herunter zuschlugen und vorübergehenden Afrikanern in die Schulter bissen. Auch die Serienmörderin, die Ionides 1954 fing, hatte angeblich von einem Ast über einem vielbenutzten Pfad aus operiert.

Die gleiche Angriffsstrategie hatte man seit jeher der großen mythischen Schlange der zentral- und südafrikanischen Überlieferung zugeschrieben, die in Kenia Mukunghambura hieß, in Transvaal Muhlambela, in Natal Indlondlo und in Zimbabwe Mbobo. Dieses rachsüchtige Ungeheuer der Bäume war für Afrika das, was für Mitteleuropa einst der Vampir, für Sibirien der Wolf und für die amerikanischen Südstaaten der »bogeyman« gewesen war – der schwärzeste aller Kinderalpträume. In ihrer extremsten Ausformung war sie hundert und mehr Meter lang, mit Regenbogenzeichen auf dem Leib und einer Federhaube auf dem Kopf, und sie meckerte wie ein in Not geratenes Reh, um ihr Opfer anzulocken. Doch besonders gefürchtet war sie, weil sie von ihrem Platz zwischen den Ästen zu tödlichen Bissen in den Hinterkopf ihrer Opfer ausholte.

Dabei war diese große Schlange anscheinend gar kein Fabelwesen. Es gab gebildete Leute, die überzeugt waren, daß es sie wirklich gebe, wenn auch vielleicht in etwas glaubwürdigeren

Ausmaßen. Livingstone hatte von der Monsterschlange am Unterlauf des Sambesi gehört, wo sie unter dem Namen Bubu bekannt war und bis zu sechs Meter lang wurde. Das Männchen krähte wie ein Hahn. Das Weibchen gackerte. Und einen roten Hautkamm trugen sie auch.

Ein Dr. Shircore aus Nyassaland behauptete sogar, er besitze einen knochigen Teil eines solchen Kammes. Im *Journal of the Royal African Society* schrieb er 1944 über die Lebensgewohnheiten dieses Schlangenungeheuers:

»Sie bewegt sich mit großer Geschwindigkeit und ist baumliebend wie die Mamba, der sie in mehrfacher Hinsicht ähnelt. ... Von Zeit zu Zeit wählt sie ein Versteck an einer Straße oder einem Weg mitten in einem Waldgebiet und ringelt, im dichten Blattwerk versteckt, ihren Schwanz um einen überhängenden Ast. Von dort schlägt sie nach dem Kopf jedes Menschen und jeden Tiers, das vorübergeht. Wenn so etwas vorkommt, werden die Reisenden angehalten, die Straße nicht zu benutzen oder, sofern ihnen kein anderer Weg bleibt, größte Vorsicht walten zu lassen. Früher war es in Afrika üblich, einen Topf mit heißem Brei oder heißem Wasser auf dem Kopf zu tragen, so daß sich die Schlange, wenn sie zuschlägt, verbrennt und von ihren Angriffen abläßt oder umkommt ... Die Angst vor dieser Schlange ist so groß, daß die Störungssucher der Afrikanischen Telegraphengesellschaft, die aufgrund ihrer beruflichen Pflichten in die Gefahrenzone geraten können, stets überaus vorsichtig zu Werke gehen, ihre Arbeit in aller Stille erledigen und sich so rasch wie möglich wieder entfernen.«

Die Hitze nahm zu und machte mich für Eindrücke immer empfänglicher. Erste Regungen von Unruhe überkamen mich, als ich bemerkte, wie viele Bäume es hier gab. Außerdem erkannte ich, daß Francis nun offenbar wirklich den Wald selbst betreten wollte. Er bewegte sich im Zickzack voran, nicht aus Erschöpfung, sondern weil er von Baumschatten zu Baumschatten eilte. Voller Angst vor dem, was sich in den Mangos, den Cashewbäumen und den Kokospalmen verbergen mochte, folgte ich ihm nur widerstrebend. Hier und da standen Lehmhütten unter den Bäumen. An eine von ihnen hatte ein Mann sein Fahrrad gelehnt. Er trug ein weißes muslimisches Käppchen und eine lange *jellaba* und saß im Schneidersitz auf dem Boden. Ihm gegenüber horchte eine Frau angespannt auf die Geräusche aus einem Kürbis, den sie gerade rüttelte.

»Eine Mchowi«, flüsterte Francis ganz verdattert. »Der Mann ist gekommen, um sich Rat von ihr zu holen. Die Geräusche, die der Kürbis macht, erklären ihr die Geheimnisse seiner Probleme.«

Die Frau blickte auf, als wir vorübergingen. Ihre Augen schienen weit weg zu sein, aber sie veranlaßten Francis, schneller zu gehen. »Sie weiß ganz genau, worüber wir gesprochen haben«, flüsterte er. »Zurück nehmen wir einen anderen Weg.«

Francis kannte einige Leute aus den Dörfern in dieser Gegend, aber die Mchowis hatten etwas gegen Fremde, die hier Schlangen fingen – diese Fremden, deren weiße Freunde behaupteten, Schlangen zu fangen sei leicht, man brauche nur eine ruhige Hand, und die sich auf diese Weise über die Magie der Mchowis lustig machten.

Wir gerieten in ein Dorf, das Francis kannte, einige Hütten um einen Platz aus dunkler, gestampfter Erde, ein paar angepflockte Rinder, ein paar Hühner. Fünf Männer saßen auf alten Stühlen und Baumstümpfen im Kreis und nahmen hin und wieder einen Schluck aus Flaschen, die einst mit Johnson's Baby Lotion oder Gordon's Gin gefüllt waren. Sie tranken gegorenen Kokossaft, den sogenannten *mnazi*, den »Toddy«, den Fitzgeralds Schlangenmann so gern getrunken hatte. Kinder rollten Flaschenkürbisse auf dem Boden herum. Frauen mit nackten Brüsten stützten einen Ellbogen auf das Knie, legten das Kinn in die Faust und starrten in die Bäume.

Der Mnazi schmeckte sauer, aber Francis nahm ihn als Mittagessen. Der Mnazi stärkte ihn. Er wurde munter und schwatzhaft und gab den Dorfbewohnern Geschichten von Zusammenstößen mit riesigen Mambas, von aufregenden Fluchten, von Löchern in Säcken zum besten. Die Leute ließen sich kein Wort entgehen. Hier kamen nicht viele Leute vorbei und schon gar keine Schlangenmänner, und so zu tun, als hätten sie zu arbeiten – das hatten sie sich schon vor Jahren abgewöhnt.

»Sie sagen, vor ein paar Tagen sei eine *tsasapala*, eine Schwarze Mamba, hier gewesen«, erzählte mir Francis. »Eine der Frauen hat sie gesehen. Sie kroch zwischen zwei Babys durch, die auf dem Boden saßen. Schnell wie ein Matatu. Die Babys haben sie gar nicht gesehen.«

Francis lächelte und leerte seinen Mnazi-Becher. Vom Alkohol waren seine Augen gerötet, und der sonst so erstaunte Blick war einer neuen Verwegenheit gewichen.

»So«, sagte er und rappelte sich mit einem untypischen Schwanken auf. »Jetzt suchen wir die Mamba, die ich Ihnen versprochen habe.« Er gab einem der Männer ein paar Münzen, grüßte lässig und stapfte auf den Wald los.

Sonderbar, ich hatte den Mnazi kaum angerührt, aber ich spürte eine Benommenheit, eine Art Beklemmung. Francis ging voraus. In regelmäßigen Abständen blieb er stehen und sah sich um, ehe weiterging. Die Sonne war sehr heiß. Sie prallte mir auf den Kopf und hüllte uns in Stille. Selbst die Insekten schienen verstummt zu sein. Francis schlug einen Weg ein, der an Feldern entlanglief. Dort wuchsen Mais, Melonen und Sisal. Der Weg lief auf das Dickicht zu und bog kurz vorher nach rechts ab. Francis jedoch ging weiter geradeaus.

»Diesen Busch haben sie nie gelichtet«, sagte er. »Für die Leute aus dem Dorf ist das ein heiliger Ort. Und ein guter Platz für Mambas.« Er schob sich zwischen zwei Büschen durch und war nicht mehr zu sehen. Ich folgte ihm, beklommener denn je. Ich schob die Büsche auseinander und sah vor mir eine Stelle, die in tiefem Schatten lag. Spinnweben spannten sich wie Fallen durch den Raum zwischen dem Blattwerk. Schwarze Zweige zackten wie Risse durch mein Gesichtsfeld. Mit den Füßen stand ich in einer dicken Schicht von welkem Laub. Plötzlich bewegte sich etwas am Boden, und vor mir flog ein Vogel mit weißer Brust auf. Ich machte einen Satz.

»Tiputip«, flüsterte Francis. »Der Spornkuckuck mit den weißen Brauen.« Mir fiel die Verbindung zwischen diesem Vogel und der Schwarzen Mamba ein, und ich machte noch einen Satz.

Nun wurde es noch dunkler, als würde die Sonne selbst ausgesperrt und das durch die Blätter rieselnde Licht nicht länger durchgelassen. Der Busch um mich her wurde immer dichter. Alles wuchs hier viel schneller, als es sollte, strotzte von Knospen und entfaltete neue Blätter. Plötzlich spürte ich, wie Francis vor mir erstarrte. Wieder hob er den warnenden Finger. Und dann hob er einen zweiten und noch einen, bis alle Finger oben waren, wie bei einem Conférencier, der einen Witz erzählt. Seinen Schlangenstock hatte Francis am Waldrand zurückgelassen. Deshalb begann er, die Schlangen von den Ästen in seiner Nähe mit den bloßen Händen herunterzupflücken. Sie waren zusammengerollt, wie Gürtel in einem Kleidergeschäft, und das machte es ihm leicht. Er ließ sie einfach eine nach der anderen in seinen Sack fallen. Als ein Sack voll war, hängte er ihn über die Schulter und nahm einen zweiten. Manche Schlangen wollte er nicht, legte sie behutsam zurück auf einen Ast und flüsterte dazu den Namen irgendeines verstorbenen Verwandten, den er soeben in der Schlange wiedererkannt hatte. Ich wußte nicht viel über die Schlangen, die Francis da einsammelte, aber *wie* er es tat, das beeindruckte mich.

Die Schwarze Mamba hatte er sich bis zuletzt aufgehoben. Sie hing weiter oben im Baum. Sie hatte einen hübschen roten Kamm auf dem Kopf, viel prächtiger als bei den mageren Hühnern im Dorf, und ihr Körper schien sich ins Endlose zu winden. Er war in einer aufsteigenden Spirale um die Bäume gewickelt, wie die Zufahrt zu einem mehrstöckigen Parkhaus. Die Schlange gab Schnalzlaute von sich und versuchte, nach Francis' Nacken zu schlagen, aber Francis kannte seine Schlangen und wandte ihr stets das Gesicht zu. Die Schlange veränderte immer wieder ihre Position, aber Francis lächelte bloß und paßte seine Haltung der ihren an. Plötzlich bemerkte ich, daß er mit der freien Hand in einem Topf voll heißem Porridge rührte. Dieser Anblick muß mich so beschäftigt haben, daß ich die Mamba aus den Augen ließ. Wo sie dann war, wurde mir erst klar, als Francis sich umdrehte und weiter umdrehte und schließlich auf eine Stelle direkt über meinem Kopf starrte. Die Verwegenheit wich aus seinem Blick, an ihre Stelle trat zuerst Überraschung, dann Erschrecken. In diesem Augenblick traf mich ein Hieb im Nacken. Und ich schrie.

Francis kniete über mir, alle Heiterkeit war verflogen.

»Sind Sie in Ordnung?« fragte er. Ich hatte ein paar Dornenkratzer abbekommen, als ich aus dem Busch getaumelt war. Ich lag auf dem Pfad und versuchte, einen klaren Kopf zu bekommen.

»Etwas hat mich am Hals erwischt«, sagte ich. Aber schon als ich es sagte, war mir klar, daß mich nur irgendein Insekt gestreift hatte. Nicht die Schwarze Mamba hatte mich vergiftet. Es waren die Lariam-Pillen.

Februar 1997

Pete sprach jetzt in eine leere Hotelhalle. Er erinnerte sich, wie er, als Jan und David Corroyer die Treppe seines Hauses in Takaungu heraufgehastet kamen, trotz aller Schwindelgefühle darüber nachgedacht hatte, daß sein Aberglaube, was das Hantieren mit Schlangen am Sonntag anging, für einen vernünftigen Menschen eigentlich seltsam war. Pete neigte nicht zu unüberlegten Handlungen. Er setzte auf Klugheit und Vernunft. Das bezeugten die leere Spritze und die paar Ampullen, die neben ihm lagen. Das bezeugten auch die Worte, mit denen er Jan und David begrüßte; keine Hysterie, keine Panik, bloß die Tatsache, daß er sich das bißchen Serum, über das er verfügte, injiziert hatte und fürchtete, es werde nicht ausreichen. Er saß auf dem Sofa, die Hände rechts und links aufgestützt, um sich aufrecht zu halten. Sein Gesicht war grau. Er hatte sich kurz vorher erbrochen. Corroyer wischte ihm das Erbrochene vom Kinn, half ihm hoch und bettete ihn auf den Rücksitz seines Wagens. Dann raste Corroyer in einer Staubwolke den unbefestigten Weg zur Hauptstraße hinunter. Die Reifen schleuderten kleine Steine hoch, die gegen die Karosserie schlugen, während der Wagen durch Sisalfelder und die Cashew-Wäldchen sauste. Auf der Hauptstraße schaltete Corroyer die Scheinwerfer an und drückte alle paar Sekunden auf die Hupe. Vom Straßenrand her klang es wie eine vorüberhastende, ungeübte Bläsergruppe. Der Wagen schoß durch Dörfer, schlängelte sich zwischen Matatus hindurch, scheuchte Schwärme magerer Hühner am Straßenrand auf. Jan drehte sich und sah nach hinten, wo Pete auf dem Rücksitz langsam wegdriftete.

Jetzt, da er in Lebensgefahr schwebte, hätte sein Leben noch einmal poetisch blitzartig an ihm vorüberziehen können: die Ankunft des Großvaters in Afrika und wie er dem Zug nach Nairobi zu Fuß vorauseilt; die Erdbebenspalte, die seine Wiege beinahe verschluckt hätte; die Ausflüge zum Kobrafangen mit seinem Onkel; die Puffotter, die in einer mondhellen Silvesternacht am Arm seines Onkels hängt; sein erster Elefant; die Idee mit dem Schlangenpark; die Fahrt mit der Fähre zum Krankenhaus nach seinem ersten Biß; die Schiffsschrauben, die das Wasser des Kilifi-Flusses aufwühlen; und jetzt das, die Sonntagsschlange. Aber Pete hatte für farbige Reminiszenzen nichts übrig, auch nicht in diesem Augenblick. So einer war Pete nicht.

Pete konnte einem alles darüber erzählen, wie man Schlangen in Gefangenschaft hält. Er konnte einem zeigen, wie man Schlangen in Gefangenschaft zum Fressen bringt und wie man die Milben in Schach hält. Er konnte einem die selbst entworfenen Schlangenkäfige erklären und sagen, wie man Holz gegen Termiten behandeln muß. Wenn es um praktische Fragen ging, war keiner besser als Pete.

Doch Phantasie war nicht seine Stärke; das sagte er selbst. Die Schlangen waren sein Tagewerk, sein Einkommen. Er war ein Schlangenprofi. In enthusiastischen Augenblicken sah er in ihnen allenfalls faszinierende Reptilien. Aber ein Schlangenvisionär war er nicht. Wenn es um Schlangen ging, hätte er seinen Gedanken niemals freien Lauf gelassen. Er zügelte seine Phantasie. So blieb er immun gegen die böse Schönheit der Schlangen, gegen ihre Ausstrahlung, die einem den Verstand rauben und sich in den Träumen einnisten konnte. Schlangen konnten einen Menschen kaputtmachen. Aber Pete hatte jeden Tag mit Schlangen zu tun. Er hantierte im Laufe seines Lebens mit Tausenden giftiger Schlangen, und das gelang ihm nur, weil er nicht zuviel darüber nachdachte. Viel Nachdenken konnte man sich nicht leisten, wenn man mit Schlangen hantierte. Man durfte der Phantasie nicht ihren Lauf lassen. Sonst machten einen die Schlangen verrückt. So lag denn Pete einfach nur da, während ihn die Straße durchrüttelte und die afrikanische Sonne vor seinen geschlossenen Augenlidern flackerte, und sagte sich immer wieder, wie blöd er gewesen war.

Sie erreichten das Krankenhaus in Rekordzeit. Das Personal genoß den ruhigen Sonntagmorgen, als Corroyer hereingestürmt kam und nach einer Trage rief. Als sie Pete hereinbrachten, stand der Anästhesist mit dem Serum bereit. Doch bald hatte Pete alle Serumvorräte des Krankenhauses verbraucht. Im Laufe des Nachmittags indessen, als sich die Nachricht verbreitete, daß der Schlangenmann aus Kilifi von einer Schwarzen Mamba gebissen worden war, setzte ein stetiger Zustrom von Serumampullen ein, die beim Krankenhaus abgegeben wurden. Bei manchen war das Verfallsdatum abgelaufen, und man hatte sie nur noch aufgehoben, falls der Hund mal gebissen würde, doch nun wanderte alles auf dem schnellsten Weg in den Organismus von Pete Bramwell. Der brauchte jeden Tropfen, den er bekommen konnte.

Bei Sonnenuntergang war Petes Zustand immer noch kritisch. Sie schafften es nicht, seine Atmung zu stabilisieren. Gegen zehn Uhr an diesem Abend machte seine Lunge schlapp. Man überlegte, ob man ihn in die eiserne Lunge stecken sollte, die eine Taucherfirma in der Nähe für Unterwasserunfälle bereithielt. Aber die Firmeninhaber waren in den Norden gefahren und hatten den einzigen Schlüssel mitgenommen. Also wurde Pete eine Sauerstoffmaske angelegt. Mit ihr brachte man ihn wieder zum Atmen. Als die Lunge um zwei Uhr morgens zum zweiten Mal schlapp machte, glaubte der Anästhesist, der Schlangenmann werde sterben. Aber noch einmal schafften sie es, die Atmung wieder in Gang zu bringen. Am Morgen sah es so aus, als hätte sich sein Zustand stabilisiert. Die gespendeten Ampullen wurden jetzt neben Petes Bett gestapelt und nicht mehr direkt gespritzt. Am Montagmorgen um neun Uhr öffnete er die Augen, vierundzwanzig Stunden, nachdem er gebissen worden war. Am Dienstagabend wurde er entlassen.

In einer Wolke von Pfeifenrauch saß er nun hinter einer niedrigen Barrikade aus Kaffeetassen, Aschenbechern und Einwickelpapierchen von Cashew-Nüssen. Mit seiner alten Jacke und den dicken Brillengläsern sah er nicht aus wie jemand, der den Biß einer Schwarzen Mamba überlebt hatte. Er war ein alter Mann in einem kalten Land, das nicht seines war, während die beste Geschichte seines Lebens zu Ende ging.

Die Sache war nur die – es war nicht die Geschichte, die ich in Kenia gehört hatte, es war nicht die Geschichte, die ich mir bei Schlangenparkwächtern und Hoteliers, bei Einheimischen und Barmännern zusammengesucht hatte. Es war ganz und gar nicht die gleiche Geschichte.

Ich folgte Francis zur Straße zurück und kam mir albern vor. Wir hatten beschlossen, daß es für heute mit dem Mambajagen genug sein sollte. Während der Rückfahrt im Matatu wurde Francis still. Er wirkte bedrückt.

»Ich verstehe die Leute nicht«, sagte er, als ich ihn fragte, ob irgendwas nicht in Ordnung sei. Es war, als hätte uns mein sonderbares Benehmen einander irgendwie näher gebracht.

»Ich werde Ihnen gleich zeigen, was ich meine«, sagte er und deutete die Straße hinunter in die nahe Zukunft.

Acht Jahre lang hatte Francis einen eigenen Schlangenpark gehabt, außerhalb der Ruinen von Gedi, nicht weit von der Stelle, wo die Straße abzweigte. Bis vor kurzem hatte er damit gute Geschäfte gemacht. Besucher, die sich die verfallene arabische Stadt ansahen, die stimmungsvollen alten Paläste und Moscheen, die nach und nach den Baobabs und dem Würgegriff der Feigenbäume erlagen, kamen oft herein, um sich ein bißchen umzusehen.

»Vor drei Monaten übergab ich die Monatsmiete – 500 Shilling – dem Sohn des Besitzers«, sagte Francis. »Er sollte sie seinem Vater bringen. Jetzt behauptet er, ich hätte ihm gar nichts gegeben. Ich werde die Schulden begleichen, wenn ich kann, aber nie mehr gebe ich seiner Familie Geld ohne eine Quittung.«

Der Park, vielleicht einen halben Acre groß, war von einem niedrigen Stacheldrahtzaun umgeben. Das kunstvolle, mit Makutiblättern gedeckte Eingangsportal aus Korbgeflecht, das Francis gebaut hatte, war vor kurzem umgestürzt. Wir machten einen großen Schritt darüber hinweg und standen im Schlangenpark. Gebäude gab es nicht, aber das Blätterdach des Waldes spendete reichlich Schatten. Francis hatte viel Arbeit in die Gartenanlage seines Parks gesteckt. Auf allen Seiten gab es hübsche, mit Steinen eingefaßte Beete, in denen Flamboyants wuchsen. Für seine Schildkröten hatte er einen Teich angelegt. Zwischen den Bäumen lagen zur Seite gekippte Rohrtische. Auf ihnen hatten die

Schlangenkästen gestanden. Francis deutete auf die Kästen mit ihren Vorderseiten aus Glas oder Gaze, die sich jetzt in einer Ecke des Parks türmten. Plötzlich traten ihm Tränen in die Augen. Wegen einer einzigen Monatsmiete war sein Geschäft pleite gegangen. Und solange er nicht bezahlte, ließ sein Vermieter nicht mit sich reden.

»Ich verstehe die Leute nicht«, wiederholte Francis.

Auf dem Rückweg zu Parzelle 28 machte ich einen Abstecher zum Ocean Sports Hotel. Die Bar war leer. Der Barmann starrte geistesabwesend auf die Brandung, in der Hand ein Glas, in ein Geschirrtuch gewickelt.

»Geangelt?« fragte er, offenbar auf der Suche nach jemandem, der ihm Gesellschaft leistete.

»Mambas gejagt«, erwiderte ich.

»Also, das sagt mir nun aber gar nichts. Mambas? Sind Sie verrückt oder was? Wissen Sie, da war so ein Typ, den hat eine gebissen, unten in Kilifi.«

»Ja, habe ich gehört – «

»Schrecklich ... Stellen Sie sich das mal vor, liegt da, gelähmt, und hört, wie der Doktor seiner Frau sagt, er hätte nicht die geringste Chance, hätte mindestens einen Hirnschaden, und sie könnten genausogut den Stecker rausziehen. Und er denkt, *Herr im Himmel! Tut mir das nicht an!* Aber er kann nichts machen, kann ihnen nicht zeigen, daß er alles mitbekommt. Er kann nicht reden. Kann sich nicht bewegen. Nichts. Und sie wollen ihn schon abschalten. Er weiß, er muß ihnen zeigen, daß er noch lebt, irgendwie. Und zwar bald. Er versucht also, irgendwas zu bewegen. Einen Finger, einen Zeh, irgendwas. Aber er schafft es nicht. An dem Abend holen sie einen Priester, der ihm die Letzte Ölung geben soll. Sie wollen die Maschine abstellen. Und alle Angehörigen sind da und stehen um das Bett, und sie sind drauf und dran, ihn umzubringen. Und er denkt, *das war's.* Und der Priester segnet ihn. Und als seine Frau sich über ihn beugt und ihm einen Abschiedskuß geben will, sieht sie, wie eine einzelne Träne unter seinem Lid hervordringt. Da wird ihnen klar, daß er lebt. Und der Arzt nimmt den Finger von dem Schalter der Maschine. Und ein paar Wochen später kommt er aus dem Krankenhaus. Und wissen Sie, was er macht? Er nimmt sein Gewehr, geht zu seinem Mambakäfig und ballert sie allesamt in tausend Stücke.«

»Und wissen Sie auch, wie dieser Mann hieß?«

»Klar weiß ich das«, entgegnete der Barmann. »Bramwell. Pete Bramwell. Ist vor ein paar Jahren zurück nach Schottland gegangen. Ich rufe seinen Schwiegersohn an. Vielleicht kann er Ihnen eine Adresse geben.«

Ich bestellte noch ein Bier, und weil ich gerade dabei war, spendierte ich dem Barmann auch eines.

Neunzehn
Indien III

August 1996

In Sangli, einer Stadt in Maharashtra, knetete ein Mann fünfzehn Zentimeter hohe Kobrafigürchen aus nassem, mokkabraunem Ton, den er in einem Eimer verwahrte. Augen und Maul drückte er ihnen mit der Spitze einer Scherenklinge ein, versah sie zuletzt mit einer kleinen, aus rotem Filz geschnittenen Spaltzunge und stellte sie dann in die ersten flachen Strahlen der Morgensonne zum Trocknen auf seinen Verkaufstisch. Es war der richtige Tag zum Schlangenmachen.

Motor-Rikschas verschwanden in den Klumpen von dichtem Morgennebel, die sich entlang der Straße vor dem Busbahnhof von Sangli gebildet hatten, und tauchten in gefährlicher Schräglage wieder auf, während die Fahrer sich noch die Augen rieben. Ich hatte Madras am Vortag um die Mittagszeit in einem braunen, scheppernden Zug verlassen, der sechzehn Stunden in nordwestlicher Richtung quer durch Indien rollte. Vor den regenverschmierten Fenstern tauchten manchmal unerwartet und irgendwie bedrohlich heilige Ochsen mit blau und golden angemalten Hörnern auf, die von einem solchen Zusammentreffen im Inneren von Andhra Pradesh genauso überrascht zu sein schienen wie die Fahrgäste. In dem Abteil, in dem ich saß, studierte ein junger Mann die Geheimnisse der Kreditvergabe in einem Buch mit dem Titel *Borrowing from Financial and Banking Institutions*, während ein älterer Mann betrübte Blicke unter das Tuch warf, das einen kuppelförmigen Vogelkäfig zudeckte.

»Ein grüner Papagei«, erklärte er mir. »Er gehörte meiner Frau. Sie ist vor einem Monat gestorben. Der Doktor hatte gesagt, sie soll keine scharfen Currys mehr essen. Unsinn, sagt sie zu ihm, und dann stirbt sie, einfach so. Nach einem scharfen Curry.« Mit der Ecke seines Taschentuchs wischte er sich ein Auge. Der Papagei schwieg dazu.

Ich war am frühen Morgen aus dem Zug gestiegen und hatte meine Reise in einer Reihe von klapprigen roten Bussen bis Sangli fortgesetzt, wo mich die Tonkobras mit ihren gespaltenen roten Zungen daran erinnerten, daß dies der Tag vor Nag Panchami war. Das indische Kobrafest wird am fünften Tag nach dem Vollmond im Hindu-Monat Shravan gefeiert – nach römischem Kalender im Juli oder August. Schlangen sind in dieser Jahreszeit überall anzutreffen, und der Monsun hat sich über Indien festgesetzt. Es besteht Aussicht auf eine gute Ernte. Zur Feier der Verbindung zwischen den Schlangen und der verheißenen neuen Fülle werden an diesem Tag in vielen Teilen Indiens Kobras aus Ton, Holz oder Teig verehrt und ihr Bild mit Kurkuma, feuchtem Reispulver oder Kuhdung auf die Haustüren gemalt – besonders im Schatten der Westghats, in den Bundesstaaten Karnataka und Maharashtra.

Im 19. Jahrhundert gab es in den Städten dort, etwa in Sangli, Satara und Kohlapur, an Nag Panchami schulfrei. Die Schüler kleideten sich festlich und nahmen an einem großen Umzug teil, der unter dem Dröhnen der Kesselpauken von schabrackengeschmückten Elefanten und Pferden angeführt wurde. Von Flötenspielern begleitet, machten sich sogar die vornehmen Maharanis auf den Weg, um an den Termitenhügeln, in denen die Kobras lebten, zu beten und an den Eingängen Blütenblätter von Oleander und Lotus, Seerosen und Jasmin auszustreuen.

Aber meine Reise war in Sangli noch nicht zu Ende. Ein letzter roter Bus sollte mich in die Stadt Battis-Shirala bringen, deren Name unerklärlicherweise »Zweiunddreißigster Ort namens Shirala« bedeutet. Seit Jahrhunderten war Battis-Shirala für seine Nag-Panchami-Feierlichkeiten berühmt. Der Legende nach soll ein lokaler Gott die Bewohner der Stadt eines Tages gescholten haben, weil sie bloß Bilder der Kobra verehrten, woraufhin sie anfingen, sich mit den Originalen zu befassen.

Während sich unser roter Bus Shirala näherte, sah ich überall junge Männer, die sich unter einem mit schweren Regenwolken behangenen Himmel auf den Feldern zu schaffen machten. Manche hockten mit nacktem Oberkörper, die *lunghis* um die Hüften hochgeschlagen, auf dem Boden, während von anderen in den Mais- und Zuckerrohrfeldern nur die Köpfe zu sehen waren. In vieler Hinsicht war diese Landschaft typisch indisch, aber den verschiedenen Gestalten in ihr war eine sonderbar intensive Wachsamkeit gemeinsam, die zum täglichen Einerlei der Erntearbeit nicht recht paßte.

Der Bus bog um eine Kurve, fuhr an einem Flußufer entlang, wo Frauen naßglänzende Kleider gegen einen Felsen klatschten, und kam dann neben einem von Kletterpflanzen umrankten Banyan-Baum mitten in der Stadt zum Stehen, wo sich purpurrote Männer drängten. Sie waren mit *gulal* bedeckt, dem Freudenpulver, das bei indischen Festen als Konfetti dient. Manche hielten kräftige Äste hoch, von denen braune Jutesäcke schwer herabhingen. Während sie ihres Weges zogen, sangen sie etwas Triumphierendes in Marathi.

»Wessen Kobra? Unsere Kobra!« dolmetschte einer von ihnen, blieb stehen und stellte sich vor. Sayga Ghatge war fünfzehn und der einzige in seiner Gruppe, der englisch sprach. Die Ghatges und ihre Freunde, so erklärte mir Sayga, hatten ihre Kobra erst an diesem Morgen gefangen. Womit die wachsamen Männer, die ich auf den Feldern gesehen hatte, erklärt waren.

»Bis später«, sagte Sayga und lief seiner Gruppe nach, die schon fast verschwunden war. Ich winkte und ging, dem gutgelaunten Gulal ausweichend, das von großzügigen Händen überall verteilt wurde, direkt zum Kismaath Hotel. Der Mann sah mich verdutzt an, als ich nach einem Zimmer fragte.

»Wir sind ein Hotel«, sagte er geduldig. »Bei uns kann man essen.« Also versuchte ich es beim Shirala Guest House, das sich als Bäckerei entpuppte. Es war wie auf dem Plakat, das ich in Madras gesehen hatte – »Teure Jeans, nur 399 Rupien«. Offenbar hatten viele Wörter des englischen Grundwortschatzes die Reise in ihre neue indische Heimat nicht überlebt. Irgendwo unterwegs – vielleicht im Suezkanal oder im Roten Meer, auf dem Postschiff nach Bombay oder im Bummelzug nach Poona, auf den Märkten von Kohlapur oder in einem der Vorfahren des alten roten Busses, der hier durch die Berge kurvte – hatten sie gebockt und sich von ihrer herkömmlichen Bedeutung losgerissen.

»Ach, Unterkunft! Sie meinen eine Unterkunft!« rief der junge Postbote, der stehengeblieben war, um mir zu helfen, und sich als C.Y.W. vorstellte. »Ich schlage vor, Sie versuchen es mal bei Tirupati Auto-Ersatzteile.«

Tirupati Auto-Teile befand sich im Erdgeschoß eines modernen, mehrstöckigen Fremdkörpers aus Beton, der vor kurzem über dem Stadtrand von Shirala abgestürzt sein mußte. Ein rundlicher Mann erschien zwischen einem Durcheinander von Zündkerzen, Rohrschellen, Keilriemen und Luftfiltern, in dem er sich anscheinend eingenistet hatte, kratzte sich auf meine Frage hin am Kinn und führte mich dann eine Treppe hinauf, wobei seine Leibesfülle unter dem Hemd mächtig ins Wackeln geriet. Am Ende eines langen Ganges öffnete er eine Tür, und ich betrat ein Zimmer, das bis auf die Zwiebeln und die Knoblauchzehen, die hier trockneten, leer war. Sie rochen süßlich und irgendwie vertraut, und es waren so viele, daß zwischen ihnen nur hier und da etwas von dem geriffelten Betonfußboden sichtbar wurde. Knoblauch, so versuchte ich mich aufzumuntern: ein ausgezeichnetes Mittel, um Schlangen fernzuhalten. Trotzdem mußte ich von Mr. Tirupati noch erfahren, wo ich hier denn nun schlafen sollte. Doch schon brachte mich Mr. Tirupati mit einer theatralischen Geste zum Schweigen, die mit einem riesigen Besen durch den Raum fuhr und einen Wall willfähriger Zwiebeln und Knoblauchzehen vor sich her schob. Der Preis gelte auch für eine Schlafmatte und eine Decke, versicherte er mir, bestand allerdings auf Bezahlung im voraus.

»Und mein Name ist Patil«, korrigierte er mich. »Tirupati ist unser berühmter Wallfahrtsort in Andhra Pradesh.«

Ich trat auf den Gang hinaus. Er war nach einer Seite offen und bot interessante, wenn auch nicht besonders erbauliche Ausblicke. Ich befand mich am Rand der Stadt, inmitten eines Durcheinanders von Gebäuden, rauchgeschwärzten Wänden, Ziegeldächern, schaukelnden Schornsteinkappen und wirren Drähten, die sich ostwärts spannten, während meine Bleibe von einer armseligen Ansammlung provisorischer Zelte umlagert war. Kinder spielten zwischen diesen rauchschwarzen Zelten, und die Männer meißelten an Steinplatten herum, aus denen sie einfache, flache Gewürzmörser herstellten. Schwarze Schweine, die baumelnden Zitzen mit Schlamm verkrustet, wühlten im Müll. Im Westen lagen Gehölze mit schimmernden Bäumen und sanften Höhen, und zwischen ihnen ragten ein Riesenrad und die spitzen Türme eines elfenbeinfarbenen Tempels hervor, der mit orange Gebetsfahnen geschmückt war.

Ich wollte mich ein wenig in Shirala umsehen und überließ es Mr. Patil, die Zwiebeln aus meiner Unterkunft zu schaffen. Doch kaum war ich am Fuß der Treppe, da kam schon wieder der eifrige C.Y.W. vorübergeradelt.

»Eilzustellung«, rief er fröhlich, bremste so scharf, daß ihm das Hinterrad wegrutschte, und erklärte mir dann, ich ginge in die falsche Richtung: »Kobrawettkampf«, sagte er und deutete mit dem Daumen über seine Schulter. »Elfhundert Uhr. Ubale-Straße. Riesig große Attraktion.«

Eine lebhafte Menschenmenge hatte sich bei dem Wettkampfgelände an der Ubale-Straße versammelt, einem abgezäunten Bezirk mit kurz geschnittenem Rasen, auf dem sechs Rechtecke, etwa so groß wie Stellplätze für Autos, mit Reispulver markiert waren. Auf einem wackligen Holzpodium, über das eine Zeltplane gespannt war, drängten sich mehrere städtische Honoratioren mit schweren Clipboards um ein Mikrophon auf einem Tisch, das anscheinend nicht funktionierte. Im Schutz ihrer Sonnenbrillen und ihrer schlecht sitzenden Anzüge wehrten die Honoratioren sämtliche Nachfragen der Wettkampfteilnehmer mühelos ab.

Die Teilnehmer hatten sich auf dem Gras des eingezäunten Bezirks niedergelassen. Sie hatten Stöcke dabei und runde Tontöpfe, groß wie Köpfe. Die Deckel dieser Töpfe waren in bunte, oft orange oder rosa Tücher eingeschlagen, die vielfach mit Perlen oder Ziermünzen bestickt waren. Gesichert wurden sie von einer Schnur, die so um den Rand des Topfes geschlungen war, wie man selbstgemachte Marmelade mit Butterbrotpapier und einem Gummiband verschließt. Nur daß der Inhalt exotischer war.

Ein Pfiff ertönte, und die erste Runde begann. Unter dem aufmunternden Geschrei der Menge traten die ersten sechs Teams, jeweils zwei Leute, in die ihnen zugewiesenen Rechtecke und lösten die Schnüre von ihren Töpfen. Auf einen zweiten Pfiff hin leerten sie ihre Töpfe in das Rechteck. Aus jedem Topf plumpste eine wütende Kobra und sah sich sogleich einem Mann gegenüber, der sie mit einem Topf reizte, mit eben jenem Topf, aus dem sie soeben herausgefallen war, während der zweite Mann sie am Schwanz festhielt. Fuchsteufelswild spreizten die sechs Kobras ihre Halsschilde. Während die Männer ihre Töpfe über den Köpfen der Schlangen schüttelten, reckten sich diese immer höher, und der Lärm der Menge wuchs mit. Die Honoratioren traten näher und pflanzten fast zwei Meter lange Meßlatten neben die Kobras, bevor sie notierten, welche Höhe jede Schlange erreicht hatte. Dreiundfünfzig Zentimeter war gut; neunundfünfzigeinhalb trug schließlich den Sieg davon.

Ich gebe zu, einen Wettstreit nach dem Muster »Wie hoch bekommst du deine Kobra?« hatte ich nicht erwartet. Ich hatte mit mehr Mystik gerechnet, mit einer eher spirituellen Erfahrung. Statt dessen drängte sich der Vergleich mit dem Klapperschlangen-Round-up in Georgia geradezu auf, nur daß dort die Sieger nach Gewicht und Anzahl der Schlangen bestimmt wurden.

Ich brauchte natürlich eine gewisse Zeit, um mich zu besinnen; die letzte Nacht war sehr kurz gewesen. Mir fielen die Schlangensteine ein, die ich gesehen hatte, die Lingams in den Tempeln und die Worte von Rivett-Carnac, der das Leben des indischen Volkes im 19. Jahrhundert beobachtet hatte: »Es gibt gewisse naheliegende Gesichtspunkte, die im Zusammenhang mit der Haltung, die die Kobra einnimmt, wenn sie *erregt* ist [Hervorhebung von mir], sowie mit dem Anschwellen ihres Hutes zu erklären vermögen, warum man gerade diese Schlange als Verkörperung des Phallus ... gewählt hat.« Demnach waren also alle Schlangen phallisch, aber die Kobra ganz besonders. Bis hin zu der Zeichnung auf ihrem Halsschild, wie mir plötzlich auffiel: Meistens spricht man in ihrem Zusammenhang von einer Brille, aber überzeugender erscheint mir der Vergleich mit dem männlichen Genital, samt einem stattlichen Hodenpaar.

Der Kobra-Wettkampf erinnerte mich daran, daß Nag Panchami ein Fruchtbarkeitsritus war, bei dem es ebenso um Feldbau wie um Fortpflanzung ging. »Hier war mehr im Spiel als die übliche Zügellosigkeit«, schrieb Rivett-Carnac über die Nag-Panchami-Feste, die er im südindischen Nagpur erlebte. »Einfache Darstellungen von Schlangen in allen möglichen Formen und Stellungen werden hier verkauft und verteilt, wie Geschenke zum Valentinstag.« Für eine Wiedergabe seien diese Bilder kaum geeignet: » ... die Haltung, die die Frauen zu den Schlangen einnahmen, waren von anstößigster Art und ließen keinen Zweifel, daß nach dem Grundgedanken dieser Zeichnungen die Kobra als Phallus angesehen wurde.«

Solche Bilder waren in Shirala nirgendwo zu sehen, aber worum ging es bei alledem, wenn nicht darum, daß sich die Männer im Geiste von Nag Panchami eine symbolisch-priapische Demonstration erlaubten, daß sie einen Stellvertreter hochbrachten und dann die beste Erektion maßen, wie es wohl die meisten Schuljungen irgendwann mal gemacht haben, wenn auch vielleicht nur mit einem fünfzehn Zentimeter langen Lineal? Ein Wettkampf um die höchste Auszeichnung des Mannes? Wer hat den längsten in der Klasse? Gewinnen war alles – so sehr, daß, als der Sieger verkündet wurde, ein erboster Rivale über ihn herfiel und ihn mit einer Meßlatte, die er eben über dem Knie zerbrochen hatte, verprügeln wollte. Im Nu mischten sich auch die anderen Teilnehmer ein, während die Honoratioren an dem Mikrophon herumklopften und vergeblich versuchten, es in Gang zu bringen und die Ordnung wiederherzustellen.

»Oh je«, sagte die Stimme neben mir. Es war Sayga Ghatge. »Ich glaube, der falsche Club hat gewonnen.«

»Club?« fragte ich.

Vor dem Fest, so erklärte mir Sayga, tun sich Verwandte und Freunde zusammen und sammeln auf dem Land Kobras, um an den verschiedenen Kobra-Wettkämpfen teilzunehmen und die Tiere bei den Umzügen zu zeigen. Manche dieser Schlangenclubs gehen aus bestehenden Vereinen hervor, etwa aus dem Rotary Club oder dem Lions Club von Shirala. Andere werden eigens zu Nag Panchali gegründet, zum Beispiel der Nagarja Trimurthi (der Schlangenkönig-Dreifaltigkeitsclub), der Hooded Cobra Club und auch der werbewirksame Azzad Restaurant Club.

»Und wir«, sagte Sayga, »nennen uns die Young Stars.« Ich fragte ihn, warum sie diesen Namen gewählt hätten.

»Weil wir jung sind«, erwiderte Sayga entschieden. »Und Stars sind wir auch.«

Er nahm mich bei der Hand; ich sei sein Gast, sagte er. Und so zogen die Jungen Stars singend durch den Ort, eine purpurbestäubte Prozession, versammelt um eine Kobra, die in einem Sack an einem Stock baumelte. Die Läden gegenüber von Tirupati Auto-Ersatzteile, die sonst Leuchtstoffröhren, musikalische Türklingeln und Mopedhupen verkauften, hatten sich aus Anlaß des Festes in mit Teppichen ausgelegte Fotoateliers verwandelt, wo Kodak-Filmschachteln und Luftballons von der Decke hingen und man sich vor einem mottenzerfressenen roten Hintergrund für ein Entgelt mit einem *dhaman*, einer langen braunen Rattenschlange, fotografieren lassen konnte.

»Heute nicht giftig, diese Schlange!« gab mir der Besitzer mit heftigem Winken zu verstehen. Den Dhaman hatte er sich wie einen Schal um den Hals gelegt. »Nur giftig an Sonntagen, der Dhaman.«

Weiter unten an der abschüssigen Straße wurden die Lücken größer. Freiflächen schoben sich zwischen die Läden. Die Landschaft brachte sich wieder zur Geltung, und hinter der Holzwerkstatt, in der die Familie Ghatge Lattenkisten für Tomaten herstellte, wurde aus Shiralas Hauptstraße endgültig die Straße nach Kohlapur. Sie führte an einem Spielplatz vorbei und verschwand hinter dem Gerichtsgebäude in einem Trichter aus hohen, von Kletterpflanzen umrankten Banyan-Bäumen. Die Jungen Stars machten einen Umweg, einen staubigen Weg hinunter zum Tempel und zum Krankenhaus, vorbei an Ständen, wo Kokosnüsse und Bananen, Hülsenfrüchte und Gewürze, Armbänder und Luftballons, Schleifen und Bilder mit berühmten Szenen aus den Hindu-Epen verkauft wurden und wo es nach Lagerfeuer und Koriander roch.

Unterhalb des Weges dehnte sich der inoffizielle Festplatz, ein Stück Land mit kurzgeschorenem Gras. Hier wurden gerade Eisenteile und zusammengerollte Planen mit Fransen abgeladen. Unter dem regenschweren Nachmittagshimmel nahm ein Jahrmarkt Gestalt an. Motoren tuckerten, und aus dem Gewirr der Wackelkontakte brachen immer wieder kurze Fetzen einer wundersam dröhnenden Musik hervor. Betagte Karussells wurden zusammengeschraubt. Einige zitronengrüne Helikopter mit groben Schweißnähten lagen herum, ein Bild wie aus der Tet-Offensive. Die Todesgrube – »Silver Enterprise präsentiert Maruti Car mit seinen Motorrädern« – wuchs aus dem Boden, ein riesiger Eimer inmitten eines Gewirrs von hölzernen Verstrebungen. An einem halbfertigen Stand wurde nach und nach das in grellen Farben gepinselte Bild einer Frau – halb wollüstige Disco-Diva, halb Großmutter mit Dutt – aus verschiedenen hölzernen Tafel zusammengesetzt. Aber erst als auch die allerletzte mit entschlossenen Hammerschlägen an ihren Platz gezwängt war, erklärte der gelbschwarze Kopf eines großen Python, was es mit all den Windungen auf sich hatte, in die die gemalte Dame gewickelt war.

Die Ghatges wohnten in einem niedrigen Steinhaus, aus dessen Fenstern Rauch hervordrang. Alte Männer, aufgeregte Kinder und junge Frauen in hübschen Saris versammelten sich, um den neuesten Kobra-Fang der Jungen Stars in Augenschein zu nehmen. Saygas schlaksiger, kummervoll dreinblickender Vetter Vinod trat vor. Vinod mit seiner Lockenpracht und seinen dunklen, ein wenig traurig dreinblickenden Augen war offensichtlich der maßgebliche Schlangenmann der Young Stars. Er öffnete den Sack und schüttelte die Kobra heraus. Sobald sie draußen war, nahm er einen leeren Tontopf und schwenkte ihn, halb rotes Tuch, halb Schutzschild, vor der sich aufrichtenden Schlange hin und her. Aus den rauchigen Schatten des Hauses traten mehrere Frauen hervor. Von den Blechtabletts, die sie trugen, nahmen sie Prisen von gebranntem Reis, Hibiskusblüten und Kukurma, beugten sich vor und streuten sie der Kobra über den Kopf, ehe sie mit einem Knicks zurücktraten.

Diese Frauen beteten eine Kobra an. Das allein war schon bemerkenswert. Aber sie taten es mit einem verblüffenden Gleichmut. In ihren Bewegungen zeigte sich nicht die geringste Befangenheit. Sonst wäre mir ihr Verhalten einfach nur verrückt erschienen. Sie aber ließen keine Sekunde lang den Eindruck aufkommen, Kobras anzubeten könnte im ausgehenden zwanzigsten Jahrhundert ein unzeitgemäßes oder obskures Verhalten sein. Ihre Beziehung zu den Kobras war von keinerlei Zweifel getrübt.

Die Frauen der Familie Ghatge machten auch deutlich, daß Frauen die eigentlichen Protagonisten des Nag-Panchami-Festes sind und die wichtigste Rolle in den ihm zugrunde liegenden Mythen spielen, auch wenn die phallischen Demonstrationen an der Ubale-Straße vielleicht etwas anderes zu besagen schienen. Die Frauen verehrten die Kobra als Genius der Fortpflanzung, als rattenvertilgende, regenbringende Freundin der Bauern, aber sie besänftigten auch ihren Zorn. Kinderlosigkeit galt in Shirala als göttliche Strafe dafür, daß man in einem früheren Leben eine Kobra getötet hatte. Von den verschiedenen Geschichten, die dem

Nag Panchami zugrunde lagen, war den Bewohnern von Shirala vor allem die eines Dorfbewohners wichtig, der einmal ein Nest junger Kobras mit seinem Pflug zerstört hatte. Die Kobramutter, die das Blut ihrer toten Kinder am Pflug des Mannes entdeckte, biß ihn und seine Angehörigen in einem nächtlichen Anfall von Rache und tötete alle im Schlaf, ohne daß sie noch einmal erwachten. Dann machte sich die Kobra auf den Weg zum Nachbardorf, um das einzige noch lebende Familienmitglied zu suchen, eine Tochter, die geheiratet hatte und weggezogen war. Die Kobra fand die Tochter, als sie den Schlangengöttern gerade Weihrauch, Milch und Honig darbrachte, und war so nachhaltig versöhnt, daß sie der Tochter sogar einen Nektar schenkte, der ihre Angehörigen wieder zum Leben erweckte.

Die Leute von Shirala achteten während des Nag Panchami ganz besonders darauf, den Kobras kein Leid anzutun, und wendeten während des Festes niemals die Erde um. Die Pflüge standen still, und die Traktoren fuhren nicht auf die Felder hinaus, sondern zogen während des Umzugs die Festwagen durch das Dorf.

»Und Sie fahren morgen mit den Jungen Stars auf unserem Wagen!« sagte Sayga zu mir. Als ich nach dem Zeitplan für den nächsten Tag fragte, kritzelte er mir folgendes auf ein Stück Papier: *Morgenfrüh: Schlangen zu Tempel. Elfuhr: Schlangen zu Häuser. Mittag: Schlangenparade.*

Ich sagte den Ghatges Guten Abend und wanderte in der zunehmenden Dunkelheit durch Shirala. Regenwolken hingen wie Euter tief über dem Ort, aber in den Lücken zwischen ihnen durchstachen blitzende Sterne den Himmel. In meinem Zimmer hatte Mr. Patil zwischen Zwiebeln und Knoblauchzehen Platz für die dünne Matte geschaffen, die er mir überließ. Auch eine Art Fußweg von der Tür zur Matte und von dort zum Wasserhahn im hinteren Teil des Raumes war freigeräumt, aber er wurde von rutschenden Knollen nach und nach überrollt, die mich im Laufe der Nacht immer dichter umlagerten.

Mr. Patils Matte war nicht bequem. Kakophone Nachtgeräusche drängten sich eines nach dem anderen in meine Aufmerksamkeit; Hunde heulten, Hupen hupten, Schweine quiekten, Zwiebeln und Knoblauchknollen kollerten, und aus Heerscharen von Fernsehern drangen dramatische Musik und dramatischer Dialog. Die Steinmetze arbeiteten lange, und mitten in der Nacht begann irgendwo im Haus jemand, wie wild auf ein Wasserleitungsrohr zu hämmern. Sogar eine italienische Arie erhob sich in die Nacht. Dann fing es an zu regnen, und als am frühen Morgen ganze Flotten von Autobussen aus Bombay, Poona und Solapur eintrafen und ihre Pilgerpassagiere auf dem Cricketplatz der Schule ausluden, wurde der Lärmteppich so dicht, daß es den Anschein hatte, als könnten Fetzen daraus vom Himmel fallen und die zerlumpten Zelte oder Mr. Patils wohlgestalten Wohnblock unter sich begraben.

Es war jedoch der Klang der Blaskapellen, der mich weckte. Ich zog mich rasch an und folgte den morgendlichen Menschenmassen, die wie Nebenflüsse in die Hauptprozession mündeten und mit ihr durch den Ort wallten, vorbei an der Youth Federation Corner und dem Krankenhaus, immer stärker anschwellend, je näher sie dem Tempel kam, ein Gewühl aus Bewegung, Farbe, Chaos, die Ufer gesäumt von den hingestreckten Angeboten der Straßenhändler und Standbesitzer. Männer mit weißen Nehru-Mützen, die sich den goldroten Dreizack Shivas auf die Stirn gemalt hatten; alte Männer mit weißem Schnurrbart und orangefarbenem Turban; Frauen in anmutigen, mandarinenfarbigen Saris, den Nasenrücken mit Purpur und Orange gefärbt; orange Fahnen mit einem goldenen Dreizack auf der Stange und die Warane, auch sie Reptilien, die wegen ihrer Beziehung zu Shiva hoch verehrt wurden, aufrecht an Stangen geschnürt, die wie Feldzeichen römischer Legionäre getragen wurden; die Blaskapellen, zerlumpt und doch prachtvoll, in Crepe und Goldlitze und Silberfolie – lauter Michael Jacksons aus einer Hauswirtschaftsklasse, die sparen mußte –, marschierten neben kleinen überdachten Wagen, an denen Zinntrichter als Verstärkeranlage befestigt waren. In der New Hanuman Musical Band, der Durbar Brass Extravaganza, bei Musical Banjo und Miraj, wie sie sich nannten, spielten Trompeten, Hörner, Tubas, Klarinetten, Trommeln und, besonders eindrucksvoll, riesige Sousaphone, die wie überdimensionierte Waldhörner die Spieler unter sich fast begruben; die ersten purpurfarbenen Gulalexplosionen verklebten Haare, Gesichter und frisch gewaschene hellblaue Hemden; überall sah man, auf Schultern schaukelnd wie auf der Oberfläche eines Stromes, Hunderte von bunt umwickelten Töpfen, in denen die eigentlichen Stars dieses Fests herumgetragen wurden.

Als der Tempel näherkam, geriet der Strom ins Stocken. Straßenhändler drängten uns Tüten mit Nüssen auf und zielten mit ihren in Farbe getauchten Dreizackstempeln nach unverzierten Stirnen, in der Hoffnung auf ein paar Rupien. Ein Albinozwerg lag nackt im Schmutz, neben sich eine einzelne blinkende Münze. Vor ihm erhob sich aus einem von hohen Mauern umgebenen Hof der elfenbeinfarbene, mit großen schwarzen Flecken bedeckte Tempel – ein gedrungenes Gebäude mit einem Turm dahinter, den eine ananasförmige Spitze zierte. Überall an diesem Tempel fand sich das Motiv der Kobra mit dem schwellenden Halsschild. Auf seinem Dach flatterten zerfetzte orange Gebetsfahnen.

Das Gedränge schob die Pilger langsam in den Hof, wo sie ihre Schuhe auszogen und die schwarze Nandi-Statue berührten, den Stier, der Shiva beschützt. Sie läuteten die Glocken, um ihr Kommen anzukündigen, und gingen dann weiter, um am Heiligtum der Ambabai, wie die Gemahlin Shivas in diesem Teil von Maharashtra genannt wird, weissagungsvolle Kokosnüsse zu zerbrechen. Die Männer mit den Töpfen ließen ihre Kobras in einer Ecke des Hofes frei, und sogleich sammelte sich eine Zuschauermenge. Die Frauen verbeugten sich demütig und traten dann mit ihren stählernen Tabletts vor. Die Kobras rührten sich nicht, behielten die vollkommenen Rundungen ihrer straff geschwollenen

Halsschilde inmitten des Geriesels von Jasminblüten, Kukurma, Gulal und gedörrtem Reis, als erwarteten sie nichts anderes als solche Verehrung, als verständen sie nur zu gut, was sie so großartig machte.

Am späteren Vormittag kehrte ich in meine Zwiebelkammer zurück, um ein bißchen zu schlafen, und träumte von purpurfarbenen Kobras in Säcken und Töpfen, von Klapperschlangen, die zwischen Photomappen umherglitten, und von Fotos, auf denen sich Pilger nach indischer Art aufgestellt hatten, förmlich, korrekt, mit Schlangen als Girlanden. Ein Klopfen an der Tür weckte mich. Da stand Mr. Patil.

»Ah«, sagte er. Er hatte zwei Männer mitgebracht, die einen Tontopf bei sich hatten.

»Sie haben eine Nag gebracht, damit Sie sie verehren können«, sagte Mr. Patil. »Es ist so Brauch.« Plötzlich verstand ich, was Saygas Gekritzel *Schlangen zu Häuser* bedeuten sollte. Ich rollte mein Bettzeug so gut es ging zusammen, schob meinen Kram zur Seite und beruhigte mich mit dem Gedanken an das viele Knoblauch, das mich umgab. Es war aber wenig Platz; und als die Kobra erschien, mußte sie nicht nur mit meinem Exemplar von Vikram Seths Roman *A Suitable Boy* um diesen Platz kämpfen, sondern auch mit einem Mittel gegen Moskitos, mit schmutziger Unterwäsche, einer Zahnbürste und vielen, vielen Zwiebeln. Aber in der häuslichen Umgebung wirkte die Darbietung der Schlange nur um so eindrucksvoller. Nach einigen Minuten stopften die Männer sie wieder in den Topf und nahmen die Rupien, die ich ihnen bot. Dann fragten sie, ob ich bei dem Umzug am Nachmittag auf ihrem Wagen mitfahren wolle. Ich sei schon verabredet, sagte ich, sei Gast der Jungen Stars. Ich machte hinter ihnen die Tür zu und lehnte mich tief ausatmend an die Wand. *Eben war eine Kobra in meinem Zimmer gewesen.* Eine wirkliche, keine geträumte. Ich machte Fortschritte.

Bis zum frühen Nachmittag waren Zehntausende Menschen in Shirala eingefallen. Ich schob mich durch die Massen zur

Hauptstraße, wie es mir Sayga erklärt hatte, und fand den Festwagen der Jungen Stars an einen Traktor gekoppelt und eben im Begriff, sich dem Umzug anzuschließen. Die Jungen Stars hockten an den Seiten der Plattform. Ich setzte mich zu ihnen und sah mich um. Vorn standen unter einem Vorführtisch einige Kobratöpfe. Die Jungen Stars hatten offensichtlich ihren Spaß; munter und aufgekratzt starrten sie mich aus dunklen Gesichtern an. Es herrschte Hochstimmung, und ihr Wagen war prächtig geschmückt. Mit Girlanden aus Kokosnüssen und Palmwedeln, überragt von einer aufwendigen Holzkonstruktion wie ein Tempelturm, der sich in den kreuz und quer über die Straße laufenden Telefon- und Stromleitungen zu verfangen drohte.

»In unserer Werkstatt gebaut«, rief mir Sayga stolz zu und zeigte nach oben.

Sobald die Wagen auf die Straße einbogen, holte Vinod die Schlangen hervor. Eine nach der anderen plazierte er auf dem Vorführtisch, und seine Augen schienen zu blitzen, wenn sich die Kobras aufrichteten. Gleich hinter uns gab die Royal Musical Band Company ihre unnachahmliche Version von »When All the Saints« zum besten, und die Menge begann wie wild zu tanzen. Ganze Familien sahen von Balkonen, die sich über die Straße wölbten, dem Treiben zu. Menschenmassen strudelten unter uns dahin, ein Strom freudig erregter Gesichter, in denen sich gelegentlich auch Furcht zeigte, wenn das Gedränge bedrohliche Ausmaße annahm. Manchmal hoben besorgte Väter Kinder zu uns herauf, ausgerechnet zu uns, als wäre in dieser verkehrten Welt der sicherste Platz für Kinder ein Festwagen voller Kobras. Wie verzaubert starrten die Kinder auf die nur wenige Schritte entfernten Schlangen und starrten noch immer, wenn ihre Väter sie kurze Zeit später unter Dankesrufen wieder vom Wagen herunterhoben.

Mir kam es vor, als hätte uns die Atmosphäre inzwischen alle gepackt, nicht zuletzt auch Vinod. Er beschäftigte sich mehr und länger als alle anderen Jungen Stars mit den Kobras, schwenkte

Töpfe vor ihnen oder hielt sie von hinten fest. Sein Gesicht war angespannt und konzentriert, aber es lag auch Verzückung, etwas Tranceartiges in seinen Zügen, als wäre dies sein großer Tag, der Tag, an dem er zu allem fähig war. Vinod kürzte jetzt manches ab. Anfangs hatte er jede Kobra am Schwanz festgehalten, während ein anderer einen Topf vor ihr schwenkte. Jetzt war er kühner geworden und legte sie sich über den Arm, während sie sich nach dem Topf hin aufrichteten. Danach packte er die Kobras unbekümmert und schob sie zurück, als machte ihn seine Geschicklichkeit unverletzlich.

Das Gedränge hatte zugenommen. Das Sousaphon der Royal Musical Band Company geriet dicht hinter unseren Wagen, und die klaffende Schallöffnung sah aus wie eine riesige Blüte. Der Lärm war fast unerträglich. Einer der Jungen Stars, der bisher Gulal nach den vorübergleitenden Balkonen geworfen hatte, schleuderte eine Handvoll in den Schalltrichter des Sousaphons, und alle lachten, als das große Instrument plötzlich verstummte. Doch dann nahm der Spieler seine ganze Kraft zusammen, pustete sein Instrument wieder frei und hüllte im nächsten Augenblick den Wagen in eine dichte Purpurwolke, mit der niemand gerechnet hatte – auch die Kobra nicht, die gerade vorgeführt wurde. Als ihre Welt purpurn wurde, schoß sie vor und biß Vinod in den Zeigefinger.

Womit ich während des größten Teils meines Lebens gerechnet hatte, war geschehen, aber es war nicht mir geschehen. Der Biß hatte einen anderen getroffen, und daraus erwuchs das herrliche, befreiende Gefühl, daß ich mir nun nicht um mich Sorgen zu machen brauchte, sondern um jemand anderen. Vinod hielt sich den Finger, an dem ein winziges Blutjuwel erschienen war. Vielleicht war auch die Farbe aus seinem Gesicht gewichen; aber wegen des Gulal konnte man es nicht erkennen. Die Verzückung war jedenfalls verschwunden, und an ihre Stelle war ein Ausdruck gekränkter Überraschung getreten. Um zu unterstreichen, daß sich das Sousaphon wieder erholt hatte, spielte die Kapelle so laut es ging. Zuerst bemerkten nur die Jungen Stars, was geschehen war. Einer schob die Kobra in ihren Topf zurück. Einige andere halfen Vinod vom Wagen herunter und bahnten ihm einen Weg durch die Menge zum nahegelegenen Krankenhaus. Ich folgte ihnen.

Vinods Gang war unsicher geworden, als er, auf beiden Seiten von einem purpurnen Jungen Star gestützt, das Krankenhaus erreichte. Durch den grünen Korridor des Hospitals stolperte er wie ein Betrunkener über die eigenen Füße. Als sie ihn auf ein Bett setzten, konnte er nur noch lallen. Vinod litt an einer schweren Vergiftung.

Später am Abend durften die Jungen Stars ihn besuchen. Aber er konnte ihnen nicht sagen, wie er sich fühlte. Er schlief tief, schlief einen Kinderschlaf, in einem Kokon von Decken. Leichter Schweißglanz, von verschmiertem Gulal marmoriert, lag auf seinem Gesicht. Junge Stars und Angehörige der Ghatge-Familie hockten auf seiner Bettkante und auf Stühlen an den Wänden, purpurne Schattengestalten, die miteinander flüsterten wie übriggebliebene Partygäste, die auf dem Höhepunkt ihres Vergnügens von einem Unglück getroffen worden waren. Am Fuß von Vinods Bett lagen fünf leere Serumampullen.

Zwanzig
Der Club der Schlangenbißüberlebenden

Der Türknopf drehte sich. Die Scharniere quietschten. Darlene kroch nach draußen. Vorsichtig schob sie die Tür hinter sich zu, als könnte diese Tür ihn drinnen festhalten, und atmete tief. Die Nachtluft war frisch und belebend und brachte Darlene wieder auf die Beine, wenn auch schwankend. Sterne standen am Himmel, aber Darlene sah alles verschwommen und verließ sich in ihren Bewegungen auf Instinkt und Gefühl, tastete sich mit der heilen Hand an der Wand entlang, weg von Glenn, weg von dem Schlangenschuppen und all den Schrecken, die ihr in diesem Haus widerfahren waren. Ihre linke Hand schmerzte so heftig, daß sie sie nicht benutzen konnte; wie ein gebrochener Flügel baumelte der Arm neben ihrem Körper.

Als sie die Garage erreicht hatte, holte sie tief Luft und wankte dann ungestützt auf einer Diagonalen zu dem ausgetrockneten Bachbett und dem dahinter liegenden Drahtgatter hinüber, wo das Grundstück endete und die Barbee Lane anfing. Lärm war in ihrem Kopf. Und lauter seltsame Geräusche, fallendes, verdorrtes Laub, fließendes Wasser, als würden die Bäume und der Fluß ihr etwas zuflüstern, sie vorwärts drängen. Sie hatte ihn verlassen. Aber noch war sie nicht in Sicherheit. Jeden Moment konnte er mit beduseltem Kopf aufwachen, konnte feststellen, daß sie verschwunden war, und nach der Pistole greifen. Sie stolperte auf dem Weg, würgte, ohne daß etwas kam, und verschluckte das Geräusch. Sie sah zurück zum Haus, ein Lichtfleck hinter Vorhängen, und glaubte ihn einen Augenblick lang zu sehen, wie er ihr folgte und sie in den Schuppen zurückzerren wollte. Sie kam auf die Knie und richtete sich wieder auf. Sie öffnete das Gatter und schwankte die Barbee Lane entlang.

Sie wußte, daß sie auf der Flucht war, einem sich nähernden Krankenwagen entgegen. Jetzt sah sie deutlich vor sich, wie er aufwachte und sie nicht da war. Am Morgen würde er die Augen öffnen, im Mund den widerlichen Nachgeschmack von Alkohol und Zigaretten, er würde sich im Zimmer nach der bedauernswerten Leiche umsehen, mit der er rechnete. Und sie, Darlene, würde nicht da sein.

Dann hielt der Krankenwagen neben ihr, und ein Mann kam auf sie zu. Sie wolle ins Krankenhaus, sagte sie zu ihm. Der Sanitäter half ihr in die Wärme des Wagens, wo es sauber und blankgewischt roch und wo sich ruhige Stimmen über Sprechfunk verständigten. Und Glenn Summerford schlief weiter, nicht ahnend, daß er neunundneunzig Jahre Staatsgefängnis vor sich hatte (abzüglich der einundzwanzig Tage, die er, als der Prozeß begann, schon gesessen hatte). Der Sanitäter brachte ihr Wasser, wusch ihr die Hände und sagte, sie solle sich ausruhen. Dann war sie still, und er lehnte sich zurück, um den Berichtsbogen für das Krankenhaus auszufüllen. Unter der Rubrik »Hauptbeschwerden« schrieb er die Wörter »Schlangenbiß 2x«, und nachdem der Fahrer ein paarmal rangiert hatte, um auf der engen Barbee Lane zu wenden, und dann durch Scottsboro zum County Hospital fuhr, beugte sich der Sanitäter über sie und sagte, sie sei jetzt in Sicherheit.

Oktober 1996

An meinem letzten Tag in FNQ fiel mir eine Überschrift in der *Cairns Post* auf. »Frau bei Kasuar-Angriff verletzt«, lautete sie. Eine Frau, die einen Weg im Aeroglen-Gebiet von Cairns entlanggegangen war, hatte zwei klaffende Kopfwunden, die mit neun Stichen genäht werden mußten, und zwei Blessuren im linken Oberschenkel davongetragen, als ein Vogel von der Größe eines Straußes sie attackierte. Erschüttert las ich weiter. Die Zeitung zitierte die Frau:

»Als ich ein Geräusch hörte und mich umdrehte, sah ich fünfzehn Meter hinter mir einen Kasuar. Wenig später kam er immer schneller auf mich zu … Ich trat zur Seite und wartete am Rand des Pfades, aber er kam und blieb neben mir stehen. Wir starrten einander vielleicht fünfzehn Sekunden lang an, dann hackte er nach mir und warf mich zu Boden. Er traf mich noch einmal, und ich spürte, daß mir Blut über den Kopf lief. Ich lag auf dem Boden und stellte mich reglos, da traf mich der Kasuar noch einmal, versetzte mir einen Tritt.«

Wenn ich dies richtig verstand, war diese Frau von einem Riesenvogel angegriffen worden. Selbst nach den Maßstäben von FNQ, wo die freie Natur anscheinend die meisten alltäglichen Aktivitäten bedrohte und selbst aus einem Waldspaziergang eine Gefahr für Leib und Leben machte, ging dies denn doch zu weit. Im Meer konnte man wegen der Box-Quallen, in den Flüssen wegen der Krokodile nicht schwimmen. Und wenn man sie und die Spinnen und die anderen Krabbeltiere überlebt hatte und wenn einen auch die Sturzflugelstern und die aggressiven Seemöwen nicht erwischt hatten, dann mußte man immer noch mit diesen verdammten Kasuaren rechen. Und mit Taipanen. Nachdem mich das alles bisher nur geängstigt hatte, begann es mich nun zu ärgern. Und noch bevor ich den Artikel über den Kasuar-Angriff beendet hatte, wußte ich, daß ich noch einmal nach Mareeba zurückkehren mußte.

Okay, ich hatte die Taipane im Tiergeschäft ertragen. Bei sich zu Hause hatte Brian Starkey für mich sogar noch einen eigenen Taipan aus seinem Kasten geholt (wobei ich allerdings nichts anderes getan hatte, als dumm zu glotzen, während Brian ihn mit seinem Greifstock gepackt hielt). Aber mir war klar, das genügte nicht. Angst machte mir der Spaziergang den Baron River hinunter. Und deshalb mußte ich an meinem letzten Tag dorthin zurückkehren und diesen Weg gehen.

Das war ich mir schuldig – und Browne Hayes und Gordon Sinclair und Juanita in Seattle und dem Taxifahrer in Nairobi und all den anderen, die mit mir gereist waren und zuviel Zeit mit der Angst vor Schlangen vertan hatten. Ich mußte diesen Uferweg gehen, der trotz dem alten Ehepaar mit den Blumen hinter den Ohren und den radfahrenden Kindern und allem gesunden Menschenverstand, den ich aufzubringen vermochte, für mich und mein ängstliches Gemüt eine taipanverseuchte Todesfalle geworden war. Mir dämmerte langsam, daß ich es in Wirklichkeit mit mir selbst und meinem Verstand und nicht mit den Schlangen zu tun hatte.

Also packte ich meine Stiefel ein, tastete in meiner Tasche nach dem Eschenamulett und verließ Cairns am späten Vormittag. In Mareeba parkte ich am Ende der einsam daliegenden Basalt Street, wo der Fußweg begann. Während ich die schweren Lederstiefel anzog und die Schnürsenkel kreuz und quer festzog, ging ich den Weg in Gedanken durch; vom Wagen würde ich an dem Aussichtspunkt vorbeikommen, den die Kinder mit Graffiti bekritzelten und wo sie heimlich Zigaretten rauchten, dann hinunter zu der alten Schwimmkuhle der Brauerei, wo sie früher ihre Schwimmfeste gefeiert hatten, als es das neue Becken beim Rugbyplatz noch nicht gab, und dann war ich am Ufer des Barron. Von dort führte der Weg schätzungsweise eine Meile weit an der Brücke der Herberton Street, am Ende der Hastie Street, an der Atherton Street und schließlich an der Middlemiss Street vorbei, von wo ich durch die Stadt zu meinem Wagen zurückkehren konnte. Einfach.

Ich rauchte eine Zigarette, trat den Stummel mit dem Absatz aus und machte mich auf den Weg. Bald kam ich an dem Aussichtspunkt vorbei, und dann ging es steil abwärts zum Fluß. Anfangs war der Boden auf beiden Seiten des betonierten Weges steinig und weitgehend frei; so konnte ich gut sehen, was da womöglich lauerte, und es ging gut voran. Als ich auf der Höhe des Flusses war und die alte, von einer Mauer eingefaßte Schwimmkuhle erreichte, wo der Barron sich staute, wurde es ein bißchen dichter. Farne und alles mögliche knabberte an den Kanten des Weges. Deshalb ging ich jetzt nur noch langsam und stampfte mit den Stiefeln. Ich ließ den Weg und den Boden, meine Füße und das Grünzeug auf beiden Seiten nicht mehr aus den Augen. Nichts. Ich lauschte nach dem gefürchteten Geräusch, diesem unverkennbaren, flüssigen Dahingleiten, aber ich hörte nur Insekten, das harmlose Gurgeln des Flusses und die Autos auf der Brücke an der Herberton Street. Später hörte ich Kinder, die auf der Hastie Street spielten, und irgendwo bellte ein Hund. Ich spürte, wie mir der Schweiß in kleinen Bächen am Hals herablief.

Dann kam ich zu einer Stelle, die ich wiedererkannte, und links zweigte der Weg zur Middlemiss Street ab. Ich reckte die Faust in die Luft. Ich hatte es geschafft. Ich war nicht angegriffen worden. Dieses Gefühl war so gut, daß ich nicht zur Middlemiss Street abbog. Ich machte vielmehr kehrt, ging auf demselben Weg, den ich gekommen war, auch wieder zurück und merkte erst jetzt, was ein für ein schöner Fluß der Barron war.

November 1996

»Könnte ich bitte Pete Bramwell sprechen?«

»Am Apparat.«

»Der Pete Bramwell, der in Kenia, in Kilifi, von einer Schwarzen Mamba gebissen wurde?«

»Genau der.«

»Ich habe nach Ihnen gesucht.«

»Tatsächlich?«

»Ich wollte von Ihnen hören, wie Sie gebissen wurden. Im Sommer habe ich überall in Kenia von Ihnen reden hören ... der Biß, und wie man Sie in die eiserne Lunge gelegt hat und daß Sie alles hören konnten, was gesprochen wurde, und daß Sie sich nicht bewegen konnten ...«

»Wie bitte?«

»Sie waren gelähmt.«

»Moment mal. Das war nicht ich. Sie verwechseln mich.«

»Nicht Sie?«

»Nein, das war dieser andere Kerl, in Südafrika. Passierte ungefähr einen Monat, bevor ich gebissen wurde. Unsere Geschichten werden oft durcheinandergebracht. Aus irgendeinem Grund ist über seinen Biß überall berichtet worden, sogar in *Newsweek* stand was. Kommen Sie nach Banchory, dann reden wir. Inzwischen schicke ich Ihnen schon mal die Zeitungsausschnitte.«

Die Zeitungsausschnitte ließen nicht lange auf sich warten. Der andere Mamba-Biß hatte sich am 14. März 1977 in einem Schlangenpark bei Pretoria ereignet. Der Besitzer des Parks war klinisch tot, als man ihn eine Stunde nach dem Biß im General Hospital von Pretoria auf der Intensivstation an die Herz-Lungen-Maschine anschloß. Im Laufe des Tages kam er wieder einigermaßen zu sich. Er konnte seinen Atem hören, war aber völlig gelähmt. »Obwohl ich nicht imstande war, mich zu bewegen oder mich irgendwie mitzuteilen, konnte ich alles um mich her hören und bekam alles mit«, berichtete er später.

In den folgenden Tagen hörte er, wie Fachärzte neben seinem Bett darüber diskutierten, ob er in der Zeit zwischen seinem Herzstillstand und der Einlieferung in die Intensivstation einen Hirnschaden erlitten hatte; er hörte, wie Krankenschwestern sich über die Größe seines Penis lustig machten, während sie ihm einen Katheter einführten. Er hörte, wie der Arzt seiner Frau sagte, sie seien sich nicht sicher, ob er sein Bewußtsein noch einmal wiedererlangen werde, aber wenn, dann wäre sein Gehirn wohl geschädigt. Er hörte, wie seine Frau ihm trotz der Ärzte erzählte, wie es der Familie ging und was im Schlangenpark los war. Am dritten Tag hörte er, wie einer der Ärzte meinte, es sei das beste für ihn und seine Angehörigen, wenn man die Geräte abschaltete. Und er hörte, wie sie zuletzt beschlossen, die Apparate laufen zu lassen, weil sein Fall von medizinischem Interesse sei. Das war der Punkt, an dem er einen Seufzer der Erleichterung von sich gegeben hätte. Wenn er gekonnt hätte.

Am achten Tag gelang es ihm schließlich, einen Finger zu

krümmen. Eine Krankenschwester bemerkte es und rief den Arzt. Der Arzt sprach zu ihm, bat ihn, den Finger noch einmal zu krümmen, wenn er ihn hören könne. Der Finger regte sich. Der Mann lebte. Und die Lähmung ging langsam zurück. Er blieb so lange in der Intensivstation, wie es nötig war, und wurde wieder vollkommen gesund.

Die beiden Mamba-Bisse waren zu einer Geschichte verschmolzen, die sich die Leute noch zwanzig Jahre später mit gesenkter Stimme erzählten. Zwischen den beiden Vorfällen lagen nur sechs Wochen. So war die Verwechselung durchaus verständlich, zumal es beide Male um weiße Schlangenmänner ging. Aber es lagen auch etwas wie ein Plan und eine Absicht in der Verknüpfung der beiden Geschichten, als hätten die vielen, die sie weitererzählten, einen Alptraum schaffen wollen, der einen dunklen, aber erregenden Schatten auf ihr eigenes Leben warf. Die Umstände von Bramwells Biß lieferten die Einzelheiten für den Schauplatz des Geschehens, die Erlebnisse des Südafrikaners dagegen lieferten den größten Teil der unvergeßlichen Schauergeschichte. Im Laufe der Jahre hatte die Geschichte, wie es Geschichten so ergeht, verschiedene poetische Verbesserungen erfahren; in der Version, die mir in Kenia zu Ohren gekommen war, hatte die Frau des Südafrikaners die Träne im Auge ihres Mannes genau in dem Augenblick entdeckt, als der Priester ihm die Letzte Ölung spendete, bevor die Apparate abgeschaltet werden sollten (in Wirklichkeit hatte eine Krankenschwester etwas bemerkt – aber keine Träne, sondern einen prosaischeren Finger, und zu einer Letzten Ölung war es nie gekommen); und Pete Bramwell hatte alle seine Mambas mit einem Schrotgewehr umgebracht (während er in Wirklichkeit, wie er mir erklärte, während der ersten Woche nach dem Unfall nur auf jene Schwarzen Mambas geschossen hatte, die seinem Haus zu nahe kamen). Ihre kombinierte Geschichte war auf diese Weise zur Legende geworden. Beim Weitererzählen immer wieder leicht verändert, bearbeitet, herausgeputzt, enthielt und akzentuierte diese Geschichte nun alles, wofür die Schwarze Mamba stand – ein Stoff für Alpträume.

Und dann war da noch die Sache mit dem Namen des Südafrikaners. Er hieß Jack Seale. Was ein bißchen so klang wie mein eigener Name, und dieser Jack Seale war, als er gebissen wurde, zufälligerweise auch genauso alt wie ich. Ich fand das seltsam – aber doch nicht so seltsam wie all das, was diese zufällige Übereinstimmung bei mir ausgelöst hätte, wenn ich damals noch Lariam genommen hätte; wenn man diesem Jack Seale nur den ersten Buchstaben seines Vornamens ließ und seinen Namen nur sprach, nicht schrieb, dann hatte man meinen Namen. Und mein Alter. Kurzum, man hatte mich. Irgendwie war ich in ein Nebenuniversum versetzt und dort von einer Schwarzen Mamba gebissen worden, wie ich es immer erwartet hatte. Ich hatte gefühlt, was ich immer erwartet hatte – das plötzliche Heranwimmeln, eine Welle, die sich braun und oliv vor meinen Füßen brach, den kurzen Schmerz, das Blut und das Gift, rot und gelb aus den Einstichstellen hervorsickernd, während die Schlange im hohen Gras noch einmal mit dem Schwanz schlägt. Ich war gestorben und doch in einem Krankenhausbett am Leben geblieben, mein Leben hatte an einem Schalter gehangen, und ich hatte den Ärzten gelauscht, die sicher waren, ich sei tot.

Ich sag's ja: zuviel Phantasie.

August 1996

Unwahrscheinlich klingende englische Sätze wehten am Morgen nach Nag Panchami in die Zwiebelkammer, wo ich auf meiner Matte lag.

»Ein wolkenloser Himmel im Monat Shravan kann dem armen indischen Bauern große Sorgen machen«, tönte die sonderbare Stimme. »Astronauten bleiben während ihrer Reise schwerelos«, fuhr sie fort. Ich sah vom Balkon nach unten. Es war C.Y.W., der Postbote, der gerade eine Pause machte und aus seinem Englisch-Lehrbuch vorlas. Dann fiel mir ein, was Vinod widerfahren war, und ich zog mich schnell an.

»Nein, dies ist eine faule Ausrede dafür, daß Sie mir zuviel berechnet haben«, sagte C.Y.W. mit gekränkter Kundenstimme und lächelte mir zu, als ich an ihm vorüberhastete. Ich nickte ihm ermutigend zu und eilte durch den Matsch zum Krankenhaus. Vinod stand draußen. Er hatte sich soeben selbst entlassen. Er wirkte so schlaksig und leichenblaß wie immer, aber auch ein bißchen eingeschüchtert. Er gab mir zu verstehen, daß er sich ganz okay fühle, nur ein bißchen kaputt. Das Serum hatte seine Wirkung getan.

Er nahm meinen Arm. Sie würden die Kobras jetzt wieder freilassen, erklärte er mir. Die Jungen Stars hatten sich beim Haus der Ghatges versammelt und luden die Kobratöpfe auf den Anhänger hinter dem Traktor. Als sie fertig waren, halfen ein Dutzend behutsamer Hände Vinod auf die Ladefläche. Dann rumpelten wir im Schatten des hölzernen Tempelaufbaus, der die Feierlichkeiten irgendwie überstanden hatte, einen Feldweg entlang.

»Als die Leute das mit Vinod hörten«, erzählte Sayga, »hatte keiner mehr Lust, dieses Ding kaputtzuschlagen, wie wir es sonst immer tun.«

Der Weg führte an ein paar letzten Häusern vorbei. Der Traktor hielt am Rand eines unbebauten Feldes. Die Jungen Stars nahmen ihre Töpfe und kletterten von dem Anhänger. Vinod bestand darauf, die Kobra zu nehmen, die ihn gebissen hatte. Nach ein paar Metern öffneten sie die Töpfe und kippten die Kobras vorsichtig aus. Die Schlangen, immer noch purpurrot von dem Gulal, richteten sich auf. Aber sobald sie bemerkten, daß niemand sie daran hinderte, glitten sie auf das Gestrüpp zu.

Während wir zusahen, wie sie davonkrochen, erklärte mir Sayga, im nächsten Jahr würden die Jungen Stars wiederkommen und noch mehr Schlangen sammeln. Ich warf ihm einen Blick zu und lächelte, und als ich wieder auf das Feld sah, waren die Schlangen verschwunden.

Bibliographie

Allgemeine Literatur

Aymar, Brandt (Hrsg.): *Treasury of Snake Lore.* Greenberg, New York, 1956

Blunt, Wilfred: *The Ark in the Park.* Hamish Hamilton, London, 1976

Boulenger, E. G.: *A Naturalist at the Zoo.* Duckworth, London, 1926

Chalmers, Mitchell P.: *Centenary History of the Zoological Society of London.* Royal Zoological Society of London, 1929

Crompton, John: *The Snake.* Faber & Faber, London, 1963

Curran, C. u. Kauffeld, C.: *Snakes and Their Ways.* Harper & Row, New York, 1937

Deane, Reverend John Bathurst: *On the Worship of the Serpent.* Hatchard & Son, London, 1830

Ditmars, Raymond L.: *Snakes of the World.* Macmillan, New York, 1937

Du Maurier, Daphne: *Vanishing Cornwall.* Victor Gollancz, London, 1967

Engelmann, W. E.: *Snakes; Biology, Behaviour and Relationship to Man.* Croom Helm, London, 1984

Frazer, J. G.: *The Golden Bough; A Study of Magic and Religion.* Macmillan, London, 1922

Godey, John: *The Snake.* Putnam, New York, 1978

Greene, Harry W.: *Snakes: The Evolution of Mystery in Nature.* University of California Press, Berkeley, 1997

Hopley, Catherine C.: *Snakes: Curiosities and Wonders of Serpent Life.* Griffifth & Farrar, London, 1882

Howey, M. Oldfield: *The Encircled Serpent.* Rider & Co., London, 1928

Minton, S. A. u. M. R.: *Venomous Reptiles.* Scribners, New York, 1969

Morris, R. u. Morris, D.: *Men and Snakes.* Hutchinson, London, 1965

Mundkur, Balaji: *The Cult of the Serpent.* University of New York Press, 1983

Oldham, C. F.: *The Sun and the Serpent.* Archibald Constable & Co., London, 1905

Oliver, James A.: *Snakes in Fact and Fiction.* Macmillan, London, 1958

Scherren, H.: *The Zoological Society of London.* Cassell & Co., London (o.J.)

Scholefield, Alan: *Venom.* Heinemann, London, 1977

Stidworthy, John: *Snakes of the World.* Hamlyn, London, 1969

Thompson, L. Beatrice: *Who's Who at the* Zoo. Gay & Bird, London, 1902

Wake, C. Staniland: *Serpent Worship and Other Essays.* George Redway, London, 1888

Amerika

Burton, Thomas: *Serpent-Handling Believers.* University of Tennessee Press, Knoxville, 1993

Covington, Dennis: *Salvation on Sand Mountain.* Addison-Wesley, New York, 1995

De Crevecoeur, J. H. St John: *Letters from an American Farmer.* London, 1782

Dobie, J. Frank: *Rattlesnakes.* Hammond, Hammond & Co., London, 1965

Henry, A.: *Travels and Adventures in Canada and the Indian Territories.* New York, 1809

Higgeson, Revd. Francis: *New England's Plantation; or a Short and True Description of the Commodities and Discommodities of that Country.* London, 1630

Kane, Steven M.: »Appalachian Snake Handlers«, in: *Perspectives on the American South,* Vol. 4. Gordon & Breach, New York, 1987

Kimbrough, David L.: *Taking Up Serpents.* University of North Carolina, Chapel Hill, *1995*

Kinshasa, Kwando M.: *The Man from Scottsboro; Clarence Norris in His Own Words.* Mcfarland & Co., Jefferson, North Carolina, 1996

Klauber, Laurence M.: *Rattlesnakes.* University of California Press, Berkeley (gekürzte Ausg.) 1982

LaBarre, Weston: *They Shall Take Up Serpents.* University of Minnesota Press, Minneapolis, 1962

Lawson, John: *History of Carolina.* London, 1714

Morton, Thomas: *New English Canaan.* Charles Greene, London, 1637

Perceptions of Hate Group Activity in Georgia. Georgia State Advisory Committee to United States Commission on Civil Rights, 1982

Schwarz, Berthold: »Ordeal by Serpents, Fire and Strychnine«, in: *Psychiatric Quarterly* 1960

»Stirling«: *Wonderful Account of the Rattlesnake and Other Serpents of America.* London, 1805

Australien

Beattie, Tasman u. Rogers, Nan: *Traveller Brown.* Boolarong, Brisbane, 1988

Bertie, Charles Henry: »The Story of Vaucluse House«. Vortrag vor der Australian Historical Society, 1938

Blyth, K. A.: »The Taipan – Truth and Treatment«. The

Producers' Review, Queensland Cane Growers' Council, Oktober, *1956*

Cann, John: *Snakes Alive!* Kangaroo Press, Sydney, 1986

Cramp, K. R.: *William Charles Wentworth of Wentworth House.* D. S. Ford, Sydney, 1918

Crowther, W.: »Mr. Charles Underwood and his Antidote, with some Observations on Snake-Bite in Tasmania«, in: *The Medical Journal of Australia,* 21 Januar 1956

Flynn, Revd. John: *The Bushman's Companion: a Handful of Hints for Outbackers.* Brown, Prior & Co., Melbourne, 1910

Hughes, Robert: *The Fatal Shore.* Harvill, London, 1987

Huxley, J. (Hrsg.): *T. H. Huxley's Diary of the Voyage of H.M.S. Rattlesnake.* Chatto & Windus, London, 1935

Jones, D.: *Trinity Phoenix: A History of Cairns and District.* Printed by *Cairns Post,* Cairns, 1976

Jones, P.: *Search for the Taipan.* Angus & Robertson, Sydney, 1977

Krefft, Gerard: *The Snakes of Australia.* Sydney, 1869

Lang, John: *Remarkable Convicts. Or Recollections of Botany Bay.* Ward & Lock, London, 1860

MacGillivray, J.: *Narrative of the Voyage of H.M.S. Rattlesnake, 2 Bde.,* London, 1852

Marjoribanks, Alexander: *Travels in New South Wales.* Smith, Elder & Co., London, 1847

Masci, Paul u. Kendall, Philip: *The Taipan.* Kangaroo Press, Sydney, *1995*

Mirtschin, P. u. Davis, R.: *Dangerous Snakes of Australia.* Rigby, Adelaide, 1982

Morris, Jan: *Sydney.* Penguin, London, 1992

Mourot, S.: *Vaucluse House: Origin of this Historical Monument.* Privatdruck, 1950

Pelham Papers: British Library ms no. 33107

Shine, Richard: *Australian Snakes: A Natural History.* Reed Books, Sydney, 1991

Sutherland, Struan: *Australian Animal Toxins.* Oxford University Press, Melbourne, 1983

Wheelwright, Horace: *Bush Wanderings of a Naturalist: Or Notes on the Field Sports and Fauna of Australia Felix.* Routledge, Warne & Routledge, London, 1861

Williams, David: *Observations on the Australian Taipan* and *The Death of Kevin Budden.* Unveröffentlichtes Manuskript.

Worrell, Eric: *Song of the Snake.* Angus & Robertson, Sydney, 1958

Afrika

Bingham, Elijah: »Snake Stories from Africa«. Missionsschrift, 1968

Callaway, Reverend H.: *The Religious System of the Amazulu*. Trubner & Co., London, 1870

Carnochan, F. G. u. Adamson, H. C.: *The Empire of the Snakes*. Hutchinson, London, 1935

Coombs, Mary u. Dunachie, Susie: *Nyoka 94*. Oxford University Exploration Club to Kenya (Unveröffentlichtes Manuskript)

Fitzgerald, William Walter Augustine: *Travels in the Coastlands of British East Africa*. Chapman & Hall, London, 1898

Fitzsimons, F. W: *Snakes*. Hutchinson & Co., London, 1932

Green, Lawrence G.: *Secret Africa*. Stanley Paul, London, 1936

Hardy, Ronald: *The Iron Snake*. Collins, London, 1965

Hobley, C. W.: *Bantu Belief and Magic*. Frank Cass, London, 1967 (2. Aufl.)

Ionides, C. J. P.: *Mambas and Maneaters*. Holt, Rinehart & Wilson, New York, 1966

Lane, Margaret: *Life with Ionides*. Hamish Hamilton, London, 1963

Loveridge, Arthur: »Snakes and Snake-Bite in East Africa«, in: *Bulletin of the Antivenim Institute of America*, Januar 1928, S. 106–117

Marais, Eugene: *The Road to Waterberg*. Human & Rousseau, Kapstadt, 1972

Meinertzhagen, Richard: *Kenya Diary 1902–1906*. Oliver & Boyd, Edinburgh, 1957

Patterson, J. H.: *The Maneaters of Tsavo*. Macmillan, London, 1907

Pitman, Charles R. S.: *The Snakes of Uganda*. Uganda Society, Kampala, 1938

Price, Willard: *Gorilla Adventure*. Jonathan Cape, London, 1969

Shircore, Dr. J. O.: »Two Notes on the Crowing Crested Cobra«, in: *African Affairs*, Journal of the Royal African Society, Oktober 1944

Spawls, Stephen: *Sun, Sand and Snakes*. Harvill Press, London, 1979.

Thomson, Joseph: *Through Masai Land*. Sampson Low, London, 1885

Watson, Lyall: *The Lightning Bird*. Hodder & Stoughton, London, 1982

Willoughby, W. C.: *The Soul of the Bantu*. Doubleday, New York, 1928

Wykes, Alan: *Snake Man*. Hamish Hamilton, London, 1960

Indien

Crooke, W.: *Popular Folklore and Religion of Northern India*. Constable & Co., London, 1896

Daniel, J. C.: *The Book of Indian Reptiles*. Bombay Natural History Society, 1983

Deoras, P. J.: *Snakes of India*. National Book Trust, Delhi, 1965

Dubois, Abbé J. A.: *Hindu Manners, Customs and Ceremonies*. Clarendon Press, Oxford, 1897

Durham, W. S.: *Snake Worship and Other Topics*. Bombay, 1948

Fayrer, Sir Joseph: *Thanatophidia of India*. J. & A. Churchill, London, 1872

Mandlik, Vishwanath: »Serpent Worship in India: The Nag Panchami Holiday as it is now Observed«, in: *Speeches and Writings*. Native Opinion Press, Bombay, 1896

Miller, Harry: »The Cobra, India's Good Snake«, in: *National Geographic*, 1970

Rivett-Carnac, J. H.: »The Snake Symbol in India«, in: *Journal of the Asiatic Society of Bengal*, 1879

Russell, Patrick: *An Account of Indian Snakes Collected on the Coast of Coromandel*. London, 1796

Sinclair, Gordon: *Foot-Loose in India*. Farrar & Rinehart, New York, 1933

Vogel, J. Ph.: *Indian Serpent-Lore or the Nagas in Hindu Legend and Art*. Arthur Probsthain, London, 1926

Wall, Col. F.: *The Poisonous Terrestrial Snakes of our British Indian Dominions*. Bombay Natural History Society, 1908

Whitaker, Romulus: *Common Indian Snakes; A Field Guide*. Macmillan, Madras, 1978

Nachweise

S. 5 Motto: Catherine C. Hopley, *Snakes: Curiosities and Wonders of Serpent Life*, S. 26.

Prolog
S. 14 »viele Frauen ... gekannt«: Beatrice Thompson: *Who's Who at the Zoo*, S. 105.

Eins - Das Reptilienhaus
Auskünfte zur Geschichte des Reptilienhauses im Londoner Zoo entnahm ich den folgenden Quellen: Wilfred Blunt, *The Ark in the Park* (Kapitel 20: »Snake Troubles«); P. Chalmers Mitchell, *Centenary History of the Zoological Society of London*; H.Scherren, *The Zoological Society of London*; und Hopley.
S. 17 Motto: Enid Blyton, *The Zoo Book*, S. 69.
S. 17 der »einzige psychologisch unterhaltsame Ort«: E. G. Boulenger, *A Naturalist at the Zoo*, S. 159.
S. 17 »Eine schöne lebende Klapperschlange«: Hopley, S. 285.
S. 19 »nicht schwierig, einen Platz zu finden«: Broderips Bericht wird zitiert von Scherren, S. 92f.
S. 19f. John Girling: *The Times*, 23. Oktober 1852 und Blunt, Kapitel 20 »Snake Troubles«.

Zwei - Amerika I
Ich stütze mich vor allem auf folgende Texte über die »Schlangen-Gemeinden« in den Appalachen: Thomas Burton, *Serpent-Handling Believers*; Weston LaBarre, *They Shall Take Up Serpents*; Dennis Covington, *Salvation on Sand Mountain*; David L. Kimbrough, *Taking Up Serpents*; Steven M. Kane, »Appalachian Snake Handlers«; außerdem auf die Berichterstattung über den Summerford-Prozeß in der Zeitung *Atlanta Constitution* (März 1992) und auf das Prokoll des Verfahrens The State versus Summerford, das im Jackson County Corthouse in Scottsboro aufbewahrt wird.

Drei - Australien I
Die wichtigsten Quellen zur Geschichte von Browne Hayes sind Charles Henry Bertie, »The Story of Vaucluse House«; K. R. Cramp, *William Charles Wentworth of Wentworth House*; S. Mourot, *Vaucluse House: Origin of this Historical Monument*; und John Lang, *Remarkable Convicts. Or Recollections of Botany*.
S. 41 Motto: Brief aus dem Bestand des Derbyshire Records Office, zit. n. Robert Hughes, *The Fatal Shore*, S. 435.
S. 42 »das schlechte, schmutzige Lager«: Brief von Sir Jerome Fitzpatrick an Reverend Charles Lindsey, Pelham Papers, British Library, zit. n. Hughes, S. 149.
S. 43 »Als ich zu dieser Bucht«: Alexander Marjoribanks, *Travels in New South Wales*, S. 12.

S. 43 »Was der Buschmann«: Horace Wheelwright, *Bush Wanderings of a Naturalist: Or Notes on the Field Sports and Fauna of Australia Felix*, S. 197.
S. 43 »Was tun im Fall von«: Reverend John Flynn, *The Bushman's Companion: a Handful of Hints for Outbackers*, unter »What To Do In Case Of Snakebite«.
S. 44 »die sonderbare Heiratsspekulation«: Vortrag von Morgan McMahon, 1914, zit. m. Bertie, S. 2.
S. 45 »ziemlich frische Gesichtsfarbe« Bertie, S. 3.
S. 45 »Sonderhäftling«: Lang, S. 134.
S. 46 »Blumen- und Samenliste«: Bertie, S. 10f.
S. 46 »Belohnung von zehn Guineen«: *Sydney Gazette*, Anzeige, 21. Juli 1804.
S. 46 »Zehn Guineen Belohnung«: *Sydney Gazette*, Anzeige, 9. Februar 1811.
S. 46 »Wo ich wohne«: Lang, S. 137.
S. 47 »braver Knabe«: *Sydney Gazette*, 14. Oktober 1804.
S. 48 »Solange sie sich auf den Rasen« und *»Ich habe ... gebetet«*: Lang, S. 137f.
S. 50 Als 1928 am Vaucluse House: Über die Entdeckung des Grabens berichtet Bertie, S. 24.
S. 50 »Nimm sie«: Bertie, S. 24.
S. 51 im ländlichen England war es Brauch: Daphne Du Maurier, *Vanishing Cornwall*, S. 9f.

Vier - Afrika I

S. 54-59 Einen großen Teil meines Materials über die Uganda-Eisenbahn verdanke ich Ronald Hardy, *The Iron Snake,* und J. H. Patterson, *The Maneaters of Tsavo.*
S. 59 »Ich lief zu dem Zelt«: Patterson, S. 164.
S. 59-60 Amam Din: Hardy, S. 211.
S. 65 Beim Näherkommen sahen sie: W. C. Willoughby, *The Soul of the Bantu*, S. 166.
S. 65 Mr. Henry: A. Henry, *Travels and Adventures in Canada and the Indian Territories.*
S. 66 »Wenn eine solche Schlange«: Reverend H. Callaway, *The Religious System of the Amazulu*, S. 107.
S. 66 »Göttliche Schlangen kommen«: Callaway, S. 107.
S. 69 »Der diabolische Einfallsreichtum der Natur«: F. W. Fitzsimons, *Snakes*, zit. n. Charles R. S. Pitman, *The Snakes of Uganda*, S. 237f.
S. 69 »Ich hatte schon erlebt«: Eugene Marais, *The Road to Waterberg*, S. 71-77.

Fünf - Amerika II

S. 90 »Eine Vielzahl von Flecken«: J. H. St John De Crevecoeur, *Letters from an American Farmer*, S. 175.
S. 98 »Abends, vor allem zu Beginn der Regenzeit«: Elijah Bingham, *Snake Stories from Africa*, S. 10 u. 19.
S. 100 »angesichts einer häßlichen Schlange«: Stirling, *Wonderful Account of the Rattlesnake and Other Serpents of America*, S. 5 u. 9.
S. 100 »die Atmosphäre in ihrer Umgebung«: Hopley, S. 153.
S. 100 »fürchten sich Waldbewohner«: Hopley, S. 153.
S. 101 »Es gibt da nun aber Schlangen«: Reverend Francis Higgeson, *New England's Plantation; or a Short and True Description of the Commodities and Discommodities of that Country*, zit. n. Klauber, S. 311.

S. 101 »Sicher ist«: Stirling, S. 3.
S. 101 »zum Mähen ging«: De Crevecoeur, S. 176f.
S. 101 »blaue, weiße und grüne Flecken«: Klauber, S. 311.
S. 102 »Voller Einfalt sind«: Thomas Morton, *New English Canaan*, zit. n. C. Curran u. C. Kauffeld, *Snakes and Their Ways*, S. 46.
S. 102 »darf man wohl als ein Symbol der Wachsamkeit«: *Pennsylvania Journal*, 27. Dezember 1775, zit. n. Harry W. Greene, *Snakes: The Evolution of Mystery in Nature*, S. 117.
S. 103 »Die Flagge der amerikanischen Flotte«: *London Chronicle*, 27. Juli 1776, zit. n. Curran u. Kauffeld, S. 222.

Sechs - Australien II

Meine wichtigste Quelle zur Geschichte der Stadt Cairns ist D. Jones, *Trinity Phoenix: A History of Cairns and District*.
S. 106 »ein prächtiges, unvergleichliches Uferanwesen«: Jan Morris, *Sydney*, S. 66.
S. 107 »durch Schlangenbiß am meisten gefährdet«: John Lawson, *History of Carolina*, zit. n. Hopley, S. 283.
S. 107 »Wir waren noch nicht weit gegangen«: J. Huxley (Hrsg.), *T H. Huxley's Diary of the Voyage of H.M.S. Rattlesnake*, S. 281.
S. 109 »den Schatz dort anzulanden«: J. MacGillivray, *Narrative of the Voyage of H.M.S. Rattlesnake*, Bd. 1, S. 3.
S. 109 »welches die beste Zufahrt«: J. MacGillivray, Bd. 1, S. 2.
S. 109 »Schmetterlinge von nie gesehener Größe«: J. MacGillivray, Bd. 1, S. 85.
S. 110 »Den Schlangen muß man sorgfältig«: J. MacGillivray, Bd. 1, S. 130.
S. 110 »einen breiten Bach«: J. MacGillivray, Bd. 1, S. 99.
S. 115 »zwölf Personen«: *Australasian Medical Gazette*, 1890, Bd.9, S. 157.
S. 115 Robert Crabbe: *Cairns Post*, 14. Oktober 1920.
S. 116 Rotbäuchige Schwarzschlange: Gerard Krefft, *The Snakes of Australia*, Inhalt, S. IX-XVI.
S. 120ff. Kevin Budden: Ich stütze mich hier vor allem auf David Williams' unveröffentlichten Aufsatz »The Death of Kevin Budden« und auf David Fleay, »Adventures with a Taipan«, *Animal Kingdom*, Bd. 56, 1953.
S. 122 »Ein Meter fünfundneunzig lang« und *»mit der wildesten«*: Fleay.

Sieben - Afrika II

S. 127 Motto: Karen Blixen, *Out of Africa*, S. 204.
S. 128 »für seine vielen giftigen Schlangen bekannt«: William Walter Augustine Fitzgerald, *Travels in the Coastlands of British East Africa*, S. 146.
S. 128 »einen furchtbaren Bammel«: Fitzgerald, S. 196.
S. 128 »Dieses Zwischenlager«: Fitzgerald, S. 195f.
S. 143 »am ganzen Leib gezittert«: Fitzgerald, S. 268.
S. 143 »eine Puffotter an einem Stück Schnur«: Fitzgerald, S. 267f.
S. 145f. Richard Meinertzhagen: Richard Meinertzhagen, *Kenya Diary 1902—1906*, S. 321. Über diesen Vorfall berichtet auch James A. Oliver, *Snakes in Fact and Fiction*, S. 76f.

S. 147 Dr. F. Eigenberger: F. Eigenberger, »Some Clincial Observations on the Action of Mamba Venom«, *Bulletin of the Antivenin Institute of America*, Juni 1928, S. 45.
S. 150 bei den Luo: Pitman, S. 243. Lawrence G. Green, *Secret Africa*, berichtet daß auch die Ndorobo Giftschlangen an Wegen festbanden.

Acht - Amerika III
S. 154 »die Gefahr, die von Klapperschlangen ausgeht«: Klauber, S. 180.
S. 154 »Schlangenjagen ist hier seit Jahren«: Krefft, S. 6.
S. 161 Im Jahre 1849 hatten zwei Männer: Klauber, S. 235.
S. 165 »häßliche Schlange« und *»dank seiner raschen Bewegung«*: Stirling, S. 3.
S. 171f. Dolly Dickens: J. Frank Dobie, *Rattlesnakes*, S. 87-90.

Neun - Australien III
Meine wichtigsten Quellen zur Geschichte der australischen Schlangenschau sind John Cann, *Snakes Alive!*, die Einleitung zu Struan Sutherland, *Australian Animal Toxins* und W. Crowther, »Mr Charles Underwood and his Antidote, with some Observations on Snake-Bite in Tasmania«, in: *The Medical Journal of Australia*, 21. Januar 1956.
S. 177 Motto: Krefft, S. 15.
S. 180 »mit Schießpulver gesprengt« und *»war acht Stunden lang«*: *Medical Journal of Australia*, Bd. 4, S. 81-96.
S. 181 »Der junge Milo«: Cann, S. 75.
S. 181 »ausnahmslos jeder Fall«: Cann, S. 61.
S. 181 »das Geheimnis seines Elixirs«: Wheelwright, S. 202.
S. 182 »gründlich bloßgestellt«: Krefft S. 14.
S. 184 »Die Grüne Mamba gewinnt«: Cann, S. 115.
S. 185 »Dieser Fall weist mehrere interessante Merkmale«: *Medical Journal of Australia*, 9. März 1929, S. 307.
S. 186 »Show Time is African Pygmie Time«: *Cairns Post*, Juli 1951, verschiedene Daten.
S. 187 Paula, das Schlangenmädchen und *Melinda Lee*: *Cairns Post*, 17. Juli 1951.
S. 190 »Weitere Todesfälle«: *Medical Journal of Australia*, 7. Oktober 1944.
S. 192 »eine ungeheure Bewegung im Wasser«: *Cairns Post*, 23. Dezember 1985.

Zehn - Afrika III
S. 200 die Mchowis der Wakamba: C. W. Hobley, *Bantu Belief and Magic*, S. 199.
S. 200f. ihr unübertroffenes Schlangen-Dawa: F. G. Carnochan, u. H. C. Adamson, *The Empire of the Snakes*, S. 93f.

Elf - Indien I
Die unentbehrliche Quelle für das klassische Bild der Kobra ist J. Ph. Vogel, *Indian Serpent-Lore or the Nagas in Hindu Legend and Art.*
S. 207 Motto: Gordon Sinclair, *Foot-Loose in India*, S. 216.
S. 211 »verflucht, verstoßen aus allem Vieh«: 1. Moses 3, 14.

S. 212 »Er verehrte die Naga«: J. H. Rivett-Carnac, »The Snake Symbol in India«, in: *Journal of the Asiatic Society of Bengal*, Bd. XLVIII, Tl. 1, 1879, S. 24.
S. 212 »Nachrichtenjäger« und *»rastloser Herumtreiber«*: Sinclair, Frontispiz u. S. 1.
S. 213 »Ein prima Wiegenlied«: Sinclair, S. 261f.
S. 213 »Alle sieben Minuten«: Sinclair, S. 161.
S. 213 »Kurzmeldung«: Sinclair, S. 133f.
S. 213 »Er war gar nicht gebissen«: Sinclair, S. 133.
S. 214 »Und falls man direkt im Kobragürtel«: Sinclair, S. 109f.
S. 214 »Beim ersten Licht des Tages«: Sinclair, S. 58-60.
S. 215 »einer jener abergläubischen Auswüchse«: Sinclair, S. 61.
S. 215 »es war daher die List«: Reverend John Bathurst Deane, *On the Worship of the Serpent*, S. 36.
S. 215 »Überall in Indien«: W. S. Durham, *Snake Worship and Other Topics*, S. 1 u. 3.
S. 217 »Es gibt gewisse naheliegende Gesichtspunkte«: Rivett-Carnac, S. 18.

Zwölf - Amerika IV
S. 222 »Sie werden hier Dinge sehen«: Verhandlungsprotokoll - The State versus Summerford.
S. 225ff. Die Scottsboro Boys: Kwando M. Kinshasa, *The Man from Scottsboro; Clarence Norris in His Own Words.*
S. 227 Noch immer brannten schwarze Kirchen: Georgia State Advisory Committee to United States Commission on Civil Rights, *Perceptions of Hate Group Activity in Georgia.*

Dreizehn - Australien IV
S. 241 Ein Zuckerrohrfarmer aus Mossman: Brief von Billy Brown und Clive Morton an den Verfasser, 31. Januar 1997.
S. 241 »Tod durch Schlangenbiß ist in Queensland«: K. A. Blyth, »The Taipan — Truth and Treatment«. *The Producers' Review*, Queensland Cane Growers' Council, Oktober, 1956.
S. 241 »Zuviel Gerede«: *Cairns Post*, 27. Juli 1956.

Vierzehn - Afrika III
S. 255 Motto: Zit. n. Russel Hope Robbins, *The Encyclopaedia of Witchcraft and Demonology*, S. 524.
S. 256 »Plötzlich wurde mir klar«: John Crompton, *The Snake*, S. 109f.
S. 257 »einen Pfosten, der aufrecht«: Willard Price, *Gorilla Adventure*, S. 121ff.
S. 259 das anagrammatische Potential von Lariam: John Ryle, »City of Words«, *Guardian*, 14. April 1997.

Fünzehn - Indien II
S. 273 Motto: Patrick Russell, *An Account of Indian Snakes Collected on the Coast of Coromandel.*

S. 276 ein Schlangenbeschwörer im ägyptischen Luxor: Curran u. Kauffeld, S. 154f.
S. 277 »die Vorkehrung, daß sie die Schlangen«: Abbé J. A. Dubois, *Hindu Manners, Customs and Ceremonies*, S. 75.
S. 277 »Hier gibt es einen dürren Kerl«: Sinclair, S. 170.
S. 280 »Während meines Aufenthalts in Indien«: Dubois, S. 674.
S. 281 Sir Joseph Fayrer: Fayrer veröffentlichte seine Untersuchungen in dem Buch *Thanatophidia*. Eine gute Zusammenfassung bietet Brandt Aymar (Hrsg.), *Treasury of Snake Lore*, S. 52.
S. 284f. Cobra de Cappello: Russell.
S. 287 »Die Dschungel des Fiebergürtels«: Sinclair, S. 166.
S. 288f. Henry Sewall: Greene, S. 78.
S. 289 »die uralte Vorstellung nicht völlig ausschließen«: Hopley, S. 532.

Siebzehn - Australien V
S. 314 »schon zyanös und komatös«: *Medical Journal of Australia*, 6. Juli 1940.
S. 314 »große Beliebtheit, und … tragisches Ende«: *Cairns Post*, 24. Oktober 1938.

Achtzehn - Afrika V
S. 329 Motto: Peter Matthiessen, *The Tree Where Man Was Born*, S. 104.
S. 329 William Fitzgerald wickelte ihn noch: Fitzgerald, S. 172.
S. 330 »Oberseite von einem schönen dunklen Purpurglanz«: C. J. P. Ionides, *Mambas and Maneaters*, S. 155f.
S. 337 »Kein flügelloses Lebewesen«: Marais, S. 74.
S. 338 »Sie bewegt sich mit großer Geschwindigkeit«: Dr J. O. Shircore, »Two Notes on the Crowing Crested Cobra«, in: *African Affairs*, Oktober 1944, S. 183ff.

Neunzehn - Indien III
S. 350 u. 358f. Nag Panchami: Vogel, S. 275ff.; Vishwanath Mandlik, »Serpent Worship in India: The Nag Panchami Holiday as it is now Observed«, in: *Speeches and Writings*, und Harry Miller, »The Cobra, India's Good Snake«, in: *National Geographic*, September 1970.
S. 355 »Hier war mehr im Spiel«: Rivett-Carnac, S. 26.

Zwanzig - Der Club der Schlangenbißüberlebenden
S. 368 »Frau bei Kasuar-Angriff verletzt«: *Cairns Post*, 3. April 1996.

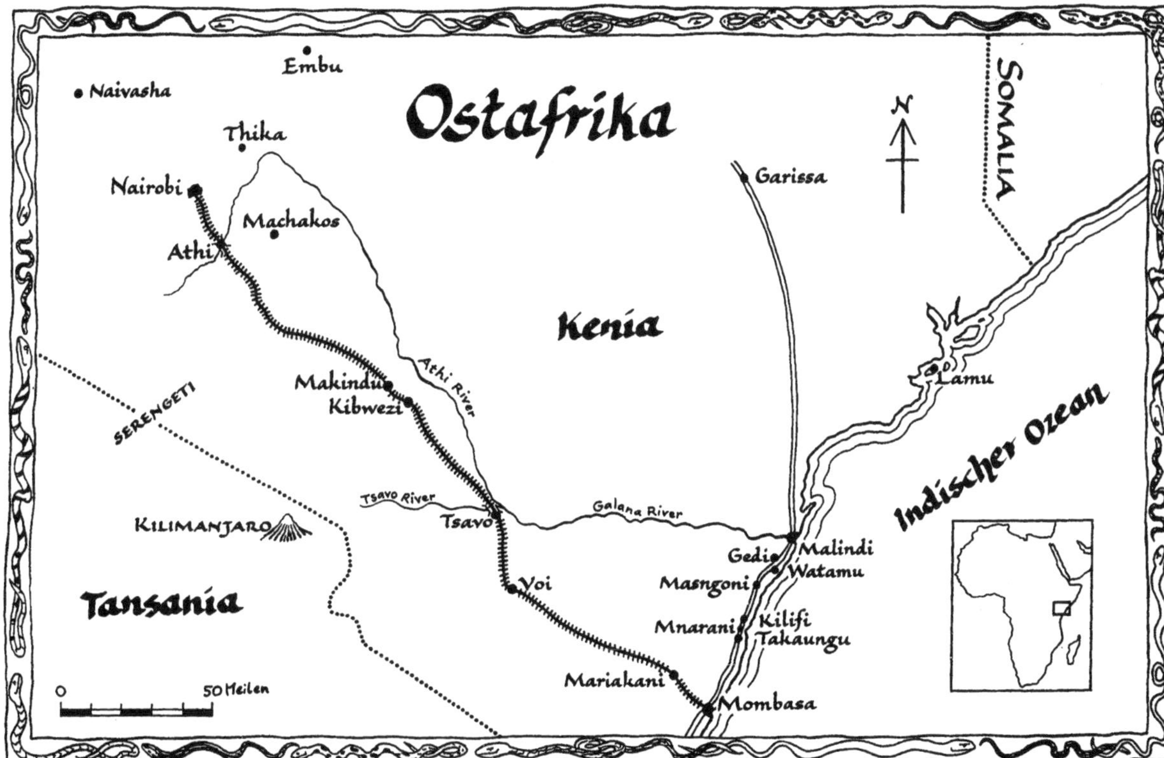
Ostafrika
Kenia
Tansania
Indischer Ozean
Somalia
Naivasha
Embu
Thika
Nairobi
Machakos
Athi
Garissa
Athi River
Makindu
Kibwezi
Serengeti
Tsavo River
Tsavo
Galana River
Kilimanjaro
Lamu
Malindi
Gedi
Watamu
Masngoni
Voi
Mnarani
Kilifi
Takaungu
Mariakani
Mombasa
0
50 Meilen
N